Günter Fraschka

Mit Schwertern und Brillanten

Günter Fraschka

Mit Schwertern und Brillanten

Die Träger der höchsten deutschen Tapferkeitsauszeichnung

Universitas

2002: 11. Auflage (Sonderproduktion)

Einbandgestaltung: Wolfgang Heinzel
Motiv: AKG, Berlin
Satz und Druck: Jos. C. Huber KG, Dießen
Binden: R. Oldenbourg, München
Printed in Germany
ISBN: 3-8004-1435-X

Dieses Buch widme ich
meinen drei gefallenen Brüdern
Gerhard
Fritz
Richard

zur Mahnung meinen beiden Söhnen
Wolfgang und Ulrich

EHRENTAFEL

Träger des goldenen Eichenlaubs mit Schwertern und Brillanten
zum Ritterkreuz des Eisernen Kreuzes

OBERST HANS-ULRICH RUDEL†

Träger des Eichenlaubs mit Schwertern und Brillanten
zum Ritterkreuz des Eisernen Kreuzes

Oberst
WERNER MÖLDERS †

Generalleutnant
ADOLF GALLAND

Oberst
GORDON M. GOLLOB †

Hauptmann
HANS-JOACHIM MARSEILLE †

Oberst
HERMANN GRAF †

Generalfeldmarschall
ERWIN ROMMEL †

Kapitän z. S.
WOLFGANG LÜTH †

Major
WALTER NOWOTNY †

Generalmajor
ADELBERT SCHULZ †

Generalleutnant
HYAZINTH GRAF STRACHWITZ †

General der Waffen-SS
HERBERT OTTO GILLE †

Generaloberst
HANS HUBE †

Generalfeldmarschall
ALBERT KESSELRING †

Oberstleutnant
HELMUT LENT †

Generaloberst der Waffen-SS
SEPP DIETRICH †

Generalfeldmarschall
WALTER MODEL †

Major
ERICH HARTMANN

General der Panzertruppen
HERMANN BALCK †

General der Fallschirmtruppen
HERMANN B. RAMCKE †

Major
HEINZ WOLFGANG SCHNAUFER †

Fregattenkapitän
ALBRECHT BRANDI †

Generalfeldmarschall
FERDINAND SCHÖRNER †

General der Panzertruppen
HASSO VON MANTEUFFEL †

Generalleutnant
THEODOR TOLSDORFF †

General der Panzertruppen
DR. KARL MAUSS †

General der Panzertruppen
DIETRICH VON SAUCKEN †

Vorwort

In den fünfziger Jahren begann ich nach den Soldaten des letzten Weltkrieges zu forschen, denen das Eichenlaub mit Schwertern und Brillanten zum Ritterkreuz des Eisernen Kreuzes verliehen worden war, bis zum 31.12.1944 die höchste deutsche Tapferkeitsauszeichnung.

Ende 1944 stiftete Hitler das goldene Eichenlaub als letzte, höchste Auszeichnung. Es wurde am 1.1.1945 dem Oberstleutnant Hans-Ulrich Rudel verliehen. Es sollte nur an zwölf Einzelkämpfer vergeben werden. Rudel, der mit der Verleihung zum Oberst befördert wurde, war eine Ausnahmeerscheinung.

Ich sammelte Namen und Adressen und begann mühsam „Mann für Mann" oder die Hinterbliebenen von Gefallenen und Verstorbenen aufzusuchen. Bei diesem Unterfangen ging es mir nicht darum, Heldenkult zu restaurieren. Ich wollte nur über die außergewöhnlichen Persönlichkeiten der Zeit- und Kriegsgeschichte schreiben, sie zeichnen, in Erinnerung zurückrufen, was sie geleistet haben, stellvertretend für Millionen von Soldaten. Es lag mir fern, Wertungen abzugeben, die Frage „Wer war der Mann?" stand allein im Vordergrund meiner Überlegungen.

Mir wurde, wohin ich auch kam und an wen ich mich auch wandte, bereitwillig Unterstützung gewährt. So konnte bereits 1958 das Buch „Mit Schwertern und Brillanten" veröffentlicht werden. Damals stellte es so etwas wie eine Sensation auf dem Buchmarkt dar. Namen, die längst vergessen schienen, wurden mit einem Male wieder lebendig. Die Fach- und Tagespresse, Magazine und Illustrierte in aller Welt, Historiker und Zeitgeschichtler, wie unter anderen Liddell Hart, Prof. Pandit Tarachand Roy und Walter Görlitz, rezensierten. Zum ersten Male nach dem Kriege wurde das Schicksal der höchstausgezeichneten deutschen Soldaten geschildert. Nach achtzehn Jahren erschien die Neuauflage des Buches, überarbeitet, ergänzt, verdichtet.
Damals lebten von den 27 Brillantenträgern noch neun. Die Frage „Was ist aus Ihnen geworden?" wurde immer wieder gestellt, auch als die Auf-

lage längst vergriffen war. Jetzt, da noch zwei von den Höchstausgezeichneten leben, 43 Jahre nach dem grauenvollsten und tragischsten Ereignis in der deutschen Geschichte, präsentiert der Universitas-Verlag die 8. Auflage.

Bei meinen Aufzeichnungen ging es mir auch vor allem darum, jene 27 Höchstdekorierten nicht in Vergessenheit geraten zu lassen. Sie hatten ohne Ausnahme ihr Leben selbstlos eingesetzt – im Glauben an eine gute Sache. Es waren soldatisch und menschlich untadelige Charaktere, die sich nie gescheut hatten, für Recht und Gerechtigkeit einzutreten. Auch da, wo einige dieser Männer geirrt oder gefehlt haben mögen, geschah es nicht aus Unvermögen und Leichtfertigkeit, sondern durch tragische Verstrickung. Ihre Leistungen aber sind unbestreitbar.
In einer Zeit, in der Millionen junger Menschen in der westlichen Welt Waffendienst leisten, um jederzeit die Freiheit zu verteidigen und notfalls ihr Leben einzusetzen für den Bestand des demokratischen Vaterlandes, sind Vorbilder an Tapferkeit, Mut und Zivilcourage, Einsatzbereitschaft und Willen, Kameradschaft und Treue nötiger denn je. Die deutsche Geschichte ist reich an Männern, die ihr Letztes für den Bestand ihrer Nation gegeben haben. Dabei spielt es keine Rolle, ob die Taten dieser Männer zum Siege führten oder eine Niederlage nicht aufzuhalten vermochten. Die soldatischen Leistungen der 27 Träger höchster deutscher Tapferkeitsauszeichnungen werden immer unumstritten bleiben.

Günter Fraschka

Oberst Werner Mölders

Der Gentleman am Steuerknüppel

23. November 1941, zwölf Uhr mittags. Der Ansager des Deutschlandsenders kündigt die Nachrichten und den Wehrmachtsbericht an. An den Mittagstischen in den Wohnungen, Gaststätten und Betriebskantinen verstummen die Gespräche. Die Menschen sehen sich fragend und erwartungsvoll an. In den vorhergehenden Tagen meldete der Wehrmachtsbericht schwere Kämpfe deutscher Truppen gegen sich verzweifelt wehrende sowjetische Armeen. Was wird der Wehrmachtsbericht heute bringen? Es liegt etwas in der Luft, man kann die Spannung fast körperlich spüren. Die Menschen sehen sich sorgenvoll an – in den unendlichen Weiten Rußlands ist der Winter mit unerhörter Wucht eingefallen. Seit Tagen schneit es pausenlos. Nach der Schlammperiode des Herbstes muß sich die Fronttruppe nun gegen Eis und Schnee wehren.
Millionen warten auf die Stimme des Nachrichtensprechers, dann ist es soweit; der Wehrmachtsbericht des 23. Novembers berichtet von Erfolgen:
„... über einhundert sowjetische Panzer vernichtet... Tausende von Gefangenen eingebracht... schwere Kämpfe... unsere Truppen wiesen alle gegnerischen Angriffe ab..." Und plötzlich schwankt die Stimme des Ansagers, bricht ab. Sie verliert den kalten, sachlichen, unbeteiligten Ton. Die Menschen an den Lautsprechern horchen auf. Man hat in den letzten Jahren für derartige Kunstpausen ein besonderes Gespür entwickelt. Nach einer solchen – nur sekundenlangen – Pause folgt fast immer eine Durchsage von besonderer Wichtigkeit. Jetzt klingt die Stimme des Ansagers wieder kühl und beherrscht:
„Wie das Oberkommando der Wehrmacht bekanntgibt, verunglückte der Inspekteur der deutschen Jagdflieger, Oberst Mölders, bei einem Flugzeugabsturz tödlich. Der Absturz erfolgte mit einem Flugzeug, das er nicht selbst lenkte. Der Führer ordnete ein Staatsbegräbnis für den Träger der höchsten Tapferkeitsauszeichnung, des Eichenlaubs mit Schwertern und Brillanten zum Ritterkreuz des Eisernen Kreuzes, an."
Den Menschen stockt der Atem. Mölders! Tot!

Es gibt nur noch einen einzigen Gesprächsstoff: den Tod des erfolgreichsten deutschen Jagdfliegers, den Tod des Idols der deutschen Flieger, der deutschen Jugend. Die Menschen können es nicht fassen. Die sparsame Verlautbarung des OKW: „...mit einem Flugzeug, das er nicht selbst lenkte...!", können sich die meisten nicht erklären. Es folgt auch später keine Kommentierung des Unglücksfalles, keine Angabe des Absturzortes. Nur die Feierlichkeiten des Staatsbegräbnisses werden von allen Rundfunkstationen übertragen.
Es herrscht Trauer. Längst ist man sich darüber im klaren, daß an der Ostfront nicht alles reibungslos verläuft. Dafür sprechen die Todesanzeigen in den Tageszeitungen, die täglich mehr Raum für die Nachrufe freigeben müssen. Schwarze Trauerränder... und jetzt auch Mölders tot!
Die Menschen können es kaum begreifen, daß der sympathische, in mehr als tausend Luftkämpfen erprobte und mit 115 Siegen erfolgreichste Jagdflieger nicht mehr lebt. Sie sehen noch das jedem Deutschen vertraute Gesicht des jungen Obersts von den Titelseiten der Illustrierten lächeln, während die sterbliche Hülle längst der Erde übergeben ist. Wer war dieser Oberst Werner Mölders, mit neunundzwanzig Jahren Inspekteur der Jagdflieger, Vorbild einer Generation?
Als sein Vater, Victor Mölders, als Leutnant bei einem Sturmangriff 1915 an der Westfront fiel, war Werner zwei Jahre alt. Die Mutter schlug sich mit den vier Kindern durchs Leben. Aber sie ermöglichte Werner dennoch den Besuch des Gymnasiums, an dem er mit siebzehneinhalb Jahren das Abitur machte.
Der Junge hatte den Wunsch, Offizier zu werden. Als er sich für diese Laufbahn bei der Infanterie des „Hunderttausendmannheeres" bewarb, standen neben ihm noch weitere sechzig Anwärter. Eine große Auswahl, wenn man bedenkt, daß nur drei von ihnen angenommen werden konnten. Einer davon war Werner Mölders.
Nach kurzer Pionierausbildung beim Infanterieregiment II in Allenstein, Ostpreußen, meldete er sich „unterderhand" zur Luftwaffe, die im geheimen aufgebaut wurde. Es wäre nicht das erstemal gewesen, daß künftige Könner durchfielen und die Beurteilung „nicht tauglich" mit nach Hause nehmen mußten. Genauso erging es Mölders, der nach den Eignungsprüfungen und Untersuchungen für ungeeignet befunden wurde. Nach dem ersten Flug wankte er mit bleichem Gesicht aus der Maschine; sein Magen revoltierte. Bei weiteren Flügen überfielen ihn –

wenn sich die Maschine in die Kurve legte – rasende Kopfschmerzen und Schwindelanfälle.
Mölders schien tatsächlich ungeeignet. Aber da erwachte etwas in ihm, was keine noch so ausgeklügelte Prüfungsmethode feststellen kann: der eiserne Wille! Der Wille, den revoltierenden Körper zu besiegen, der Wille, es trotzdem zu schaffen. Der Wille, sich selbst an die Kandare zu nehmen. Und dieser Wille siegte. Werner Mölders forderte eine neue Untersuchung. Sie wurde genehmigt. Starten, fliegen, das Programm abspulen. Mit letzter Kraft schaffte er es. Urteil der Luftwaffenärzte: „bedingt tauglich". Diese Beurteilung brachte ihm die Versetzung zur Verkehrsfliegerschule nach Kottbus ein, wo er an einem Lehrgang teilnehmen sollte. Und hier entschieden sich die Ärzte wieder gegen ihn.
Aber Mölders gab nicht nach. Er wollte Flieger werden, und er mußte Flieger werden, er wußte, daß Fliegen sein Schicksal war. Und den widerspenstigen Magen, die Schwindelanfälle würde er bezwingen. Er bat den Gruppenkommandeur, mit ihm einen Probeflug zu unternehmen. Und diesmal klappte es: Mölders zwingt seinen Magen, verjagt die Schwindelgefühle. Er ist ganz ruhig. Er hat sich selbst bezwungen. Der Gruppenkommandeur ist ein verständnisvoller Mann. Er hebt die Gutachten der Ärzte auf und läßt Leutnant Werner Mölders an dem Ausbildungslehrgang weiter teilnehmen. Mölders enttäuscht seinen Vorgesetzten nicht; er wird Lehrgangsbester und absolviert die Ausbildung mit ausgezeichneter Beurteilung. –
Der 1935 in die Luftwaffe übernommene Pionierleutnant Werner Mölders war nicht wenig erstaunt, als ihm die Aufgabe übertragen wurde, zusammen mit einigen älteren Offizieren, ein Stuka-Kampfbomber-Geschwader aufzustellen.
Es folgte die Versetzung ins Geschwader Immelmann, in dem die künftigen Jäger-Asse Wick, Ösau, Tietzen und Bertram flogen. Nur ein Jahr blieb er dort, dann wurde er zum Aufbau eines neuen Geschwaders nach Wiesbaden befohlen.
Da brach 1936 in Spanien der Bürgerkrieg aus. In Deutschland nahmen die Menschen lebhaften Anteil an den Geschehnissen, die sich auf der iberischen Halbinsel abspielten. In einer beispiellosen Pressekampagne heizten, vom Reichspropagandaministerium gesteuert, Presse und Rundfunk das deutsche Volk an: Weiß gegen Rot! Spanien darf nicht in die Hände der Kommunisten fallen. Die Freiheit Europas steht auf dem Spiel!

Die Sympathie galt einem jungen General: Francisco Franco. Er wurde zum Symbol für Freiheit und soziale Ordnung hochstilisiert. Das nationalsozialistische Deutschland identifizierte sich mit diesem Manne, sein Feldzug gegen Sozialisten und Republikaner, Kommunisten und Anarchisten entsprach ganz den Vorstellungen jener Politiker, die eine Bedrohung Europas durch den Weltkommunismus fürchteten. Aber auch die Militärs, die eine Chance witterten, in die Kämpfe gegen die „Roten" eingreifen zu können, bejahten die Haltung der deutschen Regierung. Spanien durfte für ein freies Europa nicht verlorengehen!
Es blieb kein Geheimnis, daß die Sowjetunion den kommunistischen Umsturz in Spanien wünschte und unterstützte. Militärberater, Waffen und Munition stellte sie den Republikanern und Kommunisten zur Verfügung. Flugzeuge vom Typ Rata beherrschten den Himmel. Francos Erdtruppen hatten es von Woche zu Woche schwerer. Internationale Brigaden, in Frankreich aufgestellt, kämpften gegen die Nationalen. Sozialisten und Kommunisten in aller Welt riefen zum Kampf in Spanien auf.
Dies war der Augenblick für die deutsche Reichsführung, den Entschluß zu fassen, in Spanien militärisch einzugreifen. Ihr Ziel war, zu verhindern, daß Spanien kommunistisch und Europa von Westen von einer „roten Flut" überschwemmt werden könnte, die Militärs dagegen sahen die einmalige Gelegenheit, in einer Art „Manöver mit scharfem Schuß", Luftwaffe und Flugabwehr zu testen, gleichzeitig Erfahrungen zu sammeln.
Mölders wunderte sich im Laufe der Zeit immer mehr darüber, daß einige seiner Kameraden „spurlos" verschwanden, ohne sich bei ihm zu verabschieden. Bis er dann eines Tages erfuhr, daß deutsche Flieger in Spanien auf seiten General Francos kämpften. Im Reichsluftfahrtministerium wurde die Legion Condor aufgestellt. Zuerst getarnt als zivile Fluggesellschaft, dann offen als Kampfverband, trat sie in Spanien auf. Ihr Ruf war legendär, ihr Einsatz mit dem Sieg des General Francos für immer verbunden. Ob „geheim" oder „nicht geheim" – der junge Oberleutnant Werner Mölders meldete sich freiwillig zum kriegsmäßigen Einsatz. Daß er als erfolgreichster Jagdflieger der Legion Condor heimkehren würde, konnte er nicht ahnen.
In Spanien hatte sich bereits ein Mann hervorgetan, dessen Name in den Reihen der „Nationalen" mit Hochachtung und bei den „Roten" mit Schrecken ausgesprochen wurde: Adolf Galland. Als Werner Möl-

ders am 25.5.1938 dessen Staffel übernahm, die mit Messerschmitt-Maschinen ausgestattet wurde, war die Luftherrschaft überall dort errungen, wo die „Condor-Jäger“ auftauchten.
Schon beim ersten Me-Flug schoß Mölders einen Gegner ab. Am nächsten Tag folgte die zweite Curtiss, und auf dem Rückflug von diesem Einsatz begegnete er zum ersten Mal einem Pulk der rundlichen, aber sehr wendigen sowjetischen Rata, von denen er eine abschoß.
Vorzeitig mit fünfundzwanzig zum Hauptmann befördert, erhielt Mölders als erfolgreichster Flieger mit 14 Abschüssen das Spanienkreuz in Gold und mit Brillanten. Seine „spanischen Erfahrungen“ stempelten ihn zum „alten Hasen“. Im März 1939 übernahm er eine Staffel des Pik-As-Geschwaders, in dem sich die Elite der Luftwaffe traf.
Am 19. September 1939 schoß er seinen ersten Gegner im Zweiten Weltkrieg über Frankreich ab. Wieder war es, wie schon in Spanien, eine Curtiss. Für diesen Abschuß erhielt er das EK II, nach dem siebenten Erfolg das EK I, und beim 20. Luftsieg überreichte ihm Generalfeldmarschall Göring das Ritterkreuz als erstem Jagdflieger der Luftwaffe. Seine Gruppe hatte damals schon 81 Feindmaschinen abgeschossen.
Da kam der 5. Juni, ein strahlend schöner Tag, der Mölders beinahe zum Verhängnis geworden wäre. Am Nachmittag schoß er nach einer verwegenen Kurbelei einen französischen Aufklärer ab. Der Pilot war ein hervorragender Flieger, der ihm den Sieg schwergemacht hatte. Nach diesem Luftkampf war der Gruppenkommandeur in gedrückter Stimmung. „Mir wäre es lieber, wenn ich diesen Piloten persönlich kennengelernt hätte. Denn wer so fliegen kann, sollte eigentlich nicht abgeschossen werden“, sagte er zu seinen Kameraden. Bis zu diesem Zeitpunkt hatte er den 24. und den 25. Gegner abgeschossen.
Als die Gruppe um 17.15 Uhr Alarm bekam und startete, flog vor ihr ein Pulk feindlicher Jäger. Diesmal wollte der Hauptmann den unerfahrenen jungen Fliegern Anleitungen und Weisungen geben, wie sie am besten den Gegner anzugreifen hätten. Er hielt ihnen so den Rücken frei und dirigierte sie über die Funksprechanlagen. „So, jetzt ran... noch näher heran... nicht nervös werden... noch nicht schießen... jetzt... hast du ihn im Visier...? Los... drück drauf...!“ Nach wenigen Sekunden stürzte brennend, eine schwarze Qualmfahne hinter sich herziehend, eine gegnerische Maschine zu Boden.
Während Mölders aus 800 Meter Höhe sorglos zuschaute, wie sich seine „Häschen“ die ersten Lorbeeren verdienten, knallte und krachte

es plötzlich in seiner Kabine. Treffer! Mit Schrecken stellte er fest, daß er überhaupt keine Fahrt mehr hatte, daß der Gashebel zerschossen und die Maschine manövrierunfähig war. So sehr er sich auch nach einem Gegner umsah – er fand keinen.
Er blickte hinunter. Ob er eine Notlandung versuchen sollte? Es war aber kaum anzunehmen, daß die Maschine so lange gleiten würde. Außerdem befand er sich über Feindgebiet, 60 Kilometer hinter der Front, in der Nähe von Compiègne. Es gab nur eine Rettungsmöglichkeit: 'raus aus der Kiste! Unten standen französische Soldaten und starrten auf den weißen Pilz, der langsam zur Erde taumelte.
Mölders dachte nicht daran, sich zu ergeben. Kaum hatte er auf dem Boden den Fallschirm gelöst, rannte er davon. Die Franzosen schossen ihm nach, trafen ihn aber nicht. Schließlich erwischten sie ihn doch. Ein Offizier nahm ihm das Ritterkreuz und sämtliche Wertsachen ab und führte ihn zum Verhör. Unterwegs rissen die Soldaten dem Gefangenen das Hemd vom Körper und schlugen ihm ins Gesicht. Der französische Offizier schritt erst ein, als Mölders um Schutz vor Belästigung bat.
Nach kurzer Fahrt in einem Personenwagen wurde er dem Oberst der französischen Armee Bassous vorgeführt, der dem stark Blutenden beim Waschen behilflich war und ihm das Ritterkreuz sowie seine anderen Wertsachen zurückgab. Bei einem Glas Rotwein entschuldigte sich der Oberst für die Entgleisung seiner Landsleute. Und Mölders, der die Fairneß über alles stellte, akzeptierte.
In einer Notiz für das Kriegstagebuch berichtete Oberst Bassous über die Fallschirmlandung von Hauptmann Mölders:
„Abgestürzt aus einem Flugzeug mit dem Fallschirm am 5. Juni, in der Nähe von Schloß Blincourt, das unter der Führung von Kommandant Bassous, Kommandant der 195-er stand.
R.A.L.T. Großartige Haltung dieses jungen Offiziers.
In seinen Papieren wurde das Eiserne Kreuz gefunden mit einem Glückwunschschreiben von einem seiner Flugkapitänsfreunde. Ich habe den Auftrag, ihm seine Auszeichnungen und das persönliche Schreiben zu übergeben."
Oberst Bassous sah in Hauptmann Mölders das Ideal eines ritterlichen Offiziers, Vorbild für alle jungen Menschen, gleich, welcher Nation sie angehörten. Auch später, nachdem Werner Mölders gleich beim Waffenstillstand aus dem Offizierslager Montferrant bei Toulouse entlassen

worden und zu seinen Kameraden zurückgekehrt war, riß die Verbindung zwischen dem Obersten Bassous und Werner Mölders nicht ab. Die Freundschaft-Kameradschaft besteht auch heute noch zwischen den Familien – viele Jahre nach dem Tode der beiden ritterlichen Offiziere. –

Mölders militärische Laufbahn war steil. Ehrgeiz und Können hielten sich die Waage. Am 19. Juli 1940 wurde er außer der Reihe zum Major befördert und übernahm als Kommodore das Geschwader. Hier, am Kanal, hatte er Gelegenheit zu beweisen, daß er tatsächlich ein Meister im Luftkampf war. Hier mußte er gegen die schnellen, wendigen, hervorragend tapferen Engländer fliegen.

Schon bei seinem ersten Anflug auf die englische Insel schoß er eine Spitfire ab, wurde aber selbst durch Geschoßsplitter am Knie verletzt. Er hatte großes Glück gehabt, denn beinahe wäre er in den „Bach" gefallen, und nur mit Mühe gelang es ihm, mit der zerschossenen Maschine auf dem Heimatflugplatz zu landen.

Vier Wochen später bekam er das Goldene Fliegerabzeichen mit Brillanten, gerade als die Luftschlacht um England begonnen hatte. Mölders und seine Männer kämpften gegen Spitfires, Bristol-Blenheims und gegen Fesselballons, die um die Hafenstädte und um London gespannt waren. Sieg auf Sieg reihte sich an die Erfolge des Geschwaderkommodores. Täglich berichteten die Zeitungen über den Fliegerwettstreit der drei Asse: Mölders – Galland – Wick. Oberleutnant Wick, ein Schüler von Mölders, flog im JG 2 Richthofen und entwickelte sich in kürzester Zeit zu einem Jäger großer Klasse. Am 21. September 1940 meldete Mölders seinen 40. Abschuß!

Die Männer an den Lautsprechern des Flugplatzes vergaßen ihre Suppe zu löffeln, als einen Tag später der Wehrmachtsbericht meldete: „Der Führer und oberste Befehlshaber der Wehrmacht hat heute dem erfolgreichsten Jagdflieger der Luftwaffe, Major Mölders, das ihm aus Anlaß seines 40. Luftsieges verliehene Eichenlaub zum Ritterkreuz des Eisernen Kreuzes in der Reichskanzlei persönlich überreicht."

Wie gesagt, die Männer vergaßen die Suppe weiter zu essen – denn ihr Kommodore war noch vor ein paar Minuten unter ihnen gewesen. Eben noch hatte man Mölders auf dem Flugplatz gesehen! Da sollte sich einer auskennen. Und während sie über den Sinn der Nachrichtengebung und über die Wirklichkeit nachdachten, flog ihr Kommodore bereits über Berlin, landete und wurde von Hitler empfangen. Genau

eine Stunde nach Verlesung des Wehrmachtsberichts. Aber – das wußten die Männer nicht – Mölders hatte sich leise fortgestohlen, er wollte keinen Auflauf. Als er zurückkehrte, hatten seine Offiziere den Text des Glückwunschtelegramms in großen Buchstaben als Transparent über den Kasino-Eingang gehängt: „In dankbarer Würdigung Ihres heldenhaften Einsatzes für die Zukunft unseres Volkes verleihe ich Ihnen zu Ihrem 40. Luftsieg als zweitem Offizier der deutschen Wehrmacht das Eichenlaub zum Ritterkreuz des Eisernen Kreuzes."
... als zweitem Offizier der Wehrmacht... Der erste war General Dietl, Kommandeur der Gebirgsjäger, der für seinen persönlichen Einsatz, seine Tapferkeit und Führungskunst im Kampf um Narvik ausgezeichnet worden war. Und nun Mölders! Sein Geschwader war zu diesem Zeitpunkt das erfolgreichste der Luftwaffe. Es war also nicht nur ein Einzelerfolg, aus dem man hätte schließen können, daß sich der Kommodore die Schießerlaubnis vor allen anderen gesichert hätte. Nein, Mölders und seine Männer jagten den Feind nach eigenen Methoden. Vierzigmal war er Sieger geblieben.
Wer aber würde der nächste Eichenlaubträger sein? Wer würde seinerseits den 40. Luftsieg erringen? Da meldete schon vier Tage später der Rundfunk, daß Major Adolf Galland seinen 40. Gegner abgeschossen hatte und ihm als drittem Soldaten der Wehrmacht das Eichenlaub verliehen wurde.
Das war es also: Galland wetteiferte mit Mölders, der sich gerade als Gast bei Göring in der Romintener Heide befand und einen kapitalen Hirsch schoß. Als er von Gallands „Vierzigstem" hörte, flog er noch am gleichen Tage zurück, stieg in seine Maschine, startete und schoß den 41. Gegner ab. Als er landete, begrüßte ihn sein technischer Offizier, Oberleutnant Claus, mit den Worten: „Na, das fängt ja gut an!"
Es fing gut an. Im November wurde Mölders Oberstleutnant, die Zahl seiner abgeschossenen Gegner erhöhte sich, und Hermann Göring, Oberbefehlshaber der Luftwaffe, hatte sich vorgenommen, den jungen Offizier zum „Chef der Jagdflieger" zu ernennen. Aber Mölders lehnte im ersten Gespräch ab. „Das hat noch Zeit, Herr Reichsmarschall. Ich möchte vorläufig noch bei meinem Geschwader bleiben. Die Jungen brauchen mich noch."
Werner Mölders gehörte zu jenen Fliegern, die mit der Begeisterung des sportlichen Kämpfers an Luftgefechten teilnahmen. Seine fliegerische Leistung entsprach dem Willen, alles einzusetzen. „Galland hat

gestern die Schwerter als erster deutscher Soldat bekommen", meldete ihm am 21. Juni 1941 sein Adjutant. Und schon zwei Tage später berichtete der Wehrmachtsbericht, daß Oberstleutnant Mölders nach Abschuß seines 72. Gegners als zweitem Soldaten die Schwerter zum Eichenlaub des Ritterkreuzes verliehen worden waren.
Das war einen Tag nach dem Start des Unternehmens *Barbarossa*, des härtesten und verlustreichsten Feldzugs der deutschen Wehrmacht. Das wußte und ahnte damals kein Mensch. Auch Mölders nicht. Sein Auftrag lautete: „Im ersten Ansturm die sowjetische Jagd- und Bomberflotte vernichten."
Als das Stichwort zum Angriff in den frühen Morgenstunden des 22. Junis 1941 gegeben wurde, flog Mölders seinen Männern voraus über die Demarkationslinie, die auf polnischem Boden von deutschen und sowjetrussischen Kommissionen gezogen worden war. Die feindliche Luftwaffe wurde überrascht. Sie wehrte sich verzweifelt gegen die überlegenen deutschen Jäger, die in pausenlosen Angriffen Flugplätze und startbereite Flugzeuge zerstörten und in Luftkämpfen Hunderte von Maschinen abschossen. Die Erfolge von Mölders' Geschwader sprachen für die fliegerische und kämpferische Qualität der Piloten. 96 Feindmaschinen wurden von ihm an einem einzigen Tage abgeschossen! Davon gingen elf auf Mölders' Konto. Die Sowjets fürchteten ihn so sehr, daß sie ihren Jägern Anweisung gaben, jedem Kampf mit dem Geschwader 51 aus dem Wege zu gehen. Es sei zwecklos!
Am 15. Juli schoß Mölders seinen 98., 99., 100. und 101. Gegner ab. Hundert Flugzeuge abgeschossen, vernichtet! Die Leistungen Manfred v. Richthofens, Boelckes, Immelmanns und Udets waren übertroffen. Als erstem Soldaten der Welt war es dem Oberstleutnant Mölders gelungen, hundert Gegner abzuschießen! Mit dieser Leistung war die Verleihung der Brillanten – und die Beförderung zum Oberst – verbunden, die er als erster Soldat der Wehrmacht noch am gleichen Tage seines Erfolges erhielt.
Ein paar Tage später fragte ihn Hitler, ob er einen persönlichen Wunsch habe. Mölders besann sich und sagte nach einer kurzen Pause: „Ich bitte Sie, mein Führer, zu veranlassen, daß die Verfolgung und die Verleumdung des Bischofs von Münster unterbleibt. Ich habe vor einiger Zeit dem Herrn Reichsmarschall einen Brief geschrieben und später in einer Audienz darum gebeten, Graf Galen nicht wegen seiner Kritik zu verfolgen. Der Herr Reichsmarschall hat mir seine Unterstützung

zugesagt. Aber ich weiß, daß von bestimmter Seite die Angriffe gegen die verantwortlichen Kirchenfürsten forgesetzt werden. Dies zu verhindern ist mein Wunsch, mein Führer, den ich zu erfüllen bitte."

Göring, der hinter Hitler stand, konnte seine Erregung kaum noch verbergen. Am liebsten wäre er in den Boden versunken, und den anwesenden Generalen ging es nicht anders. Aber – und das war ihre größte Sorge – wie würde Hitler reagieren? Hitler sah den jungen Oberst an. Dann kam langsam und ruhig die Antwort: „Sie können versichert sein, der Bischof von Münster bleibt ungeschoren. Ich habe von den Übergriffen einiger Parteistellen gehört. Die Leute sind zur Rechenschaft gezogen worden."

Und nach kurzer Pause: „Ich habe aber auch von den Hirtenbriefen des Bischofs gehört. Es ist seine Sache, den Gläubigen Trost zuzusprechen. Aber es ist nicht gut, wenn sich ein Mann wie Graf Galen in die Politik des Reiches einmischt. Dennoch habe ich Verständnis für den Bischof." Hitler lächelte, als er fortfuhr: „Und... was ich noch sagen wollte, mein lieber Mölders. Ich weiß, daß ich auf Sie und Ihre Männer bauen kann. Sie sind der tapferste Soldat, den die Wehrmacht hat. Ich bin stolz auf Sie."

Mölders verabschiedete sich. Kaum hatte er die Tür hinter sich geschlossen, folgte ihm Göring: „Wissen Sie, Mölders, das hätten Sie mir nicht antun dürfen. Ausgerechnet Sie jammern dem Führer etwas vor. Der Führer hat jetzt andere Sorgen, als daß er sich um solche Kleinigkeiten, die gewiß übertrieben sind, kümmern kann."

In Mölders Gesicht zuckte es. „Ich finde, es ist keine Kleinigkeit, wenn man dem Bischof von Münster Drohbriefe ins Haus schickt, und wenn die Gestapo Gottesdienste stört und Kirchenbesucher verhört. Ich weiß auch, daß man anderen geistlichen Würdenträgern das Leben schwermacht. Oder stimmt es nicht, daß eine Reihe von Geistlichen beider Konfessionen in Gefängnissen festgehalten wird?"

Göring beherrschte sich mühsam. „Mölders", versuchte er mit leiser Stimme einzurenken, „das, was Sie machen, ist Unfug. Sie werden höchstwahrscheinlich falsch unterrichtet. Ich sage Ihnen noch einmal: den Kirchen passiert nichts. Gar nichts. Und darauf können Sie sich verlassen."

Aber der Oberst blieb skeptisch. Da streckte Göring impulsiv seine rechte Hand aus. „Hier haben Sie mein Wort. Das Wort des Reichsmarschalls!"

Was sollte Mölders tun? Er war viel zu gutgläubig und zu anständig, als daß er an dem Wort des Reichsmarschalls gezweifelt hätte. Er glaubte, vertraute und schlug ein. „Vielleicht sehe ich die Dinge zu schwarz", sagte er. „Denn ich würde es für ein Verbrechen halten, wenn das wahr wäre, was man mir sagte. Das hätte die Reichsführung auch gar nicht nötig." Der gäubige Christ Werner Mölders blieb wie der Flieger Werner Mölders ein treuer Soldat. Nichts hätte ihn wankelmütig machen, nichts ihm seinen Glauben an den Sieg nehmen können. Er glaubte wie Millionen andere auch. Aber er ahnte nicht, daß es im Reichssicherheitshauptamt bereits eine Akte gab, auf der fein säuberlich sein Name geschrieben stand.

Der „Fall Mölders" war dem SS-Obergruppenführer Ernst Kaltenbrunner äußerst peinlich. Das ging aus seinem Protest gegen eine Aktion hervor, die sich gegen Mölders richten sollte. Kaltenbrunner wetterte gegen amtseifrige und bornierte „Primitivlinge", die sich die Sporen verdienen wollten, indem sie ausgerechnet dem beliebtesten, erfolgreichsten und mit der höchsten Tapferkeitsauszeichnung dekorierten deutschen Soldaten „Staatsgefährdung" nachzuweisen versuchten. Die Gestapo warf Mölders vor, er habe sich für den Bischof Graf Galen eingesetzt und gegen die Eingriffe des Staates in Kirchenangelegenheiten offen protestiert. Nachdem die „Akte Mölders" das Büro des „Reichsführers-SS" Himmler passiert hatte, war nicht mehr aufzuhalten, daß Hitler davon erfuhr.

„Ich möchte nicht, daß die Kirchen belästigt werden", sagte dieser zur Bormann, dem eigentlichen Drahtzieher im Kampf gegen den Klerus. „Eine Klärung und Trennung von Staat und Kirche wird nach dem Kriege erfolgen. Aber so lange wünsche ich Ruhe. Wenn Mölders von Übergriffen gehört hat und sich dagegen wehrt, kann ich nur Achtung vor ihm haben. Er ist ein gläubiger Christ, ein Mensch ohne Falsch. Lassen Sie die Finger von diesem anständigen Soldaten!"

Er drehte sich um und verließ mit schnellen Schritten das Zimmer. Kurze Zeit später wurde Mölders auf Befehl Hitlers zum Inspekteur der Jagdflieger ernannt. Sehr zu Mölders' Leidwesen, denn er fühlte sich bei seinem Geschwader äußerst wohl. Aber er sah die Gründe ein. Mit 115 Abschüssen nahm er Abschied von seinen Freunden.

Seine Aufgabe brachte es mit sich, daß er die Luftflotten an der Ostfront besuchte und sich die Wünsche und Anregungen der Befehlshaber anhörte. Der geduldige Zuhörer und Fachmann erkannte schon nach wenigen Tagen seiner neuen Tätigkeit die Engpässe und Mißstände, in denen sich Luftwaffe und Industrie befanden. Er machte sich Gedanken über das, was er gehört, erlebt und gesehen hatte. Und mit einem Male erkannte er, daß der Krieg in diesem Lande kein Blitzkrieg werden würde, wie er anfangs geglaubt hatte. Die Ausfälle in den Geschwadern beunruhigten ihn, und der schleppende, den Frontbedürfnissen kaum entsprechende Nachschub schien der Schlüssel zu allem Übel zu sein. Nach der ersten Bilanz, die er zog, wußte er, daß es für ihn, den jungen Oberst, von größter Bedeutung war, diese Aufgabe zu lösen, wenn der Erfolg nicht gefährdet sein sollte. –

Der 21. November brachte an der gesamten Ostfront Schnee und einen überraschenden Kälteeinbruch. So auch in der Nähe von Simferopol, wo Mölders sein vorläufiges Quartier bezogen hatte, um im Südabschnitt der Ostfront seine Inspektionen durchzuführen.

Ohne anzuklopfen, trat der Adjutant ins Zimmer und überreichte Mölders, der das bestürzte Gesicht des jungen Offiziers sah, ein Fernschreiben: „Generalluftzeugmeister Udet bei Erprobung neuer Maschinen tödlich verunglückt. Staatsbegräbnis 24. November. Führer und Reichsmarschall erwarten Sie."

Der Adjutant wartete die Reaktion seines Vorgesetzten nicht erst ab und meldete, daß der Chef der Luftflotte eine He 111 zum Flug nach Berlin zur Verfügung gestellt habe. Mölders starrte einen Augenblick wie benommen auf das Stück Papier, das er in den Händen hielt. Jetzt auch Udet, dachte er.

Am nächsten Morgen fuhr Mölders nach Cherson, wo die Maschine auf ihn wartete. Sie flog bis Lemberg. Tags darauf zog die He 111, mit Post und Päckchen zusätzlich beladen, weiter. In der Maschine befanden sich außer Mölders ein junger Major und ein Oberstleutnant. Die Maschine wurde von dem erfahrenen und gerade zum Oberleutnant beförderten Flugzeugführer Georg Kolbe gesteuert, der noch die Uniform eines Oberfeldwebels trug, denn die Neueinkleidung zum Offizier (Überspringen der Leutnantcharge) sollte in Berlin stattfinden. Beim Start vom Flugplatz Lemberg meldete die Wetterwarte: „Schlechte Sicht". Aber Mölders bestand auf dem Weiterflug. Die Wolkendecke riß nicht auf. Die Maschine rutschte von einer „Waschküche" in die andere. Der Flugzeugführer lehnte die Verantwortung für den Weiterflug ab und bestand darauf, kehrtzumachen. Aber Mölders befahl: „Sie fliegen weiter. Ich muß pünktlich in Berlin sein."

Zu allem Übel fiel auch noch einer der beiden Motoren aus. „Fliegen Sie den nächsten Flugplatz an“, befahl jetzt Mölders.
„Ich bin gleich in Schmiedefeld... bei Breslau“, kam es zurück.
Da geschah es. Es war elf Uhr dreißig. Ein dumpfer Knall erschütterte die Erde. Die Arbeiter in der Geflügelfarm Martin Quander in Breslau 32, Flughafenstraße 132, fuhren erschreckt zusammen. Ein Vorarbeiter riß die Bürotür auf, winkte. „Los, 'raus – draußen liegt eine deutsche Maschine! Kommt schnell!“
Unterdessen rannte der Stellmacher der Geflügelfarm zum Flugzeugwrack und versuchte, die Insassen aus den Trümmern zu befreien. Aber die Hilfe kam zu spät. Ein Mann in der Uniform eines Oberstleutnants lag tot am Boden. Daneben ein Oberst. In Luftwaffenuniform, mit der höchsten deutschen Tapferkeitsauszeichnung. Der Stellmacher stutzte. Diesen Offizier kannte er doch, dieses Gesicht hatte er doch schon gesehen! Einmal? Nein, hundertmal! Da fiel ihm der Name ein. „Mölders! Hier liegt Mölders!“ brüllte er. Die anderen Arbeiter eilten herbei, starrten auf die beiden Toten. Oberst Mölders hatte sich das Genick gebrochen.
Der Pilot, Oberleutnant Kolbe, lag in der zerschmetterten Maschine, an Armen und Beinen verletzt, als die Arbeiter ihn aus der Maschine hoben, schrie er vor Schmerzen. Auf dem Transport zum Lazarett starb er. Sowohl Mölders' Adjutant als auch der Bordfunker, der wimmernd auf der Wiese lag, überlebten. Er hatte sich nicht angeschnallt und war aus dreißig Meter Höhe aus der stürzenden Maschine gesprungen. Er kam mit einem Armbruch und einigen Prellungen davon. – Was war geschehen?
Die Maschine flog nur mit einem Motor den im dichten Nebel versteckten Flughafen Schmiedefeld an. Der Pilot hatte mit der Bodenstation Verbindung aufgenommen. Als er zur Landung einkurvte, wies ihn die Bodenstation an, in der Luft zu bleiben. Aber die Maschine hatte schon zuviel Höhe und Geschwindigkeit verloren. Der Flugzeugführer riß die Maschine hoch. Aber da fiel auch der zweite Motor aus. Die He 111 sackte wie ein Stein durch und krachte zu Boden. Der Rumpf brach hinter der Kanzel ab.
Auf dem Grundstück der Geflügelfarm Martin Quander erinnerte eine schlichte Gedenkplatte an den Tod des ersten Brillantenträgers. Nachdem sowjetische Sturmtruppen Schlesien überrannt hatten, gruben Polen die Gedenkplatte aus und warfen sie in den in der Nähe befind-

lichen Teich. Später holten sie deutsche Bewohner wieder heraus und betteten sie in den Boden. Sie wollten die Erinnerung an die letzten Jahre auslöschen. Oberst Werner Mölders aber ist in die Geschichte des letzten Krieges eingegangen. Er blieb unvergessen. Er war nicht nur ein hervorragender Soldat, sondern auch ein vorbildlicher Mensch. Ein Gentleman in Uniform.

GENERALLEUTNANT ADOLF GALLAND

Mit dreißig Jahren der jüngste General der Wehrmacht

Die schwarze Zigarre und das schwarze Bärtchen über der Lippe sind sein Markenzeichen. Es gibt kaum ein Foto, das ihn „ohne" zeigt: Adolf Galland, einer der meist fotografierten und gefilmten Soldaten des letzten Weltkrieges. Mit neunundzwanzig Jahren Inspekteur der Jagdflieger, mit dreißig der jüngste Generalmajor der Wehrmacht.

Adolf Galland gehörte zu jenen Soldaten, die den Luftkampf aus der Perspektive des klassischen Zweikämpfers betrachteten. Seine Auffassung vom Luftkrieg war wesentlicht bestimmt von der hohen Verehrung der Weltkriegsflieger Richthofen, Immelmann und Boelcke. Der Zweikampf, nicht das Töten oder Vernichten – wenn denn schon Krieg war – blieb das Entscheidende für diesen überragenden Flieger, Kämpfer und Taktiker.

Fliegen – das war seine ganze Leidenschaft. Zwar sollte Adolf Galland einen „ordentlichen" Beruf ergreifen, wie sein Vater, der Güterdirektor des Grafen von Westerholt auf Westerholt, wünschte, aber der Junge setzte sich schon damals durch. Dieses Durchsetzungsvermögen scheint ihm mit der Muttermilch mitgegeben worden zu sein: Adolf Gallands Vorfahren waren Hugenotten, er selbst in Westerholt bei Gelsenkirchen-Buer geboren. Französische und westfälische Art gaben ihm das Flair des Charmeurs mit Dickkopf. Im Segelflugzeug lernte er die Welt von oben kennen. Die dabei gewonnenen Eindrücke bestärkten ihn mehr denn je in dem Wunsch, das Fliegen als Beruf anzustreben. Was Wunder, wenn nach bestandenem Abitur in seinem Reifezeugnis zu lesen war: „Galland will Flieger werden!"

Damals, im Februar 1932, mußten acht Millionen Arbeitslose stempeln. Wer von den Jungen Glück hatte, bekam eine Lehrstelle. Dafür mußten die Eltern in den meisten Fällen auch noch monatlich zahlen. Und Galland wollte Flieger werden! Um es zu werden, mußte er aber die Verkehrsfliegerschule in Braunschweig absolvieren. Er bewarb sich, obwohl er wußte, daß mit ihm etwa 4000 Bewerber den gleichen Wunsch hegten. Achtzehn davon bestanden die Aufnahmeprüfung, Adolf Galland war dabei.

Nach dem Segelfliegen folgte die Motor- und Kunstflugausbildung „mit allen Schikanen". Dann, 1933, erhielt Galland die Gelegenheit, als Jagdflieger in Italien ausgebildet zu werden, streng geheim natürlich. Denn Deutschland durfte nach dem Versailler Vertrag neben dem Hunderttausendmannheer keine Luftwaffe unterhalten.
Nach dem italienischen Abstecher kam Galland als Flugzeugführer-Volontär zur Deutschen Lufthansa. Danach wurde ihm die Entscheidung nahegelegt, aktiver Offizier zu werden. Im Februar 1934 wurde er Rekrut beim Infanterieregiment 10 in Dresden und nach Absolvierung der Kriegsschule bereits Ende 1934 Leutnant, vorpatentiert auf den 1. 10. 1934.
Bald wurde auch – zunächst noch getarnt – die Luftwaffe aufgebaut. Für die fast modernen Maschinen standen bereits gutausgebildete Piloten zur Verfügung. Im März 1935 wurde Adolf Galland zum Jagdgeschwader 2 Richthofen, I. Gruppe, nach Döberitz versetzt. In den Hangars standen die neuen Heinkel 51. Die Wunschvorstellung des Fliegers Galland ging in Erfüllung. Jetzt konnte er fliegen, fliegen, fliegen. Doch im Oktober 1935 stürzte er beim Kunstflugtraining ab. Seine Nase wurde deformiert, und ein Auge hatte an Sehkraft beträchtlich eingebüßt. Kein Wunder, daß der Stabsarzt feststellte: „Galland, Sie sind jetzt fliegeruntauglich!"
Sollte nun alles umsonst gewesen sein? Galland suchte Rat bei älteren Kameraden, und dann war es sein Kommandeur, der zum Stabsarzt sagte: „Der Junge kann aber fliegen!" Und so durfte sich Galland wieder an den Steuerknüppel setzen.
Ein Jahr später, 1936, Bürgerkrieg in Spanien. Die iberische Halbinsel wurde zum Truppenübungs- und Erprobungsplatz der Großmächte. Die Sowjetunion half den Republikanern, Sozialisten und Kommunisten, die, obwohl in der Minderzal, bald in weiten Teilen Spaniens die Macht an sich rissen. Deutschland und Italien unterstützten den jungen General Franco. Von nun an begann der Wettlauf zwischen Weiß und Rot.
Streng geheim sondierten deutsche Offiziere in Spanien die Lage. Dann wurden die Karten auf den Tisch gelegt. Die Legion Condor kämpfte in Spanien für Franco. Oberleutnant Adolf Galland war dabei. Als Kapitän der „Micky-Maus-Staffel" erzielte er überragende Erfolge. Nach 15 Monaten wurde er von Werner Mölders abgelöst. Nach dem siegreichen Ende des Bürgerkrieges verlieh ihm Göring, wie auch Möl-

ders, Harder, Schellmann, Lützow, Oesau, Balthasar und Harlinghausen, das Spanienkreuz in Gold mit Brillanten, nachdem er bereits von Franco mit der Medalla de la Campaña und der Medalla Militar ausgezeichnet worden war.

Die in Spanien gesammelten Erfahrungen konnte Galland während des Krieges gegen Polen 1939, wie kaum ein anderer verwerten. Er flog mit seiner Staffel fünfzig Einsätze, vornehmlich in den Räumen Kutno, Warschau und Modlin.

Krieg gegen Frankreich. Am 12. Mai 1940 erzielte Adolf Galland seinen ersten bis dritten Abschuß. Damals ahnte er noch nicht, daß dieser Erfolg der Start für eine steile und erfolgreiche Laufbahn war. In kürzester Zeit verzeichnete er sieben Abschüsse. Dafür erhielt er, von Generaloberst Milch überreicht, das Eiserne Kreuz I. Klasse.
Es dauerte nicht lange, und Galland sah sich plötzlich Gegnern gegenüber, die nicht nur gleichwertige Flugzeuge, sondern auch ebenbürtiges fliegerisches Können besaßen: die Briten stellten sich mit ihren Hurricanes und Spitfires den deutschen Jägern! Am 29. Mai 1940 schoß Galland über Dünkirchen eine Spitfire ab. Er wird diesen Luftkampf nie vergessen, denn das war ein Gegner, der ihm alles abverlangte. Die feindliche Maschine stürzte schließlich brennend zu Boden, und Galland hoffte, daß der Pilot sich noch mit dem Fallschirm retten würde. Nichts geschah. Die Spitfire explodierte beim Aufschlag. Galland zog eine Schleife um die Aufschlagstelle, ein ehrender Gruß dem besiegten Gegner.
Unerwartet wurde Galland zum Jagdgeschwader 26 Schlageter versetzt. Dort übernahm er die III. Gruppe, bei der er sich gleich richtig einführte. Am 14. Juni, dem Tag der Übernahme, schoß er zwei Morane-Jäger ab. Kämpfe gegen zehn und zwanzig Maschinen waren an der Tagesordnung, und die Franzosen wie auch die Briten begannen Adolf Galland zu fürchten.
Am 18. Juli 1940 wurde Galland außer der Reihe zum Major befördert und erhielt als Achtundzwanzigjähriger am 29. Juli für 17 Abschüsse das Ritterkreuz.
Trotz den in der Öffentlichkeit sicherlich zu laut gefeierten Erfolgen der deutschen Jagdflieger zeigte sich Göring verärgert über die bisherigen Leistungen der Jagdwaffe in der Durchführung des Begleitschutzes

für die Bomber. Bei einer Besprechung in Karinhall mit Galland und Mölders, denen Göring das Goldene Flugzeugführerabzeichen mit Brillanten überreichte, beschwor der Reichsmarschall die beiden jungen Offiziere, mehr Schwung in die „Jägerei“ hineinzubringen. Er erklärte klipp und klar, daß die Führungsspitze verjüngt werden müsse und daß er vorhabe, Galland und Mölders zu Kommodores zu ernennen. Obwohl Galland den Wunsch äußerte, bei seiner Gruppe bleiben zu dürfen, lehnte Göring ab.

Nur wenige Tage nach der Ernennung zum Kommodore meldete Galland am 24. September seinen 40. Abschuß. Als drittem Soldaten der Wehrmacht wurde ihm danach das Eichenlaub verliehen.

Gallands Geschwader lag auch 1941 noch an der Kanalküste. Am späten Nachmittag des 10. Mai rief Göring den Kommodore an und befahl ihm, sofort mit dem ganzen Geschwader zu starten. Da dieser Befehl unverständlich schien, fragte Galland nach dem Grund, nicht bevor er dem Reichsmarschall erklärt hatte, daß keine Einflüge gemeldet seien. Göring aufgeregt: „Sie sollen diesmal einen Ausflug verhindern. In der Me 110 fliegt der verrücktgewordene Stellvertreter des Führers nach England. Er muß unbedingt heruntergeholt werden!“

Der Kommodore prüfte die Lage und kam zu dem Entschluß, daß er keinen Startbefehl geben könne, da es bereits viel zu spät war und sich zu viele deutsche Nachtjäger – überwiegend Me 110 – in der Luft befanden. Und wer sollte schon wissen, in welcher Maschine Rudolf Heß saß? Außerdem hielt Galland das Unterfangen für zweck- und sinnlos, denn er glaubte nicht, daß Heß von Augsburg aus ungeschoren England erreichen würde. Schließlich war die englische Luftverteidigung äußerst wachsam.

Heß aber gelang unerwartet der Flug. Über Schottland an seinem Ziel, sprang er mit dem Fallschirm ab. Dazu Galland in seinem Buch *Die Ersten und die Letzten:* „Welche Hintergründe der Flug auch immer gehabt haben mag – hier hatte jemand versucht, im letzten Augenblick die Notbremse eines über eine falsche Weiche rasenden Zuges zu ziehen.“

Am 21.6.1941 (Verleihungstag der Schwerter) hätte Galland beinahe seinen letzten Gegner gejagt. Innerhalb vier Minuten schoß er an diesem Tage zwei Blenheim-Bomber ab und mußte angeschossen mit stehendem Motor bruchlanden. Am Nachmittag, als sein 70. Gegner vom Himmel fiel, wurde er verwundet. Der Höhenmesser zeigte 6000

Meter an, als seine Me 109, schwer getroffen, unversehens in Flammen stand.
Aussteigen! sagte er sich. Aber soviel er auch am Kabinendach schob und zerrte – es bewegte sich nichts. Einschlagende Geschosse hatten das Dach verklemmt. Die quälende Hitze und heiße Flammen nahmen ihm dazu noch den Atem. Inzwischen machte sich die Me 109 selbständig und montierte ab. Und Galland saß immer noch fest...
Da spürte er zum ersten Male panische Angst. Der Gedanke, bei lebendigem Leib zu verbrennen, ließ ihn aber Sekunden später übermenschliche Kräfte entwickeln. Angesichts des furchtbaren Todes stemmte er sich noch einmal gegen das Dach – und es gab nach. Er sprang ab. Das heißt – er wollte es tun. Da gab es einen merkwürdigen harten Ruck und er sah, daß er am letzten Drittel des Kabinendaches hängengeblieben war. Die Maschine, die in hellen Flammen stand, stürzte mit Galland in die Tiefe! Die Chance, mit dem Leben davonzukommen, schien vorbei. Aber wie durch ein Wunder löste sich der verklemmte Fallschirm, und Galland fiel von der bereits trudelnden Maschine wie ein Stein in die Tiefe. Schnell wollte er den Aufreißgurt bedienen. Unzählige Male hatte er es geübt. Aber in der Aufregung griff Galland daneben und nestelte am Schnelltrennschloß. Er hatte es bereits entsichert, als er mit Schrecken feststellte, daß er ganz kurz vor der Rettung beinahe seinen eigenen Tod verursacht hätte. Dieses Angstgefühl raubte ihm fast die Besinnung. Und das in 5000 Meter Höhe. Er fiel und fiel und raste der Erde zu. Die Geschwindigkeit wurde immer größer, herzbeklemmender. Noch ein weiterer Griff, und er wäre ohne Fallschirm in den Boden gerammt. Das so viel zitierte Fliegerglück war jedoch auf seiner Seite – er landete wohlbehalten. –

Die Engländer hatten viele verwegene Jagdflieger, aber einen, der aus der Reihe der hervorragenden, unerschrockenen Piloten herausragte und dessen Name auch bei der deutschen Luftwaffe einen einmaligen Klang besaß: Wing Commander Douglas Bader.
Der Mann mit dem deutschausgesprochenen Namen war eine Sensation, denn er flog mit zwei Kunstbeinen. Bei einem Flugunfall wurden ihm 1931 beide Unterschenkel zerschmettert. Seit jenem Tage setzte sich in Bader der Wille fest, jetzt erst recht zu fliegen. Denn er vertrat den Standpunkt, daß in erster Linie das Herz und dann erst die Beine für einen Jagdflieger entscheidend sind.

Eines Tages, 1941, läutete das Telefon in Gallands Gefechtsstand in Frankreich. Mit atemloser Stimme meldete ein Gruppenkommandeur, daß während des letzten Luftkampfes der britische Wing Commander Douglas Bader abgeschossen und, am Fallschirm gelandet, in deutsche Gefangenschaft geraten sei. Kurz entschlossen schickte Galland einen Ordonnanzoffizier mit seinem Wagen ins Lazarett und lud den verblüfften Commander zu einer Teestunde in das Stabsquartier des Jagdgeschwaders ein.

Gleich nach seiner Gefangennahme fragte Bader: „Hoffentlich wurde ich nicht von einem Obergefreiten abgeschossen?" Niemand wußte es genau. Sicher war es kein Obergefreiter gewesen, vermutlich eher ein Unteroffizier, einer von denen, die sich als Jäger einen ausgezeichneten Ruf verschafft hatten und die nicht schlechter flogen als die besten Piloten des Offizierkorps. Aber auch dieser Unteroffizier hätte Bader nicht über seine Niederlage hinwegtrösten können. Und so beschlossen Galland und seine Offiziere, einen Oberleutnant zu wählen, der dem britischen Offizier, der unbedingt seinen Bezwinger kennenlernen wollte, vorgestellt würde. Der junge Oberleutnant hatte kein gutes Gefühl, als er dem Wing Commander gegenüberstand. „Ich gratuliere Ihnen...", war dann alles, was der große Besiegte sagte.

Bei der Verabschiedung sprach Bader noch eine Bitte aus: „Dürfte ich Sie bitten, Kommodore Galland, zu veranlassen, daß man mir aus England meine beiden Ersatz-Prothesen schickt?" Galland glaubte zuerst an einen Scherz. Aber das Gesicht des Engländers verriet, daß es bitterer Ernst war. „Mal sehen, was sich machen läßt, Commander. Ich muß erst einmal mit meiner vorgesetzten Dienststelle darüber sprechen", antwortete Galland und setzte sich unmittelbar danach mit Göring in Verbindung. Der Reichsmarschall ging begeistert darauf ein: „Wir werden dem Engländer helfen. Das ist ein Gebot der Fairneß. Wissen Sie, Galland, das war bei uns im Ersten Weltkrieg auch nicht anders. Ganz genau so."

Und dann veranlaßte Galland, daß über die internationale Seenot-Frequenz Verbindung mit den Briten aufgenommen wurde. Die Engländer wollten zuerst nicht an die Wahrheit des Funkspruches glauben. Aber als ihnen versichert wurde, daß es Bader gut gehe, er aber ohne die Zweit-Prothesen, die sich in seiner Wohnung befänden, nicht gehen könne, willigten sie in den Plan ein, die künstlichen Beine herüberzubringen.

Bader wußte auch seine von den deutschen Mechanikern reparierten Prothesen zu nutzen. Denn er unternahm mit ihnen einen Fluchtversuch, indem er sich mit Hilfe von aneinandergeknoteten Bettlaken aus seinem Lazarettfenster abseilte. Er kam jedoch nicht weit.
Wie erstaunt war Galland, als er Jahre später, als Gefangener, Douglas Bader wiedersah. Der Commander machte es kurz. Er begrüßte Galland mit einer Kiste guter Zigarren und sorgte dafür, daß es seinem fairen deutschen Gegner nicht schlechter ging als ihm einst in vertauschten Rollen. –
Es gab keine Zeitung, keine Illustrierte und keine Wochenschau, die nicht Aufnahmen von Galland gebracht hätte. Diesem schneidigen und tüchtigen Offizier, der im Sommer 1941 21 Spitfires, drei Blenheims und eine Hurricane abgeschossen hatte, ging der Ruf voraus, auch im Kampf auf Leben und Tod, fair und ritterlich zu sein. Eines Tages fragte ihn Göring, was er von einem Befehl halte, englische Piloten am Fallschirm abzuschießen?
Galland: „Ich würde es für Mord halten, Herr Reichsmarschall! Diesen Befehl würde ich nie ausführen, ihn nicht weitergeben und mich ihm mit allen Mitteln widersetzen!"
Göring war zufrieden: „Genau diese Antwort habe ich von Ihnen erwartet. Das ist so wie im Ersten Weltkrieg. Wir hätten einen so gearteten Befehl auch nicht ausgeführt!"
Am 22. November 1941 stürzte Oberst Werner Mölders, der erste General der Jagdflieger, in der Nähe von Breslau ab. Am offenen Grabe hielt der inzwischen zum Oberstleutnant beförderte Adolf Galland Ehrenwache. Er dachte daran, daß der optimistische Mölders zu Beginn des Krieges gegen die Sowjetunion gesagt hatte: „Das werden wir auch bald haben." Und dann fielen ihm die Worte Görings ein: „Zuerst kommt Mölders mit seinem Geschwader an die Ostfront. Die Sowjets sind zwar zahlenmäßig überlegen, aber fliegen können sie nicht. Schießt man ihren Verbandsführer ab, dann wissen die Analphabeten nicht mehr, was sie machen sollen. Wenn Mölders genug gemacht hat, kommen Sie, Galland, und besorgen den Rest."
Daran dachte Galland jetzt am offenen Grabe seines Freundes. Nach den Beisetzungsfeierlichkeiten winkte der Reichsmarschall Oberstleutnant Galland zu sich und ernannte ihn als Nachfolger von Mölders zum „General der Jagdflieger".
Was mag in dem neunundzwanzigjährigen Oberstleutnant vorgegan-

gen sein, als ihm dies schwere und verantwortungsreiche Amt übertragen wurde? Mit neunundzwanzig Jahren „General der Jagdflieger", das hieß Verantwortung tragen für die gesamte Jagdwaffe, für die Technik, die Versorgung, die technische Entwicklung, die Produktion, für den Ersatz gefallener oder verwundeter Verbandsführer, für die Gesamtlage. Und das zu einem Zeitpunkt, als der Feldzug gegen die Sowjetunion nicht so verlief, wie es sich die deutsche Führung vorgestellt hatte. Der Winter hatte zum ersten Male die Schwächen und Mängel der deutschen Wehrmacht und deren Führung aufgedeckt. Und ebenso zum ersten Male waren die Verlustlisten endlos lang. Der Schock traf die Führung bis ins Mark.

Für Galland, der bisher ein Geschwader geführt hatte, galt es „umzuschalten". Aus dem kämpferisch-taktischen Bereich mußte er sozusagen im Kopfsprung in die Luftkriegsstrategie hineintauchen. Mit neunundzwanzig Jahren! Er war fachlich dem Chef des Generalstabs der Luftwaffe, disziplinarisch dem Oberbefehlshaber (Göring) persönlich unterstellt. Er hatte also nur zwei direkte Vorgesetzte: Göring und Jeschonnek.

Es fiel dem zum General der Jagdflieger ernannten Adolf Galland nicht leicht, von seinem Geschwader Abschied zu nehmen. In schweren und schönen Zeiten hatte sich eine verschworene Kameradschaft gebildet. Dies sagte er auch Göring, der ihn zwar verstand, aber bei seinem Entschluß blieb. Sozusagen als Trost nahm Galland dem Reichsmarschall das Versprechen ab, wenigstens seine Verabschiedung vom Geschwader vorzunehmen.

Am 5. Dezember kam Göring nach Abbéville, um am Grabe seines im Luftkampf gefallenen Neffen, der in Gallands Geschwader flog, einen Kranz niederzulegen. Bei dieser Gelegenheit sprach er in Hitlers Namen Gallands Beförderung zum Oberst aus. Danach fuhren sie gemeinsam nach Audembert, wo das Geschwader angetreten war und Galland verabschiedet wurde. Jetzt, als General der Jagdflieger, wartete eine schwere, verantwortungsvolle Aufgabe auf ihn. Um es vorweg zu sagen: er hat sie gemeistert.

Gallands Dienststelle befand sich in Berlin. Zu seiner Unterstützung holte er sich bewährte und vertraute Mitarbeiter heran. Seinen Gefechtsstand schlug er in Goldap auf, in der Nähe von Görings und Hitlers Hauptquartieren. Die vordringlichste Aufgabe bestand nach den Vorstellungen der obersten Führung in der raschen Niederringung der

Sowjets. Dabei sollte die Luftwaffe konzentriert eingesetzt werden. Inzwischen waren aber die ersten Vorkommandos der US-Luftwaffe in England eingetroffen. Roosevelt hatte nicht lange gewartet. Die Bomberoffensive war bereits vorbereitet – und Galland ahnte, was auf ihn zukommen würde.
Es war eine Überraschung, als dem jungen Oberst am 28. Februar 1942 nach 94 Luftsiegen die Brillanten verliehen wurden. Mölders hatte sie erst nach dem „Hundertsten" bekommen, doch Hitler meinte, daß die 94 von Galland, da ausschließlich im Westen erzielt, „schwerer wögen". Sicherlich wollte er aber mit der Verleihung der höchsten Auszeichnung die Bedeutung von Gallands neuer Stellung unterstreichen.
Die Feuerprobe kam schneller als erwartet. Schon im Januar erhielt Galland unter größter Geheimhaltung den Auftrag, den Jagdschutz für die Operation *Donnerkeil* zu übernehmen. Die im Hafen von Brest liegenden Schlachtkreuzer *Gneisenau* und *Scharnhorst,* sowie der schwere Kreuzer *Prinz Eugen* sollten verlegt werden. Bislang hatten sie die Aufgabe gehabt, die Royal Navy zu binden. Damit entlasteten sie sogar die deutsch-italienische Versorgungsschiffahrt im Mittelmeer und indirekt Rommels schwere Lage in Afrika.
Anlaß zu diesem Unternehmen war Hitlers Befürchtung, sein Plan für 1942, die sowjetischen Streitkräfte endgültig zu vernichten, sei gefährdet: anglo-amerikanische Hilfslieferungen an die Sowjetunion würden deren Widerstand stärken. Außerdem war er von einer neuen britisch-skandinavisch-sowjetischen Offensive an der Nordflanke überzeugt. Informationen der Nachrichtendienste verleiteten ihn zu dieser Annahme. Aus diesem Grunde verlangte er die Verlegung der drei Kriegsschiffe aus Brest in den skandinavischen Raum. Die Leitung der Kriegsmarine vertrat jedoch eine andere Auffassung. Und auch Luftwaffen-Generalstabschef Jeschonnek war anderer Meinung. Aber Hitler blieb bei seinem Entschluß.
Bei diesem Unternehmen bewies Adolf Galland sein organisatorisches Talent. Die Steuerung des Jagdschutzes lief auf die Minute genau ab. In engstem Zusammenwirken mit den für den Durchbruch zuständigen Stellen der Kriegsmarine und den Kommandanten der Kriegsschiffe legte Galland in einer großen Lagebesprechung seinen Plan zur Durchführung der Operation *Jagdschutz* vor. Hitler war beeindruckt und fragte Galland unter vier Augen, ob er an das Gelingen der Operation glaube, zumal ja alles vom Luftschirm abhänge, der den Schiffs-

verband umgebe. Galland zögerte nicht lange. „Es hängt alles davon ab, wieviel Zeit die Engländer haben werden, um die Royal Air Force gegen die Gruppe zu mobilisieren. Wir brauchen eine vollständige Überraschung, außerdem Glück. Meine Jäger werden ihr Letztes hergeben, wenn sie wissen, um was es geht."

Noch einmal beschwor Hitler die Teilnehmer der Konferenz, strengste Geheimhaltung zu üben. Galland zog die notwendigen Geschwader zusammen. Er wußte, daß dieses Unternehmen ein großes Risiko darstellte. Aber ihn reizte auch die Aufgabe, mit seinen Jägern entscheidend an einer Operation teilzunehmen, die von jedem einzelnen alles forderte. Galland hatte hier glänzend seine Bewährungsprobe als General der Jagdflieger abgelegt. In unermüdlicher Kleinarbeit waren Detailpläne ausgearbeitet, mit der Kriegsmarine abgestimmt, war gerechnet, berechnet, abgewogen, verworfen, neu geplant, die Wetterlage beobachtet worden. Fast mit der Stoppuhr in der Hand wurden die Einsätze der Jäger auf dem Reißbrett geübt.

Trotz der strengen Geheimhaltung blieb es allerdings dem alliierten Nachrichtendienst nicht verborgen, daß in Brest etwas Besonderes vor sich ging. In der Nacht vom 11. zum 12. Februar sollte dann *Donnerkeil* anrollen. Galland hatte zeitweilig 252 Maschinen zur Verfügung. Wie hatte Hitler gesagt? „Vom Luftschirm hängt alles ab..."

Überraschung und Operation gelangen.

Der Luftschirm funktionierte.

Die Royal Air Force befand sich zwar in Alarmzustand, aber auf der Insel glaubte niemand an die Meldung eines britischen Aufklärers, er habe einen größeren Flottenverband mit hoher Fahrt im Kanal gesichtet. So viel Frechheit und Verwegenheit traute man auch der deutschen Kriegsmarine nicht zu. Schließlich hatten es seit 1690 die Engländer nicht mehr erlebt, daß feindliche Kriegsschiffe „ihren Kanal" durchfuhren. Die Briten, nun mit der Tatsache konfrontiert, versuchten mit allen Mitteln den Durchbruch der Deutschen zu verhindern. Der Kanal war minenverseucht – und trotzdem gelang es den Schiffen – außer einigen Beschädigungen eben durch Minen –, durchzubrechen. Die Royal Air Force stürzte sich verzweifelt auf die Kreuzer. Aber da waren Gallands Jäger zur Stelle. Der Wehrmachtsbericht meldete am 13. Februar: „Bei der Luft- und Seeschlacht im Kanalgebiet am 12. Februar 1942 wurde ein englischer Zerstörer in Brand geschossen. Deutsche Seestreitkräfte unter Führung des Vizeadmirals Ciliax erreichten, bei Verlust nur eines Vorpostenbootes, nach Durchbruch der Kanalenge zwischen Calais und Dover, vollzählig ihre Bestimmungshäfen. 49 britische Flugzeuge wurden abgeschossen. Fliegerverbände des Generalfeldmarschalls Sperrle unter Führung von General Coeler (Bomber und Aufklärer) und Oberst Galland (Jäger und Nachtjäger) zeichneten sich besonders aus."

Erst nachdem die Operation vollständig abgeschlossen war, erfuhr die Öffentlichkeit von dem wahren Ausmaß des Unternehmens. Der taktische Erfolg war außerordentlich groß, die Verluste blieben äußerst gering. Die Zahl der abgeschossenen englischen Flugzeuge erhöhte sich auf über 60. Der moralische Schock wirkte lähmend auf die Alliierten.

Die Leistungen des jungen Obersten als „General der Jagdflieger" beeindruckten Hitler. Am 19.11.1942 beförderte er Adolf Galland zum Generalmajor. Eine sensationelle Karriere hatte den Höhepunkt erreicht. Mit dreißig Jahren war Adolf Galland der jüngste General der Deutschen Wehrmacht!

Wie er selbst in seinem Buch schreibt, trug er schwer an der Verantwortung. Es konnte nicht ausbleiben, daß es bald schon zu Auseinandersetzungen mit Göring kam. Der Reichsmarschall machte Galland völlig zu Unrecht schwere Vorwürfe über „das Versagen der Jäger", die ihre Erfolge gegen einen immer stärkeren Gegner kaum noch steigern konnten.

Bei den häufigen verbalen Konfrontationen nahm Galland nie „ein Blatt vor den Mund". Er sagte seine Meinung, ob sie Göring paßte oder nicht. Da er als General der Jagdflieger keine direkten Befehlsbefugnisse hatte, konnte er auch nicht direkten Einfluß auf wichtige operative oder organisatorische Entscheidungen ausüben. Natürlich wurde er zu allen diesen Entscheidungen gehört – und er nutzte immer die Gelegenheiten, seine Meinung und seine Auffassung vorzutragen. In vielen Fällen wurden seine Anregungen und Ratschläge auch angenommen. Wie gesagt, es war nicht leicht für den jungen General, sich in einem Kreis von weitaus älteren „Kollegen" durchzusetzen.

Schon im Herbst 1942 wurde Galland von Generalstabschef Jeschonnek beauftragt, an der Ostfront die Nachtjagd zu improvisieren und die nächtliche Versorgung sowjetischer Partisanen aus der Luft zu bekämpfen. Inzwischen wurde die sogenannte „Reichsverteidigung" gebildet. Gallands Warnungen in bezug auf die zu erwartenden Bombenangriffe wurden jedoch von Göring in den Wind geschlagen.

Die alliierte Strategie zur Niederringung Deutschlands lag klar auf der Hand: aus der Luft sollte die deutsche Rüstungsindustrie vernichtet werden. Als sich keine durchschlagenden Erfolge einstellten, begannen die Alliierten mit der Zerstörung der Städte. Millionen Tonnen Bomben wurden über Deutschland abgeworfen. Bomberverbände, in Pulks zu 800 bis 1200 Maschinen, flogen Tag und Nacht ein. Die deutschen Jäger standen dieser gewaltigen Armada feuerspeiender „Fliegender Festungen" und deren Begleitjägern machtlos gegenüber. Und dennoch setzten sie sich bedingungslos und ohne Rücksicht auf ihre Person ein. Ein zermürbender Kampf gegen Windmühlenflügel hatte begonnen.
Noch einmal sollte die deutsche Jagdwaffe einen triumphalen Erfolg erringen. Am 17. August 1943 verloren die Amerikaner 60 viermotorige Bomber beim Angriff auf Schweinfurt. Am 14. Oktober wiederholten sie trotz den erlittenen Verlusten noch einmal diesen Angriff. Galland zog gegen die 226 anfliegenden „Fliegenden Festungen" 300 Tagjäger und 40 Zerstörer zusammen und griff an. Diesmal schossen die deutschen Jäger 61 Bomber ab und beschädigten 140. Dieser Erfolg sollte sich nicht mehr wiederholen, denn nach dieser Niederlage flogen die Bomberverbände nur noch mit stärkstem permanentem Jagdschutz ein.

Wo immer sich eine Gelegenheit bot, trug Galland seinen Vorgesetzten seine Bedenken vor. Nachdem er im April 1943 den Prototyp gestartet hatte, war er von der neuen Me 262, dem ersten Flugzeug der Welt mit Strahltriebwerk, begeistert. Diese Maschine für alle Jagdgeschwader! Er sagte es Göring. Aber der winkte ab. „Der Führer will die Me 262 als Blitzbomber über England und dann später über der Invasionsküste einsetzen." Welcher Unsinn! Hier hätte die deutsche Kriegführung noch einmal die große Chance gehabt, mit dieser Maschine eine Wende im Luftkrieg herbeizuführen, was später, nach dem Kriege, Fachleute aus aller Welt bestätigten.
Die Zusammenarbeit mit Göring wurde nun zeitweise unerträglich. Der Reichsmarschall fiel bei Hitler mehr und mehr in Ungnade. Schließlich erzielte die Luftwaffe gegen die einfliegenden Bomber, gemessen an deren Zahlen, nur noch geringe Erfolge. Das verdroß Göring, der tobte und die tapferen Jäger beschimpfte. In Wirklichkeit hatten sie nicht versagt. Das war Görings Ausrede und Selbstbeschwichtigung. In einer lebhaften Diskussion im Kasino des Flugplatzes Schleißheim, zu der Göring alle Verbandsführer befohlen hatte, verlor dieser

seine Beherrschung und warf der Jagdwaffe Versagen und Feigheit schon bei der Schlacht um England vor. Als er sich auch noch dazu verstieg, den höchstausgezeichneten Offizieren vorzuwerfen, sie hätten sich über England ihre Ritterkreuze zusammengeschwindelt, riß sich Galland erregt die Auszeichnung vom Hals und warf sie auf den Tisch. Galland: „Eisiges Schweigen lag über dem Raum. Ich sah fest in die Augen des im wahrsten Sinne des Wortes sprachlosen Reichsmarschalls und war auf alles gefaßt. Aber es geschah nichts. Göring führte in gemäßigtem Ton seine Darlegungen bald zu Ende. Seit jenem Tag trug ich meine Kriegsauszeichnungen über ein halbes Jahr nicht mehr."

Im Januar 1945 wurde Galland seines Postens als „General der Jagdflieger" enthoben. Göring befahl ihm schließlich, einen Jagdverband, ausgerüstet mit Düsenjägern, aufzustellen. In diesen Versuchsverband, der die berühmte Me 262 flog, die vor allem in den letzten Kriegsmonaten von sich reden machte und dem Gegner noch erhebliche Verluste zufügte, hatte er alte Freunde und erfolgreiche Jagdflieger geholt. Mit diesen Maschinen, die Düsenantrieb hatten und von denen Galland sagte: „Diese Typen gleich zu Beginn des Krieges gebaut, hätten ihn für uns entscheiden können", kämpfte er gegen die Übermacht der Anglo-Amerikaner. Bei einem Einsatz schoß er mit einer einzigen Raketensalve gleich zwei Marauder-Bomber ab. Die Abschußerfolge des Verbandes waren im Vergleich zur Zahl der eingesetzten Maschinen überraschend hoch. Mit einem „Heidenrespekt" wich der Gegner aus, er wußte, daß er an Schnelligkeit und Feuerkraft weit unterlegen war.

In jenen Tagen, in denen alles auf die letzte Karte gesetzt wurde, sollte der „Volksjäger", ein mit nur einem Düsentriebwerk angetriebenes Flugzeug, die einfliegenden Bomber zum Absturz bringen. Aber es fehlten ausgebildete Jagdflieger. Durch falsch geleitete Personalpolitik verbluteten sie mit dem Gewehr in der Hand bei der Infanterie. Um diese Lücke auszufüllen, sollten die „Volksjäger" mit sechzehn- und siebzehnjährigen Hitlerjungen und Segelfliegern besetzt werden und zusammen mit den „Rammjägern" aufsteigen und den Gegner zum Rückzug zwingen. Es kam nur zu vereinzelten erfolglosen Einsätzen. Der Krieg ging zu Ende.

Adolf Galland hielt sich in Bayern auf, als seine märchenhaft steile Soldatenlaufbahn schlagartig beendet wurde. Sorgen um seine Zukunft kannte er nicht. Er wollte nicht anders behandelt werden als die Millionen anderer Soldaten. Aber bevor er sich den Amerikanern stellte, ließ er sämtliche Me 262 in Flammen aufgehen.

In England, wohin er von den Amerikanern als prominenter Jagdflieger überstellt worden war, erlebte er eine Überraschung, als sich ein Verhöroffizier als „alter Bekannter" vorstellte. Dieser Amerikaner war während der ersten Kriegsjahre als Korrespondent in Berlin gewesen, als Goebbels eine Pressekonferenz abhielt, zu der Galland als Ehrengast geladen war. Die Propagandamaschine lief damals auf Hochtouren, und der berühmte deutsche Jagdflieger sollte der Auslandspresse seine Eindrücke vom Krieg in bunten Farben schildern. Damals hatte der junge Journalist den Flieger Galland interviewt – jetzt verhörte er den Gefangenen Galland.

Zwei Jahre dauerte die Gefangenschaft. Und in diesen zwei Jahren, zwischen Verhören, Diskussionen und Erfahrungsaustausch, machte der Flieger aus Leidenschaft Zukunftspläne. In Deutschland konnte er nicht mehr fliegen. Das Land war zerstört, Millionen Flüchtlinge irrten durch die zertrümmerten Städte. Eine Völkerwanderung größten Stils hatte, von Ost nach West, eingesetzt.

Als Adolf Galland in die Heimat zurückkehrte, versuchte er eine Existenz aufzubauen. Anfang 1948 erhielt er aus Argentinien Nachricht, daß in diesem Land Interesse der Luftwaffe an seinen Kriegserfahrungen bestünde. Im November des gleichen Jahres ging Galland dann nach Argentinien, wo er manche Bekannte traf, darunter den erfolgreichen Bombenflieger Werner Baumbach und den berühmten Chefkonstrukteur der Focke-Wulf-Werke Prof. Kurt Tank. Er schloß einen Vertrag mit dem argentinischen Luftfahrtministerium ab, beriet die argentinische Luftwaffe in Fragen der Luftverteidigung und -ausbildung. Nach sechseinhalb Jahren kehrte er nach Deutschland zurück.

Vielleicht wäre Galland auch geblieben, denn er fühlte sich in diesem Land und unter diesen Menschen sehr wohl. Aber die politische Entwicklung ließ ihn eine andere Entscheidung fällen.

In der Bundesrepublik hatte sich das „Klima" geändert. Eine neue Armee sollte aufgebaut werden. Und dazu gehörte natürlich auch eine Luftwaffe. Der Beauftragte für die Aufstellung der Streitkräfte, Theodor Blank, setzte sich mit Galland in Verbindung, unterbreitete ihm seine Pläne, hörte sich Gallands Vorstellungen an. Nach kurzer Zeit stand es für Theodor Blank fest, Galland zum Inspekteur der neuaufzu-

bauenden Luftwaffe zu berufen. Doch es kam anders. Die geplante Europäische Verteidigungsgemeinschaft (EVG) wurde auf Betreiben der französischen Regierung im letzten Augenblick erstickt. Und damit fiel die Entscheidung gegen Galland. Theodor Blank wurde später abgelöst und F. J. Strauß 1956 Verteidigungsminister der Bundesrepublik. Dieser holte sich seinen Landsmann Kammhuber, ehemaligen Kommandierenden General des Nachtjagdkorps, und ernannte ihn zum Luftwaffeninspekteur.
Zurückblickend bedauert Galland diese Entscheidung ganz und gar nicht. „Ich hätte den eingeschlagenen Kurs nicht mitgemacht. Es ging alles viel zu übergangslos, überhastet, ohne klare Linie. Konzessionen an die Politik, wie überhaupt der Primat der Politik dem Aufbau der Luftwaffe oft zu sehr im Wege stand.
Der Aufbau erfolgte ohne psychologische Vorbereitung der Bevölkerung. Erfahrungen aus dem Kriege galten nicht mehr, Schreibtischstrategen hatten Vorrang. Erst dann, als Steinhoff, Trautloft, Rall, Panitzki, Krupinski und die anderen erfolgreichen Jagdflieger Einfluß gewannen, wurde es besser. Aber der Anfang war nicht nach meinem Geschmack…"
Für Adolf Galland stellte sich die Frage: was nun tun? überhaupt nicht. Er hatte bereits Verbindung zur Luft- und Raumfahrtindustrie aufgenommen. In einer Düsseldorfer Firma wurde er Teilhaber, schied aber schon nach zwei Jahren aus und machte sich selbständig. Er ist seitdem Industrieberater, außerdem Verwaltungsratsvorsitzender dreier Firmen der allgemeinen Luftfahrt – Luftbild, Charterflug- und eines bedeutenden Hubschrauber-Einsatzunternehmens, das neben Pipeline- und Hochspannungsleitungsüberwachung sowie Hubschrauberpiloten-Ausbildung hauptsächlich Schädlingsbekämpfung, hier und in Afrika, durchführt.

Es gibt kaum einen Fliegeroffizier des letzten Krieges, der so hohes internationales Ansehen genießt wie Galland. Als Ehrengast und Gastsprecher vieler internationaler Flieger- und Aeronautiker-Treffen in aller Welt zählt er zu den ganz Prominenten. Er ist Ehrenmitglied des exklusiven internationalen Flieger-Clubs „International Order of Characters". In der Bundesrepublik ist er Ehrenmitglied der „Gemeinschaft der Jagdflieger".
Natürlich fliegt er – wie sollte es auch anders sein – seit 15 Jahren

seine einmotorige Beechcraft Bonanza, weil er, wie er sagt, immer nur mit einem Motor geflogen ist.
Er hat sich kaum verändert: das ehemals dunkle Haar ist graumeliert, unverändert aber sind das schwarze Bärtchen, die Zigarre und das jungenhafte Lachen charakteristisch für den heute Vierundsechzigjährigen, der einmal als Vorbild für Millionen junger Menschen galt.

Oberst Gordon M. Gollob

Er flog über 100 Flugzeugtypen

März 1975. Gerichtsgefängnis Kitzbühel, Zelle 8. Der Tourist schaute sich interessiert um. Alles war wie früher. Er blätterte im Insassenbuch, stutzte, sein Name. Gefangenen-Nummer 318/1945. Aufstellung der Habseligkeiten. Vom Schemel bis zum Kübel. Fast auf den Tag waren es dreißig Jahre, daß Oberst a. D. Gordon M. Gollob am 1. 6. 1945 als Zivilist vom amerikanischen CIC inhaftiert wurde. Vor dreißig Jahren! Die Erinnerung überwältigte den Besucher, der den außergewöhnlichen Vornamen Gordon Mc trug, der ihn immer wieder zu einer interessanten Erscheinung machte. Ein Mann der Gordon Mc hieß, mußte er nicht etwas Besonderes sein? Er war es...

Die Kerzen in den Schalen brannten zu Stümpfen. Das flackernde Licht warf gespenstische Schatten an die Wände des weiten Raumes. In einem Sessel thronte Reichsmarschall Hermann Göring, Oberbefehlshaber der deutschen Luftwaffe, Herr von Karinhall. Ihm gegenüber hatte ein junger Oberst Platz genommen.

„Sie kommen spät, mein Lieber", sagte Göring ein wenig kurzatmig. „Ich hatte Sie früher erwartet – wir haben keine Zeit mehr."

Der Reichsmarschall spielte mit einer goldenen Tabaksdose, die vor ihm auf dem Schreibtisch lag.

„Es war nicht eher möglich, Herr Reichsmarschall", entgegnete der Besucher. „Diese ewigen Fliegeralarme! Der Teufel scheint wieder los zu sein." Er traf damit die empfindlichste Stelle Görings, der einst erklärt hatte, mit seinem Namen dafür zu bürgen, daß kein feindliches Flugzeug über dem Reichsgebiet auftauchen würde. Aber daran wollte er nicht mehr erinnert werden, denn jetzt gab es fast nur noch Maschinen der Alliierten an Deutschlands Himmel. Es stand schlecht um das Reich in den Januartagen des Jahres 1945.

Göring erhob sich. Mit den Fäusten stützte er sich auf die schwere Schreibtischplatte und sah sein Gegenüber ernst an. „Ich habe Sie hierherrufen lassen, weil Sie eine neue Aufgabe übernehmen sollen. Die Luftwaffe ist noch nicht am Ende, sie darf es nicht sein. Gollob, Sie müssen mir dabei helfen! Darum ernenne ich Sie mit sofortiger

Wirkung zum General der Jagdflieger!" Impulsiv streckte er dem Oberst, der sich ebenfalls erhoben hatte, die Hand entgegen. „Sie werden es schaffen! Es muß geschafft werden! Nicht auszudenken, wenn..."
Er sprach nicht weiter. Aber der Oberst wußte auch ohne weitere Worte, daß die Lage äußerst bedrohlich war: die sowjetischen Armeen im Vormarsch auf Schlesien – die Amerikaner auf deutschem Reichsgebiet – und am Himmel alliierte Luftwaffenverbände. Und da sollte er helfen? Ausgerechnet er, der Oberst Gordon M. Gollob? „Ich werde mir die größte Mühe geben, Herr Reichsmarschall!"
„Das weiß ich. Nun setzen Sie sich, mein Lieber, ich möchte mich noch ein wenig mit Ihnen unterhalten." Göring lächelte und schaute mit leerem Blick auf die Lagekarte. Plötzlich fragte er, ohne die Augen von der Karte zu heben: „Sagen Sie mal... wie kommen Sie eigentlich zu dem englischen Vornamen Gordon? Ich habe Sie schon lange einmal fragen wollen, auch weil mir gesagt wurde, daß Sie sehr musikalisch seien, und daß Sie mehrere Instrumente vorzüglich beherrschen. Geige – Klavier – Cello – und fliegen können Sie natürlich auch – und wie!" Er lachte.
„Jawohl, Herr Reichsmarschall", entgegnete der Oberst, „aber das ist eine lange Geschichte." Der Oberst machte eine Pause. Er schloß für einen Augenblick die Augen, und dann rollte der Lebensfilm des eben zum „General der Jagdflieger" ernannten Obersten Gordon M. Gollob ab.
Ein bewegter Film...

Das Elternhaus stand in Graz. Mutter und Vater waren Künstler. Die Großmutter Zoe Reininghaus war eine geborene von Karajan. Beide Eltern studierten an der Akademie der Bildenden Künste in Wien und München und auf der Landeskunstschule in Graz.
Als ihnen am 16. Juni 1912 ein Sohn geboren wurde, nannten sie ihn Gordon Mc. Der Standesbeamte mußte sich die Namen buchstabieren lassen. Er konnte nicht wissen, daß die Eltern diesen Namen von ihrem gemeinsamen Studienfreund, einem Amerikaner – schottischer Abstammung – namens Gordon Mallet Mc Couch, seinem Taufpaten, entliehen hatten.
Dieser Gordon M. Gollob wollte Ingenieur und Flieger werden. Der Sohn künstlerisch hervorragend begabter Eltern wollte fliegen! Verständnis und Hilfe kam von unerwarteter Seite: von Großmutter Zoe.

1930 – als Oberrealschüler – baute er am ersten Schulgleiter in Tirol und rutschte damit 1931 auf dem alten Flugplatz bei Innsbruck herum. Dann erwarb er sich die A- und B-Gleitflugscheine und wurde bald Fluglehrer, Bauprüfer und Bauleiter. In dieser Zeit studierte er an der Technischen Hochschule in Graz vier Semester Maschinenbau.
Als er 1933 als Artillerist in das Österreichische Bundesheer eintrat, bedeutete dies nur einen taktischen Umweg zur Fliegerei. Denn der Weg des Gordon M. Gollob zum Flieger und Offizier war bereits vorgezeichnet. Die erste entscheidende Etappe von Gollobs erfolgreicher militärischer Laufbahn war eine dreijährige Offiziersausbildung an der Theresianischen Militärakademie in Wiener Neustadt, der wohl berühmtesten Militärakademie im deutschen Sprachraum, die hervorragende Offiziere geformt hat.
Als Leutnant der österreichischen Luftwaffe übernahm er am 1. 9. 1936 die Schulung des Pilotennachwuchses. Er liebte Kunstflug und brachte es zu anerkannten Leistungen. Diese Fluglehrertätigkeit trug die ersten Früchte beim „Anschluß" Österreichs. Die deutsche Luftwaffe war gerade dabei, einen Stamm junger und zuverlässiger Männer heranzubilden. Da waren Offiziere wie Gollob sehr willkommen. Am 1. 6. 1938 wurde er Oberleutnant und einige Monate später Staffeloffizier im Zerstörergeschwader 76. Dann kam der Krieg. Der 5. September 1939 brachte einen strahlenden Morgen. Die Zerstörer des Geschwaders 76 befanden sich über dem polnischen Raum. Gollob war bereits auf dem Rückflug. Plötzlich sah er gegen die Sonne tief unten einen winzigen fliegenden Punkt. Er drückte seine Me 110 darauf zu; in wenig mehr als einer halben Minute würde er den Typ erkennen können, und dann... Jetzt war es soweit: da versuchte ein Doppeldecker, PWS 56, sich im Tiefstflug zu verdrücken. Es begann eine tolle Jagd über Hecken und Bäume, Zäune und Schuppen, vorne der kleine, unerhört wendige Doppeldecker, dahinter die zweimotorige, fast 5 Tonnen schwere Me 110. Eine Sekunde zu lange geradeaus geflogen: der Pole zerplatzte unter der Garbe aus den vier Bordkanonen. Als Gollob am gleichen Tag einen polnischen Flugplatz angriff und mehrere Maschinen „am Boden zerstörte", erhielt er das EK II.
Erst am 18. Dezember – das Geschwader war nach Jever zur Abwehr britischer Angriffe verlegt worden – notierte er seinen zweiten Abschuß. Diesmal waren es Wellington-Bomber, die in die Deutsche Bucht eingeflogen waren. Draußen über der See wurden sie von einem

Schwarm Zerstörer unter Gollobs Führung gestellt. Gollob griff sofort an und klemmte sich hinter einen Engländer. Aufblitzend verschwanden die Leuchtspurgeschosse der Bordkanonen im Rumpf des Bombers. Sekunden später stürzte die britische Maschine als brennende Fackel in die Tiefe.

Gollob flog als Staffelführer bei der Besetzung Norwegens. Bei New Castle, bei den Shetlands, bei Drontheim, bei Narvik – überall erzielte er Erfolge. Als Auszeichnung erhielt er das EK I.

Doch Gordon M. Gollob wollte nie etwas anderes als Jagdflieger sein. Als Zerstörer konnte er sich nicht so entfalten, wie er es wollte und konnte. Ihm lag der Zweikampf, das „Florettfechten" in 6000 Meter Höhe. Sein ausgezeichnetes Auge, seine bestechende Ruhe, Sicherheit und hohes fliegerisches Können befähigten ihn zum Jagdflieger. Nach kurzer Ausbildung als Nachtjäger meldete er sich zur Tagjagd. Sein erstes Ziel war erreicht, als er zum Jagdgeschwader 3 (Udet) an den Kanal versetzt wurde. Von dort aus wurde die Luftschlacht geführt, die um England tobte. Die deutschen Bomber und Jäger stießen auf einen zäh, verbissen und klug kämpfenden Gegner.

Gollob saß nun endlich in der Me 109 E.

Einsatzerlebnisse und ungeklärte Abstürze veranlaßten ihn, über diese deutsche „Wunder"-Maschine ein wenig nachzudenken. Warum stürzten gute Piloten in immer steiler werdendem Flug bis zum Aufschlag ab? Weshalb schossen die Waffen so oft nicht, ohne daß man einen Fehler fand?

Auch Gollobs Waffen versagten. Er stellte fest, daß dies immer in großen Höhen eintrat, aber nicht in geringen oder am Boden. Um sich Klarheit zu verschaffen, stieg er eines Tages auf 11 000 Meter und blieb so lange oben, bis die Maschine restlos unterkühlt war. Die Waffen schossen nicht. Dann stellte er seine Me 109 auf den Kopf, und in wenig mehr als 60 Sekunden rollte er vor seinen Waffenwarten aus. Weiß vom Rauhreif stand die Maschine nun da, denn sie hatte aus 11 000 Meter Höhe ja die dort herrschende Außentemperatur von minus 30 oder 40 Grad mitgebracht.

Die Überraschung: Die „Schwarzen Männer" fanden statt des Waffenöls ein grünes Pulver, das sich rauh anfühlte und keinesfalls noch Schmiermittel sein konnte. Das Rätsel der Waffenhemmungen war gelöst. Und die unerklärten Abstürze? Gollobs Vermutung, daß es sich dabei um Mängel an der Trimmung handeln müsse, wurde bald bestätigt. Die Vorgesetzten wurden auf den jungen Oberleutnant aufmerksam, der gewissenhaft und beharrlich seine Erfahrungen sammelte und meldete. Das Ergebnis war ein Kommando bei der Erprobungsstelle Rechlin. –

Krieg mit der Sowjetunion. Gollob war Hauptmann und Gruppenkommandeur geworden. Er ahnte noch nicht, daß jetzt „seine" Zeit gekommen war. Die Zeit des zielsicheren Jägers, des Siegers in vielen Luftgefechten. Seine meisterhafte Treffsicherheit war in den Geschwadern im Osten bald allgemein bekannt. Trotz höchster Abschußzahlen war sein Munitionsverbrauch äußerst gering. Meist schoß er aus allerkürzester Entfernung und kam deshalb oft mit weniger als zwanzig Schuß aus der Zwei-Zentimeter-Motorkanone zum Erfolg. Gewöhnlich ging das Benzin früher zu Ende als die Munition. Als er einmal fünf sowjetische Maschinen bei einem Einsatz abschoß, brachte er die Munition für drei weitere Abschüsse wieder nach Hause.
Nach 24 Abschüssen erhielt Gollob am 21.7.1941 für besondere Leistungen im Luftkrieg den Ehrenpokal. Sechs Wochen später – am 18.9.1941 – bekam er für 34 Abschüsse das Ritterkreuz. Am 18. Oktober waren es neun sowjetische Jäger, drei Tage später fiel sein 81. Gegner und er erhielt das Eichenlaub (26.10.1941). Die Verlegung nach Deutschland stand bevor. Er aber wurde von höchster Stelle nach Rechlin befohlen.
Am 10. Dezember schrieb Gollob einen eingehenden Bericht über das Vergleichsfliegen mit der Me 109-F 4 und FW 190-A 2. Einige Vorteile der Focke-Wulf erkannte er an. Aber dennoch sprach er sich gegen diese Maschine aus, denn die Entwicklung der Luftrüstung mußte wegen der Forderung nach leistungsstärkeren Motoren vom luftgekühlten Motor wieder zurück zum Reihenmotor mit Flüssigkeitskühlung führen.
Der Bericht, für Göring bestimmt, gelangte niemals in dessen Hände. Er wurde in einem Panzerschrank der Luftwaffen-Erprobungsstelle Rechlin zurückgehalten, denn er paßte nicht in das Konzept der Höheren Führung.

Am 20.5.1942 wurde er mit der „Wahrnehmung der Geschäfte" als Kommodore des Jagdgeschwaders 77 beauftragt. Innerhalb von vier Wochen notierte er 101 Abschüsse. Er erhielt am 24.6.1942 die

Schwerter zum Eichenlaub und wurde bald darauf Major und Kommodore.
Gollob war nicht nur ein ausgezeichneter Kämpfer. Sein Können als Kommandeur bewies er auch, als er zusätzlich das Jagdgeschwader 52 des Majors Ihlefeld führte, der wegen Verletzung ausfiel. Der Befehlshaber der Luftflotte, Generaloberst Freiherr v. Richthofen, übertrug ihm bei der Schlacht um Sewastopol die Gesamtführung und Einsatzleitung der Jagdkräfte. Dieser Aufgabe entledigte er sich mit solchem Erfolg, daß ihn Richthofen zur Vorbereitung des Angriffs auf Leningrad heranzog, der dann allerdings nicht stattfand.
Der 30. August 1942 war ein großer Tag im Leben des Majors Gollob. Als dritter Soldat der deutschen Wehrmacht erhielt der erst Dreißigjährige die Brillanten. Bis zu diesem Tage hatte er als erster Soldat der Welt 150 Abschüsse erzielt! Ebenso wie auf die hohe Auszeichnung war er darauf stolz, nicht einen einzigen „Kaczmarek“ (der ihn beim Angriff absichernde Rottenflieger) verloren zu haben. Vielmehr wurden die meisten von ihnen hoch ausgezeichnet!
Gollob war nicht glücklich über das doppelte Flugverbot, das ihm bei der Verleihung der hohen Auszeichnung auferlegt und dessen Aufhebung noch 1944 per Fernschreiben abgelehnt wurde. Hitler und Göring nahmen ihm das Wort ab: keine Kurbelei mehr! Statt dessen wurde er im Oktober zum Jagdfliegerführer 3 an die französische Kanalküste versetzt und bald darauf selbst zum „Jafü“ ernannt. Als er Oberstleutnant und „Jafü“ 5 wurde, wandte er sich immer wieder an die Vorgesetzten, an den „Höheren Jafü West“ und die „Luftflotte“. Diese sollte Göring veranlassen, nicht nur mehr, sondern auch bessere Maschinen zu fordern. In einem Bericht über die Einsatzfähigkeit der Me 109 im Westen schrieb er:
„In ihrem heutigen Zustand ist die Me 109-G 3 bis G 6 das schlechte Ergebnis einer Bastelstunde. Das Flugzeugmuster ist nach meiner Meinung hier im Westen nicht mehr einsatzfähig ... Die eigenen Jagdmaschinen FW 190 und Me 109 sind den gegnerischen Maschinen weit unterlegen.“
Dieser durch rücksichtslose Offenheit auffallende Bericht ging an den „Höheren Jafü West“ ins Schloß Chantilly bei Paris. Vielleicht ging er auch noch weiter, vielleicht zur Luftflotte nach Paris, an das OKL oder gar an Göring. Vielleicht wanderte er aber auch in den Papierkorb. Jedenfalls blieb er unbeantwortet.

Gollob, der sich vorbehaltslos für den Serienbau und den Einsatz der Me 262 als Jäger einsetzte, das einzige Flugzeug, das den Luftkrieg noch hätte beeinflussen können, mußte erleben, daß man in „höchsten Stäben“ den Wert dieser vorzüglichen Maschine einfach verkannte. Nicht als Jäger wollte man sie einsetzen, sondern als „Blitzbomber“. Erschüttert las Gordon M. Gollob das Fernschreiben, das den Luftkrieg endgültig für die Alliierten entschied.
„KR vom 5. 12. 1943, 16.35 Uhr: Der Führer erwähnte erneut die ungeheure Wichtigkeit von Strahlflugzeugen für den Einsatz als Jabo. Es muß von der Luftwaffe unbedingt erreicht werden, im Frühjahr 1944 eine Anzahl Strahljabos an die Front zu bringen... Irgendeine Verzögerung im Strahlflugzeugprogramm bezeichnet der Führer als eine unverantwortliche Verkennung der Tatsachen – alle 14 Tage schriftliche Meldung über den Fertigungsstand der Me 262 und der Ar 234 vorlegen.“
In Hitler hatte sich die Idee festgesetzt, die Me 262 als Jagdbomber einzusetzen. Die Fachleute vermochten ihn nicht zu überzeugen, daß nur die schnellste Maschine der Welt der wirksamste Schutz gegen feindliche Bombenangriffe sein könne. Hitler dachte vielmehr an Bombenangriffe auf England! Er verkannte die Luftkriegslage und die sich daraus ergebenden Zwänge. Der wirkliche, aus Technik und Flugleistungen resultierende Kampfwert der Me 262 blieb ihm verborgen.
Es war in Lechfeld, wo Gollob den ersten Strahljäger der Welt geflogen hatte, die Me 262, ein Flugzeug, das spielend die 1000-Kilometer-Geschwindigkeitsgrenze erreichte. Er war, wie jeder andere, von der Maschine fasziniert. Mit Begeisterung trug er Göring seine Meinung vor. „Das ist die einzige Maschine, die eine Wende bringen kann, Herr Reichsmarschall! Nur mit ihr können wir wieder die Überlegenheit in der Luft erringen.“
Göring winkte ab. „Diese Maschine fliegt ja viel zu schnell. Damit kann man ja gar nicht mehr abschießen!“
„Lassen sie es doch erst einmal darauf ankommen“, gab Gollob zurück. „Nein! Haben Sie verstanden? Nein! Wenn der Führer hört, daß Sie die Me 262 als Jäger wollen, schmeißt er Sie hinaus!“ Die Unterredung war beendet.
Leider lag für Gollob die Me 262 weit außerhalb seines Tätigkeitsbereiches in Nordfrankreich, über das Nacht für Nacht die Bomber der Alliierten zogen. Deshalb wollte er etwas unternehmen. Er gehörte

nicht zu jenen, die resignieren oder sich fatalistisch dem Schicksal ergeben – Gollob war ein Mensch, der rastlos nach neuen Möglichkeiten suchte.
In seinem Behelfsbereich war der Ingenieur Karstensen, Mitglied eines Flugfunk-Forschungsinstitutes. Mit ihm besprach sich Gollob, und eines Tages wurde ein Plan geboren: es mußte ein Funkmeß-Bordsuchgerät hergestellt werden, mit dem die Jäger in der Lage waren, die Bomber nachts aufzufinden und abzuschießen. Das erforderte blindfliegende Piloten und den Aufbau einer verläßlichen Funkführungs-Organisation.
In einer Scheune richteten die Männer eine Werkstatt ein. Und nach einigen Wochen mühevoller Arbeit – unter primitivsten Verhältnissen – bauten sie das erste Bordsuchgerät in den einsitzigen Jäger. Es bekam den Namen „Neptun J" und dürfte das erste Gerät dieser Art gewesen sein.
Der Erfolg mit „Neptun" spornte Gollob an. Schon nach kurzer Zeit wurde eine Staffel mit diesen Suchgeräten ausgerüstet. Die neuen Geräte erlaubten die Jagd bei jedem Wetter. Energie und persönlicher Einsatz des Staffelkapitäns, Oberleutnant Haberland, hatten diesen höchsten Ausbildungsstand erreicht.
Nun waren die Alliierten über Nordfrankreich bei Nacht nicht mehr sicher. Die kleinen, schnellen Jäger griffen immer wieder überraschend an und verschwanden ebenso schnell, wie sie gekommen waren. Im Sektor 180 Grad voraus und bis zu sechs Kilometer Entfernung konnte jede Feindmaschine erfaßt werden. Nachtabschüsse bewiesen das.
Jetzt horchte man auch in Berlin auf. Das OKL erkannte den Wert des neuen Gerätes. Aber bestimmten Einflußnahmen gelang es, dessen Einsatz am Kanal zu unterbinden, angeblich damit der Gegner keine Gelegenheit finden könne, die verwendete Frequenz festzustellen und daraus wirksame Störmethoden zu entwickeln!
Zur selben Zeit hatte auch Siemens ein ähnliches Gerät in Entwicklung, das jedoch weitaus schlechter und vor allem nicht einmal einsatzfähig war. Dennoch entschieden sich am Einsatzwert weniger interessierte Bürokraten für das Siemens-Gerät, das die Front nicht mehr erreichte. Nie wieder gab es einen einsitzigen Nachtjäger. Die Alliierten waren einer Sorge ledig. –

Während des Aufbaus eines neuen Funk-Horchdienstes wurde Gollob

zum „General der Jagdflieger" versetzt. Die Invasion stand vor der Tür. Gollob bat zum drittenmal seit 2. September 1942, als er nach 150 Abschüssen von Hitler Feindflugverbot erhielt, um dessen Aufhebung. Die Antwort mit Fernschreiben vom 15. 1. 1944 lautete: „... Feindflugverbot für Oberstleutnant Gollob durch den Führer nicht aufgehoben, sondern bleibt weiter bestehen."
Generalfeldmarschall Sperrle bat Gollob zum Abschied zu sich. Hier gab der inzwischen zum Oberst Beförderte einen ungeschminkten Lagebericht:
„Herr Feldmarschall, gehen Sie zum Reichsmarschall. Sagen Sie ihm, wie die Dinge liegen! Von einer deutschen Luftwaffe können wir hier überhaupt nicht mehr reden. Was die wenigen, angeschlagenen Jagdverbände leisten, ist geradezu Selbstaufopferung. Und wenn die Invasion beginnt, haben wir nichts, aber auch gar nichts mehr zu bieten."
Sperrle resignierte. „Glauben Sie mir, ich war mehr als einmal dort. Aber ich habe es satt, im Vorzimmer zu warten und mir nach drei Tagen sagen zu lassen, daß es dem Herrn nicht passe. Ich mache das nicht mehr. Und außerdem – es hätte auch gar keinen Zweck. Wir müssen sehen, wie wir alleine fertig werden."
Gollob wurde, wie gesagt, zum G. d. J. versetzt. Seine ersten Eindrücke bei den Entwicklungs-, Erprobungs- und Fertigstellungsstellen waren erschütternd. Er wandte sich seinen Aufgaben zu und wurde unter anderem zum Typenbegleiter der Me 163 bestellt und war somit für alle technischen und taktischen Belange dieses Musters verantwortlich. Später kam er noch in den „Jägerstab", der es fertigbrachte, die Jägerproduktion im Herbst 1944, trotz den rollenden Bombenangriffen, auf den höchsten jemals erreichten Stand zu treiben!
Die Technik der Me 163 und Entwicklung der Ju 248/Me 263 stellte ihn vor ausfüllende Aufgaben. Er flog die Me 163 A und B trotz Flugverbot als einziger Angehöriger des G. d. J. auch selbst. Ja, kein anderer Offizier über dem Majorsrang hat sie je geflogen. Man überließ dies gerne den Flug-Besessenen wie Späte, Opitz, Olejnik, Schumacher und anderen, den eigentlichen „Typenbegleitern", die Fliegertypen bester Art waren: unerschrocken und unerschütterlich im Glauben an eine neue Art des Fliegens – trotz zahlreichen Brandwunden und immer wieder gebrochenen Knochen.
Auch Gollob wollte das elementare Erlebnis des sechziggradigen Steig-

fluges in Richtung Unendlichkeit auskosten. In zwei Minuten auf 10000 Meter Höhe, das war einfach phantastisch!
Am 18. September 1944 nahm der General der Jagdflieger Adolf Galland einen nichtigen Anlaß zum Vorwand einer heftigen Auseinandersetzung und zur sofortigen Entlassung des Obersten Gollob aus dem Jägerstab.

Im Westen rollte die Ardennenoffensive, und Gollob führte jetzt im Raum der 6. Armee einen „Fliegerführungstrupp", der mit den neuesten Mitteln der Funkführung ausgerüstet war und den Einsatz der Jäger vom Boden aus steuern sollte, wenn die feindlichen Verbände an der Front erschienen. Zuerst war es das schlechte Wetter und dann die Überlegenheit der Alliierten, die Gollobs Dauereinsatz illusorisch machten.
Auch die „Bodenplatte", der letzte massierte Angriff der Luftwaffe auf die alliierten Bodenorganisationen am 1. Januar 1945, konnte das Steuer nicht mehr herumreißen. Dieses Unternehmen kostete die Jagdfliegerei die Masse der letzten Verbandsführer. Mit einem Gesamtverlust von 300 Flugzeugführern war den Jagdverbänden endgültig das Rückgrat gebrochen, ohne daß der angestrebte Erfolg erreicht worden wäre.
Zwei Tage später besuchte Gollob den Gefechtsstab des II. Jagdkorps. Mit Entsetzen mußte er auf den Lagekarten erkennen, daß man die Kurse der am 1. Januar eingesetzten Verbände fast ohne Ausnahme den Front-Überflugschneisen der V 1 überlagert hatte, noch dazu bei Flughöhen zwischen 50 und 200 Metern! Gollob, der oft von den Höhen der Eifel das unheimliche Abwehrfeuer im Bereich der V-1-Kurse beobachtete, hatte jetzt eine der schlimmsten Ursachen für die hohen Jägerverluste mit einem Schlage gefunden. Man gab zu, diese „Panne" übersehen zu haben. –

Es war nicht die Zeit, über die Vergangenheit zu reden. Jetzt war er in Karinhall und seit einigen Minuten General der Jagdflieger... Nichts war ihm unerwarteter als dies!
Göring hatte sich erhoben. Er drückte dem Oberst die Hand und sah ihn lange an. „Sie müssen es schaffen. Sie wissen, das Ansehen der Luftwaffe muß beim Führer wieder gehoben werden. Sorgen Sie dafür."

Während Karinhall bereits wieder hinter Gollob lag, bauten sich die Hindernisse turmhoch vor ihm auf. Er wußte, daß er bald schon mit Göring zusammenstoßen würde, wenn er nun daranging, das Programm durchzusetzen, das er zu diesem Zeitpunkt in Umrissen vor sich sah.
Die Zeit drängte. Die sowjetischen Armeen stießen auf Berlin, die Amerikaner und Briten in Richtung Ruhrgebiet. Die oberste Führung setzte Kommissare oder Sonderbevollmächtigte ein. So stand Gollob auf seiten der Luftwaffe der „Sonderbeauftragte zur Bekämpfung viermotoriger Feindmaschinen", General Kammhuber, und, als „Bevollmächtigter des Führers für die Luftrüstung", der SS-Obergruppenführer Dr.-Ing. Kammler gegenüber, mit dessen Zustimmung Gollob die Bewaffnung der Me 262 und FW 190 mit der 5-cm-Bordrakete R 4 M befahl – ohne das OKL zu fragen, denn dazu war keine Zeit mehr. Die Me 262 erhielt 24 Raketen an Holzrosten unter den Tragflächen – eine einzige genügte, um einen viermotorigen Bomber zum Absturz zu bringen. Schoß man eine Salve, so geschah es mehr als einmal, daß von den meist im engen Verband fliegenden Bombern zwei gleichzeitig getroffen und vernichtet wurden.
Im Laufe des Februars 1945 ließ sich erkennen, daß auf einen Totalverlust einer Me 262 – durch Feind oder technische Mängel – mindestens sieben Abschüsse von Viermotorigen entfallen würden; der März bestätigte dies. Mit diesem Flugzeug und dieser Bewaffnung hätten dem Feind vernichtende Verluste beigebracht werden können – wäre die deutsche Luftwaffe damit ausgerüstet gewesen.
In Absprache mit Kammler wurde dem JG 7 befohlen, mit eigenen Piloten die beim Kampfgeschwader 51 als Jagdbomber stehenden Me 262 zu übernehmen und zum JG 7 zu überfliegen. Durch diese Aktion sollte mit dem Jabo-Unsinn radikal Schluß gemacht und die dringend nötige Stärkung des JG 7 kurzfristig erreicht werden. Hitlers einziges Me-262-Jabo-Geschwader war damit nicht mehr einsatzfähig! – Am nächsten Tag standen Gollob und Kammler in Karinhall vor einem wütenden und vor der Reaktion Hitlers nervösen Reichsmarschall. Nach heftigen Debatten erzwang Göring die Rückführung der Flugzeuge. Und wie bisher wurde beim KG 51 nutzlos Kraftstoff verflogen.
Gollob sammelte nicht nur alle Unterlagen, die den enormen Kampfwert der Me 262 als Jagdflieger bewiesen, sondern trug auch alles zusammen, was gegen den falschen Einsatz dieser Maschine als Blitz-

bomber sprach. Er wollte einen letzten Vorstoß wagen, um eine geradezu selbstmörderische Entscheidung zu beseitigen. Die Auswertung statistischer Unterlagen ermöglichte ihm die Errechnung der Sollkräfte und Anzahl jener Me-262-Jagdgeschwader, die genügt hätten, dem Gegner laufend so schwere Verluste beizubringen, daß er seine Tagangriffe hätte aufgeben müssen. Und nachts? Die Me-262-Staffel unter Oberleutnant Welter flog nachts und brachte auch bei diesen schwierigen Einsätzen ganz unerwartete Erfolge nach Hause. Auch die Nachteinsätze der Engländer wären bald unerträglich verlustreich geworden, hätte man die nötige Ausbildung rechtzeitig betrieben.
Mit einem Paket unanfechtbarer Unterlagen bewaffnet, hoffte Gollob, nun bei Hitler vorgelassen zu werden. Aber zu seinem Erstaunen wurde ihm das verwehrt. „Der Führer will nichts von einem Jäger Me 262 hören!"
Unter diesen Umständen wollte Gollob nicht länger ein Amt bekleiden, das keines mehr war. Am 7.4.1945 bat der Brillantenträger schriftlich um Entbindung vom Amt des G.d.J. In diesem Schreiben heißt es: „Da ich nicht in der Lage war, meine Ansichten und die Ihren, Herr Reichsmarschall, in Übereinstimmung zu bringen, eine solche Übereinstimmung der Auffassung aber ganz besonders zu diesem Zeitpunkt eine mir unabdingbare Voraussetzung für eine zum Erfolg führende Arbeit zu sein scheint, bitte ich, mich von meiner derzeitigen Aufgabe zu entbinden."
Diesem Brief gingen umfassende, gündliche Analysen der Lage und Vorschläge voraus, ohne daß sie ein Echo ausgelöst hätten. Mit der Bereitschaft des OKL, zu entscheiden und damit Verantwortung zu übernehmen, war es nicht zum besten bestellt.
Gollob hatte seine Einsätze trotz einem erheblichen Magenleiden geflogen, das ihn immer wieder in ärztliche Behandlung zwang. Die vergangenen Monate hatten ihm gesundheitlich hart zugesetzt. Eine fällige Operation schob er vor sich her. Auch davon hatte Gollob dem Reichsmarschall Meldung gemacht. Eine Antwort blieb aus; eine Reaktion nicht: die beantragte Beförderung zum Generalmajor unterblieb.
Am 10.4. verließ Gollob Berlin, nachdem sein Stab bereits nach Süddeutschland in Marsch gesetzt worden war. Acht Tage später erfolgte bei Prof. Dr. Burghart Breitner im Lazarett Igls bei Innsbruck die Operation. Am 24.4. ließ sich Gollob an das Luftwaffenlazarett Kitzbühel überweisen. Jetzt befand er sich im Zentrum der „Alpenfestung".

Auch Generalfeldmarschall Ritter v. Greim, letzter Oberbefehlshaber der Luftwaffe nach Görings Absetzung, kam, begleitet von Hanna Reitsch, der unerschrockenen, ganz außergewöhnlichen Fliegerin, nach Kitzbühel. Beide zusammen hatten den Flug in das von Bränden eingeschlossene Berlin gewagt, um Hitler zum letzten Mal im Bunker der Reichskanzlei aufzusuchen. Dabei war v. Greim verwundet worden.
Nun stand der letzte General der Jagdflieger vor dem zu Bett liegenden letzten Oberbefehlshaber der Luftwaffe und machte seine Meldung. Beide Offiziere kannten sich recht gut aus Rußland, der Jagdflieger mit dem Orden „Pour le mérite" des Ersten Weltkrieges, und der fast genau zwanzig Jahre jüngere Gollob. Es war ein offenes Gespräch unter Soldaten, die sich nichts vormachten, und es schloß auch die Ankündigung v. Greims ein, daß er sich der zu erwartenden Behandlung durch die Amerikaner nicht ausliefern lassen, sondern in den Freitod gehen würde. Gegenargumente ließ der Feldmarschall nicht gelten.

Bald darauf besetzten die Amerikaner auch Kitzbühel. Als sich Oberst Gollob aus freien Stücken in Uniform bei dem US-Divisionskommandeur, General Dahlquist, meldete, zeigte sich sofort, daß er vor einem Gentleman stand. Dieser Offizier behandelte Gollob beinahe kameradschaftlich, er erfuhr eine ehrenvolle Behandlung, ja sogar Fürsorge. General Dahlquists Verhalten gegenüber allen deutschen Soldaten und Offizieren hob sich damals wohltuend von jenen ab, die glaubten, den Besiegten demütigen zu müssen. Dahlquist war ein ritterlicher Gegner, von dem Gollob mit Hochachtung sprach. Das erwies sich auch, als Gollob am 4. Mai von der Anfahrt Görings und dem Empfang durch General Dahlquist im Grand Hotel erfuhr. Dieser General sorgte auch dafür, daß die in Kitzbühel lebende Familie des Brillantenträgers ungeschoren blieb.
Solche soldatische Einstellung schien den Amerikanern im Gefolge des Generals Eisenhower nicht ins Konzept zu passen. General Dahlquist wurde, wie der legendäre General Patton, der wohl die gleiche Einstellung wie Dahlquist hatte, samt seiner Division abgelöst. Die dann im Raum Kitzbühel stationierte „Rainbow-Division" löschte mitsamt ihrem Kommandeur, General Collins, den hervorragenden Eindruck, den General Dahlquist mit seinen Soldaten hinterlassen hatte, wieder aus.

Am 1. Juni holte österreichische Hilfsgendarmerie im Auftrag des amerikanischen CIC Gollob in dessen Wohnung ab. In Zivil wurde der Brillantenträger in das Kitzbüheler Gefängnis gebracht und dort einem amerikanischen Major vorgeführt. Auf die Frage, ob er wisse, warum er hier sei, antwortete Gollob: „Nein, ich wüßte nicht!" „Abführen", war die Antwort des deutschsprechenden Amerikaners. Anderen amerikanischen Stellen, die nach Gollob forschten, um ihn zusammen mit Prof. Lippisch für Entwicklungsaufgaben einzusetzen, wurde vom CIC gesagt, es sei nicht bekannt, wo er sich befinde. Von Kitzbühel ging es über Pass Strub und andere Lager nach Ludwigsburg in Württemberg, dann per Flugzeug nach England, wo Gollob nun viele alte Bekannte aus dem OKL wiedertraf.
1946 wurde Gordon M. Gollob zwar von den Amerikanern entlassen, aber als er in Kitzbühel eintraf, wurde er von den Franzosen „empfangen". Die Amerikaner hatten ihnen Tirol als Besatzungszone überlassen. Gollob erwähnte selbst, daß er eineinhalb Jahre in Nordfrankreich eingesetzt gewesen sei. Dazu Monsieur Suchard: „Wir kennen Sie sehr genau. Sie haben sich korrekt verhalten." Korrekt verhielten sich nun auch die Franzosen. Sie fragten Gollob nach geflogenen Flugzeugtypen, Problemen der Technik der Luftwaffe, und flogen ihn dann nach Paris in das Luftfahrtministerium. Man wünschte sehr, er solle seine Erinnerungen niederschreiben. Gollob lehnte höflich aber entschieden ab, und die Franzosen respektierten seine Haltung.
Fast dreißig Jahre später schrieben die Amerikaner Toliver und Constable das Buch *Das waren die deutschen Jagdflieger-Asse 1939–1945.* In ihm würdigen sie die Leistungen Gordon M. Gollobs, von dem Kenner sagen, daß es in dessen Altersgruppe wohl keinen anderen Luftwaffenoffizier in der Jagdwaffe gab, der eine so umfassende Ausbildung nachweisen konnte. Toliver und Constable – auszugsweise – über Gollob: „Respekt aber vor dem wichtigen Beitrag zu dem Düsenflugzeugprogramm, der von Oberst Gordon M. Gollob erbracht wurde. Eine vorübergehende Versetzung zur Erprobungsstelle Rechlin Anfang 1942 brachte Gollobs Talent auf dem Entwicklungsgebiet der Jagdfliegerei an den Tag. Obwohl er später als Kommodore des JG 77 zu einem außergewöhnlich erfolgreichen Einsatz an die Ostfront zurückkehrte, war er offensichtlich für höhere Aufgaben bestimmt. Im Oktober 1942 wurde er Jagdfliegerführer an der Westfront und im April 1944 Mitglied des Jägerstabes, der unter Saurs Leitung im Rüstungs-

ministerium eingerichtet wurde. Im Hinblick auf die einsatzmäßige Seite der modernen Jagdfliegerobjekte hat Gollob einen umfangreichen Beitrag zum Fortschritt auf diesem Gebiet geleistet. Er arbeitete nicht nur an der Entwicklung der Me 262, sondern auch an der Me 163 Komet und He 162.
Gollobs Aufgaben hielten ihn von Fronteinsätzen fern. Er führte aber während der Ardennenschlacht, als Hitler die noch verbliebenen Jagdfliegerreserven unter schwersten Verlusten in der Erdkampfunterstützung des Heeres einsetzte, einen Jäger-Sonderstab.
Als Galland Anfang Januar 1945 als General der Jagdflieger entlassen wurde, war Gollob sein Nachfolger. Gollob überlebte den Krieg. Er flog 340 Einsätze, um seine 150 Luftsiege, zu denen sechs über westliche Piloten gehörten, zu erzielen. Auch kommt ihm ein viel höherer Platz in der Hierarchie der Jagdflieger zu, als der Zahl seiner Luftsiege zu entnehmen ist. Er ist einer von nur neun Jagdfliegern, die mit den Brillanten ausgezeichnet wurden. Gollob kann auch als der Oswald Boelcke des Zweiten Weltkrieges bezeichnet werden, und seine Beiträge zur Weiterentwicklung von überragenden Flugzeugen und Waffen waren bemerkenswert." –

Um den Lebensunterhalt für sich und seine Familie zu verdienen, schrieb Gollob zunächst für Luftfahrtzeitschriften und hielt Vorträge. 1948 wurde er Generalsekretär des Verbandes der Unabhängigen in Österreich. Im November 1951 trat er, inzwischen in die Heimatstadt seiner Frau in Niedersachsen verzogen, in einen führenden Konzern der Motoren- und Fahrzeugbranche als Angestellter ein. Später wurde er Vertriebsleiter in den norddeutschen Bundesländern einschließlich Berlin für den Produktbereich Brandschutztechnik. Das Ehepaar Gollob hat zwei Söhne und eine Tochter. Bis zu seinem Herzinfarkt 1975 flog er Jahr für Jahr Motor- und Segelflugzeuge. Im Segelflug kam zur „C" aus dem Jahre 1932 die Silber-C hinzu. Er, der mehr als 100 Flugzeugtypen geflogen war, darunter den ersten unbeschädigt erbeuteten „Thunderbold", braucht immer wieder Betätigung: als Pensionär fand er Entspannung in seiner komplett eingerichteten Werkstatt. Sein Hauptanliegen galt der Auswertung seiner Erfahrungen und Erinnerungen. Am 8.9.1987 starb Gordon M. Gollob.

Hauptmann Hans-Joachim Marseille

„Ein verdammt fairer Junge!“

Strahlend und verlöschend wie ein Komet am sternenübersäten Himmel zog der junge Flieger Joachim Marseille seine Bahn. Die Feinde nannten ihn den „Adler von Afrika“, seine Freunde den „Stern des Südens“. Sein fliegerisches Können war einmalig und seine Stärke der Kunstflug, bei dem er am liebsten mit der Tragfläche der schnellen Me 109 ein Taschentuch vom Boden hob. Sein Jungengesicht trug weiche, ein wenig schwermütige Züge, aber seine Augen hatten den Glanz des Wissenden. Selten wird es einen hervorragenderen Flieger geben.

Am 30. September 1942 eilte die Nachricht vom Tode des Fliegers Joachim Marseille durch Deutschland. Für einen Großteil des deutschen Volkes war dieser Flieger Inbegriff des tapferen Einzelkämpfers, die Jugend sah in Joachim Marseille ihr Idol. Als er starb, war er zweiundzwanzig Jahre alt. –

Die Sonne ging im Osten wie ein feuriger Ball auf, auf dem kleinen nordafrikanischen Wüstenflugplatz herrschte der übliche Morgenbetrieb. Hauptmann Marseille kletterte in seine Maschine, um zum Wachflug über der HKL und dem Hinterland des Gegners zu starten. Es war eine von Marseilles „Spezialitäten“, in frühen Morgenstunden den Gegner zu überraschen.

Der Hauptmann blinzelte in die Sonne.

„Wird heiß heute“, sagte er.

Der Maschinenwart brummte ein müdes, unausgeschlafenes „Jawohl“ und verkniff ein Gähnen.

„Dann man los... alles klar?“ fragte Marseille.

„Alles klar und Hals- und Beinbruch!“ Der Feldwebel lachte jetzt und tippte mit dem Finger an den Rand des Käppis.

„Werd' schon machen, altes Haus. Also los!“

Sekunden später jagte Hauptmann Marseille über die Piste, und seine Maschine hob sich scheinbar mühelos und federleicht in die Lüfte, immer höher, dann zu einem winzigen Punkt verblassend – schließlich verschwand sie.

Über der HKL tauchten drei Spitfires auf, die den Deutschen nicht sahen. Marseille stieß aus großer Höhe auf die Patrouillenmaschinen und schoß sie in wenigen Minuten ab.
„Komme zurück, alles klar zum Auftanken!" meldete er der Bodenstelle. Dann landete er und blieb bei der Maschine stehen, bis die Me 109 aufgetankt war.
Wenige Minuten später stand der Geschwaderadjutant neben der Maschine. „Feindlicher Jägerverband im Anflug. Die wollen sich revanchieren, weil Sie, Herr Hauptmann, die drei ‚Eisernen' heute abgeschossen haben", rief er Marseille zu, der auf der Tragfläche stand.
Der Hauptmann blickte in die Richtung, aus der die Briten kommen mußten. Aber noch war Motorengeräusch nicht zu hören.
„Wie viele?" fragte er.
„Keine Ahnung. Etwa zwanzig."
Marseille befahl zwei anderen Flugzeugführern, zusammen mit ihm zu starten. Sie wollten die Engländer noch vor der HKL abfangen.
Genau über dem Niemandsland trafen sie auf den Feind. Die Briten lösten ihre Formation auf und gingen zu der von ihnen bevorzugten Taktik über: In einem riesigen Kreis kurbelten die achtzehn Spitfires unablässig und ließen die Deutschen nicht herankommen. Gegen diese „Windmühlen-Flieger" war nicht viel auszurichten. Aber Marseille kannte das Manöver. Er tat, als ob er auf den Trick hereinfiele. Blitzschnell zog er seine Maschine hoch. Wie der Habicht in einen Hühnerhof, stieß er nun von oben herab in den Pulk und jagte dem ersten anvisierten Gegner eine Geschoßserie in den Rumpf. Brennend stürzte dieser ab. Wenig später brannten drei weitere Maschinen, und aus der Kreiselformation der Briten wurde ein heilloses Durcheinander, in dem es Marseille nicht mehr schwer hatte, noch weitere vier Maschinen abzuschießen. Die beiden anderen deutschen Jäger standen ihrem Kommandeur nicht nach: acht weitere Spitfires zerschellten in der Wüste. Nur zwei konnten entkommen.
„Heute haben wir sicherlich Ruhe vor den Tommies", rief der Geschwaderkommodore, nachdem Marseille gelandet war.
„Da bin ich anderer Meinung", entgegnete der Hauptmann.
Er sollte recht behalten.
Eine halbe Stunde später meldeten die Beobachter wiederum einen Verband Spitfires. Marseille und seine beiden Kameraden stiegen noch einmal in die Maschinen und brausten ab.

Eigentlich Unsinn, diese blöde Fliegerei der Engländer, dachte sich der Hauptmann. Die werden hier abgeschossen wie die Hasen und kommen doch immer wieder. Anstatt sich einmal etwas anderes auszudenken.
Die Spitfires kurvten noch über britischem Frontgebiet, als Marseille sie stellte. Sofort kurbelten die Engländer um die drei Deutschen und schossen pausenlos. Marseilles Maschine erhielt mehrere Treffer, bevor er selbst auch nur einen Schuß abgegeben hatte.
„Los... jetzt ran!" befahl er über Funk. Gleich darauf stürzten sich die Deutschen auf die zwölf Engländer, verwickelten sie in wilde Kurbeleien und schossen neun davon ab. Vier Maschinen gingen auf Marseilles Konto.
Nach dem zweiten großen Sieg empfingen die Geschwaderkameraden – nur sehr wenige Maschinen befanden sich damals im Einsatz – den erfolgreichen Hauptmann mit Tücherschwenken und Hurragebrüll. Marseille wischte sich den Schweiß aus dem Gesicht. Kaum hatte er festen Boden unter den Füßen, als er am Fernsprecher verlangt wurde.
„Der Feldmarschall!" sagte der Unteroffizier in der Vermittlung. Und dann meldete sich Rommel.
„Über meinem Gefechtsstand kreisen die Engländer wie bei einer Wallfahrt. Können Sie einmal kommen, um die Luft zu reinigen?"
Marseille lachte und sagte: „Jawohl, komme gleich!" Dann meldete er sich bei seinem Kommodore ab und flog „Richtung Rommel".
In der Nähe des Gefechtsstandes erkannte er drei Mustangs, amerikanische Maschinen, von englischen Piloten geflogen. Sie stießen immer wieder hinunter und schossen auf alles, was sich bewegte. Kein Wunder, daß Rommel nervös wurde.
Marseille griff sofort an. Und ehe die Mustang-Piloten begriffen, was geschah, brannten zwei Maschinen und stürzten in die Tiefe. Die dritte verschwand in großer Höhe.
Gleich nach seiner Landung meldete sich wiederum Rommel am Telefon.
„Bravo, Seille", rief er. „Prachtvoll, wie Sie die Burschen herunterholten! Hab' ich genau gesehen... danke schön!" Rommel, der den jungen Offizier sehr gern mochte, nannte ihn einfach „Seille". Er kümmerte sich um ihn, wie ein Vater um seinen Sohn.
Nach diesem Gespräch befahl der Kommodore einen britischen Flugplatz anzugreifen, auf dem eine Reihe neuer Maschinen stehen soll-

ten. Marseille und seine Staffel starteten noch einmal, jagten in Kopfhöhe über den englischen Platz, die Flak in Deckung zwingend, und schossen mehrere Maschinen in Brand. Als sie sich auf dem Heimflug befanden, standen plötzlich zehn Briten am Himmel.
„Ran!“ befahl der Hauptmann.
Die Engländer glaubten, die Deutschen ohne oder mit nur sehr wenig Munition anzutreffen. Sie stellten sich. Während die Maschinen wild kurbelten, beobachtete Marseille eine Spitfire, die abseits von den Kämpfenden flog und wahrscheinlich Anweisungen gab. In dieser Maschine mußte der Gruppenführer sitzen. Marseille kletterte blitzschnell auf Höhe und griff den vermeintlichen Commander an. Aber der Engländer war ein erfahrener Pilot. Er versuchte den Deutschen abzuschütteln. Jedoch Marseille zwang ihn zu einer Spirale, ließ sich selbst ein wenig fallen und riß dann die Me 109 fast senkrecht hoch und schoß aus dieser Lage dem Engländer den Motor weg.
„Jetzt nach Hause, habe keine Munition mehr“, meldete sich Marseille.
Inzwischen hatten die anderen Staffelmitglieder weitere sieben Spitfires abgeschossen.
An diesem Tage, dem erfolgreichsten des Hauptmanns Joachim Marseille, griffen die Engländer nicht mehr an. 17 Maschinen schoß er ab. 17 gutfliegende, erfahrene britische Piloten in schnellen, den deutschen Me 109 ebenbürtigen Maschinen.
Wenige Tage später gab das britische Generalkommando einen Befehl heraus, in dem es hieß:
„Er ist der Beste, den die Deutschen hier haben, dieser Marseille. Er fliegt eine Me 109, wie die anderen auch – aber er fliegt besser als sie. Immer vorneweg. Greift ihn nur mit mehreren Maschinen an. Laßt euch nicht in wilde Kurbeleien ein. Ihr zieht doch den kürzeren. Ihr müßt sehen, daß ihr ihn frontal und von der Flanke aus packen könnt, bevor er überhaupt zu manövrieren imstande ist....“
Sie fürchteten ihn, die Briten, diesen Joachim Marseille.
Unter seinen Gegnern befand sich auch ein britischer Oberstleutnant, der bisher in Malta stationiert gewesen war und, von Marseille abgeschossen, nach seiner Gefangennahme erzählte: „Ich komme gerade von Malta und hörte immer nur von ihm. In der Offiziersmesse erzählte man sich Wunderdinge, und ich brannte darauf, Marseille kennenzulernen. Schließlich erklärte ich in bester Stimmung: Wetten, daß ich ihm eins verpasse? Immerhin zählte ich zu den erfolgreichsten

Fliegern der auf Malta stationierten Royal Air Force. Nach ein paar Tagen war es dann so weit. Ich startete mit einer Gruppe gegen deutsche Flugplätze. Weiß der Teufel, wir waren etwa 4000 Meter hoch, da meldete einer meiner Leute: ‚Deutsche aus der Sonne!' Und dann waren sie auch schon da.
Es gab eine wilde Kurbelei. Mein Adjutant schoß eine Me ab. Der Pilot pendelte am Fallschirm zu Boden. Ich hörte noch die Stimme eines anderen Kameraden: ‚Da ist er...! Achtung...! Mar...', da knallte es auch schon. Ich spürte, wie meine getroffene Maschine an Höhe verlor, und ich sah Marseille hinter mir sitzen. Wenn der jetzt abdrückt, hat dein letztes Stündlein geschlagen, fuhr es mir durch den Kopf. Aber der Bursche schoß nicht. Er saß nur hinter mir, als wenn er Spaß daran hätte, daß ich ungespitzt in den Boden hineinfahre. Denn was konnte ich in dieser Situation noch tun?
Plötzlich sah ich, wie er wackelte. Jetzt montiert er mir die Tragfläche ab, sagte ich mir. Mehr instinktiv als überlegt stieß ich das Kabinendach weg und stieg aus. In diesem Augenblick sah ich Marseille hochziehen – er kreiste ein paarmal um mich, wackelte wieder – ich glaube sogar, er winkte – und dann landete ich. Ja, und jetzt bin ich hier."
Der Engländer holte tief Luft. „Ein verdammt fairer Junge. Er hätte mich glatt erledigen können... aber er tat es nicht!"
So war Marseille: ein ritterlicher Flieger, fair und tapfer. Am 2. September 1942 wurden ihm für 125 Abschüsse die Brillanten verliehen. Er war stolz auf diese Auszeichnung. Aber bis er der wurde, den der Gegner fürchtete und der in der Welt der Flieger ein Begriff war, hatte er einiges leisten müssen. –

In Berlin herrschte am 13.12.1919, als Joachim Marseille geboren wurde, politisches Chaos. Mutter Charlotte war trotzdem glücklich, daß sie einen Jungen hatte. Aber Joachim machte der jungen Frau nur Sorge. Beinahe wäre er an einer Grippe gestorben, und nach der Krankheit war er so schwach auf den Beinen, daß er mit drei Jahren noch einmal stehen und laufen lernen mußte. Aber er blieb trotz allem ein stets fröhlicher Junge. Das sagten auch seine Schulfreunde vom Prinz-Heinrich-Gymnasium in Berlin-Schöneberg. „Der Marseille war überall dabei, wo es etwas auszufressen gab." Und seine Lehrer meinten, daß er vielmehr hätte leisten können, wenn er nur nicht so faul gewesen wäre. Aber der Junge hatte nicht das Zeug zum Streber. Nach dem bestandenen Abitur, er war damals siebzehneinhalb Jahre alt, sagte er zu seiner Mutter: „Jetzt kann ich endlich meinen größten Wunschtraum erfüllen. Ich werde Fliegeroffizier!“

Im Arbeitsdienst lernte er Moorboden entwässern, und im Oktober 1938 mußte er sich in Quedlinburg zur infanteristischen Ausbildung melden. Als Fahnenjunker-Unteroffizier flog er ein Jahr später – nach Abschluß der fliegerischen Ausbildung – mit seiner Me 109 Werkschutz über Leuna. 1940 kam er als Fähnrich an die Front nach Leuwarden in Holland, wo er zum ersten Feindflug starten sollte.
Schon am ersten Tag seiner Ankunft traf er auf einen schneidig fliegenden Engländer, den er trotzdem nach einer kurzen Kurbelei abschoß. Gleich darauf stürzte ein Pulk Hurricanes aus der Sonne – aber Marseille war schneller, hüpfte über die Wellenberge des Kanals und entkam.
Spät am Abend sprach er mit seinen Kameraden darüber, wie bitter leid ihm der abgeschossene Gegner tat. Sie lachten ihn aus. „Wenn du nicht schneller schießt als der andere, bist du das Opfer. Hier gilt das Gesetz des Schnellerseins. Das mußt du dir merken, mein Lieber!“ Sie klopften ihm auf die Schulter. „Wird sich schon geben“, sagten sie und gingen.
Joachim Marseille blieb allein in der Kantine. In Gedanken sah er den jungen Engländer vor sich. Er hatte dessen Gesicht unter der Fliegerhaube gesehen, das Gesicht eines jungen Menschen. Nicht älter als er selbst. Doch er sollte noch 157 weitere Gegner zu Boden schikken, bis er selbst den Tod fand.
Marseille startete zu seinem zweiten Feindflug. Und wieder schoß er einen Engländer ab. Er bekam am zweiten Einsatztag das EK II und am fünften Tag das EK I, als er seinen dritten und vierten Gegner abschoß.
In seiner Staffel galt er als außerordentlich begabter und tüchtiger Flieger, der Schneid und Angriffsgeist genug besaß, um auch einen zahlenmäßig überlegenen Feind anzunehmen. Pech hatte er, als er auf dem Rückflug von Dover – er flog Begleitschutz für die Bomber – wegen Motorschadens im Kanal notlanden und wassern mußte. Drei Stunden trieb er in den Fluten und war am Ende seiner Kräfte, als ein Seenotboot ihn endlich aus dem „Teich“ holte. Völlig erschöpft und mit

einem schweren Nervenzusammenbruch wurde er ins Lazarett eingeliefert.
Marseille hatte es nicht leicht mit seinen Vorgesetzten. Obwohl er ein erfolgreicher Pilot war, wurde er als einziger Fähnrich des Geschwaders nicht zum Leutnant befördert. Was hatte er schon getan, daß man ihn hätte befördern sollen?
Es war noch am Kanal. Die Briten lauerten auf die deutschen Maschinen. An diesem Morgen wollten sie sich für die Niederlagen der letzten Tage rächen.
„Marseille, Sie fliegen als ‚Kettenhund', verstanden?"
Der Fähnrich sagte „Jawohl" und wußte, daß er nicht schießen durfte, sondern nur den Gegner zu beobachten und Kameraden seiner Rotte vor Überraschungsangriffen zu warnen hatte.
Die Engländer gingen keinem Kampf aus dem Wege. 18 Deutsche gegen 40 Briten. Und es zeigte sich, daß sich in den britischen Maschinen ausgezeichnete Piloten und ebenso gute Schützen befanden wie in den deutschen. Plötzlich – die Kurbelei war im Gange – gab der Rottenführer den für Marseille unbegreiflichen Befehl: „Kehrt, und nichts wie weg!"
Aber weshalb weg, wenn noch genügend Kraftstoff und Munition vorhanden und der Gegner noch nicht geschlagen war?
Da jagte den deutschen Maschinen eine Hurricane nach und wollte sich auf den Rottenführer stürzen, der ahnungslos geradeaus flog. Marseille hatte keine Zeit mehr, große Erklärungen abzugeben. Er verließ den kleinen Verband und flog an dem Rottenführer vorbei eine Schleife, um den Engländer anzugreifen. Schon beim ersten Anflug schoß er den Motor der Hurricane zusammen; brennend stürzte die Maschine in den Kanal. Kaum war Marseille daheim auf dem Flugplatz gelandet und aus der Maschine gesprungen, da brüllte ihn der Staffelkapitän an: „Ich bestrafe Sie mit fünf Tagen Arrest, weil Sie einen Befehl nicht ausgeführt haben!"
„Ich wüßte nicht, was ich falsch gemacht haben sollte", entgegnete der Fähnrich.
„Sie sollten weiterfliegen und hatten Schießverbot, nicht wahr? Wozu schossen Sie dann die Hurricane ab? Das hätten auch andere besorgt."
Über diese Bestrafung kam Marseille nicht hinweg. Schon immer war er empfindlich gegenüber ungerechter Behandlung gewesen. Und jetzt hier... er hatte einen Gegner abgeschossen, der den ahnungslosen

Rottenführer angreifen wollte. Er konnte nicht begreifen, daß er wegen Disziplinlosigkeit in Arrest geschickt wurde, weil er hatte helfen wollen.
Ein paar Tage später war Generalsbesuch gemeldet. Der Staffelkapitän hatte sich eine Überraschung ausgedacht: Marseille als Kunstflieger!
„Jetzt dürfen Sie einmal zeigen, was Sie können. Los, fliegen Sie und schaukeln Sie ein Ding, daß den Generalen die Mützen von den Köpfen fliegen."
Marseille war bekannt für seine Kunststücke. Er beherrschte seine Maschine wie kaum ein anderer. Die Generale staunten über die Künste des jungen Fähnrichs und klatschten Beifall. Da meldete der Staffelführer: „Jetzt kommt erst die Sensation!"
Langsam flog Marseille über den Platz. Immer tiefer senkte sich die Maschine, immer näher kam sie an den Boden heran. An einer Stelle des Platzes war ein Bambusstöckchen festgesteckt, darauf war – in einem Meter Höhe – ein Taschentuch befestigt. Das wollte Marseille mit der Tragfläche abheben. Die Generale lachten nicht mehr, sie staunten. Und dann brach der Beifall los, als der junge Pilot das Taschentuch mit der Tragfläche nahm, die Me hochzog und mit hoher Geschwindigkeit über die Köpfe der Besucher hinwegbrauste.
Lachend stieg Marseille nach der Landung aus der Maschine. Aber – wenige Minuten später erklärte ihm sein Staffelkapitän, daß er mit weiteren fünf Tagen Arrest bestraft werden müsse, da er unter der vorgeschriebenen Fünf-Meter-Grenze geflogen sei und somit sein Leben und den Bestand der kostbaren Maschine riskiert habe.
Blaß vor Zorn und Enttäuschung, entsetzt über so viel Widersinn, trat er die Strafe an. „Ich habe doch nur einen Befehl ausgeführt, und schließlich war es ja eine Kunstflugvorführung", verteidigte er sich. Aber sein Vorgesetzter war ein Mann, der im Wirrwarr von Vorschriften den Begriff „Disziplin" nach eigenem Gutdünken auslegte.
Im März 1941 erfolgte die Versetzung nach Afrika. Marseille freute sich darüber. Denn es gefiel ihm nicht mehr am Kanal. Seine Vorgesetzten hatten kein Verständnis für ihn, befördert wurde er auch nicht, und auf seine Anlagen und Talente achtete kein Mensch.
„Die hatten nur ihre eigenen Erfolge und Abschüsse im Kopf. Für die war ich ein kleiner Fähnrich, nichts als ein erbärmliches Würstchen", sagte er seiner Mutter.
Aber in Afrika ging sein Stern auf. Sein neuer Geschwaderkommodore, Edu Neumann, hatte sofort erkannt, was in Marseille steckte. Neumann

verstand mit jungen Menschen umzugehen, er setzte sie ein, wie es ihrer Begabung entsprach. So nahm er sich Marseilles an und förderte ihn, wo er nur konnte. Er bestand darauf, daß sein Schützling schon im Juni 1941 zum Leutnant befördert wurde. Im Dezember des gleichen Jahres erhielt Marseille das Deutsche Kreuz in Gold.
Marseille machte von sich reden, als er bei jedem Feindflug mindestens einen Gegner abschoß. Das war nicht einfach, denn die Engländer griffen niemals einzeln an, wie es etwa die Deutschen, Marseille und Müncheberg, taten, die allein aufstiegen und Jagd auf ganze Staffeln Spitfires machten. Der Feind dagegen flog immer mit mindestens fünf Maschinen im Kreis und bildete so einen kaum zu durchbrechenden Ring. In vielen Fällen hatte Marseille dann alle fünf Maschinen abgeschossen; selten, daß es weniger als zwei waren. Nachdem er fünfzigmal erfolgreich war, erhielt er am 22.2.1942 das Ritterkreuz. Und nun begann der eigentliche Siegeszug des Joachim Marseille.
Vier Monate später, nach seinem 75. Abschuß, nahm er das Eichenlaub in Empfang. Und als er meldete „100 Engländer abgeschossen“, waren ihm die Schwerter, wenige Tage nach der Verleihung des Eichenlaubs, sicher. Er erhielt sie am 18. Juni 1942. Am 2. September 1942 wurden ihm nach dem 125. Abschuß die Brillanten verliehen. –
Im Führerhauptquartier mußte Marseille einen 45 Minuten langen Lagebericht geben, in dem er erwähnte, daß die Alliierten nicht so schlecht waren, wie von harmlosen Betrachtern vermutet wurde. „Die Materialüberlegenheit des Gegners ist so groß, daß wir es in Kürze bitter zu spüren bekommen werden“, ereiferte sich Marseille. „Wir brauchen mehr Jagdflugzeuge. Die Engländer werden von Tag zu Tag stärker. Ich halte Bomber in einem Kriege, in dem wir in die Defensive gedrängt werden, für längst überholt!“
Man versprach mehr Maschinen und Munition für Afrika. Marseille glaubte es, aber er wurde enttäuscht.
Einige Tage nach dem Besuch im Führerhauptquartier wurde Marseille in Rom von Mussolini empfangen. Mit dem Pomp römischer Cäsaren wurden ihm Ehren zuteil, deren höchste die Verleihung der Goldenen Tapferkeitsmedaille war, einer Auszeichnung, die nur an zwei Ausländer, und zwar an die Deutschen Marseille und Müncheberg, verliehen wurde.
Mussolini war ein großer Verehrer des jungen deutschen Fliegers. „Nicht nur Ihr Vaterland ist stolz auf Sie“, sagte er, „sondern auch das

italienische Volk. Die Verbündeten Deutschlands betrachten Sie als einen der Ihren. Ihre Siege werden hier bei uns mit derselben Begeisterung aufgenommen und gefeiert wie bei Ihnen in Deutschland."
Als Marseille ein paar Tage später wieder in Afrika flog, bereiteten die Engländer ihre große Offensive in aller Ruhe und Stille vor. Lediglich ihre Lufttätigkeit hielt an, ja, sie wurde von Tag zu Tag stärker.
Der junge Hauptmann erläuterte dem Generalfeldmarschall Rommel seine Beobachtungen, der im Führerhauptquartier auf die Folgen und die in Vorbereitung befindliche Feindoffensive hinwies. Aber es dauerte Monate, bis eine neue Maschine oder eine frische Kompanie den „Afrikanern" zugeführt wurde.
In wenigen Tagen schoß Marseille weitere 33 Engländer ab, bis ihn selbst das Schicksal ereilte. Nicht in Gestalt eines besseren, erfolgreicheren Gegners kam es, sondern tückisch und heimlich.
Am 28. September 1942 – Marseille kam gerade von einem Feindflug zurück – rasselte der Fernsprecher.
„Der Feldmarschall wünscht Herrn Hauptmann Marseille zu sprechen", meldete die Vermittlung.
„Hören Sie zu, Seille, ich will Sie entführen... nach Berlin. Der Führer spricht im Sportpalast. Sie sollen rechts, und ich soll links von ihm sitzen. Was halten Sie davon? Das wäre doch eine Ehre, die Sie sich nicht entgehen lassen sollten."
„Aber Herr Feldmarschall, ich kann doch nicht schon wieder in Urlaub fahren. Die anderen sitzen hier und schuften, und ich mache mehr Urlaubsreisen als das ganze Geschwader zusammen."
„Aber das ist doch Unsinn, was Sie da erzählen!"
„Ich möchte zu Weihnachten nach Berlin, Herr Feldmarschall. Ich habe mich im letzten Urlaub verlobt und... wir wollen heiraten. Da brauche ich Urlaub." Er wußte, daß es bei der Rede im Sportpalast nicht geblieben wäre. Einladungen über Einladungen wären gefolgt. – „Ich bitte Herrn Feldmarschall, nicht auf der Bitte zu bestehen, ich werde außerdem hier wirklich dringend gebraucht!"
Rommel lachte vor sich hin. Dann sagte er: „Na, meinetwegen. Wenn Sie vom Heiraten mehr halten als vom Führer, dann bleiben Sie in Gottes Namen!" –
Am 30. September, am Tage der Kundgebung im Sportpalast, flog er wie immer seine Routinewache. Plötzlich „meckerte" der Motor und die Maschine verlor an Höhe.

„Habe Motorschaden, werde aussteigen!" meldete er der Bodenstelle. Die Männer beobachteten, wie das Schiebedach wegflog und der Hauptmann aus der Maschine stieg. Sie blickten ihm nach und sahen mit Entsetzen, daß sich sein Fallschirm nicht öffnete! Vielleicht würde er wieder seine Faxen machen, hofften sie. Aber diesmal machte Joachim Marseille keine Faxen. Diesmal war es bitterer Ernst! Als sie ihn fanden, war er tot. –

Joachim Marseille starb unbesiegt vor dem Feind nach 158 Abschüssen. Fachleute halten ihn für den besten deutschen Jagdflieger überhaupt. Sein Können war einmalig gewesen, sein Schneid unübertrefflich. Und seine Bescheidenheit schaffte ihm überall Freunde.

Seine Mutter erzählt: „Sein Wahlspruch lautete: ‚Nicht umdrehen, immer vorwärtsblicken.' Damit ist sein Charakter am besten gekennzeichnet. Ich war und bin stolz auf meinen Jungen, der so ganz den Vorstellungen des Offiziers entsprach, wie ich es mir ausmalte, als ich das kleine Bündel Mensch unmittelbar nach seiner Geburt in den Armen hielt. Tapfer, anständig und treu. Das war mein Joachim!"

Lagebesprechung für den nächsten Einsatz des Jagdgeschwaders, das Oberst Mölders führte.

◂ *oben:* Die bekanntesten deutschen Flieger-Asse (v. links) GenOb Ernst Udet, einer der erfolgreichsten Jagdflieger des I. Weltkrieges, der später als Kunstflieger Weltruhm erlangte und am 17. 11. 1941 den Freitod suchte, im Gespräch mit den Obersten Adolf Galland und Werner Mölders.

◂ *unten:* Werner Mölders, der als erster Soldat der Wehrmacht die höchste Tapferkeitsauszeichnung erhielt, war das Idol der deutschen Jugend. Er errang insgesamt 115 Luftsiege und stürzte am 22. 11. 1941 ab.

Auch beim Start verzichtete Galland nicht auf seine Zigarre

Adolf Galland vom Feindflug zurück, freudig empfangen vom Bodenpersonal

Mit anschaulichen Handbewegungen schildert Oberstleutnant Galland dem Gastgeber, Generalmajor Osterkamp, und Oberstleutnant Mölders den Verlauf seines 59. und 60. Luftkampfes, die er beide siegreich beendete.

Als Ehrengast der Universität und Kadettenanstalt Norwich in Northfield (Vermont) im März 1976. Kadetten überreichten Galland eine Tafel mit den Emblemen jener US-Einheiten, die den Offiziersnachwuchs übernehmen.

Mit schweren Treffern an seiner Me 109 des Geschwaderstabes J.G.52 kehrte Major Gollob vom Feindflug zurück.

Über dem Feldflugplatz Gonschtakowka (Südrußland) wurde dieser mit hohen Orden („Held der Sowjetunion") ausgezeichnete Major und Kommandeur eines Jagdverbandes abgeschossen und gefangengenommen. Auf dem Bild zweiter von links Hauptmann Dickfeld, daneben Major Gollob.

Die Vergangenheit ist nicht wegzuwischen. Gordon M. Gollob hält sie in einem Buch, an dem er schrieb, fest.

Mit 22 erhielt Hauptmann Joachim Marseille die Brillanten; er hatte 158 britische Maschinen abgeschossen. Am 30. 9. 1942 starb er, als er beim Rückflug vom Einsatz die Maschine wegen Motorschadens verlassen mußte. Sein Fallschirm hatte sich nicht geöffnet.

Diese abgeschossene Feindmaschine bedeutete den 48. Luftsieg.

17 Maschinen schoß Joachim Marseille (Mitte) an einem einzigen Tag über der afrikanischen Wüste ab.

„Hier starb unbesiegt Hans-Joachim Marseille". An der Stelle, wo Marseille abstürzte, setzten die Kameraden seiner Staffel eine Steinpyramide.

Der Konstrukteur der Me 109, Prof. Messerschmitt, war häufiger Gast bei Kommodore Graf, der ihm von seinen Erfahrungen mit der berühmten Maschine berichtete.

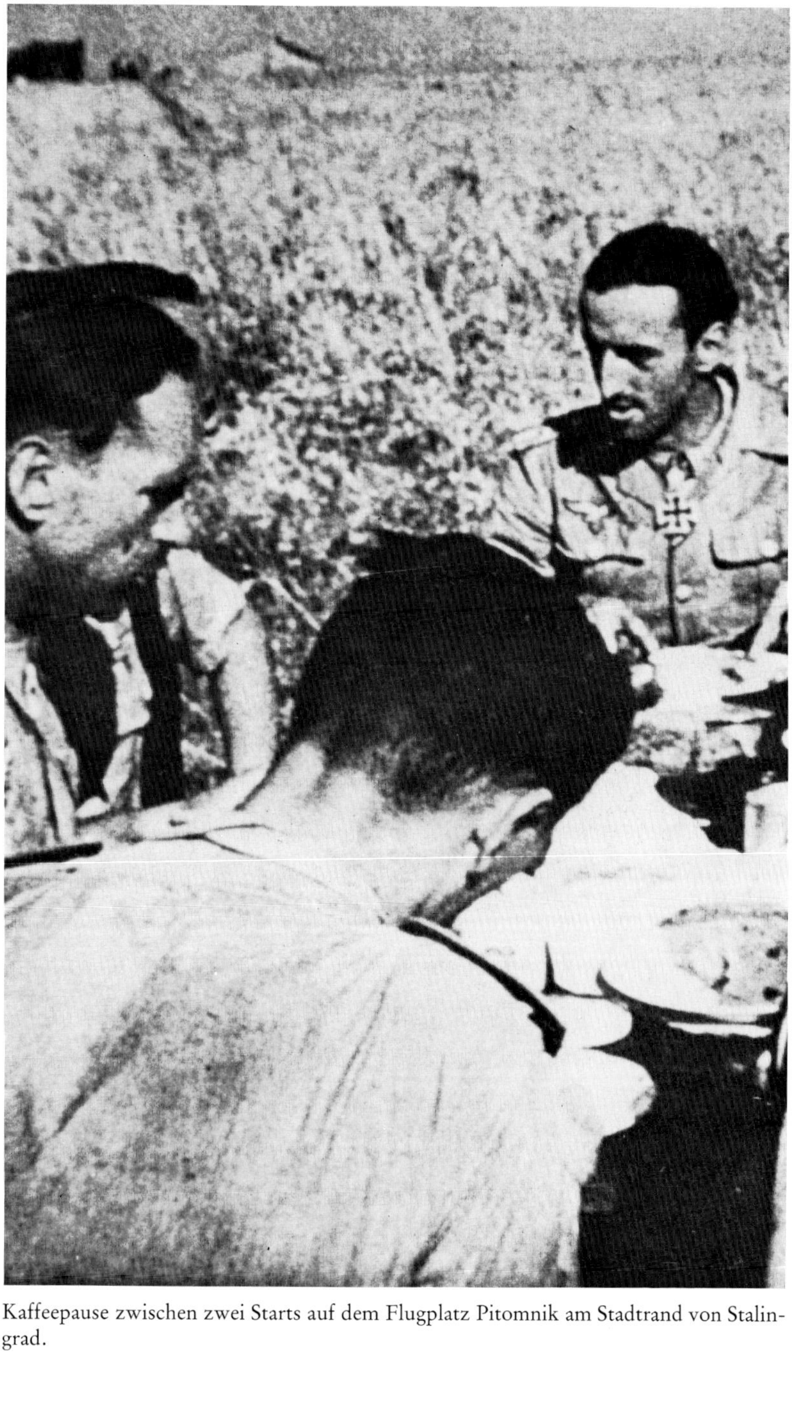

Kaffeepause zwischen zwei Starts auf dem Flugplatz Pitomnik am Stadtrand von Stalingrad.

Seine Passion war der Fußball. Hermann Graf stellte im Krieg eine hervorragende Fußballmannschaft zusammen, die „Roten Jäger". Dazu gehörten u. a. Fritz Walter, Franz Hahnreiter, Moog, Klingler. Er selbst war ein ausgezeichneter Torwart. Hier ist er mit dem Nationalspieler Fritz Walter, dem legendären Kapitän der Fußballnationalmannschaft der Nachkriegszeit, zu sehen.

Geblieben ist die Erinnerung. Im Keller seiner Wohnung: das zerschossene Seitenruder von Grafs Maschine.

Rommel und Gen. Gariboldi mit dem ital. Kolonialminister Tericzi bei einer Besprechung

Auf dem Gefechtsstand vor Tobruk, Juni 1941

Vor Tobruk, Juni 1942

Oberst Hermann Graf

Fliegen, kämpfen, Fußball spielen

Sepp Herberger, legendärer Bundestrainer deutscher Nationalmannschaften, half nach dem Kriege seinem Freund Hermann Graf: Er vermittelte dem Oberst a.D. eine Stellung in der Elektro-Schweißindustrie. Herberger revanchierte sich damit für die vielen Dienste, die der hochdekorierte Offizier und passionierte Fußballspieler dem damaligen Reichstrainer während des Krieges erwiesen hatte. Nationalspieler von Rang, wie Fritz Walter, Franz Hahnreiter, Alfons Moog, Hermann Eppenhof, Zwickhöfer, Fritz Hack, Klagges, Klaffke und andere, spielten bei Grafs berühmten „Roten Jägern", und standen der Nationalmannschaft und auch den Vereinen wie Schalke 04, 1. FC Kaiserslautern, dem späteren 1. FC Köln und Admira Wien in entscheidenden Spielen zur Verfügung.

General der Jagdflieger Adolf Galland wußte um diese Marotte, und bei jedem Kommandowechsel des Kommodores Graf pflegte er zu sagen: „Ich weiß, der geht und kommt mit einem Rattenschwanz von Fußballspielern."

Da schaltete sich der Reichsbund für Leibesübungen ein. Er wollte Geschwaderkommodore Graf am Fußballspielen hindern. Der Bund richtete an Reichsmarschall Göring ein entsprechendes Schreiben und bat, Graf das Fußballspielen zu verbieten, weil er das Berufsspielertum einführen wolle. Aber Göring schrieb lakonisch an den Rand: „Wenn Graf gern Fußball spielt, dann laßt ihn spielen!"

Aber Graf konnte nicht nur Fußball spielen – er war einer der besten deutschen Nachwuchstorhüter –, sondern auch fliegen und kämpfen. Er war der letzte Kommodore des erfolgreichsten Jagdgeschwaders der Luftwaffe, des JG 52, das fast 11 000 Abschüsse erzielte! Und er zählte zu den bekanntesten Jagdfliegern des Zweiten Weltkrieges.

Als erster Jagdflieger der Welt meldete er 200 Siege. Am 26. 9. 1942 schoß er über dem Flugplatz Pitomnik bei Stalingrad seinen 200. bis 202. Gegner ab! Darauf wurde er zum Hauptmann befördert; seit dem 16. 9. 1942 trug er bereits das Eichenlaub mit Schwertern und Brillanten zum Ritterkreuz des Eisernen Kreuzes.

Hermann Graf, der hervorragende Jäger mit 830 Feindflügen und 252 Luftsiegen, davon 212 bestätigt, errang in einer einzigartigen Siegesserie innerhalb von 13 Monaten 200 Luftsiege. Das Ritterkreuz erhielt er am 24. 1. 1942. Bei Asow schoß er am 27. 12. 1941 den 39. und wenig später den 40. und 41. Gegner über Golodajewka ab. Am 17. Mai 1942 wurden ihm für 104 Abschüsse das Eichenlaub und zwei Tage darauf die Schwerter verliehen. Das gab es nur einmal für einen Offizier der Luftwaffe.
Für den 172. Sieg wurden ihm als fünftem Soldaten der Wehrmacht am 16. 9. 1942 die Brillanten verliehen. Seinen größten Erfolg registrierte er acht Tage später: zehn Bomber vernichtete er an einem einzigen Tag!
Als er am 26. 9. 1942 sein Geschwader auf höheren Befehl verlassen mußte, nicht bevor ihm Start- und Flugverbot erteilt wurde, flog er noch einmal über Stalingrad und verabschiedete sich von den Leit- und Bodenstellen: „Lebt wohl, Kameraden von Stalingrad, Karaya eins meldet sich ab... auf höheren Befehl" (Karaya eins war der Tarnname). Dann flog er mit seiner Me 109, mit der er 75 Luftsiege errungen hatte, zu seinem neuen Standort.
Wer war dieser Jagdflieger, der sich durch außerordentlichen kämpferischen Einsatz hervortat, ein hervorragender Flieger war und ein ebenso guter Kamerad?
Fliegen, das war es, was Hermann Graf schon als Jungen begeisterte. In dem kleinen Städtchen Engen im Hegau am 12. 10. 1912 geboren, probierte er es mit zwölf Jahren mit dem Segelflugzeug. Er absolvierte dann eine Verwaltungslehre und meldete sich, nachdem er als Segelflieger alle Prüfungen bestanden hatte, zur Wehrmacht. Das war 1936. Er übte als Reservist mit dem Ziel, die Fliegerschule Karlsruhe zu besuchen. Nach dem Lehrgang kehrte er wieder als Angestellter ins städtische Fürsorgeamt zurück. Erst im April 1939 machte er einen Unteroffizierslehrgang und wurde Offiziersanwärter (Reserve).
Am 31. 7. 1939 ging Hermann Graf als Freiwilliger zu den Aiblinger Jagdfliegern. Dabei ging es ihm auch nicht viel besser als vielen später so erfolgreichen Jägern. Der Anfang war enttäuschend: Während des Krieges gegen Frankreich flog er 21 Einsätze, ohne auch nur einen einzigen Schuß abzufeuern. Erst viel später, im Krieg gegen die Sowjetunion, sollte er seinen ersten Gegner abschießen.
Es war am 4. 8. 1941 um 6 Uhr 20 in der Nähe von Kiew. Hermann

Graf setzte sich hinter eine Rata und schoß. Das heißt, er wollte es tun. Plötzlich sah er hinter sich eine zweite Feindmaschine. Aber die vor ihm, die wollte er haben. Er drückte noch einmal auf die Auslöseknöpfe – nichts. Da merkte er, daß er vergessen hatte, sie einzuschalten. Plötzlich krachte es hinter ihm. Als er sich umsah, stürzte die ihm folgende Maschine ab. Sein Rottenflieger, „Kaczmarek" Steinbatz, hatte ihm das Leben gerettet. Erleichtert, aber um so verbissener jagte er jetzt die Rata, traf und brachte sie zum Absturz. Das war Nummer 1 in Grafs Siegesserie.

Überhaupt: Grafs Erfolge waren mit ein Verdienst von Steinbatz, der als einziger und erster Feldwebel der deutschen Wehrmacht die Schwerter verliehen bekam, nachdem er 99 Maschinen abgeschossen hatte. Die Verleihung erfolgte nach dem Tode, die Beförderung zum Leutnant kurze Zeit früher.

In Grafs Staffel, es war die berühmte 9., flogen so hervorragende und bekannte Jäger wie die Feldwebel Grislawski, Füllgrabe und Süss, Klein, Emberger, Köppen und Zwernemann, die mit dem Ritterkreuz, einige davon mit dem Eichenlaub ausgezeichnet waren. Mit ihnen zusammen jagte er feindliche Jäger, vor allem aber Schlachtflugzeuge vom Typ JL-2, die der deutschen Infanterie in den Gräben und Stellungen schwere Verluste zufügten.

Während des Vormarsches im Südabschnitt der Ostfront lag Grafs Staffel auf der Halbinsel Krim tagelang ohne Einsatzbefehl, während Infanterie und Panzereinheiten in schweren Kämpfen standen. Für Graf und seine Männer aber lautete der Auftrag: Platzschutz für einen rückwärts gelegenen Flughafen fliegen.

Graf jedoch wollte an der Front helfen. So sehr er auch um Starterlaubnis bat – sie wurde ihm abgeschlagen. Da überlistete er eines Nachmittags den Platzkommandanten, einen älteren Oberst, und bat ihn um Erlaubnis, zu seinem Einsatzhafen fliegen zu dürfen. Der Oberst gab „Start frei".

Die Staffel folgte ihrem Kapitän. Statt aber den Einsatzhafen anzufliegen, nahm sie Kurs in Richtung Front. In einer großen Schleife wurde der Platz umflogen, und dann sahen die Jäger Artillerieabschüsse, Einschläge, Leuchtspurgeschosse und Erdfontänen: die Front brannte. Über der HKL lag eine graue Dunstschicht. Grafs Männer flogen in 2000 Meter Höhe und suchten den Himmel nach sowjetischen Maschinen ab. Plötzlich stießen mehrere feindliche Jäger in den Dunst und verschwanden. Graf befahl der Staffel, oben zu bleiben, denn er selbst wollte erst einmal nachsehen, „was drunten los" war. Dann ließ er sich im Blind- und Gleitflug durch die Nebelschicht fallen und tauchte in 50 Meter Höhe über der HKL wieder auf. Was er da sah, verschlug ihm den Atem.

Auf der Erde rutschte im Schneckentempo ein deutsches Sturmgeschütz, dahinter ein Schwarm Soldaten. Und gegen dieses Sturmgeschütz flogen vier Schlachtflugzeuge JL-2 und jagten ihre Geschoßgarben zwischen die deckungsuchenden Männer, die Opfer der Sowjets geworden wären, wäre nicht Graf gekommen. Er griff sofort an. Aber plötzlich raste eine JL-2 auf ihn zu. Blitzschnell drückte er auf die Auslöseknöpfe der Bordwaffen: das Schlachtflugzeug explodierte. Sekunden später nahm er die zweite JL-2 an. Mit einem einzigen Feuerstoß zersägte er ihr die rechte Tragfläche. Brennend stürzte sie ab. Die beiden anderen wollten fliehen. Einer gelang es, die andere holte Feldwebel Steinbatz ein und vernichtete sie.

Nach der Landung ließ Graf seinen Kommodore erst gar nicht zu Wort kommen, der den ungehorsamen Staffelkapitän bestrafen wollte. Als er erzählte, wie wichtig der Einsatz gewesen war und wie seine Männer die schwer kämpfende Erdtruppe unterstützt hatten, verrauchte der Zorn des Vorgesetzten.

Solche Einsätze gehörten zu Grafs Besonderheiten. Während seines Fliegerlebens hatte er sich zum Leitsatz gemacht, zuerst die Infanterie freikämpfen und nur in zweiter Linie den Luftkampf suchen. So bekämpfte er feindliche Pak- und MG-Stellungen, vernichtete Widerstandsnester und Nachschubkolonnen. Sah er Feindmaschinen am Himmel, so griff er diese nur an, wenn er ihre Absicht, die deutsche Infanterie anzugreifen, erkannt hatte.

Andere namhafte Jagdflieger rühmten Grafs eleganten Flug, seine Kühnheit und seinen bedingungslosen Einsatz. Er selbst schildert in Bertold K. Jochims Buch *Oberst Hermann Graf – 200 Luftsiege in 13 Monaten* seinen schwersten Luftkampf, den er als „ritterliches Duell" bezeichnete:

„Füllgrabe ist in Not. Der Staffelführer des Feindschwarms fliegt wie eine Eins und bringt ihn in Schwierigkeiten. Dann greife ich an. Wir beißen uns fest. Der zweite Russe wird schwach und setzt sich einige Kilometer ab. Ich gebe Heinrich (Füllgrabe) den Befehl, mir aus dem Weg zu gehen.

Danach beginnt einer meiner schönsten und riskantesten Luftkämpfe im Osten. Es war das Letzte, was Mensch und Maschine hergeben konnten: ausgeflogene Loopings mit gut tausend Meter Radius, Kehrtkurven, und das immer wieder. Das Wasser läuft mir buchstäblich am Körper herunter. Er ist mindestens so gut wie ich, mein Gegner. Fabelhaft, wie er mich immer wieder zu überlisten versucht. Kehrtkurve auf Kehrtkurve folgt. Immer wieder begegnen wir uns Schnauze auf Schnauze. Jeder feuert. Erst im letzten Augenblick springt er über mich hinweg, dann bin ich wieder an der Reihe. Einmal hätten wir uns um ein Haar gerammt. Da kam der andere russische Jäger wieder an. Ich hatte gerade etwas Luft. Der zweite Mann des sowjetischen Schwarms zieht nach unten weg. Mein Gegner von vorhin hängt schon wieder hinter mir, aber noch mindestens vierhundert Meter entfernt. Trotzdem feuere ich auf den zweiten. Ruckartig reißt dieser die Maschine hoch, dann trudelt er flach, bis zum Aufschlag. Wahrscheinlich hatte er einen Kopfschuß.

Füllgrabe meldete mir das alles im Funkspruch. Ich hatte keine Zeit für Beobachtungen. Die Rache des Könners sitzt mir nämlich immer noch im Genick. Auf etwa 200 Meter ist der russische Verbandsführer wieder herangekommen. Ich drücke fast bis zum Boden. Ein kurzer Blick auf den Staudruckmesser: 600 Stundenkilometer. Das reicht. Dann noch ein ‚Hoch auf Daimler-Benz', und 1200 Meter sind mir sicher. Über 1000 kommt der Russe nicht, wenigstens nicht vorläufig. Wir klettern jetzt um die Wette. Dann sind wir wieder auf 3000. Mein Gegner greift an, denn er sucht die Revanche. Ein neues Ringen beginnt. Wieder sind zehn Minuten vergangen. Bei jeder Attacke ziehe ich im Geist den Hut vor meinem Gegner. Das muß ihre größte ‚Kanone' sein, denke ich. Gut, daß ich jahrelang Zeit hatte, diese Art von Fliegerei zu üben, sonst wäre ich sicher schon eine Leiche.

Heinrich Füllgrabe meldet sich ab. Er hat keinen Sprit mehr.

Noch fünf Minuten, dann flackert auch meine Warnlampe. Also nur noch für etwa 20 Minuten Treibstoff in den Tanks. Dabei befinde ich mich gut 50 Kilometer hinter der Front. Eigentlich müßte ich den Kampf jetzt abbrechen. Aber der Gedanke daran tut weh bei solch einem Partner. Er wäre zumindest symbolisch der Sieger geblieben, wenn ich abhauen würde. Außerdem sitzt er mir dauernd im Genick und jagt mich buchstäblich auf die eigene Linie zu. Wieder fliegen wir eine Kurve nach der anderen oder fliegen uns frontal an. Einmal drehe ich nicht auf ihn ein, sondern versuche seitlich an ihm vorbeizufliegen. Seltsamerweise tut auch er das, und so jagen wir nur wenige Meter auf Gegenkurs aneinander vorbei. Was wird er jetzt tun? Mich vielleicht vorbeilassen, dann herumziehen und mir die entscheidende Garbe verpassen? Ich lasse ihn keine Sekunde aus den Augen. Doch das Unfaßbare geschieht: Er fliegt weiter nach Osten – und ich nach Westen. Ich komme buchstäblich mit dem letzten Tropfen Sprit an. Beim Landen bleibt meine Luftschraube stehen...

Meine Knie zittern beim Aussteigen. Das war ein Gegner! Die Glückwünsche zu meinen zwei Luftsiegen dringen so gar nicht in mein Bewußtsein. Meine Gedanken sind bei dem russischen Jäger, gegen den ich gekämpft hatte. Mit ihm möchte ich einmal zusammensitzen und plaudern. Sicher ist er ein prächtiger Kerl..."

Reichsmarschall Göring schätzte Graf und hielt viel von seinem Können als Verbandsführer. Er ernannte ihn zum Kommandeur der „Ergänzungsjagdgruppe Ost", die in Südfrankreich stationiert war. Doch schon nach einigen Monaten übernahm Graf als Kommodore das JG 11 in Rotenburg bei Bremen. Aufgabe: gegen den Bomberstrom fliegen. Die Luftschlacht über Deutschland war in vollem Gange. Graf war der einzige Brillantenträger der Luftwaffe, der in der „Reichsverteidigung" Einsätze flog. Er wurde mehrmals verwundet.

Zur Entspannung spielte er Fußball. In seinem Geschwader befanden sich namhafte Spieler, die er entweder „freigekauft" oder angefordert hatte. Die Mannschaft, in der Graf Torhüter spielte, nannte sich „Rote Jäger" und genoß einen legendären Ruf. Sie konnte es mit den Besten Europas aufnehmen. Wann und wo immer Graf ein wenig Zeit hatte, wurde „gekickt".

Bei einem Fußballspiel hatte er sich verletzt und konnte sich nur noch humpelnd fortbewegen. Da erhielt er die Nachricht, daß viermotorige amerikanische Bomber Schweinfurt anflogen. Mit Mühe gelang es ihm, in die Maschine zu steigen, dann flog er vom Einsatzhafen Wiesbaden den angreifenden Bomberpulks entgegen und schoß zwei Superfestungen heraus. Von amerikanischen Bordkanonen angeschossen, streikte sein Motor, so daß er notlanden mußte. Er ging auf einem Tabakfeld zu Boden, und die Bauern hoben ihn aus der Maschine. Als sie Graf humpeln sahen, fragten sie besorgt, ob er verwundet sei. „I wo", gab er lachend zurück, „das kommt vom Fußballspiel!" Die

Gesichter der Umstehenden waren nicht sehr geistreich. Sie glaubten, daß der Flieger sie auf den Arm nehmen wolle.
Am 29. März 1944 schoß er wiederum zwei Superfestungen ab und schlug sich mit begleitenden Moskitos und Thunderbolds, die in großer Zahl die deutschen Jäger vertreiben wollten, herum. Aber Grafs Männer blieben am Bomberverband kleben. Plötzlich wurde er von vier Feindmaschinen angegriffen, die ihn von seinem Geschwader getrennt hatten. Im Hexenkessel zischender und explodierender Bordgeschosse sah Graf sich bereits verloren. Die Munition ging zur Neige, und der Treibstoff reichte gerade noch für den Heimflug. Die Amerikaner aber kreisten und ließen nicht mehr von ihm ab. Da entschied er sich für eine Tat, die den Soldaten Graf charakterisiert: Mit Höchstgeschwindigkeit raste er auf einen feindlichen Jäger zu, nahm – als er nicht mehr weit von ihm entfernt war – das Gas weg und rammte ihn! Das Kabinendach des Amerikaners wurde abrasiert – die Maschine stürzte im Steilflug nach unten. Aber auch Graf konnte sich nicht mehr in der Luft halten. Der Stoß war so gewaltig gewesen, daß die Maschine, die an der Tragfläche schwer beschädigt war, aus der Flugrichtung gerissen wurde und sich ebenfalls in wilden Kurven der Erde näherte. Im Sturzflug jagten die anderen amerikanischen Maschinen hinter dem todwunden Vogel her und versuchten, ihm den Gnadenstoß zu geben. Es gab nur eine Rettung: Aussteigen! Die Maschine hatte aber bereits an Höhe verloren. Dennoch mußte Graf es wagen. Im letzten Augenblick öffnete sich der Fallschirm – 150 m – über dem Boden. Der Aufprall war zum Glück weich. Graf setzte in einem Sumpfgebiet auf, was ihm das Leben rettete. Dennoch erlitt er so schwere Verletzungen, daß er ins Lazarett gebracht werden mußte. Und er hatte weiteres Glück: Den Ärzten gelang es, ihn so weit zusammenzuflicken, daß die Amputation des linken Armes nicht notwendig wurde.
Vom Krankenbett wollte Graf das Geschwader weiterführen. Göring verhinderte es und beauftragte Graf nach dessen Genesung mit der Führung seines alten Stammverbandes, des JG 52.
In jenen Tagen vor der Übernahme des JG 52 galt Grafs große Sorge der Luftwaffenentwicklung. Die deutschen Maschinen bedeuteten keine ernstliche Gefahr mehr für die einfliegenden Verbände der Alliierten. Die Kommandeure besprachen sich, und mit Billigung des Generals der Jagdflieger Adolf Galland suchte eine Abordnung hochausgezeichneter Flieger den Reichsmarschall auf. Sie trugen ihre Bitte vor: Ver-

stärkung der Luftwaffe, Erhöhung des Turbinenjäger-Programms, Einschaltung eines tüchtigen Fachmannes.

Hermann Graf und seine Kommodore-Kameraden forderten Göring auf, „nun endlich etwas zu tun, damit der Luftüberlegenheit der Alliierten ein Ende bereitet werden könnte“. Aber der Reichsmarschall verschanzte sich hinter den „Wunderwaffen“, die noch rechtzeitig eingesetzt würden. So ging die Unterredung aus wie das „Hornberger Schießen“; nichts geschah. –

Das Ende näherte sich. Im rollenden Einsatz kämpfte das Jagdgeschwader 52 im Verbande der Heeresgruppe Schörner und unterstützte die Erdtruppe im tschechoslowakischen und schlesischen Raum. Noch am Ostersonntag 1945 schoß Graf einen Fesselballon ab.

Von März ab lag der Geschwaderstab in Deutsch-Brod. Am Tage der Kapitulation ließ Graf alle Maschinen sprengen. Sie sollten nicht in die Hände des Feindes fallen. Der Kommandierende General des Fliegerkorps, General Seidemann, befahl Graf und dem Gruppenkommandeur Erich Hartmann, ebenfalls Brillantenträger, sofort auszufliegen und sich den Engländern in Dortmund zu ergeben. Graf und Hartmann lehnten ab. Über 2000 Frauen, Kinder, alte Leute und Flüchtlinge hatten sich in die Obhut der Soldaten begeben. Graf wollte und konnte sie nicht im Stich lassen. Nachdem er erkundet hatte, daß die amerikanischen Truppen bei Pisek, etwa 100 km entfernt, standen, beschloß er, zu ihnen zu fahren und dort für alle gemeinsam zu kapitulieren.

Unterwegs fanden sie auf einem Marktplatz fünf „Königstiger“, deren Besatzungen von Tschechen in Kellern gefangengehalten wurden. Grafs Männer befreiten sie, und zusammen mit den Panzern fuhren sie zu den Amerikanern. Die Soldaten der 90. US-Infanterie-Division übernahmen sie und lieferten sie in ein Lager ein, in dem sich schon 30 000 Gefangene befanden. Die Offiziere durften die Pistolen behalten, alles sah sehr ehrenvoll aus.

Am 17. Mai dann, Graf glaubte seinen Ohren und Augen nicht zu trauen, lieferten die Amerikaner das ganze Geschwader geschlossen an die Sowjets aus. Sowjetische Offiziere nahmen Graf in Empfang. Der Mann, der zwei sowjetische Geschwader vernichtet hatte, befand sich nun in ihrer Hand. Fünf Jahre sollte die Gefangenschaft dauern.

Es gab nach Grafs Heimkehr Spekulationen darüber, weshalb der hochdekorierte Offizier früher entlassen wurde als viele seiner Kameraden.

Man warf ihm vor, mit den Sowjets konspiriert zu haben. Aber was war wirklich geschehen? Eines Tages wurde Graf vom sowjetischen Lagerkommandanten gefragt, ob er eine Flugzeugschau in Suchino besuchen wolle. Bedingung: er müsse einen Artikel in der Lagerzeitung darüber veröffentlichen. Graf tat dies. Sachlich und unpolitisch. Zu seinem Erstaunen und Entsetzen mußte er dann lesen, daß in dem Artikel, der mit seinem Namen unterzeichnet war, eine Lobeshymne auf die sowjetische Luftwaffe gesungen worden war mit dem Abschluß: „Es lebe die rote Luftwaffe, die stärkste Luftwaffe der Welt.“ Niemals hatte er das geschrieben. Sein Schlußsatz lautete vielmehr: „Möge der Tag nicht mehr fern sein, da auch wir wieder teilhaben dürfen an der herrlichen Luftfahrt – im Dienste des Friedens.“

Graf beschwerte sich beim Lagerkommandanten, Oberstleutnant Martinow. Der verwies ihn an die „Antifa“, einen Zusammenschluß von echten und Möchtegern-Kommunisten, die mit dem sowjetischen Geheimdienst zusammenarbeiteten und die Aufgabe hatten, die Kriegsgefangenen auf kommunistischen Kurs zu bringen.

Derart kompromittiert – Tausende lasen den Artikel mit Grafs Unterschrift und waren empört –, war es äußerst schwer, sich zu rehabilitieren, obwohl der Exkommodore Zeugen für *seinen* Artikel hatte. Als dann noch Graf von sowjetischen Luftwaffenoffizieren zum Verhör nach Moskau geholt wurde, machten ihm Lagerkameraden daraus den Vorwurf, er habe sich bereit erklärt, mit den Sowjets zusammenzuarbeiten. Dies hätte er, so meinten sie, auch schriftlich niedergelegt.

In Wirklichkeit wurde Graf von einem hochausgezeichneten Luftwaffenoffizier gefragt: „Ich will von Ihnen keine Geheimnisse wissen. Die kennen wir. Aber Sie als erfolgreicher Jagdflieger, Sie könnten mir doch sagen, was wir falsch gemacht haben bei diesen hohen Verlusten unserer Luftwaffe!“ Darauf Graf: „Ihr Propagandist Ilja Ehrenburg behauptet, die ‚Roten Falken‘ hätten 50000 deutsche Flugzeuge abgeschossen. Wir hatten aber nur 25 000 während des ganzen Krieges im Einsatz. Da haben Sie ja um 100% Ihr Soll erfüllt.“ Der Sowjetoffizier sprang erregt auf: „Ilja Ehrenburg lügt, wie Ihr Propagandaminister Goebbels gelogen hat. Das ist Quatsch, wir wollen sachlich miteinander reden.“

Nach einer Weile fragte der Sowjetrusse einen herbeizitierten NKWD-Offizier, weshalb Graf so schlecht aussehe. „Weil ich mit dem Essen nicht hinkomme“, antwortete der Gefangene anstelle des Kommissars.

„Ich verrecke hier langsam aber sicher." Daraufhin wurde er in eine Ingenieursbaracke verlegt, bekam ein ordentliches Bett und wurde Küchenchef. Solange er diesen Posten inne hatte, wurde nicht mehr gestohlen, die Gefangenen erhielten – gemessen an dem, was vorher war – regelmäßig und ordentlich zu essen, und es gab keine Todesfälle mehr.

Noch einige Male wurde Graf nach Moskau geflogen. Man machte ihm den Prozeß, weil er angeblich am Fallschirm hängende sowjetische Flieger abgeschossen hätte. Er konnte beweisen, daß er zum Zeitpunkt, zu dem dies angeblich geschehen sein sollte, mit seinem Geschwader gar nicht in der Nähe des „Tatorts" gewesen war. Später zog man die Anklage zurück.

Auf seine große Leidenschaft, das Fußballspiel, konnte er auch im Gefangenenlager nicht verzichten. Um seinen Kameraden Abwechslung und sportliche Betätigung zu bieten, organisierte er Fußballspiele. Am 1. Januar 1950 kehrte er – nach Berlin entlassen – aus der Gefangenschaft zurück. Schon zwei Tage später flog er mit der PanAm nach Westdeutschland. Zu Hause fand er seine Wohnung geplündert vor. Da in seinem Wohnbereich die französische Besatzungsmacht regierte, wurde er noch einmal gefangengenommen, aber sofort wieder auf freien Fuß gesetzt, mit der Auflage, sich jeden Tag zu melden. Das ging 14 Tage lang, dann war er auch hier ein freier Mann. Über zwei Jahre lang erholte sich Hermann Graf von den Strapazen der Gefangenschaft. Anschließend war er in mehreren Unternehmen tätig, um eine Existenz aufzubauen – bis Sepp Herberger kam.

Als ihn eine tückische Krankheit überfiel, ließ er sich nicht unterkriegen. Er hätte sich längst pensionieren lassen können – aber er wollte seine Pflicht auch hier erfüllen. Bis zum 65.

Zu den Anschuldigungen gegen ihn schrieb Hermann Graf 1971 in *Bild am Sonntag:* „Ich bin während der Zeit meiner Gefangenschaft keinen ‚anderen Weg' gegangen. Die erste Wegstrecke legte ich – nach der Auslieferung durch die Amerikaner an die Russen – zusammen mit Erich Hartmann zurück. Im ersten russischen Lager befand auch ich mich in einer ziemlich üblen psychischen und physischen Verfassung. Als ‚Erzfeind' der Sowjetunion machte ich mir über mein künftiges Schicksal keine Illusionen.

In dieser verzweifelten Situation, den Schock über die amerikanische Handlungsweise mit einbezogen, folgte ich eines Tages dem Vorschlag

im Lager weilender anderer Fliegeroffiziere, dem ‚Nationalkomitee Freies Deutsland' beizutreten. Ich tat es, um mir eventuell dadurch eine, wenn auch winzige, Überlebenschance zu sichern. Diesem ‚Komitee' trat ich damals aber nicht allein bei, denn Herr Hartmann tat das ebenfalls, und sicherlich aus den gleichen Beweggründen wie ich. Wir besuchten eine Versammlung und fühlten uns angewidert. Ein Austritt aus dem ‚Komitee' blieb auch mir erspart, weil die Vereinigung bald darauf aufgelöst wurde. An ihre Stelle trat die ANTIFA. Dieser gehörte ich bis zu meiner Entlassung nicht an.
Es ist unwahr, durch nichts zu beweisen, daß ich mich für ‚die Russen entschieden' hätte. Ich fühle mich nicht als ‚Geächteter', höchstens als Opfer einer heimtückischen Legende, die nach dem Krieg von ‚guten' Kameraden hinsichtlich meiner Haltung in russischer Gefangenschaft verbreitet wurde."
Hermann Graf ist am 4. November 1988 verstorben.

Generalfeldmarschall Erwin Rommel

Der Löwe von Afrika

„Es besteht die Gefahr, daß unser Freund Rommel eine Art ‚Zauberer‘ oder ‚Kinderschreck‘ für unsere Truppe wird, denn die Männer sprechen zu viel von ihm. Er ist auf keinen Fall ein Übermensch, obgleich er wirklich sehr energisch und fähig ist.
Selbst wenn er ein Übermensch wäre, würde es höchst unerwünscht sein, daß unsere Leute ihm übernatürliche Kräfte zuschreiben. Ich fordere Sie daher auf, mit allen möglichen Mitteln den Eindruck zu verwischen, daß Rommel mehr darstellt als ein gewöhnlicher deutscher General.
Die Hauptsache ist jetzt, dafür Sorge zu tragen, nicht mehr von ‚Rommel‘ zu sprechen, wenn wir den Feind in Libyen meinen. Bitte, achten Sie darauf, daß dieser Befehl unverzüglich befolgt wird und legen Sie allen Kommandeuren nahe, daß diese Gelegenheit vom psychologischen Standpunkt aus besonders wichtig ist.

gez. C. J. Auchinleck, General
Commander in Chief Middle East Forces

P.S. Ich bin nicht eifersüchtig auf Rommel.“

Dieser Geheimbefehl an alle Koprs- und Divisionskommandeure der britischen Truppen in Afrika fiel deutschen Soldaten in die Hände. Er sagt mehr über den Generalfeldmarschall Erwin Rommel, den ersten Kommandeur des Deutschen Afrikakorps und späteren Armee- und Heeresgruppenführer, als die höchste Auszeichnung es tun könnte. In diesem Befehl lagen Hochachtung vor den Führungsqualitäten des Deutschen und Furcht vor dessen Popularität, die er bei Freund und Feind besaß.
„Rommel...!“ – Der Name schreckte britische Elitedivisionen und ließ ihre Offiziere nervös werden.
„Wir werden uns durchboxen“, hieß Rommels Losung, und sie wurde überall dort zum geflügelten Wort, wo der General auftauchte.

Bei den Soldaten beider kriegführenden Parteien, den Anglo-Amerikanern und den Deutschen, galt er als Phänomen. Die Briten nannten ihn „Desert Fox", Wüstenfuchs. Die Verbündeten bezeichneten ihn mit „Löwe von Afrika" – seine eigenen Soldaten sagten einfach „Der Rommel".
Die Historiker und Militärwissenschaftler sind in ihrer Beurteilung sachlicher und kühler. Sie bezeichnen Rommel als „hervorragenden Wüstenfachmann". Seine kühnen Unternehmungen in der Cyrenaika, das ungestüme Vordringen bis El Alamein, der Plan, Alexandria und Kairo zu nehmen und bis zum Kaukasus vorzustoßen, um die Sowjets im Rücken anzugreifen, sind längst Kriegsgeschichte.
Rommel, der mitunter als Phantast bezeichnet wurde, war auf dem Kriegsschauplatz in Wirklichkeit ein nüchterner Rechner. Er war ein Truppenführer modernen Stils und brach mit der Tradition, wenn es um den Erfolg ging. Er dachte und führte revolutionär, und seine kühnen Pläne verwirklichten sich in großzügigen und erfolgreichen Operationen. Zu den tragischen Kapiteln des vergangenen Krieges gehört, daß Rommels Pläne oft an der Starrköpfigkeit der italienischen Führung, am Versagen hoher italienischer Offiziere und an der Materialüberlegenheit der Alliierten scheiterten. Zudem nahm man im Führerhauptquartier und in Rom die Rückschläge in Afrika zu leicht und beruhigte sich mit der Redewendung: „Rommel wird es schon machen."
Richtig eingeschätzt wurde Rommel von seinen britischen Gegnern Montgomery, Auchinleck und Wavell. In Montgomerys Wohnwagen hing ein Bild Rommels.
Obwohl die Briten ihn fürchteten, setzte sich im Laufe der Zeit in britischen Offizierskreisen schließlich doch die Auffassung durch, daß Rommel „auch nur mit Wasser koche". Das Britische Oberkommando wußte um den „Engpaß Nachschub" auf deutscher Seite. Auch der raffinierteste Wüstenkrieger mußte der gegnerischen Überlegenheit an Mensch und Material eines Tages zum Opfer fallen. Aber sie wollten rascher zum Ziel kommen und versuchten, den deutschen Feldmarschall auszuschalten. Die Kommandogruppe des Captain Stirling wurde in der Nacht vom 17. zum 18. November 1941 auf das Hauptquartier des Deutschen Afrikakorps in Beda Littoria, in dem man Rommel vermutete, angesetzt. Es gelang den Briten zwar, in das Haus einzudringen. Aber Rommel war nicht mehr da. Der Feldmarschall hatte dieses Quartier aufgegeben und es dem Stab des Quartiermeisters zur

Verfügung gestellt. Er selbst hielt sich gerade in Rom auf. Hätte Rommel das Quartier nicht gewechselt, wer weiß, wie das Schicksal dieses Mannes verlaufen wäre... –

Am 15. November 1891 wurde Erwin Rommel als Sohn eines Professors im württembergischen Heidenheim geboren und trat als Fahnenjunker ins 6. württ. Infanterieregiment 124 in Weingarten ein. 1912 erhielt er das Leutnantspatent. Mit seiner Stammeinheit nahm er am Weltkrieg teil, bis er im Herbst 1915 zu einem neuaufgestellten württembergischen Gebirgsjägerbataillon versetzt wurde.
Der junge Kompaniechef erhielt am 25. Oktober 1917 den Orden Pour le Mérite, als er den Monte Matajur, 1643 m, im kühnen Handstreich nahm und sich in den folgenden Kämpfen bei Longarone in der 12. Isonzo-Schlacht hervorragend bewährte. Ein Jahr später wurde er zum Hauptmann befördert.
Nach dem Kriege blieb Rommel beim Hunderttausendmannheer. Zuerst als Kompaniechef, dann als Infanterielehrer an die Kriegsschule in Dresden kommandiert, wurde er im Herbst 1933 Kommandeur eines Jägerbataillons in Goslar. Bald darauf als Lehrgangsleiter an die Kriegsschule in Potsdam verpflichtet, dann Verbindungsoffizier des Oberkommandos der Wehrmacht beim Stabe der Reichsjugendführung, wurde er schließlich Kommandeur der Kriegsschule Wiener-Neustadt. 1938 ernannte ihn Hitler zum Kommandanten des Führerhauptquartiers. Er übernahm gleichzeitig das „Führerbegleitbataillon", mit dem er am Einmarsch in Österreich und in Polen teilnahm.
Spätestens jetzt zeigte sich Rommel von Hitler fasziniert, ja begeistert. Am 19. 9. 1939, nach dem Besuch in Danzig, schreibt er in sein Tagebuch über Hitler: „Er ist außerordentlich freundlich zu mir." Am 2. Oktober berichtete er Hitler nach einem Besuch mit Oberst Schmundt in Warschau, „die Bevölkerung habe aufgeatmet als die Deutschen gekommen seien und sie erlöst hätten".
Hitler sah in Rommel einen überaus begeisterungsfähigen Offizier, der über ein hohes Maß an Führungsqualitäten verfügte. Er übertrug ihm daher vor Beginn des Krieges gegen Frankreich die 7. Panzerdivision – ein Einfall, der sich als richtig erweisen sollte und von dem Hitler noch Jahre später sprach. Er fühlte sich als Entdecker des künftigen Feldmarschalls.
An der Spitze dieser Division stürmte Rommel 1940 über die Maas,

durchbrach die Maginotlinie und stieß an den La-Bassée-Kanal vor, wo er zum Generalleutnant befördert und ihm am 26.5. das Ritterkreuz verliehen wurde. Ohne sich aufzuhalten, griff er Lille an, wendete und überschritt die Somme, um die Weygandlinie aufzubrechen.

Es war typisch für Rommel, daß er schon damals seine Truppe von „vorne" führte, unmittelbar hinter Spähtrupps in Städte einfuhr, Brükken nahm und Gefangene machte. Ständiges Wechseln der Angriffsziele, blitzschnelles Vorstoßen mit rasch zusammengestellten Kampfeinheiten, Umfassen des Feindes und plötzliches Auftauchen in dessen Rücken veranlaßte den Gegner, seiner Panzereinheit den Namen „Gespensterdivision" zu geben. Überall dort, wo man sie nicht vermutete, tauchte sie unerwartet auf und richtete Verwirrung an. „Das Ende folgte bald darauf...", sagte ein französischer General.

Taktik und Schneid des Divisionskommandeurs erregten die Aufmerksamkeit des Generalobersten Guderian, Inspekteur der schnellen Truppen und Initiator des modernen Panzerkrieges. Er bezeichnete Rommel als Prototyp des modernen Truppenführers.

Zu Beginn des Jahres 1941 geriet Italiens Armee in Libyen gegen britische Truppen in Bedrängnis. Mussolini bat Hitler um Hilfe. Am 3. Februar beauftragte dieser den Generalleutnant Rommel mit der Aufstellung des Afrikakorps, weil er die Meinung vertrat, daß nur ein harter Mann diese Aufgabe lösen könne. „Ich halte Rommel für einen unheimlich harten Kommandeur", sagte Hitler zu seinem Chefadjutanten Oberst Schmundt. Vier Tage später instruierte er persönlich den neuernannten Afrika-Befehlshaber und schickte ihn mit Oberst Schmundt zum neuen Kriegsschauplatz.

Am 9. Februar erhielt Hitler von Mussolini die Zustimmung zur Ernennung Rommels, und drei Tage später wurden bereits die ersten Truppen, die 5. leichte mot. Division, in Tripolis ausgeladen. In einem Gewaltmarsch erreichte sie in 26 Stunden die Front bei El Agheila und dort die Engländer des Generals Wavell. Eine Leistung, die Hitler und Mussolini in Begeisterung versetzte.

Am 20. März erstattete Rommel Bericht im Führerhauptquartier. Dabei verlieh ihm Hitler für die Leistungen der 7. Panzerdivision in Frankreich das Eichenlaub. Nach Afrika zurückgekehrt, startete Rommel eine Offensive gegen die überraschten Engländer – entgegen der Absprache mit dem OKH und ohne den italienischen Befehlshaber General Gariboldi zu informieren. Das Deutsche Afrikakorps überrannte

Marsa el Brega, nahm Ageolabia und sicherte die wichtigen Süßwasserquellen, dann fielen Mechilli und schließlich Sollum.
Als Rommels Truppen die ägyptische Grenze erreichten, dann aber mangels Nachschub stehenbleiben mußten, brach in Deutschland Jubel aus. In wenigen Monaten war Rommel zur populärsten Persönlichkeit des Deutschen Volkes geworden. Sein Name wurde Synonym für Tapferkeit, Schneid, Feldherrenkunst, List und Unbesiegbarkeit.
Die deutsche Öffentlichkeit erfuhr nie, daß deutsche und iatalienische Truppen einen Tagesbedarf an Material und Verpflegung von 5000 Tonnen hatten – und daß diese Norm niemals erfüllt wurde. Dafür sorgten in den meisten Fällen italienische Kommandostellen, die den Engländern die genauen Auslaufzeiten der Nachschubschiffe verrieten. Dies wurde sehr bald dem Befehlshaber des Afrikakorps, Erwin Rommel, bekannt.
Schon bei den ersten Begegnungen mit hohen italienischen Offizieren erlebte Rommel eine Überraschung: die Unbekümmertheit, mit der sie die Lage beurteilten, und die Rücksichtslosigkeit gegenüber ihrer Truppe ließ ihn skeptisch werden. Als die schlecht geführten Soldaten nun auch noch zur Belastung des deutschen Korps wurden, verachtete Rommel die feigen Bundesgenossen. Er machte aus seiner Meinung kein Hehl. Angehalten, mit dem italienischen Hauptquartier „Comando Supremo“ zusammenzuarbeiten, ließ er es zum Zerwürfnis kommen. Er dachte nicht daran, sich den Italienern zu unterstellen, und zog schon nach den ersten Gesprächen mit den Marschällen Cavallero und Bastico die Konsequenzen: „Die deutschen Soldaten werden von mir geführt. Sehen Sie zu, daß Ihre Truppe nicht immer davonläuft und so Lagen schafft, die sehr ernst werden können“, sagte er zu den Italienern. Prompt beschwerten sie sich empört über Rommels Verhalten bei Mussolini. Hitler ließ Rommel wissen, daß dieser etwas sanfter mit den empfindlichen Bundesgenossen umgehen solle. Er billige zwar alle Unternehmungen des Korps-Chefs, aber er, Hitler, habe auch Rücksicht auf Mussolini zu nehmen.
Die politischen Gründe kümmerten jedoch den forschen Panzerführer nicht. Er hatte andere Sorgen, und je länger er in Afrika weilte, desto mehr lernte er die Italiener verachten. Feldmarschall Kesselring behauptete sogar, Rommel habe die Italiener gehaßt, weil sie schlechte Soldaten waren und das Offizierkorps total korrupt gewesen sei. Fest steht, daß Rommel, der ja schon im Ersten Weltkrieg gegen Italiener

gekämpft hat, laut sagte, was er dachte: „Lieber keinen Bundesgenossen als diesen. Wir werden erleben, daß er noch auf die andere Seite wechselt!" Rommel sollte recht behalten.

Am 19.11.1941 griffen die Briten mit starken Panzerkräften und 100000 Mann an und überrannten die italienischen Stellungen. Auch die schwachen deutschen Verbände standen in schweren Abwehrkämpfen. Aber Rommel hatte erkannt, worauf es auf diesem Kriegsschauplatz ankam. Er verkürzte die Nachschublinien, führte Verstärkung herbei und bluffte. Panzerattrappen, auf Volkswagen montiert, fuhren ständig im Kreise, die dabei aufgewirbelten Staubwolken sollten das Herannahen eines großen Panzerverbandes anzeigen. Prompt fielen die Briten darauf herein und brachen den Kampf ab.
Am 20. Januar 1942 erhielt Rommel das Eichenlaub mit Schwertern, zwei Tage darauf griff er ohne das „Comando Supremo" zu verständigen, erneut die Engländer an und drängte sie aus der Cyrenaika heraus.

Immer wird Rommels Name mit der Stadt und Festung Tobruk verbunden sein. Im kühnen Vormarsch schnitt er die britische Besatzung von ihrer Armee ab, stieß mit dem Gros seines Korps nach Osten und machte erst dann am 19. Juni 1942 mit einem Teil seines Verbandes kehrt, als er den Gegner so geschwächt hatte, daß dieser zur Entlastung der Eingeschlossenen kaum noch antreten konnte.
Am 22.6.1942 traten 33000 Briten, darunter fünf Generale, den Marsch in die Gefangenschaft an. Rommel wurde zum Generalfeldmarschall befördert. Seiner Frau schrieb er: „Eine frische Division wäre mir lieber als ein Feldmarschallstab."
Bei Bir el Gobi zeigte er sich als Stratege großen Stils. Er nahm mit schwachen Kräften den Kampf gegen einen zahlenmäßig weit überlegenen Feind auf und stieß in überraschenden Angriffen und ohne Rücksicht auf die Flankenbedrohung in die gegnerischen Bereitstellungen. Rommel führte an der Spitze der 21. Panzerdivision und leitete die Unternehmen gegen den Halfaya-Paß. In der Nacht, als er zwischen englischen Panzer- und Fahrzeugkolonnen kurvte, wäre er beinahe gefangengenommen worden. Zum Glück besaß er den „Mammut", einen britischen Befehlspanzer, der zuvor dem britischen Feldmarschall Wavell gehört hatte. Diese Täuschung rettete ihn vor der Gefangennahme.

Seine tollkühnen Angriffe und Durchbrüche erregten beim Gegner immer wieder den Eindruck, als ob Rommel weit stärkere Verbände besäße. Der deutsche Befehlshaber wußte, daß in der Wüste nur ein schneller Entschluß, Wagemut und überraschender Angriff zum Erfolg führen konnten.

Wie oft befand er sich in unmittelbarer Nähe britischer Soldaten und Geschütze! Einmal mußte er mit seinem Fieseler Storch landen. Als er sich der Bedienung eines Flakgeschützes näherte, erkannte er erst im letzten Augenblick, daß es Tommies waren. Zum Glück tauchte ein deutscher Volkswagen auf, der den Feldmarschall und seinen Begleitoffizier dem Zugriff des Gegners entzog.

Bei einem seiner ungestümen Angriffe wurde er mit seinem Befehlswagen abgeschnitten. Rommel erkannte die gefährliche Lage und verschwand in einem zufällig in der Nähe liegenden neuseeländischen Lazarett. Das Wachpersonal und die Verwundeten waren nicht wenig erstaunt, plötzlich den deutschen Feldmarschall – den sagenhaften Rommel – zu sehen, der sich von dem leitenden Arzt durch die Zelte führen ließ. Er versprach den Neuseeländern auch als deutsche Gefangene dieselbe gute Versorgung und – verschwand, wie er gekommen war.

Im Juni 1942 bestand die große Chance, den Afrikafeldzug rasch und siegreich zu beenden. Wer aber in der Wüste siegen wollte, mußte erst einmal die Insel Malta besitzen. Pausenlose Luftangriffe gegen diesen britischen Stützpunkt hatten die Besatzung nicht bewegen können, zu kapitulieren. Im Führerhauptquartier gab man dem Unternehmen den Namen *Herkules.* Eifrigste Führsprecher waren Mussolini und Feldmarschall Kesselring. Der Duce beschwor Rommel, in Afrika feste Stellungen zu beziehen und erst einmal die Operation *Herkules* abrollen zu lasen. Dann sei alls nur noch eine Frage von Tagen, höchstens Wochen. Aber Rommel war jetzt so richtig am Zug. Die Briten, geschockt durch die Kapitulation Tobruks, zeigten Anzeichen von Schwäche und Resignation. Diese Gelegenheit wollte Rommel ausnutzen, um die flüchtende 8. Armee zu schlagen, nach der Devise, wenn der Gegner erst einmal läuft, ist er nicht mehr zu halten.

Am 23. Juni marschierte das Afrikakorps, das jetzt zu einer Panzerarmee angewachsen war, über die ägyptische Grenze tief ins Land hinein. In einer Woche wollte Rommel in Kairo sein. In Marsa Matruk schloß er vier britische Divisionen ein, die britische Flotte räumte bereits den Ha-

fen von Alexandria, überall flohen Engländer, Neuseeländer, Australier. Der Sieg war greifbar nahe!
Enttäuscht darüber, daß Rommel trotz Vorbehalten die Offensive startete, zeigten sich jedoch Feldmarschall Kesselring und das „Comando Supremo". Die Erfolge Rommels wurden in Deutschland mit dem ganzen Propagandaaufwand, den Minister Goebbels aufzubieten hatte, gefeiert. Rommel auf dem Vormarsch! Rommel jagt die Briten! Rommel bald in Kairo! England aus Afrika vertrieben!
Die Schlagzeilen konnten jedoch nicht übertünchen, was in der Strategie augenfällig wurde und was Kesselring dazu bewogen hatte, vor dem Angriff zu warnen. Die Nachschubwege wurden in der Wüste immer länger! Und Rommel besaß nur noch 70 Panzer und eine abgekämpfte, müde Armee. Benzin, Verpflegung, Munition und Motorfahrzeuge fehlten.
Aber dennoch blieb Rommel nicht stehen. Er riskierte alles – und lief in die Falle. In der Enge von El Alamein hatte der neue Befehlshaber der britischen 8. Armee, General Montgomery, einen Sperriegel gelegt. Bis hierher – und nicht weiter – kam Rommel. Alle Anstrengungen bei weiteren Angriffen auf die britischen Stellungen scheiterten an der Überlegenheit der feindlichen Luftwaffe, die Rommels Truppen kaum Bewegungsmöglichkeiten gab.
Am 1. Oktober, anläßlich eines Erholungsurlaubs, berichtete Rommel dem aufmerksam zuhörenden Hitler über die Lage in Afrika. Er begründete das Festfahren seiner Offensive bei El Alamein mit der schwierigen Nachschublage, der alliierten Überlegenheit in der Luft und der Feigheit der Italiener. Hitler versprach ihm Panzer, Benzin und frische Truppen. Auch diesmal war Rommel von Hitlers Optimismus angetan und davon überzeugt, daß der „Führer" ihm die notwendige Unterstützung angedeihen lassen würde.
Völlig unerwartet, am 23. Oktober 1942 vor Mitternacht, griff Montgomerys 8. Armee mit 150 000 Mann an. Mehr als 1000 Panzer überrollten die Italiener, die sich zu Zehntausenden den Briten ergaben. Aber auch die deutschen Stellungen gerieten ins Wanken. Die Wucht des Angriffs, unterstützt von etwa 1000 Flugzeugen, traf eine Armee, die sich gerade von den Strapazen der vorhergegangenen Schlachten erholen wollte und auf frische Kräfte und Nachschub wartete.
Sofort eilte Rommel nach Afrika zurück. Was er vorfand, bedrückte ihn. Die italienischen Verbände in völliger Auflösung, die eigene Armee

ohne Panzer, der Nachschub über See zerschlagen. Aber immer noch hielten die deutschen Soldaten vor El Alamein. Schwere Verluste der britischen Truppen gingen auf das Konto der gut ausgebauten deutschen Minenfelder.

Aber Montgomery ließ keine Ruhe. Zwar brach er die Offensive ab, gruppierte um und verstärkte die Artillerie. Dann, am 2. November begann er erneut seinen Angriff mit einem Trommelfeuer, wie es in Afrika noch nie erlebt worden war. Schwerpunkt: die Minenfelder! Pausenlos schoß die Artillerie, pausenlos griffen Hunderte von Flugzeugen an. Als die Breschen in die Minenfelder geschlagen waren, traten die Panzer zum Angriff an. Und mit ihnen die Infanterie.

Zum ersten Male schien das Kriegsglück Rommel verlassen zu wollen. Mit seiner ausgepumpten Armee und den Resten der italienischen Streitkräfte konnte der Gegner nicht gestoppt werden. Er durchschaute die Absichten Montgomerys, der in einer weitausholenden Umfassung die deutsche Armee packen, sie einschließen und vernichten wollte. Rommel telegrafierte an Hitler:

„Die Kraft der Armee ist nach zehntägigem härtestem Kampf gegen vielfache britische Überlegenheit zu Lande und in der Luft trotz des heutigen Abwehrerfolges erschöpft. Die Armee wird daher nicht mehr in der Lage sein, einen heute nacht oder morgen zu erwartenden erneuten Durchbruchversuch starker feindlicher Panzerverbände zu verhindern. Eine geordnete Rückführung der sechs italienischen und zwei deutschen nichtmotorisierten Divisionen bzw. Brigaden ist mangels Kraftfahrzeugen nicht möglich. Ein großer Teil dieser Verbände wird voraussichtlich dem vollmotorisierten Feind in die Hände fallen. Aber auch die schnellen Truppen sind so eng in den Kampf verstrickt, daß nur ein Teil von ihnen sich vom Feind lösen können wird. Die noch vorhandenen Munitionsbestände liegen im Frontgebiet, während im rückwärtigen Gebiet ein nennenswerter Bestand nicht verfügbar ist. Die geringen Betriebsstoffbestände gestatten eine rückläufige Bewegung über große Entfernung nicht. Die Armee wird auf der einen ihr zur Verfügung stehenden Straße mit Sicherheit bei Tage und Nacht von der britischen Luftwaffe angegriffen werden. Bei dieser Lage muß daher trotz des heldenhaften Widerstandes und vorzüglichen Geistes der Truppe mit der allmählichen Vernichtung der Armee gerechnet werden."

Auf Hitler wirkten Rommels Worte wie Keulenschläge. Der siegreiche

Rommel, die heldenhafte Afrikaarmee vor der Vernichtung. Eben noch hatten die Zeitungen über Rommels Erfolge gejubelt, hatte Propagandaminister Goebbels die Briten lächerlich gemacht und ihnen die totale Niederlage vorausgesagt. Und jetzt Rommel vor dem Ende!
Das italienische „Comando Supremo“ beschwor den Feldmarschall auszuharren, sozusagen aufrecht zu sterben. Schon damals machten sich Anzeichen eines großangelegten Doppelspiels bemerkbar. Die deutsche Afrikaarmee sollte vernichtet werden, damit die Alliierten leichtes Spiel hatten. Denn die italienischen Streitkräfte zogen es vor, sich zu ergeben.
Enttäuscht von Rommel, den er zum Oberbefehlshaber des Heeres ernennen wollte – nachdem Hube, an den er zunächst gedacht hatte, tödlich verunglückt war –, übermittelte Hitler ihm noch in der Nacht ein Durchhaltetelegramm: „Mit mir verfolgt das deutsche Volk im gläubigen Vertrauen auf Ihre Führerpersönlichkeit und auf die Tapferkeit der Ihnen unterstellten deutsch-italienischen Truppen den heldenhaften Abwehrkampf in Ägypten. In der Lage, in der Sie sich befinden, kann es keinen anderen Gedanken geben, als auszuharren, keinen Schritt zu weichen und jede Waffe und jeden Kämpfer, die noch frei gemacht werden können, in die Schlacht zu werfen... Trotz der Überlegenheit wird auch der Feind am Ende seiner Kräfte sein. Es wäre nicht das erste Mal in der Geschichte, daß der stärkere Wille über die stärkeren Bataillone des Feindes triumphierte. Ihrer Truppe aber können Sie keinen anderen Weg zeigen, als den zum Sieg oder zum Tode.“

Adolf Hitler

Am 3. November hatte die Afrikaarmee noch 24 Panzer. Die Hälfte der Mannschaften und der Artillerie war verloren. Die Front war zerrissen, ein Halten hätte die Einschließung der Restarmee bedeutet. Endlich – auf Rommels telegrafische Vorstellung – gab Hitler die Genehmigung zum Rückzug.
Ohne sich vorher anzumelden oder auch dem „Comando Supremo“ etwas mitzuteilen, flog Rommel am 28. November ins Führerhauptquartier. Hitler empfing ihn sofort, tat aber sehr überrascht, den Feldmarschall in der „Wolfsschanze“ und nicht bei seinen Truppen zu sehen. Rommel machte Hitler klar, daß der Besuch von äußerster Wichtigkeit sei, weil er dem Führer reinen Wein einschenken wollte. Als dann Rommel aber Hitler darauf vorbereitete, Afrika in Kürze auf-

zugeben, wenn nicht eine entscheidende Wende eintrete, verbat sich Hitler weiteren Bericht. Rommel ließ nicht locker. Immer wieder beschrieb er den erbitterten Kampf der deutschen Soldaten, die entsetzlichen Strapazen, die sie ertrugen, und den völlig unzureichenden Nachschub. Aber Hitler wollte nichts mehr davon hören. Er bezichttigte das Afrikakorps sogar der Feigheit!

Das war zuviel. Als Rommel sich leidenschaftlich dagegen verwahrte, lenkte Hitler wieder ein und ordnete an, daß Rommel zusammen mit Reichsmarschall Göring nach Rom fliegen und alles unternehmen solle, um den Truppen in Afrika die notwendigen Güter zuzuführen.

Es blieb auch diesmal wiederum nur ein Versprechen. Rommel mußte feststellen, daß mit den Italienern kein Krieg mehr zu führen war, während die Alliierten im Rücken der deutschen Truppen eine Großoffensive vorbereiteten. Nach seiner Rückkehr nach Afrika meldete ihm ein V-Mann, daß der Großmufti von Jerusalem sich angeboten habe, alle Mohammedaner in Nordafrika gegen die Anglo-Amerikaner zu mobilisieren und einen Partisanenkrieg gegen sie zu führen. Dafür wolle er die Zusicherung Hitlers und Mussolinis, nach dem Kriege Nordafrika zu entkolonialisieren.

Dieses Angebot war in Rommels Strategie ein Faktor – aber Hitler lehnte abrupt ab, aus Rücksicht auf Mussolini. War Rommel noch vor wenigen Wochen der große Heros in Hitlers Augen, so sprach er jetzt oft abfällig über ihn.

Als ob er sich getäuscht hätte – mit einem Male war Rommel nur noch ein tapferer, kühner und geschickter Führer – im begrenzten Rahmen, versteht sich. Auf alle Fälle aber war er kein Steher. Das waren Model und Schörner. Die Sympathie, die Hitler seinem Feldmarschall entgegengebracht hatte, sank auf den Nullpunkt. Und dennoch wollte und konnte er ihn nicht verprellen. Zu groß war das Ansehen Rommels in der deutschen Bevölkerung, zu sehr hatte ihn die Propaganda hochgespielt und zu einem unverletzbaren Siegfried gemacht, als daß Hitler hätte wagen können, den Feldmarschall fallen zu lassen.

Am 4. März 1943 wurde Rommel ins Führerhauptquartier befohlen. Der Feldmarschall gab einen Lagebericht und beschwor Hitler, die Front zu verkürzen. Aber dieser lehnte ab und befahl Rommel, am 6. März die 8. Armee Montgomerys anzugreifen. Die deutschen Truppen trafen auf einen Gegner, der über die Angriffsabsichten ausgezeichnet informiert war. Fazit: Das Afrikakorps mußte unter hohen

Verlusten auf die Mareth-Stellung zurückgehen. Noch am gleichen Tag berief Hitler seinen bisherigen Günstling aus Afrika ab, empfing ihn, schickte ihn in Krankenurlaub und verlieh ihm am 11. März die Brillanten.

Der deutschen Öffentlichkeit durfte nichts davon bekannt werden, daß Rommel nicht mehr in Afrika führte. Auch die Verleihung der Brillanten blieb geheim. Erst am 9. Mai, als Hitler keinen anderen Rat mehr wußte, wie er die alliierte Invasion in Italien aufhalten sollte, befahl er Rommel zu sich. Er beabsichtigte, ihm den Oberbefehl über die Italienfront zu geben. Am 12. Mai ließ er über alle Sender bekanntgeben, daß Feldmarschall Rommel im März schon die Brillanten erhalten hatte.

Am gleichen 12. Mai traf der letzte Funkspruch des Afrikakorps im Führerhauptquartier ein: „Munition verschossen. Waffen und Gerät zerstört. Das DAK hat sich befehlsgemäß bis zur Kampfunfähigkeit geschlagen." Eine Armee von 120000 Mann trat den Weg in die Gefangenschaft an.

Obwohl Generaloberst Jodl vorgeschlagen hatte, Rommel endlich den Oberbefehl über Italien zu geben, zögerte Hitler wieder einmal aus Rücksicht auf Mussolini, dessen Generalität den deutschen Feldmarschall ablehnte. Hitler glaubte eine salomonische Entscheidung zu treffen, als er dann zwei Heeresgruppen einrichtete: B erhielt Rommel, mit Sitz in Saloniki und zuständig für Kreta, Griechenland und die Ägäis, und E bekam Generaloberst Löhr mit Sitz in Belgrad. Ihm unterstand der Balkan.

Die Wiedereinsetzung, wenn er auch den Oberbefehl über Italien nicht erhielt, machte Rommel wieder optimistisch. Er wurde öfters von Hitler an den Tisch gebeten, nahm an den Lagebesprechungen teil und ließ sich wieder von ihm „faszinieren". „Welche Kraft geht von ihm aus. Mit welchem Glauben und welcher Zuversicht hängt sein Volk an ihm", hielt Rommel schriftlich fest.

Inzwischen hatte sich bei Hitler die Auffassung durchgesetzt, daß Feldmarschall Kesselring, der auch das Vertrauen Mussolinis besaß, den Oberbefehl über Italien bekommen sollte. Rommel dagegen wurde mit der Inspektion des Atlantikwalls betraut. Noch einmal sollte der Name Rommel in die Schlagzeilen geraten: Wenn der Feldmarschall die Aufsicht über das Bollwerk übernimmt, kann nichts schiefgehen, lautete die einhellige Meinung der gleichgeschalteten deutschen Presse.

So erwartete Rommel auch voller Optimismus die Invasion. Als die Alliierten am 6. Juni 1944 landeten, befand er sich, der jetzt Oberbefehlshaber der Normandiefront war und die Heeresgruppe B befehligte, allerdings in Deutschland, der Befehlshaber der 7. Armee, Dollmann, bei einem Planspiel in Rennes und der Kommandeur des I. SS-Panzerkorps, Sepp Dietrich, in Brüssel.
Rommel konnte den Zusammenbruch nicht mehr abwenden. Er sah das Ende kommen. Hitler griff in die Aktionen der Oberbefehlshaber der Westfront ein. Feldmarschall v. Rundstedt und Rommel verwahrten sich dagegen und baten Hitler, an die Front zu kommen, um sich selbst von der Lage zu überzeugen.
Hitler kam erst viel später, am 17. Juni, und ließ sich weder von Rundstedt noch von Rommel in seiner Auffassung beeinflussen. Schließlich kritisierte er die Generalität und zweifelte an der Standhaftigkeit der Truppe. Rommel protestierte und schlug in diesem Gespräch vor, die Truppen über die Orne zurückzunehmen und Waffenstillstand zu schließen. Hitler fuhr ihn an: „Kümmern Sie sich um die Invasionsfront und nicht um den Ausgang des Krieges."
Nach dieser Unterredung war das Band, das Rommel immer noch mit Hitler verband, zerschnitten. v. Rundstedt wurde entlassen, Feldmarschall v. Kluge übernahm den Oberbefehl. Rommel sah die Sinnlosigkeit des Krieges ein und beschwor jetzt Feldmarschall v. Kluge, alles zu tun, um das Leben der deutschen Soldaten zu retten. v. Kluge lehnte Rommels Ansinnen ab. „Wir kämpfen bis zur letzten Patrone..." Aber Rommel ließ nicht locker. Er forderte den Feldmarschall auf, sich selbst an der Front zu informieren. v. Kluge fuhr hin, übersah die Lage und kehrte deprimiert zurück. Er entschuldigte sich bei Rommel.
Jetzt suchte Rommel weitere Verbündete, um Hitler klarzumachen, daß der Kampf gegen die Alliierten im Westen ein Verbrechen gegen das deutsche Volk sei. Er nahm Verbindung mit dem Kommandeur des I. SS-Panzerkorps, (später OB. 5. SS-Panzerarmee) Sepp Dietrich, auf. Die beiden kannten und schätzten sich. Auch Dietrich schloß sich Rommels Meinung an, er beurteilte die Lage wie dieser. Gemeinsam versuchten sie den Generalfeldmarschall v. Kluge, der Oberbefehlshaber West war, auf ihre Seite zu ziehen. Sie trafen sich wie Verschwörer. Aber v. Kluge zauderte, weigerte sich, einen Treuebruch zu begehen und sagte: „Meine Herren, ich sehe ein, daß es nicht gut aussieht, aber ich kann nicht eidbrüchig werden!" Als Rommel und Dietrich ein-

räumten, daß sie vor der gleichen Situation stünden, ihre Verantwortung als Truppenführer für die Menschen, die ihnen anvertraut wurden, jedoch über alles stellen müßten, antwortete v. Kluge: „Der Führer wird Sie erschießen lassen."

Rommel und Dietrich gaben ihre Hoffnung auf ein Mitgehen v. Kluges nicht auf. Inzwischen hatte sich der Kommandeur des II. SS-Panzerkorps, Obergruppenführer Wilhelm Bittrich, Träger des Eichenlaubs mit Schwertern, ebenfalls bereit erklärt, bei Rommel mitzumachen.

Rommel erklärte v. Kluge, daß es nur eines Briefes oder eines Gespräches mit Hitler bedürfe – sonst nichts. Wenn die drei populären und geschätzten Generale Hitler vortrügen, was sie bewege, könne er nicht anders handeln, als sie vorschlügen. Nach einer Stunde versprach v. Kluge, sich alles noch einmal zu überlegen und seinen Gesprächspartnern Nachricht über seinen Entschluß zu geben.

Endlich, am 13. Juli, gestattete v. Kluge dem Feldmarschall Rommel, eine Denkschrift an Hitler zu verfassen. Mit v. Kluges Billigung beschrieb er die Lage an der Westfront, hob die Tapferkeit der Truppe und die materielle Überlegenheit des Gegners hervor und endete: „Ich muß Sie bitten, die Folgerungen aus dieser Lage unverzüglich zu ziehen. Ich fühle mich verpflichtet, als Oberbefehlshaber der Heeresgruppe, dies klar auszusprechen." Das Ziel Rommels war – und er versicherte sich noch einmal der Loyalität Sepp Dietrichs –, im Westen Waffenstillstand zu schließen.

Doch der Kelch mußte bis zur bitteren Neige geleert werden. Der 17. Juli wurde zum Schicksalstag der Westfront. Rommel besuchte die Gefechtsstände und telefonierte mit Sepp Dietrich. Die beiden waren sich in ihrem Entschluß einig. Auf der Fahrt zwischen Livarot und Vimoutiers wurde Rommels Wagen von amerikanischen Jagdbombern beschossen. Das Fahrzeug schleuderte, Rommel fiel heraus und blieb mit schweren Schädelverletzungen auf der Straße liegen. Nur knapp entging er dem Tode. Die Ärzte stellten einen doppelten Schädelbasisbruch fest. Rommel konnte nicht mehr führen. Er legte den Oberbefehl über die Heeresgruppe nieder. Der Traum vom Waffenstillstand war zerstoben.

Es stand gesundheitlich nicht gut um den Feldmarschall, und darum ließ er sich ins Krankenhaus Ulm verlegen.

Am 20. Juli war Graf Stauffenbergs Bombe im Führerhauptquartier „Wolfsschanze" explodiert, Hitler jedoch nur leicht verletzt worden.

Auch der eingeleitete Putsch in Paris war bald gescheitert, die Widerstandsbewegung brach zusammen.
General v. Stülpnagel, Mitverschwörer, schoß sich eine Kugel in den Kopf. Er traf nicht richtig. Blind wurde er ins Lazarett eingeliefert. Feldmarschall v. Kluge zog die Konsequenzen auf seine Art. Er ließ sich auf die Schlachtfelder von Verdun fahren, wo er als junger Offizier im Ersten Weltkrieg gekämpft hatte, und vergiftete sich.

In seinen Fieberträumen nannte General v. Stülpnagel öfters den Namen Rommel. Einmal sagte er: „Rommel ist die letzte Rettung." Das genügte. Die beiden Beamten der Gestapo, die den Verletzten Tag und Nacht bewachten, notierten sich jedes Wort, das der Phantasierende stammelte. Als Himmler erfuhr, daß auch Rommel, der Volksheros, zu den Verschwörern gehören könnte, schlug er Alarm. Er kannte Hitlers Gemütslage nach dem Attentat. Und jetzt Rommel! Dies mußte Hitler wie ein Faustschlag treffen. „Auch Rommel ist dabei", sagte er beiläufig zu Hitler. Der sah von der Karte auf. „Wobei? Was sagen Sie da?", fuhr er den Reichsführer SS an. Himmler zögerte einen Augenblick. Er überlegte. Wenn die Meldung nicht zutraf, wenn alles nur ein Hirngespinst des Generals Stülpnagel war, wenn Rommel nichts mit der Sache zu tun hatte... er kalkulierte die Konsequenzen, die er zu ziehen hätte. Aber dann gab er sich einen Ruck. „v. Stülpnagel hat den Namen Rommel mehrfach genannt, im Zusammenhang mit dem Verrat an Ihnen, mein Führer."

Rommel erholte sich von seiner schweren Verletzung in seinem Haus in Herrlingen. Im September besuchte ihn sein alter Stabschef und Freund, General Speidel. Ihn bat er, ins Führerhauptquartier zu fahren und mit Generaloberst Guderian zu sprechen, dem neuernannten Chef des Generalstabes. Dieser sollte Waffenstillstand im Westen schließen, auch gegen Hitlers Auffassung. Rommel entschied sich gegen die Tötung Hitlers, um ihn später vor ein Gericht zu stellen. Doch Hitler reagierte schneller. Er befahl, sofort den „Fall Rommel" zu untersuchen. Als er glaubte, Anhaltspunkte für eine Zusammenarbeit zwischen Rommel und den Verschwörern gefunden zu haben, ließ er den „Ehrenhof der Wehrmacht" zusammentreten, ein sogenanntes Ehrengericht, dem nur Generale angehörten. Den Vorsitz hatte Feldmarschall v. Rundstedt.
Was war geschehen? Der verhaftete Oberstleutnant Dr. Cäsar v. Hof-

acker, Mitverschwörer, Kenner der Interna und Vetter von Graf Stauffenberg, hatte vor seiner Hinrichtung schriftlich bestätigt, daß Feldmarschall Rommel in die Verschwörung gegen Hitler eingeweiht war. Rommel habe dem wichtigsten Mann der Widerstandsbewegung, dem ehemaligen Oberbürgermeister von Leipzig Dr. Gördeler, versprochen, mitzumachen und das Amt des Reichspräsidenten zu übernehmen, wenn man es ihm antragen würde.

Dieses Protokoll war Rommels Todesurteil. Nie konnte geklärt werden, was den bereits verurteilten v. Hofacker bewogen haben mochte, den Feldmarschall zu belasten.

Am 7. Oktober sollte Rommel ins Führerhauptquartier reisen. Der Feldmarschall meinte, daß er wohl lebend nicht mehr zurückkehren würde. Darum sagte er ab, berief sich auf seinen schlechten Gesundheitszustand und blieb zu Hause. Acht Tage später, am 14. Oktober um 12 Uhr, trafen die Generale Burgdorf (Nachfolger des beim Attentat tödlich verunglückten Chefadjutanten und Chef des Heerespersonalamtes General Schmundt) und Maisel, sowie Major Ehrensperger mit dem SS-Fahrer Dose in Herrlingen ein. Anwesend waren Frau Rommel, Sohn Manfred, der als Flakhelfer gerade Urlaub hatte, und Hauptmann Aldinger, Rommels Freund und Adjutant.

Die Generale Burgdorf und Maisel baten Rommel um eine Unterredung. Im Arbeitszimmer eröffneten sie ihm, daß der „Ehrenhof" den Feldmarschall aus der Wehrmacht ausgestoßen habe, der Führer ihn wegen Mitverschwörung und Verrats vor ein Volksgericht stellen würde, jedoch wegen seiner Verdienste ihm die Chance gebe, durch Freitod die Konsequenzen zu ziehen. Das Gift habe man gleich mitgebracht, für die Familie sei in jedem Falle gesorgt.

Maisel verließ zuerst das Zimmer, dann Burgdorf. Rommel sprach mit seiner Frau. „In einer Viertelstunde bin ich tot..." flüsterte er. Er erzählte, was ihm die Generale mitgeteilt hatten. „Das Gift wirkt in drei Sekunden..." Der Feldmarschall nahm Abschied von seiner Frau, seinem Sohn und seinem Freund Aldinger. Danach setzte er sich in den Wagen. Irgendwo auf der Landstraße hielt er an. Die Begleiter Rommels stiegen aus, sie ließen den Feldmarschall allein. Drei Sekunden später war er tot.

Rommel erhielt ein Staatsbegräbnis. Das Volk sollte nicht wissen, was in Wirklichkeit geschehen war. Fast niemand ahnte es, erst recht nicht, als Hitler an die Witwe ein Telegramm schickte mit dem Text: „Zum

Tode Ihres Mannes spreche ich Ihnen mein tiefstes Beileid aus. Der Name des Generalfeldmarschalls wird für alle Zeiten mit dem Heldenkampf des Afrikakorps verbunden sein." Adolf Hitler.

Der Staats- und Trauerakt im Rathaus zu Ulm war eine Farce. Witwe und Sohn mußten schweigen, waren zum Schweigen verurteilt, auch als Feldmarschall v. Rundstedt die Trauerrede hielt, der gleiche Feldmarschall v. Rundstedt, der dem „Ehrenhof" der Wehrmacht vorgestanden und die Ausstoßung Rommels aus der Wehrmacht von den Mitgliedern dieses Kreises entgegengenommen hatte.

Aus Versehen erschossen

Ruhig glitt U-181 durch das Wasser. Endlich: Einlaufen in den Kriegshafen von Bordeaux. Die Mannschaft war in ihren hellen Tropenuniformen auf dem Achterdeck angetreten. Vor ihr stand der Kommandant ein wenig blaß, aber mit einem zufriedenen Lächeln, als das Boot anlegte und der Flottillenchef an Bord kam. Unter den Klängen einer Musikkapelle wurde die deutsche Reichskriegsflagge am Mast gehißt.

Dann meldete der Kommandant: „U-181 von zweiter Feindfahrt aus dem Operationsgebiet Südafrika und Indischer Ozean zurück. 103 712 BRT versenkt."

Der Flottillenchef nickte den tapferen Männern zu, und dem Kommandanten gratulierte er zu den Brillanten, die ihm bereits am 11. 8. 1943 verliehen worden waren.

Kommandant von U-181 war Korvettenkapitän Wolfgang Lüth, dreißig Jahre alt. Von September 1942 bis Oktober 1943 machte er mit U-181 zwei Feindfahrten von insgesamt 333 Seetagen. Davon die zweitlängste Feindfahrt des Zweiten Weltkrieges von 205 Seetagen. (Erste Feindfahrt vom 12. 9. 1942 bis 18. 1. 1943. Versenkt: 58 381 BRT. Zweite Feindfahrt vom 23. 3. 1943 bis 14. 10. 1943. Versenkt: 103 712 BRT.) Insgesamt: 17 Operationen in 609 Seetagen (U-9 / U-138 / U-43 / U-181, versenkt: 43 Schiffe mit 215 147 BRT und 1 U-Boot. Das Oberkommando der Wehrmacht meldete irrtümlich 264 567 BRT versenkten Schiffsraumes).

Über sechseinhalb Monate war das Boot durch die Wellenberge der Ozeane gestampft. Tausende Meilen vom Stützpunkt entfernt, auf sich allein gestellt, waren die Männer mit U-181 über die unendlichen Weiten der Meere gefahren. Man sah ihnen die Strapazen an. Oftmals hatten sie mehrere Tage unter Wasser bleiben müssen und nur in der Nacht ein paar Stunden Zeit zum Auftauchen gefunden. Aber bei 55 Grad Tagestemperatur waren auch die Nächte schwül. Schwer wie Blei war die Luft, und das Atmen wurde zur Qual.

Jetzt standen sie an Deck, die Männer von U-181, und freuten sich auf den verdienten und ersehnten Heimaturlaub. Ihr Kommandant war stolz auf sie. Denn er wußte, daß sie ihre Erfolge nur erzielen konnten, weil sie auf Gedeih und Verderb zusammenhielten. 205 Tage auf sich allein gestellt. Und doch kam es den Männern vor, als ob es erst gestern gewesen wäre...

Lautlos löste sich ein schmaler Schatten von der Pier. Die Nacht war finster, und nur ein paar Sterne flimmerten als Festbeleuchtung. U-181 ging auf große Feindfahrt! Keine Marschmusik, kein Händeschütteln, kein Winken, kein Blumenwerfen. U-181 stach lautlos in See. Es war der 23. März 1943. Der Kommandant des Bootes war Wolfgang Lüth. Er stand auf der Brücke und sah zurück zum Liegeplatz, wo vor Sekunden noch das Boot gelegen hatte und jetzt ein dunkles Loch gähnte.

Als er vor einigen Wochen den Befehl erhalten hatte, zum zweiten Male vor Afrikas Küste und im Indischen Ozean Jagd auf Dampfer zu machen, war ihm klargeworden, daß es diesmal schwerer sein würde. Denn die Alliierten hatten aus den Verlusten gelernt, die ihnen deutsche U-Boote beigebracht hatten.

Aber Lüth wußte sich nicht mehr ganz allein. Mehrere Boote, darunter Kommandanten mit Rang und Namen, hatte der Befehlshaber der U-Boote, Großadmiral Karl Dönitz, für das Unternehmen, Handelskrieg zu führen, eingesetzt. Und dennoch: in den Weiten der Meere war ein U-Boot mit einem Stecknadelkopf in einem Heuhaufen zu vergleichen. Die Vorbereitungen wurden gewissenhaft getroffen. Boot und Besatzung mußten in Ordnung sein. Maschinen- und Gesundheitszustand der Männer wurden auf Herz und Nieren geprüft.

Lüth war ein U-Boot-Kommandant mit großer Erfahrung und von außerordentlicher Tapferkeit. Man sagte von ihm, er habe keine Nerven und verstehe sich auf die Führung von Menschen wie kaum ein anderer. Für die letzte Afrika-Unternehmung hatte er am 17. 11. 1942 das Eichenlaub erhalten.

Dieser Kommandant wußte, was ihm und seinen Männern bevorstand. Eiserne Disziplin war die Voraussetzung für das Gelingen einer solchen Operation. Kameradschaft und Zusammengehörigkeitsgefühl waren das unsichtbare Band, das oftmals das schier Unmögliche möglich gemacht hatte. Und weil Lüth das wußte, sorgte er vor. Er ließ das Boot nicht nur mit Torpedos und Verpflegung laden, sondern packte auch einen ordentlichen Stapel Schallplatten, Illustrierte und Bücher ein.

Man wollte an Bord in den Mußestunden nicht nur dösen lassen, sondern die Männer beschäftigen. Nichts ist der Kampfmoral abträglicher, als wenn die Besatzung in ihren freien Stunden nicht weiß, was sie tun soll.
Mit einem Offizier arbeitete er ein Unterhaltungsprogramm aus; Skat- und Schachturniere, Singwettbewerbe und Vorträge... Lüth: „Meine Herren, auf dieser Fahrt werden wir wahrscheinlich wochenlang nichts anderes als nur Wasser sehen. Wasser und kein einziges Schiff..."
Die Offiziere sahen sich vielsagend an. „Und in welchen Winkel dieser schönen Welt entführen Sie uns...?" fragten sie. Lüth lächelte. Das wußte er selbst nicht, nur daß er in den Indischen Ozean vorstoßen sollte. Aber der ist groß, was hieß da schon „Winkel dieser schönen Welt?"
Als U-181 am 23. März 1943 die Leinen losmachte, stand Lüth an der Spitze der deutschen U-Boot-Kommandanten, die sich noch im Einsatz befanden. Nur einer, der unübertroffene Otto Kretschmer, hatte mehr Schiffe vernichtet – war aber schon am 17. 3. 1941 versenkt worden. Seit diesem Tag befand er sich in britischer Gefangenschaft.
Es fing gleich gut an. U-181 hatte Befehl, einen westlich der Biskaya gemeldeten Geleitzug anzugreifen. Aber Lüth verlor ihn, er schoß dafür ein wenig später die 5 983 BRT große *Empire Whimbrel* in den Grund. Genau einen Monat später mußte die 5 232 BRT schwere *Tinhow* dran glauben.
Es wurde eine mühsame Jagd auf Einzelfahrer und „alte Pötte". Nichts war gefährlicher für die Moral der Soldaten als eine langweilige Fahrt ohne Angriff und Erfolg. Das wußte Lüth, der die See nach Dampfern absuchte und selten einen fand. Ab und zu tauchten ein paar kleine, alte Kähne auf, auf die Lüth unter normalen Umständen keine Torpedos verschwendet hätte. Aber hier im Indischen Ozean mußte er mit dem vorliebnehmen, was an ihm vorbeischwamm. Dafür bekam die Besatzung das Gefühl, auf einem erfolgreichen Boot zu fahren, vor allem, nachdem Wolfgang Lüth am 15. 4. 1943 das Eichenlaub mit Schwertern verliehen bekam.
Die Suchfahrten und das Lauern auf dicke Schiffe kosteten Brennstoff. Lüth erhielt die Nachricht, daß in der Nähe der Insel Mauritius der deutsche Tanker *Charlotte Schliemann* warte. Die „Milchkuh" versorgte die im Indischen Ozean operierenden deutschen U-Boote mit Brennstoff, Munition und Verpflegung.

Am 21. Juni 1943 traf sich Lüth mit den Booten U-177, U-178, U-196, U-197 und U-198. Das Rendezvous mit den Kameraden Hartmann, Gysae, Kentrat, Bartels und Domme fand auf der *Charlotte Schliemann* statt. Dabei wurden Erfahrungen ausgetauscht. Allgemeines Rätsel: die vielen Versager bei den Torpedos.

Als erstes verließ U-181 den Tanker, nachdem Lüth vom BDU (Befelshaber der Unterseeboote) den Befehl bekommen hatte, in der Nähe der Insel Mauritius zu operieren. Die Amerikaner und Engländer kontrollierten immer stärker die Meere, ihre Überlegenheit machte sich nicht nur auf dem Wasser, sondern auch in der Luft deutlich bemerkbar. Da waren die deutschen U-Boote auch in der riesigen See nicht mehr sicher, denn die Alliierten bildeten sogenannte „Killer-Groups", Spezialisten der U-Boot-Jagd, die auf getarnten Schiffen fuhren und sich als U-Boot-Falle erst dann zu erkennen gaben, wenn das ausgemachte Boot entweder auf dem Radarschirm (bei Überwasserfahrt) oder durch Ortungssignale (bei Unterwasserfahrt) angepeilt war.

Immer öfter wurde Lüths Boot von Zerstörern und von Flugzeugen unter Wasser gedrückt. Stundenlange Wasserbombenangriffe mußte die Besatzung über sich ergehen lassen, und oft hatten sie großes Glück, wenn beispielsweise der Kommandant einer amerikanischen U-Boot-Falle von seinem angepeilten Opfer abließ in der Annahme, er habe das Boot versenkt. Dann, nach stundenlangem Tauchen, wenn die Besatzung Kalipatronen zwischen die Zähne nehmen mußte, um Luft zu sparen, und am Ende ihrer Kräfte war, gab Lüth das Kommando zum Auftauchen. Die Männer waren noch einmal davongekommen.

Eiserne Disziplin war notwendig, um das Leben in einem U-Boot und bei solchen klimatischen Verhältnissen zu ertragen. Aber Wolfgang Lüth war ein hervorragender Menschenführer. Seine Strenge war ebenso groß wie seine Gerechtigkeit und seine Fürsorge. Man erzählte sich oft auf U-181, wie es damals auf U-9 gewesen war, als Lüths Boot von Wasserbomben geschüttelt worden war und niemand mehr an Rettung geglaubt hatte – damals im Frühjahr 1940...

„Schaden melden", befahl Lüth, als die Notbeleuchtung aufflackerte. Im gleichen Augenblick ging eine neue Serie von Wasserbomben nieder. Eins-zwei-drei... bei sieben hörten die Männer zu zählen auf. Diesmal lagen sie schon beachtlich näher. Das Boot wurde wie ein Gummiball hin- und hergeworfen. Die nächste Serie mußte ein Volltreffer werden.

„Was ist los?" fragte Lüth in die Stille.
„Maschinenraum meldet: Manometer geplatzt!"
Wenn nicht mehr kaputt ist, geht's noch, dachte Lüth. Die nächste Siebener-Serie Wasserbomben schüttelte das Boot mächtig durch.
„Auf achtzig Meter gehen!"
Das Boot fiel schneller als sonst.
„Achtzig Meter", meldete der leitende Ingenieur.
„Versuchen Sie es auf hundert zu legen...!"
Wasserbomben!
„Ich habe hundertzwanzig, Herr Oberleutnant", meldete der LI.
„Vielleicht haben wir Glück und überleben die Schweinerei!" murmelte Lüth vor sich hin.
„Sinkgeräusche!"
Der Funker behielt die Ruhe. Er saß an seinem Platz, durfte sich nicht wegrühren, nicht in Deckung gehen. Wieder Wasserbomben! Jetzt verlosch auch die Notbeleuchtung.
„Alles mal herhören", rief Lüth in die Dunkelheit. Die Männer hörten zu. „Eiserne Ruhe bewahren. Die Schweinerei geht auch mal vorbei", sagte Lüth mit sicherer Stimme. Aber er kam nicht mehr dazu, weiterzusprechen. Ein neuer Wurf Wasserbomben preßte das Boot noch tiefer. Hocker kollerten im Raum, Männer stürzten zu Boden. Schreie! Wer mit dem Kopf gegen Eisenkanten fiel, trug blutige Wunden davon. Der Kommandant hielt das Sehrohr fest. Auch er starrte erschrocken nach oben. Verdammt noch mal, daß er nicht auf den zweiten Zerstörer achtgegeben hatte! Doch inzwischen hatte der leitende Ingenieur die Lichtleitung wieder in Ordnung gebracht. Als Helligkeit den Raum erfüllte, waren die Männer merkwürdig grün im Gesicht. Da verlosch nach einem weiteren Bombenschlag erneut die Beleuchtung. Plötzlich war auch Wasser im Raum. Jemand brüllte: „Ventil in der Lenzleitung geplatzt. Feuer!"
Da – jeder konnte es sehen –, in der Zentrale brannte die Schalttafel. Das Feuer breitete sich rasend schnell aus. Die Männer schienen wie gelähmt. Ehe Lüth einen Befehl geben konnte, drängte sich jemand in der Dunkelheit an den Brandherd und stürzte sich, ungeachtet der Gefahr, in die Flammen. Der Mann, noch wußte niemand wer es war, schlug um sich und tötete die Flammen mit einer Decke und mit den bloßen Händen.
Dann war das Feuer gelöscht, die Gefahr gebannt. Niemand hatte von

den weiteren zwei Wasserbombenangriffen Notiz genommen. In kurzer Zeit war die Lenzpumpe wieder in Ordnung, der Wassereinbruch gestoppt.
„Wir haben dem Malik einen Verband angelegt, Herr Oberleutnant", hörte Lüth jemand neben sich sagen. Ach ja, das war der Mann, der das Boot gerettet hatte. Malik? Er erinnerte sich: das war doch der Matrose, den er zur Bewährung hatte an Bord nehmen müssen.
„Soll herkommen!" befahl Lüth und wischte sich mit dem Handrücken über Stirn und Mund. Die Luft war zum Zerschneiden dick, und zu allem Übel meldete der Horcher immer noch Schraubengeräusche in der Nähe. Das konnte nur der Zerstörer sein.
Der Matrose Malik stand mit verbundenen Händen vor seinem Kommandanten. Die Notbeleuchtung warf bizarre Schatten auf die Gesichter der beiden Männer. Die anderen lauschten mit einem Ohr auf die Schraubengeräusche, die sie nicht mehr wahrnehmen konnten, und mit dem anderen vergebens auf eine Ansprache.
Doch nichts geschah. Im Boot herrschte absolute Ruhe. Nur das Atmen der Männer war zu hören und das leichte Scheuern des Wassers an der Bootswand. Da brach Lüth das Schweigen. Niemand konnte und würde sagen, wie es in ihm ausgesehen haben mag. Auch später erwähnte er nichts davon. Nur in seinen Augen war ein Leuchten, das man immer dann bei ihm sehen konnte, wenn er sich über etwas außerordentlich freute und wenn er dankbar war.
„Ich danke Ihnen", sagte er leise, aber mit fester Stimme und reichte dem Matrosen die Hand. Jetzt erst sah Lüth die Mullbinden, die um die Finger Maliks gewickelt waren. Er drückte nicht fest, aber er spürte, wie der Matrose die Finger um seine Hand schloß und sich aufrichtete. „Ruhen Sie sich aus... Sie haben das Boot gerettet!"
Alle hatten es gehört. Als der Matrose an seinen Platz zurückkehren wollte, hielt ihn Lüth noch einmal zurück. Diesmal stellte sich der Oberleutnant vor ihn hin und sagte, jetzt lauter: „Ich werde Sie wegen unerschrockenen Handelns vor dem Feinde zum Eisernen Kreuz Erster Klasse vorschlagen!" Da ging – und Lüth hatte es nicht erwartet – ein donnerndes Hurra durch das Boot.
„Alles auf Station!" befahl Lüth und unterbrach den Freudentaumel, den die Männer so bitter gebraucht hatten und der wie ein Ventil wirkte, durch das die gedrückte Stimmung und die Angst fortgeblasen wurden...

Das war damals auf U-9. Jetzt fuhr Lüth mit einer neuen Besatzung im Indischen Ozean. Bereits zum zweiten Male und die Männer, die bei der ersten Fahrt dabeigewesen waren, wußten, daß hier andere Gesetze galten als etwa im Atlantik.
Da hatten sie die *Empire Lake,* einen modernen Briten allerdings von nur 2852 BRT, erwischt. Als die beiden Torpedos die Bordwand durchbohrten, brüllten die Männer „Treffer", und Obergefreiter Krüger legte die Schallplatte mit dem Siegesmarsch auf – das war bei Lüth so Sitte. Aber der Kommandant winkte ab:
„Moment mal! Pappi will noch ein wenig beobachten!" Im Okular erkannte Lüth die Wirkung der Torpedos. Achtern und mittschiffs getroffen. Die *Empire Lake* rief SOS: „Torpediert von feindlicher Submarine"! Dann brach sie mit lautem Getöse auseinander.
Auf See versuchte die Mannschaft in Rettungsbooten aus dem kreisenden Strudel herauszukommen. Ein grausames Bild.
„Anblasen-Auftauchen", befahl Lüth wenig später. U-181 befand sich inmitten von Schiffbrüchigen. Langsam fuhr Lüth an das erste Rettungsboot, das in seiner Nähe war, heran. „Ist der Käpt'n an Bord?" fragte er. Die Männer schüttelten die Köpfe. „Offizier da?"
Einer meldete sich. Lüth befahl ihn an Bord. Er fragte ihn, weshalb er das U-Boot nicht erkannt hatte.
„Unsere Abhörgeräte reichen nicht so weit", antwortete der Australier. Das Schiff hatte Pflanzenfett und Gefrierfleisch für England geladen. „Ich kann Ihnen nicht helfen", sagte Lüth. „An Bord ist kein Platz für Ihre Männer. Sie werden sicher bald von einem Suchfahrzeug aufgenommen werden."
Der Offizier lächelte ungläubig. „Hier sucht uns keiner, und hier findet uns auch niemand. Wenn wir Glück haben, kreuzen wir vielleicht durch Zufall die Route eines Frachters."
Und mit leiser Stimme fügte er hinzu. „Ich kenne das, was übrigbleibt, ist der Durst und – die Haie."
Lüth's Männer warfen den Schiffbrüchigen Tauwerk und Drahtrollen zu, damit sie ihre Flöße zusammenbinden konnten, um wenigstens vor den Haien sicher zu sein. „Wer hier schwimmen muß, lebt nicht lange", sagte jemand hinter dem Kommandanten.
Langsam drehte sich Lüth um und sah den Mann an. „Da müssen wir eben aufpassen, daß wir nicht in die Verlegenheit kommen, baden zu gehen. Das hängt von jedem einzelnen ab..."

Bei allen ihren Operationen hatten Lüths Männer großes Glück. Auch die Versenkungserfolge nahmen zu. Als letztes Schiff bei dieser Operation versenkte Lüth die 10 528 BRT große *Clan Mac Arthur*, ein britisches Kühlschiff, voll beladen mit Kurs auf Mauritius. Dann trat U-181 mit nur einem Torpedo an Bord die Heimreise an, nachdem Lüth einen Befehl des BDU Dönitz, das havarierte U-197 zu suchen, ignorierte, den Kurs änderte und Richtung Heimat lief. Er begründete seinen Entschluß: da der Brennstoff zur Neige ging, U-197 nicht aufzufinden beziehungsweise ihm nicht mehr zu helfen war, wären das eigene Boot und die Besatzung unnötigerweise gefährdet worden, zumal Feindflugzeuge verstärkt in Aktion traten. Niemand mehr sprach über diesen Vorfall. Am 14. Oktober lief U-181 in Bordeaux ein, nach 205 Seetagen und mit einer Erfolgsserie von 45 331 versenkten BRT.

Wolfgang Lüth war dreißig Jahre alt, als er am 11. 8. 1943 die Brillanten erhielt. Kaum ein Jahr später wurde er zum Kapitän zur See befördert. Diesem außergewöhnlich tüchtigen und tapferen U-Bootfahrer war eine große Karriere vorgezeichnet. Großadmiral Dönitz wollte ihn zum Befehlshaber der U-Boote ernennen.

Am 15. Oktober 1913 in Riga geboren, absolvierte Wolfgang Lüth dort das Naturwissenschaftliche Gymnasium, machte das Abitur und studierte am Herder-Institut in Riga drei Semester Jura. Doch er wollte zur See fahren. Am 1. 4. 1933 trat er als Offiziersanwärter in die Reichsmarine ein.

Nach der infanteristischen Ausbildung folgte ein Kommando auf dem Segelschulschiff *Gorch Fock*. Hier wurde er zum Seekadetten befördert. Mit dem Kreuzer *Karlsruhe* fuhr er um die Welt. Die Seeoffiziers-Hauptprüfung legte er auf der Marineschule Flensburg-Mürwik ab. Am 1. Oktober 1936 wurde Wolfgang Lüth zum Leutnant zur See befördert. Ein Jahr später meldete er sich zur U-Bootwaffe. Am 1. 6. 1938 wurde er Oberleutnant zur See.

Er fuhr auf verschiedenen Booten als 1. Wachoffizier und als stellvertretender Kommandant, bis er im Dezember 1939 das erste Bootskommando bekam. Mit U-9 versenkte er auf fünf Feindfahrten 16 669 BRT. Bei einem Sonderunternehmen sollte er die Überfahrt deutscher Schiffe nach Norwegen vor U-Boot-Angriffen sichern. Es gelang ihm, einen Zerstörer zu beschädigen und ein U-Boot zu versenken. Nach diesem Einsatz übernahm er U-138, mit dem er bis zum 25. 9. 1940 fuhr und im Nordatlantik operierte. Auf zwei Feindfahrten mit zusammen 27 Seetagen versenkte er 39971 BRT. Für diese Leistung erhielt er am 24. 10. 1940 das Ritterkreuz. Als Kommandant von U-43 ging Lüth in der Zeit von November 1940 bis Februar 1942 im Nordatlantik auf sechs Feindfahrten und versenkte in 192 Seetagen 9 Schiffe mit 54795 BRT.

Am 9. Mai 1942 übernahm er dann U-181. Der BDU und dessen Chef der Operationsabteilung – Admiral Godt – hatten für den unerschrokkenen Kommandanten eine Sonderroute festgelegt: Südafrika und Indischer Ozean. Lüth wußte, welche Strapazen und Beschwernisse diese Fahrt mit sich bringen würde. Ungewohntes Klima, Tausende Kilometer vom Heimathafen und von den Stützpunkten entfernt, bei Havarien der See ausgeliefert. Nur zu festgelegten Zeiten konnte er einen U-Boot-Tanker treffen. Alles in allem ein Unternehmen, bei dem auf den Kommandanten und seine Besatzung viele Überraschungen warten sollten.

Viereinhalb Monate sind eine lange Zeit, Wasser, Angriffe, Torpedos, Bomben, Tauchen, Luftschnappen, Jagen und Gejagtwerden. Lüth und seine Männer überstanden diese 128 Seetage und schossen auf dieser ersten Feindfahrt 12 Schiffe mit 58381 BRT in den Grund. Am 17. 11. 1942 erhielt er das Eichenlaub.

Vom 23. 3. 1943 bis zum 14. 10. 1943 dauerte die zweite große Feindfahrt in den Indischen Ozean. Er sollte dabei einen einmaligen Rekord aufstellen. 205 Seetage war er mit seinen Männern unterwegs. Nichts als Himmel und Wasser, Schiffe, Wasserbomben und Torpedos. Auf dieser Fahrt versenkte er 103712 BRT. Am 1. 4. 1943 wurde er zum Korvettenkapitän befördert, erhielt am 15. 4. 1943 die Schwerter und am 11. 8. 1943 die Brillanten.

Am 15. 1. 1944 übernahm Wolfgang Lüth als Chef die 22. U-Boot-Flottille in Gotenhafen. Am 1. August wurde er zum Fregattenkapitän befördert und zur Marineschule Flensburg-Mürwik versetzt, wo er Kommandeur der 1. Abteilung wurde. Am 1. September war er bereits Kapitän z. S. Mit seinem Freunde Klaus Korth schrieb er ein Buch über seine U-Booterlebnisse.

Lüth wurde zu einem gesuchten und gern gesehenen Referenten für U-Boot-Fragen. Er sprach vor Offizieren und Fähnrichen, vor Generalen und Admiralen. Das, was er sagte, war einfach und klar. In dieser Zeit arbeitete er an einem *Wegweiser für den künftigen Marine-Offizier.* Er sollte zum Leitfaden der jungen Fähnriche werden.

Am 18. September 1944 erfolgte überraschend die Ernennung des Kapitäns z. S. Wolfgang Lüth zum Kommandeur der Marineschule. (Mit 31 Jahren!) Bisher war dieses Kommando stets einem Admiral vorbehalten gewesen. Mit dieser einmaligen Bevorzugung war die Absicht des Großadmirals deutlich geworden, Wolfgang Lüth den Weg in die Führungsspitze der Kriegsmarine zu ebnen.
Lüth führte mit harter Hand, weil er wußte, daß der Offizier von morgen vor weitaus größere Aufgaben gestellt werden würde als bisher. Allerdings konnte er nicht mehr viel tun – das Ende des Krieges zeichnete sich ab.
Mai 1945. Der letzte Präsident des Reiches, das inzwischen von den Alliierten besetzt war, hieß Großadmiral Karl Dönitz. Die Regierung verlegte ihr Quartier von Plön in die Marineschule Flensburg-Mürwik. Der Kommandeur Wolfgang Lüth räumte sein Standortgebäude und zog um. Er war für die Sicherheit der Regierung verantwortlich. Im Gelände der Marineschule kommandierte Eichenlaubträger Ali Cremer, letzter Kommandant von U-2519, das „Wachbataillon Dönitz“, die letzte Streitmacht – 400 Mann stark – des letzten Reichspräsidenten.Am 5. Mai besetzten die Engländer Flensburg. In der Marineschule aber änderte sich nichts. Deutsche Soldaten und Offiziere durften Waffen tragen, der Kommandeur Lüth wurde sogar ermächtigt, die Schule gegen jedermann zu verteidigen, der sie anzugreifen wagte. Die Engländer hatten nämlich erfahren, daß freigesetzte Fremdarbeiter die Marineschule zu überfallen beabsichtigten.
Lüth gab einen Befehl heraus und ließ Tafeln an den äußeren Begrenzungen des Areals anschlagen, mit dem Wortlaut: „Warnung! Dieser Raum darf von keinem Zivilisten betreten werden. Wer ihn dennoch betritt, ohne das Haupttor zu passieren, auf den wird ohne Anruf geschossen.“
Das war die allgemeine Warnung.
Doch Lüth war ganz auf Sicherheit aus. Er gab eine eigene Wachvorschrift heraus, in der es unter anderem hieß: „Der Posten hat nach einmaligem Anruf, der nicht beantwortet werden sollte, sofort zu schießen!“
Der Kommandeur legte großen Wert darauf, daß Ali Cremers Wachbataillon auf diesen Befehl besonders hingewiesen wurde.
Am 13. Mai 1945 hieß die Parole „Tannenberg“. Der wachhabende Maschinenmaat Karl Franz kontrollierte die Posten. Der Matrose

Mathias Gottlob, achtzehn Jahre alt, machte sich zur 20-Uhr-Wache fertig. Draußen war es frühlingswarm. Die Wache wurde „ohne besondere Vorkommnisse" abgedreht. Dann, um null Uhr, mußte Gottlob noch einmal auf Posten. Aus dem lauwarmen Frühlingsabend war jetzt eine stürmische Nacht geworden. Der Wind heulte, man verstand kaum sein eigenes Wort. Maschinenmaat Karl Franz kontrollierte die Posten, denn er wußte, daß Lüth unverhofft auftauchen konnte, um sich von der Wachsamkeit seiner Soldaten zu überzeugen. „Wer hier schläft, wird nach Kriegsrecht bestraft", hatte der Kommandant gesagt. „Der Posten ist für die Sicherheit seiner Kameraden und für die der Regierung verantwortlich."

Franz fragte die Posten, die auf der Straße und um die Sportschule ihre Runden drehten nach besonderen Vorkommnissen. „Nichts Neues!"

„Aufpassen, Lüth kommt gleich vorbei", schärfte er ihnen ein.

Wenige Minuten darauf kam Lüth. Er hatte an einer Besprechung im Regierungsgebäude teilgenommen. Mit hochgeschlagenem Mantelkragen stemmte er sich gegen den Sturm. Maschinenmaat Franz trat ihm entgegen, meldete. Ein wenig müde und teilnahmslos hob Lüth die rechte Hand an die Mütze und ging weiter.

Franz sah dem Kapitän nach, dann drehte er sich um und ging auf die nächste Wache zu. Da hörte er, wie jemand „Halt" rief.

Franz blieb stehen und lauschte in die Nacht. Da, wieder das gleiche „Halt".

Dann glaubte er, ganz leise noch einmal „Halt" zu hören. Und gleich darauf fiel ein Schuß. Dumpf, wie mit einem Schalldämpfer abgefeuert.

Franz rannte los. „Was ist los?" rief er schon von weitem.

„Ich habe geschossen", antwortete der Posten.

„Ja – Mensch – auf wen denn...?"

Der Matrose Mathias Gottlob zeigte mit der Hand nach vorn. „Dort..."

Der Maschinenmaat lief, stutzte, bückte sich. Er sah eine Mütze. Er hob sie auf – und ein eisiger Schreck durchfuhr ihn. Er hielt die Mütze des Kapitäns Wolfgang Lüth in der Hand.

Jetzt sah er auch die Gestalt am Boden. Er kniete nieder und suchte das Gesicht zu erkennen. Mit zitternden Fingern tastete er am Ledermantel entlang, berührte das Gesicht und spürte etwas Feuchtes zwischen den Fingern.

Blut!

Jetzt kamen auch die beiden anderen Posten herbeigeeilt. Als sich Franz

umdrehte, erkannte er Gottlob, der noch immer mit dem Gewehr in der Hand neben ihm stand und auf den am Boden Liegenden starrte.
„Ich hab' gar nicht gezielt!" sagte er leise. Und: „Mein Gott... mein Gott..."
Wenige Minuten später stellte der Stabsarzt den Tod des Kapitäns z. S. Wolfgang Lüth, verursacht durch Kopfschuß, fest.
Als der Adjutant des Großadmirals Dönitz, Lüdde-Neurath, am Telefon erfuhr, was passiert war, glaubte er, man treibe einen bösen Scherz mit ihm. Doch er spürte an der Stimme des Wachhabenden, daß alles wahr sein mußte. Lüdde-Neurath weckte Lüths Bruder Joachim, der im Arbeitszimmer des Kapitäns schlief, und teilte ihm mit, was er eben erfahren hatte. Joachim Lüth begriff im ersten Augenblick nicht. Was, fünf Tage nach der Kapitulation erschossen? Jetzt, nachdem Wolfgang alle Feindfahrten gut überstanden hatte? Wie sollte er es Wolfgang Lüths Frau sagen, die mit den vier Kindern im gleichen Gebäude wohnte?
Der Offizier vom Wachdienst vernahm den Matrosen Gottlob und den Wachhabenden Franz. Er hörte sich an, was die beiden sagten. Und er glaubte den Männern. Er war erschüttert über die Tragik. Da wurde ein Offizier erschossen, weil der Posten dessen Befehl genau befolgt hatte.
„Ich wollte ihn nicht erschießen. Ich habe ihn doch gar nicht erkannt", versicherte Gottlob. „Nur, als ich dreimal rief und keine Antwort bekam, da hatte ich plötzlich Angst, daß es ein Fremder sein könnte. Einer, der vielleicht ein Attentat auf die Schule verüben wollte. Da drückte ich ab – das Gewehr hielt ich in der Hüfte und zielte gar nicht..."
Gottlob sagte die Wahrheit. Auch später, als der Großadmiral eine kriegsgerichtliche Untersuchung verlangte – obwohl die deutsche Wehrmacht kapituliert hatte und gar nicht mehr bestand –, erwies sich Gottlobs Unschuld. Vier Offiziere und der Standort-Marine-Kriegsrichter hörten sich noch einmal den Hergang des tragischen Unfalls an – dann ließ sich Dönitz von Gottlob berichten. Alle kamen zum gleichen Ergebnis und gaben nach 20 Minuten bekannt: „Der Matrose Mathias Gottlob hat den Standortbefehl ausgeführt und diesen richtig befolgt. Er hat als Soldat seine Pflicht getan und geschossen, nachdem er auf dreimaliges Anrufen keine Antwort bekam. Er trägt keine Schuld am Tod des Kapitäns z. S. Wolfgang Lüth."
Am 16. Mai fanden die Trauerfeierlichkeiten für Wolfgang Lüth statt.

Der britische Stadtkommandant Colonel Roberts gab die Erlaubnis für ein Staatsbegräbnis.
Der Sarg des Kapitäns z. S. Wolfgang Lüth wurde in der Aula der Marineschule aufgebahrt. Sechs seiner Kameraden, alle mit dem Ritterkreuz ausgezeichnet, hielten in großer Uniform mit gezogenem Degen Ehrenwache. Großadmiral Dönitz hielt die Trauerrede. Dann trugen Fähnriche den Sarg aus der Aula zum Friedhof der Gemeinde Adelby. Ali Cremer kommandierte den Ehrensalut. Zum letzten Male wurde für einen Offizier der letzte Gruß geschossen.
Dreißig Jahre später, im Mai 1975, eine neue Generation wuchs heran, und wieder waren junge Menschen aufgerufen, die Freiheit der Nation zu verteidigen, widmete die Bundesmarine dem Kapitän z. S. Wolfgang Lüth einen Gedenkstein. Dieser untadelige Offizier ist Vorbild für jene jungen Menschen, die bereit sind, ihr Leben einzusetzen für den Bestand der parlamentarischen Demokratie. „Er ist heute unvergessen", heißt es in einem Artikel der Zeitschrift *Die Bundesmarine*. Lüth würde gesagt haben: „Ihr seid feine Kerle ...!"

MAJOR WALTER NOWOTNY

Der Sängerknabe aus dem Zisterzienserstift

Wilna, 19. Oktober 1943, kurz vor Mitternacht.
In der Ria-Bar rasselt das Telefon. Der Geschäftsführer, ein deutscher Oberfeldwebel, nimmt den Hörer ab. Er hält sich mit der freien Hand das linke Ohr zu, denn der Lärm fröhlicher Menschen schlägt bis in die Telefonzelle neben der Theke.
„Herr Hauptmann Nowotny ans Telefon . . .!"
Von einem Stuhl erhebt sich ein junger Offizier. Mit unsicheren Schritten, die Zigarette in der Hand, geht er auf die Nische zu. „Ja, hier Nowotny."
Es knackt in der Leitung. Plötzlich quäkt eine Stimme:
„Hauptmann Nowotny?"
„Jawohl, am Apparat."
„Einen Augenblick – ich verbinde Sie mit dem Führer."
Nowotny läßt vor Schrecken und Überraschung die Zigarette fallen und greift sich mit der rechten Hand zwischen Hals und Kragen. Ausgerechnet jetzt und hier! Aber – vielleicht erlaubt sich einer seiner Kameraden einen Spaß? Das wäre nicht ausgeschlossen. Schließlich wissen alle, daß er heute seinen 250. Gegner abgeschossen und sich deshalb vorgenommen hat, mit einigen alten Kameraden in der Etappe zu feiern.
Sekunden später nimmt er die Glückwünsche zu den soeben von Hitler verliehenen Brillanten entgegen – in der Ria-Bar in Wilna, umringt von netten Mädchen und lachenden Kameraden. Ihm ist in dieser Umgebung gar nicht mehr wohl zumute.
Am nächsten Tag fliegt er ins Hauptquartier, um die höchste Auszeichnung entgegenzunehmen. –
Am 23. Juli 1941, vor mehr als drei Jahren, war es, daß er den ersten Abschuß erzielte, eine russische J 18. Drei Monate vorher, am 1.4., war er zum Leutnant befördert worden. Dann, zwei Tage später, als er drei sowjetische Maschinen vom Himmel holte, hätte er beinahe selbst „dran glauben" müssen. Der dritte Gegner brannte, Nowotny flog zum Einsatzhafen zurück. Als er über der Ostsee in der Nähe der Insel Oesel

war, ging der Kraftstoff aus. Notlanden? Nein! – Aussteigen! Drei Tage paddelte er dann in seinem Schlauchboot, zu Tode erschöpft, tagsüber unter der glutheißen Sonne und nachts in bitterer Kälte. Als er nach längerer Bewußtlosigkeit die Augen wieder öffnete, lag er in einem weißen Bauernbett. Letten hatten das Boot gesehen; sie zogen es an Land und retteten den deutschen Flieger.

Im August bekam er für 10 Abschüsse das EK I, ein Jahr später, am 14. 9. 1942, für den 56. Luftsieg das Ritterkreuz. Damals, bei Leningrad, schoß er an einem Tage sieben sowjetische Jäger ab. Wenig später flog er mit anderen Maschinen Patrouille, als sie von 60 feindlichen Jägern gestellt und angegriffen wurden. Mit brennender Maschine gelang es ihm noch, zu landen, nachdem er drei J 18 zum Absturz gebracht hatte.

Dann begann die große Siegesserie des jungen Oberleutnants, der jetzt bei Gruppenkommandeur Major Philipp eine Staffel führte. Philipp führte mit 203 Abschüssen das Feld der deutschen Jagdflieger an.

Nowotny scheute keinen Zweikampf und ebensowenig den Angriff gegen einen überlegenen Gegner. Er schoß die erste Spitfire und die ersten amerikanischen Jäger ab, die den Sowjets nach dem Leih- und Pachtvertrag von den westlichen Alliierten zur Verfügung gestellt wurden. Diese Flugzeuge waren mit russischen Piloten besetzt. Mit seiner Focke-Wulf kämpfte er einmal allein gegen 14 Gegner, schoß drei heraus und kehrte mit havarierter Maschine zurück.

Am 17. Juli 1943 meldete er den 100. Abschuß, am 24. Juli den 124. Am 18. August waren es schon der 150. und der 151. Luftsieg, drei Tage später konnte er den 161. Gegner abschießen.

Nowotnys Erfolge wurden fast täglich im Rundfunk gemeldet: Der junge Oberleutnant führte nun eine Gruppe und hatte am 1. September 183 Abschüsse auf seinem Konto. Und wiederum schoß er zehn Gegner an einem Tage ab. Zwei Tage später, am 3. 9. 1943, nach seinem 191. Abschuß, erhielt er das Eichenlaub, am 22. September 1943 für seinen 220. Luftsieg die Schwerter. Nach dieser Abschußserie war Walter Nowotny der erfolgreichste Jagdflieger der deutschen Wehrmacht. Hinter ihm rangierten Major Philipp mit 203, Major Graf mit 202 und Hauptmann Rall mit 200 Abschüssen.

Nach dem 225. Luftsieg wurde er zum Hauptmann befördert. Als er als erster Flieger der Welt den 250. Gegner besiegt hatte – ein gewaltiger Erfolg bei nur 442 Einsätzen! –, schoß die Flak auf dem Feldflug-

platz Salut, und die Männer des Geschwaders ließen ein Leuchtfeuerwerk mit Signalmunition abbrennen: die Brillanten wurden dem bis dahin erfolgreichsten Jagdflieger der deutschen Luftwaffe verliehen!
Das war der Weg des Walter Nowotny vom ersten Abschuß bis zu jenem denkwürdigen Telefongespräch in der Ria-Bar zu Wilna. –

Walter Nowotny war ein bescheidener Mensch. Sein Vater war Eisenbahnbeamter, seine beiden Brüder Offiziere. Einer von ihnen ist seit Stalingrad vermißt.
Als der Wiener Bürgermeister Dipl.-Ing. Hannes Blaschke dem jungen Major Walter Nowotny den Ehrenring der Stadt Wien verlieh, wollte ihn der zweiundzwanzigjährige Offizier aus Bescheidenheit nicht annehmen. Diese Ehrung habe er nicht verdient, meinte er. Stadtverwaltung und Bürgermeister bestanden jedoch darauf.
Niemals hätte er daran gedacht, einmal so im Mittelpunkt der Öffentlichkeit zu stehen. In der kleinen Stadt Gmünd war er am 7. 12. 1920 geboren worden. Und er wurde – Sängerknabe im Zisterzienserstift in Zwettl. Als der Vater versetzt wurde, siedelte er nach Waidhofen um, wo er die Oberrealschule besuchte. Das Abitur bestand er mit „Sehr gut". Vom Arbeitsdienst meldete er sich als Offiziersanwärter zur Luftwaffe und wurde am 1. Oktober 1939 nach Breslau-Schöngarten einberufen. Zuerst flog er Jagdschutz für die Leunawerke, dann wurde er zum Jagdgeschwader 54 unter Major Trautloft versetzt.
Nowotny war ein begabter Flieger, ein harter Kämpfer und ein Mensch, der die Geselligkeit liebte. Er war nicht erfreut darüber, daß er im Februar 1944 sein Geschwader verlassen und seine Gruppe abgeben mußte, um auf höhere Weisung hin Leiter der Jagdfliegerschule 1 in Paux in den französischen Pyrenäen zu werden. Dort übernahm er als Kommodore gleichzeitig das Jagdgeschwader 101.
Er wollte nur fliegen, denn Fliegen war seine Passion. Aber in Berlin, beim Jägerstab des Generals der Jagdflieger, hatte man ihm eine andere Aufgabe zugeteilt: Nowotny sollte die erste Einheit Me 262 aufstellen. Die erste Staffel oder Gruppe, vielleicht auch ein Geschwader, würde mit dem ersten Jagdflugzeug der Welt, das Turbinen besaß, ausgerüstet werden! Dieser Auftrag reizte Nowotny, der sich allerdings noch keine richtige Vorstellung von der Me 262 machen konnte. Er wußte nur, daß ein neuer Abschnitt der Luftfahrt und des Luftkrieges beginnen würde. Als er zum ersten Male das „Wunderflugzeug" sah, war er ver-

blüfft. Diese Messerschmitt-Konstruktion hatte ein Bugfahrwerk, eine Spannweite von 12,65 Metern und war 10,60 Meter lang. Zwei 7000-PS-Turbinen, wovon jeweils 4000 PS für den Eigenschub beansprucht wurden, sollten die Maschine wie vom Katapult abschießen. Mit einer Geschwindigkeit von 850 bis 900 km/st. war sie damals die schnellste der Welt. Der Kraftstoffverbrauch von 2500 Litern in der Stunde verursachte kein Kopfzerbrechen, da die Turbinen sehr anspruchslos waren und schon mit minderwertigem Treibstoff volle Leistung erreichten. Die Bewaffnung des schnellen Jägers war außerordentlich stark. Vier 8-cm-Kanonen mit jeweils 480 Schuß machten ihn zum tödlichen Angreifer. Später sollten noch unter jeder Tragfläche je 25 R-4M-Raketen befestigt werden, von denen eine einzige genügte, jede Feindmaschine zu vernichten.
Nowotny war begeistert. Gewiß, die Start- und Landebahn mußte zwei Kilometer lang sein, und das Landen war sehr schwierig mit diesem „Vogel". Schließlich konnte man mit dieser Me 262 auch keine Kunstflüge durchführen. Aber diese Kurbelei war auch nicht mehr nötig. Nur noch weite Schleifen und schwache Stürze gehörten in das künftige Programm der Me-Flieger. Dafür war sie so schnell auf Höhe zu bekommen, daß andere Manöver nicht mehr nötig waren, um an den Gegner heranzukommen. Wie ein Geschoß flog dieses Wunderwerk den Feind überraschend und tödlich an.
Nowotny sollte die „Schweren Jäger" führen, von denen man eine Umstellung in der Luftkriegführung erhoffte. Daß es nicht dazu kam, lag an Fehldispositionen höherer Stäbe.
In Rechlin erprobte Nowotny die Me 262. Er holte sich dazu einige seiner früheren Geschwaderkameraden, alles erfolgreiche Jäger. Denn gegen die Engländer und Amerikaner, die jetzt mit Langstreckenjägern vom Typ P 4 Thunderbold und Mustang die Bomberverbände begleiteten und sie unaufhörlich wie Wachhunde umkreisten, konnten nur erstklassige Piloten bestehen.
Nowotnys große Sorge galt der Produktion der Me 262. Nur 564 Maschinen waren fertiggestellt, während auf der Gegenseite im Zeitraum der Invasion 12 837 Maschinen, davon 5600 Jäger, bereitstanden!
Zu den Schwierigkeiten im Fertigungsprogramm gesellten sich Material- und technische Fehler. Gute Piloten stürzten ab, ohne Feindberührung zu haben. Die Turbinen versagten. die Maschine fiel wie ein Stein zu Boden. Nur selten gelang es, mit dem Fallschirm auszusteigen.

Nowotny trug schwer an der Verantwortung. In langen Gesprächen versuchte er – zusammen mit seinen Piloten – die Gefahrenquellen auszuschalten und neu aufgetauchten Fehlern auf die Spur zu kommen. Diese Maschine war so gut und so wirksam, daß sich ihr Einsatz – auch nach schweren Opfern – lohnte.
Die Alliierten waren von der Leistungsfähigkeit der Me 262 überrascht und geschockt. „Wenn die Deutschen diesen Flugzeugtyp in schneller Serie herstellen, dann werden unsere Verluste so groß, daß wir uns mit keinem Flugzeug mehr über deutsches Gebiet trauen können", sagte Englands Bombergeneral Harris zu Churchill. Seine Prognose stimmte. Wäre die Me 262 ins große Jäger-Programm übernommen und einzig dieser Typ produziert worden, wären die Befürchtungen des Generals Harris zutreffend gewesen. Aber Hitler wollte es anders. Die Me 262 mußte nach seinem Befehl als Jagdbomber eingesetzt werden. Die Entscheidung fiel gegen die protestierenden Fachleute und entbehrte jeder flugstrategischen Vernunft. Als Reichsmarschall Göring dann auch noch in Hitlers Horn stieß und meinte, die Me 262 sei viel zu schnell und man könne mit ihr gar nicht treffen, verschlug es den erprobten Piloten die Sprache.
Die anfänglichen großen Schwierigkeiten im Erprobungsstand waren bald überwunden. Unter Nowotnys Kommando wurden erste Erfolge erzielt, die eigenen Verluste waren gering.
Obwohl Nowotny Feindflugverbot hatte, setzte er sich eines Tages in die Maschine und flog einem Bomberpulk entgegen. Innerhalb weniger Minuten schoß er eine viermotorige Boeing mit einem einzigen Feuerstoß seiner Kanonen ab. Daraufhin bat er den General der Jagdflieger Adolf Galland und den Reichsmarschall um die Aufhebung des Flugverbotes. Aber beide sagten Nein. Die Oberste Luftwaffenführung wollte einen Offizier wie Nowotny, der ein besonderes Führungs- und Organisationstalent besaß, nicht verlieren. Man sah in ihm einen der führenden Männer der neuen deutschen Luftwaffe. Aber es kam anders.

Achmer, 8. November 1944.
Im Gefechtsstand des „Kommandos Nowotny" rasselte das Telefon. Der Kommodore war auf dem Flugplatz. Als er nach wenigen Minuten den Hörer in der Hand hielt, wußte er: der Besuch von gestern abend würde wiederkommen. Nowotny sagte: „Jawohl, Herr General... ich halte mich bereit", und legte auf. Aber begeistert war er nicht.

Seit gestern weilten der General der Jagdflieger und, als Vertreter des Reichsmarschalls, Generaloberst Keller im Befehlsbereich des jungen Turbokommodore Nowotny. Der General sprach aus, was Göring ihm auszurichten aufgetragen hatte: Die Asse vergangener Kriegsjahre seien feige geworden, wie überhaupt die Luftwaffe keinen Schneid mehr habe! Der Reichsmarschall lege Wert darauf, die neuen Turbinenjäger mit jungen Soldaten, die von der Segelfliegerei kämen, zu besetzen.
Nowotny glaubte nicht recht zu hören. Energisch protestierte er gegen die Unterstellung, daß die alten Asse, zu denen er auch gehörte, feige seien. Unverblümt sagte er seine Meinung und fragte, wie es wohl dazu komme, daß erfahrene Piloten zur Infanterie versetzt würden, statt sie als Ausbilder zu verwenden. Vielleicht lebte Nowotny noch, wenn dieser Satz von den „feigen Flieger-Assen" nie gesprochen worden wäre...
Der Major blickte auf die Uhr. Der General kam mit seinem Besuch. Die Begrüßung war frostig. Nowotny fühlte sich beleidigt. Man besprach die Gefechtslage und alle Einsatzmöglichkeiten. General Galland erklärte ausdrücklich, daß Nowotny nicht fliegen dürfe, weil er für die Einsatzleitung benötigt werde.
Gleich darauf meldete der Nachrichtenoffizier mehrere Einflüge starker Feindverbände. Nowotny gab Startbefehl. Minuten später waren die Turbinenjäger am Feind, schossen einige Maschinen heraus und griffen von neuem an.
Da riß die Funkverbindung von der Bodenstation zu Leutnant Schall ab. In der Nähe von Bramsche stürzte dessen Me ab. Eine andere Maschine mußte notlanden, eine weitere geriet in den Geschoßhagel zweier Mustangs und einer „Fliegenden Festung". Zerschossen raste sie zu Boden.
Als Nowotny die Hiobsbotschaften hörte, hielt es ihn nicht mehr auf dem Gefechtsstand. Seine besten Freunde gingen unter, und er saß untätig herum. Die Worte des Generals fielen ihm ein: „Die alten Flieger-Asse sind feige geworden." Erschrocken blickte er die Generale an. Hatte der eine von ihnen tatsächlich gesagt, die alten Asse seien feige geworden? Gut, er hatte es gesagt – und er, Major Nowotny würde ihn jetzt vom Gegenteil überzeugen. Bevor General Galland den hinausstürzenden Major zurückhalten konnte, saß dieser bereits am Steuer seines Wagens. Er drehte sich auf dem Sitz noch einmal um und rief zurück: „Es tut mir leid, Herr General, daß ich Ihrem Befehl nicht gehorchen kann. Aber ich werde jetzt fliegen und werde beweisen, daß

man noch Erfolge erzielen kann!“ Dann fuhr er los. Galland rief, befahl – aber Nowotny hörte nicht mehr. –
Sekunden später stürzte er sich mit seiner Me 262 auf einen feindlichen Bomberpulk, der in unmittelbarer Nähe des Flugplatzes flog. Wie ein Pfeil schoß er auf eine Boeing zu und montierte ihr mit dem ersten Feuerstoß eine Tragfläche ab.
Die „Fliegende Festung“ drehte sich trudelnd im Kreis, Flammen schossen aus der Maschine. Wie ein Stein raste sie dann dem Boden zu. Jetzt setzte Nowotny zum Angriff auf einen den Bomber begleitenden Mustang an. Aber plötzlich sackte seine Maschine ab. In der Bodenleitstelle hörten die Männer über Sprechfunk die verzweifelten Rufe Nowotnys; die Turbine arbeitete nicht mehr. Und die Maschine stürzte weiter nach unten. Nowotny warf sich aus der Kabine. Der Fallschirm flatterte auf. Aber da er sich zu früh geöffnet hatte, blieb er am Leitwerk hängen. Die Maschine prallte auf dem Flugplatz auf. Daneben lag Walter Nowotny. Tot. Zerschmettert.
Das Staatsbegräbnis fand in Wien statt. Auf dem Zentralfriedhof neben der Lueger-Kapelle wurde er in einem Ehrengrab der Stadt Wien beigesetzt. Nowotny fand seine letzte Ruhestätte neben Wissenschaftlern, Staatsmännern und Dichtern. Wien wollte seinem tapferen Soldaten eine würdige Grabstätte geben.
Aber schon wenige Monate später – die Rote Armee hatte die Stadt genommen – zerstörten Kommunisten den Hügel, unter dem Walter Nowotny begraben lag. Die Sowjets machten den Friedhof zu einer Kuhweide, und die neue Stadtverwaltung verweigerte die Pflege der Begräbnisstätten. Auch als die Familienangehörigen in unzähligen Gesuchen darum baten, die Genehmigung zur Aufstellung einer Grabtafel zu erhalen, wurde sie ihnen verweigert.
Erst später – 1950 – durften Eltern und Bruder Adolf Nowotny das Grab des erfolgreichen Fliegers kennzeichnen. Auf einer kleinen, unscheinbaren Tafel stand der Name Walter Nowotny. Bis dahin hatte keiner gewußt, wer da unten lag. Die Behörden erklärten, es sei ein „unbekannter Soldat“.
Aber die Sowjets und die Kommunisten konnten nicht verhindern, daß von Unbekannten Blumen, Kränze und Kerzen zu dem Grabhügel Walter Nowotnys gebracht wurden. Und dann kamen auf einmal die Jungen. Kein Mensch hatte sie „organisiert“. Von selbst kamen sie. Sie hatten von ihren Eltern gehört, wer auf dem Zentralfriedhof lag, und

die Sowjets waren im Begriff, abzuziehen. Diese jungen Menschen verwandelten das Grab in ein Blumenmeer und hielten an Allerseelen Totenwache. Sie taten es nicht, um zu demonstrieren, wohl aber, um einem Toten Dank abzustatten für das, was er in seinem tapferen Leben geleistet hatte.
Die Polizei zeigte jedoch dafür kein Verständnis. Sie stellte langwierige Untersuchungen an und suchte die „Rädelsführer". Die Wiener schüttelten den Kopf. Sie hatten Walter Nowotny nicht vergessen. Sie verehrten ihn, den tapferen Flieger, der bewiesen hatte, daß die „alten Asse" keine Feiglinge waren.
Wie sehr Walter Nowotny auch im Lager seiner Flieger-Gegner bekannt und geschätzt war, darüber schreibt der höchstausgezeichnete Flieger der Royal Air Force, der Franzose Pierre Clostermann, in seinem Buch *Die große Arena:*

„Walter Nowotny ist gefallen. Unser Gegner vom Himmel über der Normandie und über Deutschland ist vorgestern verschieden. Die Luftwaffe, deren erklärter Held er war, wird seinen Tod nicht lange überleben; er wirkt wie ein Schlußstrich unter diesem Luftkrieg.
Sein Name fällt an diesem Abend oft im Gespräch in der Messe. Wir sprechen von ihm ohne Groll und Haß. Jeder ruft in einem Ton der Achtung, ja beinahe der Zuneigung, die Erinnerungen wieder herauf, die ihn mit ihm verbinden. Es ist das erste Mal, daß ich diesen Ton in der R.A.F. vernehme; zum erstenmal auch erlebe ich, wie sich eine merkwürdige Solidarität zwischen allen Jägern offen Ausdruck gibt, eine Verbundenheit jenseits der einzelnen Tragödien und jenseits aller Vorurteile.
Dieser Krieg hat fürchterliche Menschenmassaker gesehen, Städte, die in Schutt und Asche fielen unter den Bomben, die Schlächtereien von Oradour, die Ruinen von Hamburg. Uns selbst wurde manchmal das Herz schwer, wenn wir unsere Geschosse in einem feindlichen Dorf explodieren sahen, Frauen und Kinder hinmähten, die um den Panzer standen, den wir angriffen. Solchen Dingen gegenüber waren die Kämpfe mit Nowotny und seinen Messerschmitts etwas Sauberes, weit erhaben über die Kämpfe der Heere am Boden, die in Staub und Blut, im Donnern der stinkenden, kriechenden Raupenungeheuer ausgefochten wurden.
Luftkampf, das graziöse Arabeskenspiel eines Tanzes von Silbermücken,

das durchsichtige Gewebe der weißen Kondensstreifen, die Focke-Wulf, die wie zierliche Spielzeuge im Unendlichen dahinglitten.
Sicher gibt es auch bei uns den Kampf im Niedrigen: Die Bordwaffenangriffe auf fahrende Züge in der winterlichen Morgendämmerung, wo man versucht, taub zu bleiben gegenüber den Schreckensschreien, nicht zu sehen, wie unsere Geschosse das Holz zerfetzen, die Scheiben zersplittern, wie die Mechaniker sich krümmen unter den siedendheißen Dampfstrahlen, nicht an all die Menschen zu denken, die in der Falle der Eisenbahnwagen gefangen sind, vom Entsetzen über unser Motorengeheul und das Bellen der Flak geschüttelt – all diese unmenschliche, unmoralische Pflicht, die uns auferlegt ist, weil wir eben Soldaten sind und weil Krieg ist.
Dafür grüßen wir heute unseren tapferen Feind, den das Schicksal ereilt hat, erklären Nowotny zu einem der Unseren, der teilhat an unserer Welt, in der weder Ideologien noch Haß, noch Grenzen zählen. Diese Kameradschaft hat nichts zu tun mit Patriotismus, Demokratie, Nationalismus oder dem Gedanken an die Menschheit. Alle spüren das heute instinktiv. Die die Achseln zucken, können es nicht verstehen – sie sind keine Jagdflieger. Die Konversation hat in Schweigen geendet, die Biergläser sind leer, das Radio schweigt, es ist schon nach Mitternacht. Bruce Cole, weder ein Dichter noch ein Philosoph, läßt die Worte fallen: ‚Der erste, der ein Hoheitszeichen auf einen Flugzeugflügel malte, war ein gemeiner Kerl.‘ “

Generalmajor Adelbert Schulz

Vom Bankangestellten zum Panzerchef

Bei Kiew versuchten die Sowjets durchzubrechen. Ihre Artillerie hämmerte ununterbrochen und stundenlang auf die deutschen Stellungen. Die Grenadiere glaubten nicht mehr daran, aus dieser Hölle lebend herauszukommen.

Irgendwo nahe der vordersten deutschen Linie standen hinter den kleinen strohgedeckten Häusern eines Dorfes schwere Panzer, die den Bedrängten Hilfe bringen sollten. Sie waren als „Korsettstangen" der Front gedacht.

Die Panzer standen unter dem Kommando eines jungen Obersts. Die Männer nannten ihn „Panzer-Schulz". Es war Adelbert Schulz, den die meisten seiner Panzerfahrer nur mit der Zigarre im Mund kannten.

Der sowjetische Angriff richtete sich gegen den Nordflügel der Infanteriedivision, die seit Stunden im Trommelfeuer lag. Dann verstummte das Rasen und Heulen, und mit „Urräh"-Gebrüll stürmten die Sowjetsoldaten aus ihren Gräben.

„Aufsitzen!" befahl der Oberst den Infanteristen, die den Gegenangriff mitfahren sollten.

Die 1. Abteilung fuhr dem Feind in die Flanke und warf ihn in seine Ausgangsstellung zurück; seine Angriffsformationen wurden zerschlagen. Da griffen plötzlich sowjetische Panzer an! Schulz sah sie aus einem Dorf heranrollen; es waren schätzungsweise 60 T 34 und KW 85! Sie durften die deutschen Infanteriestellungen nicht erreichen. Stießen sie erst einmal durch, so waren sie in der Lage, die Front aufzurollen. Die Folgen wären unübersehbar gewesen.

Die 2. Abteilung, mit der Schulz den Angriff fuhr, lauerte dem Feind in einem zerschossenen Dorf auf. Die schweren Panzer faßten die Sowjets, die links von ihnen vorbeizogen, in der Flanke und schossen die Angriffsspitze zusammen. Bis die nachfolgenden T 34 begriffen, was sich „vorne" abspielte, lagen sie bereits im Feuer der deutschen Kampfwagen.

Von den 60 Feindpanzern kehrte kein einziger zu seiner Ausgangsstellung zurück. Jetzt wollte Schulz den Erfolg nutzen. Er stieß an den

ausgebrannten und zerschossenen Wracks vorbei, überrollte die sowjetischen Gräben, brach durch bis in die Artilleriestellung und vernichtete schwere Geschütze und Stalinorgeln. Er traf sich mit seiner 1. Abteilung und erweiterte den Angriff.
Aber nicht lange konnte er sich seines Erfolges freuen. Die Sowjets führten frische Kräfte heran und versuchten nun ihrerseits, die deutschen Panzer einzuschließen. Sie hatten erkannt, daß nur ein schwacher Verband durchgebrochen war. Hart kämpfend zogen sich die deutschen Panzer auf die eigene Ausgangsstellung zurück. Die Sowjets vermochten sie nicht abzuschnüren und zu vernichten. Unterwegs schossen Schulzens Panzermänner noch über 150 T 34 ab.
Die Aktion hatte zur Folge, daß der Gegner seinen geplanten Angriff aufgab, seine Truppen umgruppierte und dadurch der deutschen Führung Zeit ließ, eine starke HKL aufzubauen.
Für diese und andere schlachtenentscheidende Taten erhielt der forsche und klug angreifende Oberst, der das Panzerregiment 25 der 7. Panzerdivision führte, die Brillanten. –

Adelbert Schulz war Berliner. Er war für seine Schlagfertigkeit und seine nicht zu erschütternde Ruhe bekannt. Mochte der Gegner noch so stark sein, mochte er völlig überraschend angreifen und sozusagen vor der „Haustür stehen", Schulz ließ sich weder verblüffen noch zu einer übereilten Handlung hinreißen.
Schon als Abteilungskommandeur im gleichen Regiment stürmte er mit seinen Panzern während des Westfeldzuges der Truppe voraus, überrannte belgische, französische und britische Stellungen und ermöglichte den Durchbruch nach Cherbourg und machte der Division, der er angehörte, alle Ehre. Am 29. 9. 1940 erhielt er das Ritterkreuz. Als „Gespensterdivision" ist sie später in die Geschichte der Panzerschlachten eingegangen, kühn geführt von einem Manne, der zum Schrecken seiner Feinde wurde: General Rommel.
Schulzens geistige Beweglichkeit, gepaart mit dem Elan eines modernen Truppenführers, bestimmten den erfolgreichen Einsatz seiner Männer, die dem Gegner immer wieder Niederlagen beibrachten. Die Fürsorge um seine Soldaten hatte keine Grenzen – er war ihr Freund und Vater zugleich.
Ursprünglich hatte Schulz Bankangestellter werden wollen. Er machte am Berliner Realgymnasium das Abitur und war dann im Bankfach

tätig. Von 1923 bis 1924 besuchte er die Handelshochschule, gab aber seinen Beruf auf und meldete sich ein Jahr später zur Polizei. 1934 wurde er Leutnant und 1935 in die Wehrmacht als Oberleutnant übernommen. Er nahm an den Einmärschen nach Österreich und ins Sudetenland teil. Im Feldzug gegen Frankreich war er Hauptmann. Während des Krieges gegen die Sowjetunion zeichnete er sich schon in den ersten Wochen aus. Er brach in die zurückflutenden Massen des Gegners ein, bildete kleine Kessel und kämpfte immer wieder der nachfolgenden Truppe den Weg frei.
Besonders im Abschnitt der Heeresgruppe Mitte, im Raume von Klin, zeichnete sich Schulz als Panzerführer aus. Der forsche Kommandeur schlug eine achtfache sowjetische Übermacht und vernichtete sie. Bei minus 40 Grad leistete er in Schnee und Eis mit wenigen Panzern den Sowjets so heftigen Widerstand, daß diese ihre Truppen von anderen Frontabschnitten abziehen mußten, um Schulz aus der Stellung werfen zu können. Aber der Kommandeur lockte die Russen in eine Falle, ließ sie an sich vorbeirollen und griff sie von hinten an. Wenig später brach er in die Flanke eines sibirischen Garderegiments ein, rollte es auf und vernichtete die gutausgerüsteten und frisch in den Kampf geworfenen Einheiten. Im gleichen Angriffszug deckte er den Rückmarsch deutscher Truppen und den eines Feldlazaretts mit über 4000 Verwundeten. Dafür wurde ihm am 31. 12. 1941 das Eichenlaub verliehen.
Inzwischen Oberstleutnant geworden, übernahm Adelbert Schulz im Jahre 1943 das Panzerregiment 25, später das Pz. R. 7, mit denen er große Erfolge errang. Im Brennpunkt der Verteidigung stehend oder als Angriffskeil eingesetzt, zeichnete er sich immer wieder aus.
Am 6. August des gleichen Jahres erhielt Adelbert Schulz die Schwerter, im November wurde er zum Oberst befördert, und am 14. Dezember erhielt er durch Funkspruch die Nachricht, daß ihm die Brillanten verliehen wurden. Er sollte persönlich ins Führerhauptquartier fahren, um die hohe Auszeichnung in Empfang zu nehmen. Zunächst aber mußte er melden: „Jetzt kann ich nicht weg. Hier ist der Teufel los!"
In den Wintermonaten 1943 war im Südabschnitt der Ostfront eine heftige Abwehrschlacht entbrannt. Die 7. P.D. wurde als Feuerwehr eingesetzt, mußte Lücken schließen, Einbrüche ausbügeln, Gegenangriffe fahren und verteidigen. Wo es brannte, wurde die bewährte Panzerdivision eingesetzt. Der Divisionskommandeur Generalmajor Hasso

v. Manteuffel erhielt während der ersten Kämpfe aus dem Führerhauptquartier den Befehl, die 7. P.D. abzugeben und die Division *Großdeutschland* zu übernehmen. v. Manteuffel bat um Zurückstellung des neuen Kommandos, bis die 7. P.D. den Abwehrerfolg sichergestellt hätte. Danach würde er Oberst Schulz, den er zu seinem Nachfolger vorschlug, die Division übergeben. Hitler war einverstanden, und nachdem am 9. Januar 1944 Adelbert Schulz Gelegenheit gehabt hatte, im Führerhauptquartier die Brillanten entgegenzunehmen, wurde er mit sofortiger Wirkung zum Generalmajor befördert und zum Divisionskommandeur ernannt.

Gerade er, der in dieser Division „groß geworden" war und sich die höchsten Tapferkeitsauszeichnungen verdient hatte, durfte nun die Division führen, die Rommel einst befehligt hatte. Sein Ziel war, diese Truppe genausogut zu führen und mit ihr die gleichen Erfolge zu erzielen wie seine Vorgänger. Aber das Schicksal wollte es anders.

Nachdem er einen kurzen Urlaub im Kreis seiner Familie verlebt hatte, kehrte er wieder an die Front zurück. Seine Division war inzwischen im Raume Schepetowka eingesetzt und sollte zum Gegenangriff antreten. Der Gegner verteidigte erbittert und machte keine Anstalten, seine Stellungen zu räumen.

Der Angriff rollte, und an verschiedenen Stellen konnten kleinere Einbrüche erzielt werden. Der Durchbruch gelang jedoch nicht. Gerade wollte Schulz den Feind umfassen, als ihm die Nachricht übermittelt wurde, daß der Angriff auf der ganzen Linie zum Erliegen gekommen sei. Der Divisionskommandeur fuhr in seinem Spähwagen zu den Abteilungen und befahl die Kommandeure zu einer Besprechung. Da schlug in kurzer Entfernung eine Granate ein. Ein Splitter traf ihn am Kopf. Bewußtlos brach der General zusammen. Obwohl er sofort mit einem Flugzeug zum Lazarett transportiert wurde, kam jede Hilfe zu spät. Unterwegs starb Adelbert Schulz, ohne das Bewußtsein wiedererlangt zu haben.

Der Wehrmachtsbericht vom 28. Januar 1944 sagt am Schluß: „Schicksal und Haltung dieses Mannes sind ein leuchtendes und verpflichtendes Vorbild."

Oberst Hans-Ulrich Rudel

Frontsoldat Nr. 1

„Sie sind der größte und tapferste Soldat, den das deutsche Volk hat und je gehabt hat", sagte Adolf Hitler am 1. Januar 1945 zu einem Pfarrers-Sohn.

Im Oktober 1976 schickte Bundesverteidigungsminister Georg Leber die beiden Luftwaffen-Generale Karl Heinz Franke und Walter Krupinski in den Ruhestand, weil sie die NS-Vergangenheit dieses Soldaten aus christlichem Haus mit der KP-Vergangenheit des Sozialdemokraten Herbert Wehner verglichen hatten.

Drei Jahrzehnte, nachdem das Dritte Reich in Schutt und Asche sank, hat der einzige Inhaber der höchsten militärischen Auszeichnung jenes Staates die Nation noch einmal in Erregung versetzt: Hans-Ulrich Rudel, 60, Träger des Goldenen Eichenlaubs mit Schwertern und Brillanten zum Ritterkreuz des Eisernen Kreuzes und Besitzer eines paraguayischen Passes.

Rudel war wieder Reizwort geworden. Einst war sein Name Synonym für Mut. Nun war seine Person Symbolfigur für unbewältigte Vergangenheit. Linken, Liberalen und solchen die es sein möchten, war er das braune Tuch.

Tatsächlich hatte der Pfarrers-Sohn aus Konradswaldau in Schlesien einmal einer NS-Organisation angehört: Er war Scharführer in der Hitler-Jugend. In der NSDAP freilich war er nie. Denn nach Schulbesuch in Schweidnitz und Görlitz trat er 1936 mit 20 Jahren als Fahnenjunker in die Luftwaffe ein.

Jene, die seine Jugend miterlebt hatten, waren über seine Berufswahl verwundert. Seine Mutter erinnert sich, ihr Sohn sei „zart und scheu" gewesen. Seine Schwester meint, er habe Angst gehabt, allein in den Keller zu gehen. Und das Urteil seines Klassenlehrers: „Als Junge war er goldig, als Schüler schrecklich." Und doch sollte sich nun in jenem Jahrzehnt, das der junge Rudel in der Luftwaffe verbrachte, sein Schicksal erfüllen.

Als Offizier und Beobachter in einer Aufklärungs-Gruppe machte Rudel den Polen-Feldzug mit. Im September 1940 wurde er, auf eigenen Wunsch, zu einem Sturzkampf-Geschwader versetzt, er war Stuka-Flieger geworden, einer jener Piloten, die mit ihren Flugzeugen wie Habichte im Sturzflug dem Ziel entgegenstürzten und ihre Bombenlast erst kurz vor dem Abfangen ihrer Maschine ausklinkten. Im Gegensatz zu den von Bombenteppichen verursachten Flächenbränden galt ein Stuka-Angriff stets einem Einzelobjekt.

„Wenn man im Krieg überhaupt ein gutes Gewissen haben kann, so am ehesten als Stuka-Flieger“, meinte Rudel später.

Bei einem seiner erfolgreichsten Angriffe stürzte Rudel mit seiner Ju 87 im Winkel von 90 Grad vom Himmel und fing die Maschine erst vier Meter über dem Meeresspiegel ab: bei der Vernichtung des Schlachtschiffes „Marat“ (23600 BRT) im sowjetischen Kriegshafen Kronstadt mit einer 1000-Kilo-Bombe am 23. September 1941.

Über diesen Höllenritt erzählte Rudel später: „Es ist furchtbar. Überall funkt und blitzt es neben mir auf. Die Luft scheint mit Schwefel geladen. Die Wolken leuchten gelb. Das Tosen und Toben der explodierenden Munition dringt selbst durch die dichten Verkleidungen der Maschine. Mir wird beinahe übel, und der Weg ist eine einzige Qual. Wir hatten am Tage vorher bereits einen Einsatz ins Hafengebiet geflogen. Aber heute ist die Flak derart massiert, daß ich an einem Erfolg zweifeln muß. Gruppenführer Hauptmann Steen hat sich genau vor mich hingepflanzt. Ich kann ihn deutlich erkennen. Der Sturz, in einem Winkel von 70 bis 80 Grad, nimmt mir die Luft weg. Ich hänge fast an Hauptmann Steens Flugzeugschwanz. Die allerhöchste Geschwindigkeit macht ein Bremsen ausgeschlossen. Im Visier habe ich die „Marat“. Schnell, immer schneller kommt sie auf mich zu. Immer größer wird das Schiff. Ich sehe die offenen Münder der Flakgeschütze drohend auf mich gerichtet. Wenn dort einer dahintersitzt und am Abzug zieht! Aber die Maschine muß noch steiler gedrückt werden. Ich sehe das entsetzte Gesicht des Bordschützen von Hauptmann Steen. Er reißt die Augen erschreckt auf, weil er befürchtet, ich rasiere mit meiner Luftschraube seine Steuerung weg. Ich nehme alle Kraft zusammen. Jetzt noch mehr gedrückt – noch steiler – jetzt müssen es 90 Grad sein. Ich habe gar keine Zeit, daran zu denken, daß mich ein Flakvolltreffer zerreißen könnte. Ich flitze an Steen gerade noch vorbei. Die „Marat“ habe ich genau im Visier. Matrosen hasten über Deck. Einige tragen Munition, andere ziehen die Köpfe ein. Sie müssen mich doch sehen! Ein Flakgeschützturm dreht genau in meine Richtung. Wenn der losballert! Da drücke ich auf den Bombenauslöseknopf am Steuerknüppel. Mit aller Gewalt ziehe ich die Maschine hoch, will sie hochziehen, denn ich habe eine Höhe von nur 300 Metern. Dabei soll die 1000-Kilo-Bombe, die ich eben ausgelöst habe, nicht unter einer Höhe von 1000 Metern geworfen werden, weil sonst Selbstvernichtung durch Splitterwirkung droht. Aber was kümmert es mich. Ich will die „Marat“ treffen! Sonst nichts. Obwohl ich am Steuerknüppel wie ein Verrückter ziehe, habe ich das Gefühl, daß sich die Maschine nicht hebt. Ich spüre mit einem Male ein Schwinden meiner Sinne. Ein Gefühl, das ich bisher nicht kannte. Sollte die Anstrengung tatsächlich zu groß gewesen sein? Ich weiß keinen anderen Rat mehr, als mit aller Gewalt die Maschine ruckartig hochzuwerfen. Ein scheußliches Gefühl steckt mir in Magen und Kopf, als ich die heisere Stimme meines Bordschützen Scharnowski höre: „Herr Oberleutnant, das Schiff explodiert gerade!“ Langsam drehe ich mich um. Da liegt die „Marat“ hinter einem fast undurchdringlichen 400 m hohen Nebel- und Pulverdampfschleier. Ich entdecke mit Schrecken, daß ich nur drei bis vier Meter über dem Wasserspiegel des Kronstadter Hafens fliege, ich entdecke, daß ich noch ... lebe!“

Diese Tat hätte eine Auszeichnung verdient. Aber Rudel erhielt sie nicht. Gern hätte ihn Hauptmann Steen zum Ritterkreuz vorgeschlagen – aber er tat es nicht. „Ich glaube, Sie werden mich alle verstehen, wenn ich nach diesem tapferen Einsatz, den die ganze Gruppe flog, nicht einnen einzigen Mann bevorzugen möchte, obwohl er die „Marat“ versenkt hat. Verstehen Sie mich bitte – aber immer noch halte ich den Wert einer verschworenen Gemeinschaft, wie wir sie darstellen, für wichtiger und größer, als den Oberleutnant Rudel als einzelnen zum Ritterkreuz vorzuschlagen.“

Außer der „Marat“ versenkte Rudel mit seiner Ju 87 einen weiteren Kreuzer, einen Zerstörer, 70 Landungsboote und beschädigte das Schlachtschiff „Oktoberrevolution“ schwer. Er vernichtete Brücken, knackte Bunker, zerschlug Nachschub-Kolonnen. Immer heller erstrahlte sein Ruhm, immer reicher regnete der Ordens-Segen auf ihn herab.

Er zerstörte 150 Flak- und Pakstellungen, erzielte neun Siege im Luftkampf und rettete sechs hinter den sowjetischen Linien notgelandete Flugzeugbesatzungen.

Er errang einen Rekord, den kein Flieger der Welt ihm bis heute streitig machen konnte: 2530 Feindflüge, bei denen er selbst 30mal durch Flak und Infanteriewaffen abgeschossen wurde.

Und doch verblassen alle diese Zahlen gegen eine einzige: Rudel allein schoß mit seinem Sturzkampfbomber 519 sowjetische Panzer ab – fünf komplette Panzerkorps. „Lieber Gott, laß Rudel kommen", lautete ein Stoßgebet der Soldaten an der Ostfront, wenn die T34 der Roten Armee mit klirrenden Ketten den deutschen Linien entgegenwalzten. Und oft kam er. Nie hat ein einzelner einem Feind größeren Schaden zugefügt – in einem Alter, da heute Studenten ihrem Examen entgegenbüffeln. Was wunderte, daß die Sowjets 100 000 Rubel auf seinen Kopf ausgesetzt haben! Es gab Tage, an denen er 17 Panzer abschoß. Er allein! „Für mich war das keine sportliche Auseinandersetzung", sagte Rudel später. „Vielmehr ein Existenzkampf auf Leben und Tod. Da hieß es nur: Du oder ich. Dafür ist man Soldat, um zu kämpfen."

Dennoch blieb der junge Kommodore des Stuka-Geschwaders „Immelmann" unter seinen Offizierskameraden ein Sonderling: Er rauchte nicht, er trank nicht, und wenn sie im Casino einen zur Brust nahmen, griff er zu Speer und Kugel und trainierte. Falls sein Einsatzplan es zuließ, lief der kleine Spartaner (1,74 m) täglich 10 000 Meter querfeldein. Sein sportlicher Ehrgeiz fand seinen Lohn. Beim Einsatz im Südabschnitt der Ostfront am 21. März 1944 – Angriff auf die Dnjestr-Brücke bei Jampol – mußte der Rotten-Kamerad des damaligen Majors Rudel hinter den feindlichen Linien notlanden. Rudel setzte seine Maschine neben ihm auf, um die Besatzung zu retten. Doch der Boden war schlammig; ein Start unmöglich. Sowjetische Soldaten tauchten auf. Die vier Deutschen flohen. Richtung Westen. Ein breiter Strom, der Dnjestr, versperrte ihnen bald den Weg. Sie mußten ihn durchschwimmen. Rudels Bordschütze, der mit dem Ritterkreuz ausgezeichnete Oberfeldwebel Hentschel, verließen die Kräfte. Er versank in den eisigen Fluten. Rudel, der schon den Strom durchquert hatte, schwamm noch einmal zurück, um ihm zu helfen. Vergeblich. Die anderen beiden waren unterdessen erschöpft am rettenden Ufer zusammengesunken, so ausgepumpt, daß sie leichte Beute eines plötzlich erscheinenden sowjetischen Spähtrupps wurden. Rudel aber setzte seine Flucht fort: Mit einem Geschoß in der Schulter, von Hunden und Reitern gejagt, marschierte er barfuß etwa 50 Kilometer bis zu den eigenen Linien.

Wenige Tage später unternahm er seinen 1800sten Feindflug. Und noch einmal, eine Woche danach, wurde er für seine Leistungen als zehnter Soldat der Wehrmacht von Hitler mit dem Eichenlaub mit Schwertern und Brillanten dekoriert. Der junge Offizier war endgültig in den innersten Bannkreis seines Führers vorgedrungen – und ihm verfallen, von ihm „fasziniert", wie er es selbst sagte. Am 1. Januar 1945 kreierte Hitler für seinen treuen Soldaten „eine neue, eine allerhöchste Tapferkeitsauszeichnung": Das Goldene Eichenlaub mit Schwertern und Brillanten. (Das Goldene Eichenlaub wurde für höchstbewährte Einzelkämpfer von Hitler gestiftet. Es sollte nur zwölfmal verliehen werden, es gilt als die höchste deutsche Tapferkeitsauszeichnung.) Rudel erhielt den Orden und wurde Oberst – mit 28 Jahren.

Er dachte aber auch sofort an das Flugverbot, das Hitler und Göring für alle Brillantenträger ausgesprochen haben. Sie vertreten beide die Ansicht, daß Offiziere, die so hervorragende Flieger und Kämpfer sind, sich nicht der Todesgefahr aussetzen dürfen. Sie sollen vielmehr der Jugend als Beispiel dienen und ihre Erfahrungen weitervermitteln.

Rudel gehörte zu jenen Fliegern, die ein solches Flugverbot entweder heimlich ignorierten oder aber Hitler und Göring mit Gesuchen bombardierten. Die Erfolge hatten ihm meistens recht gegeben. Göring und Hitler ließen sich „erweichen", die jeweiligen Flugverbote wurden aufgehoben. Diesmal jedoch nicht. Hitler besteht auf dem Flugverbot für Rudel. Er weiß von den kühnen Einsätzen des Offiziers, und er meint, daß es jetzt genug sei. Rudel soll später einmal eine andere, größere Aufgabe übernehmen. Darauf sagte der eben zum Oberst beförderte Rudel: „Mein Führer, ich nehme Auszeichnung und Beförderung nicht an, wenn ich nicht weiter mit meinem Geschwader fliegen darf!"

Später sagte Oberst v. Below zu Rudel, daß ihn und die Wehrmachtsprominenz „fast der Schlag getroffen" habe, als sie den Widerspruch hörten. Da wagte doch dieser junge, eben zum Oberst beförderte und höchstausgezeichnete Offizier, dem Obersten Befehlshaber zu widersprechen und sogar eine Art Ultimatum zu stellen! Das war noch nicht vorgekommen!

Hitler blickte Rudel lange an. „Nun gut. Wenn Sie unbedingt fliegen wollen ... meinetwegen", sagte er leise. „Aber geben Sie auf sich acht! Ich brauche Sie. Das deutsche Volk braucht Sie!"

Fünf Wochen danach erwischte es ihn: Am 9. Februar 1945 flog er wieder einen Angriff auf sowjetische Panzer. Da zerschmetterte ihm eine 4-cm-Flakgranate den rechten Unterschenkel. Das Bein ist fast abgerissen. Notlandung. Rudels Bordschütze, Stabsarzt Dr. Gadermann, rettete ihn vor dem Verbluten. Am Verbandsplatz Seelow wurde der Unterschenkel amputiert.

Aber nur wenige Lazarett-Tage später, mit verbundenem Beinstumpf und primitiver Prothese, kletterte Rudel wieder in seine Ju 87 und schoß als Amputierter bis zum Kriegsende noch einmal 13 Panzer ab.
Rudel, das wurde neidlos anerkannt, war ein Phänomen, ein Soldatentyp, der die Grenzen zwischen Tapferkeit und Fatalismus bereits überschritten hatte und sich Zerreißproben unterzog. Der Pfarrerssohn aus Konradswaldau kämpfte an allen Fronten. An der Wolga, an der Donau und an der Oder. Als einziger Ausländer trug er die höchste ungarische Tapferkeitsauszeichnung. Außerdem besaß er hohe rumänische und italienische Orden. Generalfeldmarschall Schörner sagte von ihm, als Rudel auf Weisung Himmlers aus Schörners Befehlsbereich abgezogen werden sollte: „Dieser Rudel ersetzt eine Division!"
Den Abend vor Hitlers letztem Geburtstag verbrachte der Immelmann-Kommodore im Bunker unter der Reichskanzlei: Marschall Schukow hatte an diesem Tag die Oder schon überschritten und war zum Angriff auf Berlin angetreten. Warum, so rät Rudel seinem Führer, schließen Sie nicht Waffenstillstand im Westen, um im Osten einen Sieg zu erringen? Hitler lächelte müde, nachsichtig über seinen Helden: „Es ist leicht so zu reden ..."
Hitlers Biograph Jochen Toland hat die Szene beschrieben: „Es war spät, war nach Mitternacht, als Rudel entlassen wurde. Und als er durch das Vorzimmer humpelt, sieht er, daß es sich schon gefüllt hat mit Eifrigen, die darauf bedacht sind, zu jenen zu gehören, die als erste dem Führer zu seinem 56. Geburtstag gratulieren."
Wenige Tage nach Hitlers Selbstmord flog Rudel mit seinem Geschwader aus der Tschechoslowakei nach Kitzingen bei Würzburg und ergab sich dort – am 8. Mai – den Amerikanern. Wegen seiner Verwundung (insgesamt fünfmal verwundet) wurde er bald entlassen. Das Trümmer-Deutschland der Entnazifizierung und Umerziehung hatte ihm nichts zu bieten. Zu Fuß überquerte er illegal die Grenze nach Österreich, wanderte durchs Zillertal nach Italien, nach Bozen und Rom. Dort verschaffte er sich einen falschen Paß. Auf den Namen Emilio Meier. Und dieser Emilio Meier landete bald darauf im fernen Buenos Aires.
Argentiniens Staatschef Juan Peron nahm den Kriegshelden des Dritten Reiches herzlich auf. Rudel trat in den Dienst des argentinischen Luftfahrtministeriums ein. In den Flugzeugwerken von Cordoba wurde er der Konstruktionsgruppe zugeteilt. Sie tüftelten an dem Düsenjäger „Pulqui 2".

Emilio Meier war nicht der einzige Prominente des versunkenen Deutschland in Cordoba. Mit ihm waren der frühere Konstrukteur der Focke-Wulf, Prof. Tank und der Spezialist für Nurflügel-Flugzeuge, Dr. Horten, tätig. Ebenfalls für das Luftfahrtministerium arbeiteten General Galland und Bomber-Oberst Werner Baumbach sowie die Einflieger Henrici, Behrens und Steinkamp.

In der argentinischen Emigration schrieb Rudel seine Erinnerungen „Trotzdem", ein Buch, das zunächst in Argentinien erschien. Inzwischen ist es in acht Sprachen übersetzt (Englisch, Französisch, Spanisch, Portugiesisch, Italienisch, Japanisch, Finnisch, Arabisch) und hat eine Gesamtauflage von über drei Millionen erreicht – fast eine Million allein in den Vereinigten Staaten.

Nach mindestens einem illegalen Besuch in der Bundesrepublik kehrte Rudel nach Perons Sturz Anfang der fünfziger Jahre endgültig nach Deutschland zurück und betätigte sich politisch. Aber seine politische Uhr schien 1945 stehengeblieben zu sein, seine zurückgebliebene Ansicht war national-pathetisch eingefärbt.

Er selbst sah es freilich alles anders: Nicht für Hitler, für Deutschland habe er einst gekämpft. Jetzt wolle er sich ausschließlich um die Zukunft der ehemaligen deutschen Soldaten kümmern. Kein Totalitärer sei er, sondern „ein hundertprozentiger Demokrat".

Rudel: „Ich glaube, daß unsere Demokratie noch nicht soweit ist, wie die in den USA. Denn dort kann man seine Meinung offen sagen, was man bei uns anscheinend nicht immer darf, es sei denn, sie ist einer bestimmten politischen Richtung willkommen. Wenn ich meine Meinung sage, werde ich gleich verunglimpft und als Nazi-Oberst bezeichnet. Dabei habe ich mich lediglich nach dem Kriege getraut, offene Worte gegen die Leute zu sprechen, die uns Soldaten beleidigt haben. Seitdem wurde ich als Rechtsradikaler eingestuft."

Als Politiker erwarb sich Rudel keine Meriten. Indes: Wie einst im Krieg so sollte auch im Frieden die Willenskraft dieses Mannes ihren Eindruck nicht verfehlen.

Als erster Mensch bestieg er den höchsten Vulkan der Welt, den 6902 Meter hohen Llullay-Yacu in Argentinien – mit einer Prothese. Als einbeiniger Ski-Abfahrtsläufer – mit Prothese – gewann er Preise und Pokale, wo immer er auch startete. Zum Beispiel auch am Monte Catedral im Skilaufzentrum von Bariloche in Argentinien flitzte er in tiefgeduckter Haltung über die Torlaufpiste. Plötzlich – zum Entsetzen der Zuschauer

– löste sich von ihm ein Ski und auf ihm ein halbes Bein. Ein Aufschrei – geschickt hielt er mit dem anderen Bein die Balance – Mamá mia! Die Menschen bekreuzigten sich – ein Wunder. Dem Abfahrtsläufer, Oberst a.D. Hans-Ulrich Rudel, geriet lediglich die Unterschenkelprothese aus den Fugen, machte sich selbständig und fuhr solo. Die Kunde von dem einmaligen Ereignis machte die Runde im Land. Seitdem wurde Rudel „der verrückte Deutsche mit einem Bein" genannt.
Aber noch einmal schlug ihn das Schicksal, das er gemeistert zu haben schien, ungewöhnlich hart: 1970 erlitt er beim Ski-Training einen Schlaganfall. In Amerikas Mayo-Klinik wurde er behandelt. Allein sein rechter Arm blieb gelähmt.
Hans-Ulrich Rudel hatte sich nie aufgegeben. Die kurzgeschorenen Haare waren schlohweiß geworden, aber seine braunen Augen hatten noch immer Glanz. Er hatte es als Versehrter durch sein Buch und seine Beratertätigkeit für deutsche Firmen – wie den Siemens-Konzern – in Südamerika zu bescheidenem Wohlstand gebracht. Als Dauerpendler reiste er mit einem deutschen und einem paraguayanischen Paß zwischen Europa und den vier südamerikanischen Ländern Argentinien, Chile, Bolivien und Paraguay hin und her.
Mehrmals im Jahr flog Rudel auch in die USA. Er war Gast der Luftwaffe und konferierte mit vier Vier-Sterne-Generälen über eine Maschine vom Typ T-10, die von den Amerikanern nach dem Vorbild des alten Stuka Ju 87 gebaut wurde. Rudel: „Ich wurde um meine Meinung dazu gebeten und sollte über meine Erfahrung bei der Panzerbekämpfung aus der Luft sprechen." Überall im westlichen Ausland begegnete man ihm mit großer Hochachtung. Er blieb seinem Motto treu: „Nur wer sich selbst aufgibt, der ist verloren."
Am 18.12.1982 starb der höchstausgezeichnete Soldat der ehemaligen deutschen Wehrmacht.

General Hyazinth Graf Strachwitz

„Ich bin halt Karl May persönlich"

Er war ein Meister in der Täuschung, kühn, listig, tapfer. Vierzehnmal verwundet. 150 Kilometer hinter der sowjetischen Front operierte er mit zehn Panzern und kehrte ohne Verluste in die Ausgangsstelle zurück. Im Norden der Ostfront nahm er Tukkum, eine Stadt, die für die weiteren Operationen der Heeresgruppe von größter Wichtigkeit war. Sie galt als uneinnehmbar. Strachwitz täuschte den Gegner, umging die Stadt, stieß blitzschnell zu und rollte durch die Straßen, in denen 50 Panzer der Typen T 34 und KW 85 standen, die ihre Rohre nach Westen gedreht hatten. Sie wollten die deutschen Stellungen überrennen. Innerhalb von Minuten brannten sie... Als Strachwitz von einigen Generalen gefragt wurde, wie er das gemacht habe, sagte er: „Ja, sehen Sie, meine Herren, ich bin halt Karl May persönlich." Er war zweifelsohne der einfallsreichste Panzerführer. Ein Meister des Kleinkampfes, der auf eigene Faust mit ein paar Panzern unglaubliche Erfolge erzielte. –

Die Strachwitz sind ein altes oberschlesisches Adelsgeschlecht. Der am 30. 7. 1893 in Großstein geborene Hyazinth trägt genauso den Vornamen des schlesischen Heiligen wie alle Erstgeborenen der Strachwitz seit 700 Jahren. Die Grafen Strachwitz bauten dem Heiligen zu Ehren im Schloßhof zu Großstein eine Kapelle.

Die Familie des Grafen Hyazinth Strachwitz von Großgaucha-Gammnitz gehörte zu den vermögendsten Land- und Forstbesitzern Schlesiens. Der Ausgang des letzten Krieges reihte sie jedoch in das große Heer der Vertriebenen und Besitzlosen ein. Der vierzehnmal verwundete Graf behielt nichts als eine abgerissene Uniform. Zurück blieb eine glanzvolle Soldatenzeit.

Beim Regiment Garde du Corps in Potsdam wurde Hyazinth Graf Strachwitz Leutnant. Seine Kadettenzeit in Lichterfelde hatte er mit seinen Freunden Manfred v. Richthofen und Hans v. Aulok absolviert. Nach den Schüssen von Sarajewo, die den Ersten Weltkrieg auslösten, ritt der junge Graf mit seinem Regiment in Frankreich ein. Im Großen

Hauptquartier erwog man eine berittene Fernpatrouille, die erkunden sollte, wo die Hauptmacht des Gegners stand. Leutnant Graf Strachwitz stieß weit über seinen Auftrag hinaus ins Hinterland und tauchte zum Schrecken der Franzosen vor Paris auf.
In der Stadt brach Panik aus, als sich die Kunde von „gesichteten deutschen Truppen" verbreitete. In Wirklichkeit ritt lediglich eine Handvoll verwegener deutscher Soldaten zwischen den französischen Heeressäulen und erkannte die große Chance, durch blitzschnelle Aktionen und einen Handstreich auf Paris den Krieg erfolgreich zu beenden.
Bei diesem Unternehmen wurde Strachwitz gefangengenommen. Er und seine Mitgefangenen wurden von Gefängnis zu Gefängnis geschleppt und schließlich zum Tode verurteilt. In letzter Sekunde, sie standen schon vor dem Peloton, wurde der Befehl rückgängig gemacht. Am 14. Oktober 1914 wurde Strachwitz zur Zwangsarbeit nach Cayenne verurteilt. Damit verlor er den Status eines Kriegsgefangenen. Zum Glück kam die Überführung nach Cayenne nicht zustande. Sein Weg führte Strachwitz über Lyon und Montpellier ins Zuchthaus der Insel Rè, der Vorstufe und dem Wartezimmer von Cayenne. Weitere Zuchthausstationen, aber auch mehrere Ausbruchsversuche, folgten.
Im Zuchthaus von Carcassonne fand ihn schließlich eine Schweizer Ärztekommission vom Internationalen Roten Kreuz in apathischem Zustand, völlig abgerissen und zum Skelett abgemagert. In ihrem Auftrag wurde er in die Schweiz überstellt. Nachdem Graf Strachwitz 1918 aus der Schweiz nach Deutschland entlassen wurde, war er ein schwerkranker Mann. Eine gefährliche Nervenentzündung machte ihn beinahe dienstuntauglich. 1920 ging er in Erholungsurlaub, ein Jahr später erhielt er vom damaligen Reichswehrministerium die Qualifikation zum Oberleutnant, rückwirkend von 1916 ab.
Als die Polen 1921/22 versuchten, Oberschlesien vom Deutschen Reich zu trennen, war Graf Strachwitz einer der unermüdlichen Männer, die den Selbstschutz organisierten und in erbitterten Kämpfen den Feind aus dem Lande trieben.
Unter dem Befehl der Generale v. Hülsen und Höfer schlug sich Strachwitz so hervorragend, daß man im Hauptquartier der polnischen Freischärler einen Kopfpreis für seine Gefangennahme aussetzte. Die Würfel der Entscheidung fielen, als sich die Polen, nach mehrmaligem Besitzwechsel, auf dem Annaberg, dem Wahrzeichen Oberschlesiens, festsetzten. Jetzt traten die deutschen Freikorps zum letzten großen

Im Wüstensand steckengeblieben

In dieser zum Gefechtsstand ausgebauten Bretterbude trafen sich im Frühjahr 1942 die Feldmarschälle Rommel und Kesselring.

Nichts konnte Rommel aufhalten. Hier geht er durch den Stacheldrahtverhau der 8. britischen Armee bei El Alamain auf die feindlichen Stellungen zu.

Während der Invasionsschlacht

Rommels Totenmaske

Kapitän z. S. Wolfgang Lüth versenkte auf 14 Feindfahrten in 609 Seetagen 215 147 BRT und ein U-Boot mit 552 ts. Seine größten Erfolge erzielte er im Indischen Ozean und vor der südafrikanischen Küste. Er war der erste Brillantenträger der Kriegsmarine und sollte einmal Chef der U-Boote werden.

48 Siegeswimpel auf U-181. Korvettenkapitän Wolfgang Lüth kehrt von erfolgreicher Feindfahrt zurück. Er selbst leitet das Anlegemanöver.

Nach der großen Feindfahrt ein paar Tage Erholung für Lüth und seine Besatzung.

Das vom britischen Stadtkommandanten genehmigte Staatsbegräbnis für Wolfgang Lüth, der nach Kriegsende versehentlich erschossen wurde.

Hinterher sieht es nicht mehr so ernst aus wie im Kampf auf Leben und Tod. Major Nowotny berichtet von seinem Luftsieg.

Walter Nowotny als Gast bei der Marine, die er aus der Luft unterstützte.

Mit zerschossener Tragfläche – so kam Nowotny öfter nach Haus.

Einsatzbesprechung im Raum von Schepetowka: Der Kommandeur der 7.P.D. GenLt v. Manteuffel und Oberst Schulz (Mitte).

Adelbert Schulz bei der Verleihung der Brillanten im Führerhauptquartier.

Zwei Freunde: Oberst Rudel und sein Bordschütze Hauptmann Dr. Gadermann, der ihm im Februar 1945 das Leben rettete.

An der Front in Ungarn, Dezember 1944. In dieser Kanonen-Maschine saßen Obstlt. Rudel und Bordschütze Stabsarzt Dr. Gadermann. Unter der rechten Tragfläche ist eine der „langen Stangen", die 3,7-cm-Kanone, zu erkennen.

Das sowjetische Schlachtschiff *Marat* explodierte nach einem Bombenvolltreffer Oblt. Rudels.

Ein historischer Augenblick im Leben Hans Ulrich Rudels. Am 1. 1. 1945 erhielt er als einziger Soldat der Wehrmacht das Goldene Eichenlaub in Anwesenheit von GenOb Jodl, FM Keitel (3. und 4. v. links), Reichsmarschall Göring (ganz rechts) und Großadmiral Dönitz (nicht im Bild).

Graf Strachwitz als Komm. eines P.R. der Panzergrenadierdiv. *Großdeutschland* mit GenLt Hoernlein (rechts).

„Panzer dürfen nicht stehen, sie müssen ständig in Bewegung sein", hieß das Motto, nach dem Strachwitz führte.

Letzte Absprache vor dem Angriff. Hyazinth Graf Strachwitz, ein außergewöhnlicher Panzerführer, der mit seiner eigenwilligen Taktik den Sowjets hohe Verluste beibrachte.

SS-General Herbert Gille läßt sich in Kowel von einem Verwundeten über die Lage an der HKL Bericht erstatten.

Lagebesprechung im Juni 1944 im Heidelager bei Debica.

Gille informiert sich auf einem Regimentsgefechtstand über den Verlauf der Kämpfe um Budapest.

„Sizilien-General" Hans Hube. Er verließ auf dem letzten Fährprahm mit seinen Soldaten die Insel.

Als OB der Südfront war FM Kesselring auch verantwortlich für die Operationen in Afrika. Das gespannte Verhältnis zu den italienischen Bundesgenossen im Comando Supremo konnte auch er nicht verbessern.

FM Albert Kesselring läßt sich im Stabsquartier einer Fallschirmjägereinheit während der Kämpfe um Cassino von GenLt. Heidrich in die Lage einweisen.

Angriff an. Graf Strachwitz umging mit seinen Männern die Stellungen der Polen und rollte Teile davon im erbitterten Nahkampf auf. Er erreichte in dieser Schlacht als erster Deutscher den Gipfel des Annaberges.

Seit jenen Tagen ist der Name des Grafen mit dem Kampf um die Freiheit und um den Bestand seiner oberschlesischen Heimat für immer verbunden.
Nach dem Niederschlagen des polnischen Aufstandes zog der junge Offizier seine Uniform aus und verwaltete die Güter seiner Familie. Erst 1935 hatte er wieder Gelegenheit, bei den 7. Reitern in Breslau eine militärische Übung abzulegen. Hier wurde er zum Rittmeister befördert. Dabei erkannte er, daß in der modernen Armee an die Stelle der Reiterei die Panzerwaffe getreten war. Strachwitz bat um Übernahme in die Panzertruppe, die von den Generalen Lutz und Guderian aufgebaut wurde. Beim Panzerregiment 2 in Eisenach legte er fortan seine Reserveübung ab.
Im Krieg gegen Polen und Frankreich machte der Reserveoffizier Graf Strachwitz von sich reden, als er im Kübelwagen in Gefechte eingriff und Einmann-Angriffe fuhr. Seine Eskapaden trugen zur Legendenbildung um den „verwegenen Grafen“ bei.
Die Blitzoperationen Guderians waren das, was sich Strachwitz unter moderner Panzerführung vorstellte. Während des Vormarsches in Frankreich gewann er die Erkenntnis, die später zur Devise aller modern denkenden Panzerführer erhoben wurde: „Panzer müssen von vorne geführt werden!“ Wenn Strachwitz vorläufig auch noch keinen Panzer führte, so bezog er diesen Wahlspruch doch ebenso auf die Tätigkeit des Nachschuboffiziers einer Panzerdivision. Er führte „von vorne“. Für seine schneidigen Einzelunternehmen erhielt er als erster Offizier seines Regiments die Spange zum Eisernen Kreuz 1. Klasse.

Bei einem dieser „Alleingänge“, wie sein Unternehmen von den Vorgesetzten bezeichnet wurde, geriet Strachwitz in eine vom Feind besetzte Kaserne. „Umkehren können wir nicht mehr, sonst werden wir abgeknallt“, sagte er zu seinem Fahrer. „Aber ich denke, das werden wir schon hinkriegen!“ Der französische Soldat vor dem Schilderhaus riß vor Erstaunen die Augen weit auf, als er den deutschen Offizier in der schwarzen Panzeruniform sah.

Wo kommt denn der her?, muß sich der Posten gefragt haben. Als ich aufzog, kamen doch gerade die letzten Nachrichten durch, und danach müßte die Front noch dreißig Kilometer von hier weg sein. Von einem Durchbruch war gar nicht die Rede. Aber da stand doch ein Fremder vor ihm in einer Uniform, wie die Deutschen sie trugen, deutsche Panzerleute. Schwarzer Stoff, Totenköpfe an den Kragenspiegeln. Das hatte man im Unterricht gelernt: Panzer! diese verdammten deutschen Panzer! Was sagte der Deutsche auf französisch?
„Holen Sie den Offizier vom Dienst!“
„Oui, Monsieur!“
Der Posten salutierte und verschwand. Strachwitz zündete sich seelenruhig eine Zigarette an. Und wartete. Würde der Posten Alarm schlagen? Oder würde er den Offizier vom Dienst holen?
Inzwischen hatte der Franzose die Tür zum Dienstzimmer seines O. v. D. aufgerissen. Ärgerlich sah der Capitaine von seinem Schreibtisch auf. „Que me dérangez-vous, que diable? Was stören Sie mich – zum Teufel! Können Sie denn nicht anklopfen?“
„Pardon, mon Capitaine, aber draußen steht ein deutscher Panzeroffizier und will Sie sprechen!“
„Ein deutscher Panzeroffizier? Sie sehen wohl am hellichten Tage Gespenster, Mann? Gibt es gar nicht! Oder sind Sie betrunken?“ Der Hauptmann setzte sein Käppi auf und stand auf: „Allons-y!“ Mit langen Schritten ging er zum Kasernentor, wo er fast mit Strachwitz zusammenprallte, der ihn vergnügt anlächelte, als wolle er ihn zu einem Umtrunk ins Kasino abholen.
„Lassen Sie Ihre Einheit ohne Waffen antreten! Sie sind gefangen!“ erklärte ihm der Graf, ohne eine Miene zu verziehen.
Der Franzose sah ihn verstört an. „Aber ...“
Strachwitz schüttelte den Kopf. „Kein Aber, Capitaine. Tun Sie, was ich befehle. Widerstand ist zwecklos.“
Betroffen und verlegen betrachtete der Offizier seine Fingernägel. So einfach sollte das gehen? Aus? Noch nicht einmal seiner vorgesetzten Dienststelle konnte er melden, daß alles vorbei sei, daß er und seine Leute gefangen waren.
Was überlegt der Franzose so lange? dachte der Graf und sagte energisch: „Beeilen Sie sich! Lassen Sie Ihre Männer antreten! Ich kann Ihnen keine Zeit mehr lassen.“
Schließlich war Strachwitz mit nur einem Offizier und einem Fahrer

unterwegs. Und von Minute zu Minute wurde die Situation für ihn brenzliger.
Der Franzose nickte zerstreut. „Clairon!" Der Trompeter meldete sich und blies das ihm befohlene Signal. Von allen Seiten strömten französische Soldaten herbei, ohne Waffen, wie befohlen. Sie stellten sich wie zum Appell auf. Am rechten Flügel standen Offiziere, die erstaunt die drei Deutschen musterten.
Der Capitaine trat vor das offene Viereck, das seine Männer gebildet hatten. Seine Stimme klang brüchig, als er Strachwitz meldete: „Sechshundert französische Soldaten begeben sich in Gefangenschaft!"
Langsamen Schrittes ging Strachwitz mit dem Franzosen die Front ab. Eintausendzweihundert Augen folgten ihm mit Blickwendung. Am Ende der Aufstellung angelangt, wandte sich der Graf an den französischen Offizier und griff salutierend an die Mütze.
„Merci!"
Dann zeigte er auf die lange Reihe der hinter der angetretenen Truppe stehenden funkelnagelneuen Spezialfahrzeuge dieser Nachrichteneinheit. „Lassen Sie aufsitzen. Sie selbst fahren in meinem Wagen mit!"
Er gab dem ihn begleitenden Leutnant einen Wink. „Ich fahre. Sie übernehmen das Schlußfahrzeug der Kolonne, damit keiner ausbricht."
„Zu Befehl, Herr Graf!"
Nun setzte sich die Kolonne in Bewegung. Voraus fuhren Graf Strachwitz und der Kommandeur der gefangengenommenen Einheit der deutschen Panzerdivision entgegen.

Derartige Unternehmen waren für den Grafen nicht selten. Immer wieder zeichnete er sich durch persönlichen Mut, ideenreiche Planung und blitzschnelles Reaktionsvermögen aus. Die Überraschung war eine seiner stärksten Waffen. Mochte der Gegner auch noch so überlegen sein – wenn er überrascht wurde, war er selbst von einer zahlenmäßig schwächeren Truppe ohne weiteres zu besiegen.
„Man kann mit nur wenigen, aber guten Leuten enorme Erfolge erzielen", war einer der Grundsätze des Grafen, den er auch beibehielt, als er längst Truppenkommandeur und Führer größerer Verbände geworden war.
Nach dem Krieg gegen Frankreich 1940 verschrieb sich der zum Major der Reserve beförderte Graf Strachwitz dem Truppendienst. Er wurde zur 16. Panzerdivision, die General Hube führte, versetzt. Die Einheit

lag in Rumänien, wo sie als Lehrdivision für eine rumänische Armee verwendet wurde.

Im Feldzug gegen Jugoslawien 1941 erhielt Strachwitz im Rahmen der 16. P. D. eine Spezialaufgabe, die er hervorragend löste.

Am 22. Juni 1941, dem Tag, an dem Hitler den Angriff auf die Sowjetunion befahl, griff Major Graf Strachwitz sowjetische Truppen hinter der Demarkationslinie an, nutzte die Verwirrung, stieß weit ins Hinterland und ebnete der nachfolgenden Infanterie den Weg. Aber die Sowjets hatten sich von dem Überfall der deutschen Armee rascher erholt, als gedacht. Im Iwka-Abschnitt griffen sie mit überlegenen Infanteriekräften die vorprellenden deutschen Panzerspitzen an. Strachwitz sah sich plötzlich von ihnen umringt und befahl Nahkampf. Dabei wurde er von einem Geschoß getroffen. Nachdem die Wunde notdürftig verbunden war, fuhr er den nächsten Angriff an der Spitze seiner Abteilung wieder mit. So vernichtete seine Einheit bei Werba durchgebrochene Feindpanzer, noch bevor sie die Troßstellungen der deutschen Truppen erreicht hatten. Er verfolgte die zurückflutenden Sowjets auch in der Nacht weiter, umklammerte den Gegner, löste sich von ihm und operierte in dessen Rücken, so vernichtete er mehrere Batterien und schlug eine Bresche für die vorwärtsdrängende Division. Für diese bravourösen Einsätze wurde Graf Strachwitz am 25. 8. 1941 mit dem Ritterkreuz ausgezeichnet. Ein Jahr später, am 17. 11. 1942, erhielt er das Eichenlaub.

Der Handstreich, das war Graf Strachwitz' Stärke. So nahm er den starken Stützpunkt Perwomaisk. Im ersten Panzer seiner Abteilung vorausfahrend, ging er über die Bugbrücken, griff eine Kolonne von 300 Fahrzeugen an und vernichtete Pak- und Artilleriegeschütze. Bei Uman zerschlug er – weit hinter den sowjetischen Linien – bereitstehende Reserven und Panzer und löste Panik und Schrecken aus.

Er war bereits Oberstleutnant, als der Kampf um Stalingrad tobte. Strachwitz jagte mit seinen Panzern weit vor den übrigen Truppen und kurvte als erster deutscher Soldat in den Straßen der Stadt. Hier wurde er erneut verwundet. Er blieb bei der Truppe. Im Hinterland der sich zäh verteidigenden Sowjets schoß er mit seiner Abteilung Hunderte von T 34 ab. Nachdem er erneut angeschossen wurde, übernahm er nach seiner Genesung die von einer Abteilung zum Regiment angewachsene Panzereinheit Großdeutschland und führte sie zu glänzenden Erfolgen.

Graf Strachwitz behauptete gelegentlich, über einen „sechsten Sinn“ zu verfügen. So war der inzwischen zum Oberst beförderte Regimentskommandeur ein begabter und erfolgreicher Wünschelrutengänger, und er nutzte jede freie Stunde, um seine Veranlagung zu pflegen. Diese steckt übrigens in der Familie; einer seiner Verwandten war der durch hellseherische Fähigkeiten bekannte und berühmte Graf Matuschka.
Seine Freunde behaupteten, daß von den Händen des Grafen magische Kräfte ausgingen. Außerdem soll er mit einem ungewöhnlich starken Ahnungsvermögen begabt gewesen sein. Und er selbst sagte: „Ich fühle es, wenn mich ein Panzer anguckt!“
Als er einmal mit vier Panzern weit ins Land stieß und erkunden wollte, wo der Gegner stand, erkannte er am Horizont ein langes, überhaupt nicht endenwollendes graues Band langsam rollender Fahrzeuge. Panzer! In sorgfältig getarnten Stellungen lauerte er den Sowjets auf, die sich ahnungslos der Falle näherten. Des Grafen Optimismus sank rasch, als er die Feindpanzer zählte. „Kein Mensch schießt“, befahl er. „Erst wenn ich es tue, kommt ihr. Die äußeren Panzer nehmen die Mitte, ich schieß' den Anfang weg, mein Nachbarpanzer hat Zielfreiheit.“
Nach einer Stunde standen 105 Sowjetpanzer ausgebrannt und zerschossen in der Landschaft. Nicht ein einziger von Strachwitz' Männern und Panzern war angeschossen worden! –
Ständig überlegte er, wie er mit seinen wenigen Panzern dem Feinde höchste Verluste beibringen könnte. So wurde Strachwitz ein eigenwilliger, fast nur auf sich selbst gestellter Panzerführer, der den Kleinkampf bevorzugte. Er griff die Sowjets an, wo sie ihn nicht vermuteten.

Seine sprichwörtliche Kaltschnäuzigkeit und sein ungestümes Draufgängertum sprachen für den schneidigen Kavallerieoffizier, dem die Attacke und der überraschende Angriff das A und O der kriegerischen Aufgabe waren. „Ich hasse nichts mehr als Panzer, die in der Gegend herumstehen. Panzer müssen rollen!“ Wenn er nicht schießen konnte, fuhr er dem Feind mit Höchstgeschwindigkeit entgegen oder nach. Gefragt, weshalb er stets so schnell fahre, antwortete er: „Weil wir Angst haben. Panzer sind nur dann gefährdet, wenn sie langsam fahren oder stehenbleiben.“

Der Oberst der Reserve Strachwitz erhielt als erster Regimentskommandeur eine Tiger-Panzerabteilung zur Bewährung und zur Probe. Waffenfachleute schworen auf den überschweren Kampfwagen, der dem gefährlichen und schnellen T 34 weit überlegen sein sollte. Seine 8,8-Kanone und die Reichweite, mit absoluter Treffsicherheit auf vier Kilometer Entfernung, stellten alles bisher Dagewesene in den Schatten. Als der Graf die „schweren Brocken" zugeführt bekam, rollte bereits – 1943 – die Schlacht von Bjelgorod.
Charkow stand im Mittelpunkt der Kämpfe. Aus der Stadt, Drehscheibe der Südfront beider kriegführenden Parteien, wurden die Deutschen herausgedrängt. Jetzt sollte die Stadt wieder genommen werden. Die Meldung, daß die Sowjets mit 80 Panzern im Eiltempo versuchten, die schwach besetzte deutsche Front zu durchbrechen, nahm der Graf gelassen entgegen. Er ging in Bereitstellung und behielt die Tiger in seiner Nähe. Er wollte sehen, ob sie sich bewähren würden. Plötzlich tauchten 18 T 34 auf. „Entfernung vier Kilometer", meldete der Funker. „Nicht schießen, ich will sehen, was der Russe hinter der Höhe hat!", meinte der Graf. Tatsächlich rollten wenige Minuten später noch weitere 18 T 34 und KW 85 an.
Hinter den Holzhäusern eines Dorfes lauerte Strachwitz mit seinen Panzern dem vorprellenden Gegner auf. Die Abwehrfront hatte die Form eines Hufeisens. Er wollte die Sowjets in die Mitte des Dorfes locken… Vor ihm auf der Höhe „tummelten" sich einige T 34. Sie sollten das Feuer der deutschen Abwehrgeschütze herauslocken und auf sich ziehen. Diese Taktik kannte Strachwitz – er fiel nicht darauf herein. Vielmehr sagte er: „Wir müssen die Russen in Sicherheit wiegen und bei ihnen den Eindruck erwecken, daß wir nicht stark genug sind, um uns wehren zu können."
Gegen 2 Uhr morgens wollten die Sowjets die deutschen Kräfte stellen. Bei Strachwitz' Panzern herrschte Schießverbot. „Erst wenn es dämmert! Bei Büchsenlicht wird geschossen", befahl er. Die Männer hörten die Feindpanzer, die ab und zu ins Dorf und ein Haus in Brand schossen. Aber Strachwitz und seine Panzer rührten sich nicht vom Fleck. Nicht ein unnötiger Schritt wurde gemacht, kein Schuß fiel.
Mutiger geworden, schoben sich die Sowjets in breiter Front an das Dorf heran, in dem sie schwache deutsche Kräfte vermuteten. Auch sie warteten auf das Büchsenlicht, wie Strachwitz' Männer. Langsam näherten sich die sowjetischen Panzerspitzen den ersten Häusern des Dorfes.

Ihr Führungspanzer stand 35 Meter vor Strachwitz' Tiger. Da peitschte ein beißender Knall durch den noch grauen Morgen – und meterhoch flog der Turm des getroffenen T 34 durch die Luft.
Das war das Angriffszeichen für Strachwitz' Männer! Auf einen Schlag brannten acht feindliche Panzer. Minuten später lagen zehn weitere auf der Strecke. Einige versuchten zu entkommen, aber die Tiger setzten ihnen nach und schossen noch weitere achtzehn ab.
Für sein ungestümes Draufgängertum bei Bjelgorod erhielt Graf Strachwitz am 28. 3. 1943 die Schwerter.
Die Idee, Lautsprecher auf seine Panzer zu montieren, um die in die Wälder geflüchteten Infanteriemassen der Sowjets aufzufordern, sich zu ergeben und den Weg für die deutschen Truppen freizumachen, hatte er schon 1941. Viele Sowjetsoldaten kamen dieser Aufforderung nach. Sie brachten auch, wie Strachwitz befahl, ihre Waffen mit. Der Graf war großzügig und erlaubte dem Feinde, mit seinen Gewehren in die rückwärtig gelegenen Auffanglager zu marschieren. „Dadurch haben die Russen das Gefühl, nicht nackt dazustehen", meinte er und ergänzte: „Psychologisch ist das richtig, denn sie werfen von allein die Flinten ins Korn."
Eines frühen Morgens bat ein verwahrlost aussehender Überläufer, den deutschen Kommandeur zu sprechen. Der Russe stellte sich vor: „Oberst Berger, Kommandeur der 190. Infanteriedivision, die Ihnen gegenüberliegt."
Der Graf war überrascht. Es stellte sich heraus, daß der sowjetische Oberst einen deutschen Vater hatte und sowjetischer Staatsbürger war. „Gehen Sie wieder zurück und holen Sie Ihre Division. Ohne Ihre Division nehme ich Sie nicht gefangen", antwortete Strachwitz.
Der Sowjetoberst erbleichte. „Ich kann doch in diesem Aufzug nicht mehr zurück. Ohne Rangabzeichen und außerdem barfuß. Ich kam unerkannt durch unsere Linien. Wenn ich zurückkehre, wird man mich sofort erschießen."
Strachwitz blieb hart: „Ziehen Sie sich Schuhe an und kommen sie mit der Division wieder." Er drehte sich um und ließ den Oberst stehen. Ein paar Stunden später meldete sich der sowjetische Oberst Berger mit seiner vollständigen Division bei Graf Strachwitz in Gefangenschaft. –
„Ich hatte mehr Glück als Verstand", sagte Graf Strachwitz, wenn er auf seine Einsätze zu sprechen kam. Zwei Kopfschüsse, neun schwere,

mehrere leichte Verwundungen und ein schwerer Autounfall waren die Quittungen für seine Forschheit. Aber kaum genesen, stand er schon wieder an der Spitze seines Regiments. –

Am 1. April 1944 wurde der Oberst der Reserve Graf Strachwitz zum Generalmajor befördert. Da es eine Einstufung als General der Reserve in der deutschen Wehrmacht nicht gab, mußte er sich reaktivieren lassen. So wurde er Kommandeur der 1. Panzerdivision und dann Höherer Panzerführer der Heeresgruppe Nord mit drei Panzerdivisionen und einer Panzerjagdbrigade.
An der Nordfront war Strachwitz bei den Sowjets so gefürchtet, wie er es 1922 bei den Polen am Annaberg gewesen war. Der General besaß so viel Nonchalance, daß er durch Funk den Sowjets seine Ankunft mitteilte und ihnen die Absicht verriet, in einem bestimmten Abschnitt anzugreifen. Die Sowjets waren überrascht, denn sie glaubten Strachwitz noch immer verwundet in einem Heimatlazarett. Sie funkten an die Einheiten ihrer Heeresgruppe: „Achtung, Strachwitz ist hier, er will angreifen!"
Tatsächlich täuschte der Graf zur angesetzten Zeit an der angegebenen Stelle einen Angriff vor. Die Sowjets hatten aber ihre Truppen aus jenem Abschnitt herausgezogen und umgruppiert. Sie wollten Strachwitz ins Leere stoßen lassen, einkesseln und vernichten. Damit hatte Strachwitz gerechnet und griff die Sowjets dort an, wo sie sich bereitstellten. Dann schwenkte er ab nach Osten, wo er ein Straßenschild mit der Aufschrift „490 km nach Moskau" sah, und wirbelte im Hinterland die Sowjets durcheinander.
Als Riga von den Sowjets eingeschlossen war, stand Strachwitz' Kampfgruppe außerhalb der Stadt. Er wollte die Lage erkunden, setzte sich in einen Panzer und durchbrach den sowjetischen Einschließungsring. Die Verwundeten und die Krankenschwestern, die den deutschen Panzer in die Stadt rollen sahen oder davon hörten, glaubten, nun befreit zu werden. Plötzlich wurde Strachwitz' Panzer von drei deutschen Generalen angehalten. Ölverschmiert und ohne Rangabzeichen streckte der Graf seinen Kopf aus dem Turm. Leutselig winkte ihm einer der Generale zu: „Bravo, Leutnant, gut gemacht!" Der Graf kletterte langsam aus dem Wagen und stellte sich neben die Generale. „Meine Herren, Sie sprechen nicht mit einem Leutnant, sondern mit einem leibhaftigen General", sagte er und ließ die Verdutzten stehen.

Mitten in der Nacht – am 15. April 1944 – traf die Meldung über die Verleihung der Brillanten an Strachwitz ein. Der Graf schlief und schaute erstaunt auf, als er von seinem „Mädchen für alles", dem Unteroffizier Rosenstock, geweckt wurde, der mit einem Fernschreiben wedelte und meinte: „Herr Graf, *wir* haben die Brillanten bekommen...!"
Beim Besuch eines Divisionsgefechtsstandes verunglückte Strachwitz so schwer, daß an seinem Aufkommen gezweifelt werden mußte. Sein Wagen überschlug sich mehrmals. Die Begleitung war auf der Stelle tot, während er mit einem Schädelbruch, gebrochenen Rippen, Beinen, Armen und Händen davonkam. Die Ärzte machten dem bereits dreizehnmal Verwundeten keine Hoffnung. Aber Strachwitz wollte leben!
Mühsam – mit ungeheurer Willensanstrengung – unternahm er nach den ersten Anzeichen beginnender Genesung Gehversuche. Dafür hatte er eine eigene Therapie entwickelt. „Erster Tag, morgens: Aufrichten und Hinsetzen so lange üben, bis ich es von allein kann.
Zweiter Tag: Beine aus dem Bett hängen.
Dritter Tag: Auf Krücken bis zum Waschtisch gehen.
Vierter Tag: Baden gehen, gestützt und getragen.
Fünfter Tag: Auf Krücken allein bis zur Tür gehen.
Sechster Tag: Maßnahmen treffen.
Siebenter Tag: Abreisen!"
Und woran niemand geglaubt hatte – genau das geschah. Strachwitz hielt sein Programm auf den Tag ein, einschließlich der Abreise, die trotz den ärztlichen Protesten und Warnungen erfolgte. Er meldete sich bei Generalfeldmarschall Schörner „einsatzbereit" und stellte in Bad Kudowa, an zwei Krücken gehend, Panzerjagdbrigaden auf. Unter seinem Kommando standen 8000 hervorragend ausgebildete Soldaten in der modernsten Truppe, deren Spezialität es war, Panzer in allen Lagen zu vernichten. Zum großen Einsatz kam es jedoch nicht mehr. Mit kleineren Verbänden operierte er in Zusammenarbeit mit Stukaoberst Hans-Ulrich Rudel.
Nach der Kapitulation entließ Strachwitz seine Truppe und befahl ihr, sich nach Westen abzusetzen. Er selbst schlug sich in Begleitung seines Adjutanten durch das von tschechischen Partisanen unsicher gemachte Sudetenland bis Felgen in Bayern, wo er von den Amerikanern gefangengenommen wurde.

Strachwitz zog Bilanz: Seine junge Tochter Lisalex irgendwo als Nach-

richtenhelferin, nachdem sie sich und 36 andere deutsche Mädchen, mit dem Gewehr in der Hand, von Brindisi bis Rom durch das von Partisanen besetzte Gebiet geschlagen und sich wieder deutschen Dienststellen zur Verfügung gestellt hatte. Sein ältester Sohn verwundet und mit einem schweren Leiden ans Bett gefesselt, nachdem man ihn bereits für tot gehalten hatte. Sein jüngster Sohn, der als Achtzehnjähriger schwer verwundet und beinamputiert wurde und sich trotzdem noch einmal zum Einsatz gemeldet hatte, in den letzten Kriegstagen gefallen.
Ein Jahr später, am 8. Mai 1946, erhielt Graf Strachwitz im Gefangenenlager die Nachricht, daß seine Frau Alda von einem amerikanischen Armeefahrzeug überfahren und getötet worden war. Seine Bitte, an der Beerdigung teilnehmen zu dürfen, wurde vom Lagerkommandanten abgelehnt.
Als Strachwitz nach der Entlassung in seiner bayerischen Wahlheimat eintraf, besaß er nichts als eine abgerissene Uniform, einen von schweren Verwundungen zernarbten Körper – und den Willen zum Weiterleben. Als die Not am größten war, nahm er ein Angebot der syrischen Regierung an, als allgemeiner Berater des Staatspräsidenten die Forst- und Landwirtschaft, aber auch die Armee in diesem Lande aufzubauen. Von Syrien war der Graf begeistert. Was gab es dort für Möglichkeiten! Mit einem deutschen Stab stellte er ein Programm auf, für das sich die Orientalen begeisterten.
Aber bald schon, als die Kostenfrage erwähnt wurde, sank der Enthusiasmus um einige Grade. Die einzigen schweren Waffen der syrischen Armee waren zwei alte 7,5-cm-Kanonen. Die Unzulänglichkeit auf landwirtschaftlichem Gebiet schien keine Grenzen zu haben. Als aber der Staatspräsident von Oberst Husni Seim gestürzt wurde, waren Strachwitz' Tage in Syrien gezählt. Über Nacht setzte sich der Graf – mit seiner jungen zweiten Frau – in den Libanon ab, ohne einen Pfennig Geld zu besitzen. Im Juni 1949 traf er in Italien ein, wo er bei Livorno ein Weingut bewirtschaftete.
Mit einem Rot-Kreuz-Paß in der Hand betraten die Strachwitz im Herbst 1951 deutschen Boden. –

Graf Strachwitz, der das „Oberschlesische Hilfswerk" gründete, lebte von einer kümmerlichen Rente. Aber er war der alte „Feuerkopf" geblieben, den körperliche Schmerzen und schweres seelisches Leid nicht aus der Bahn werfen konnten, ein Mann, der vor dem Schicksal nicht kapitulierte. Im Kreise seiner Familie – zwei Jungen und zwei Mädchen aus zweiter Ehe – verlebte der „Conte“, wie er von Freunden genannt wurde, nachdem seine Frau Nora geb. v. Stumm eine Erbschaft gemacht hatte, auf ihrem kleinen Anwesen am Chiemsee geruhsame Jahre der Erholung. Am 25.4.1968 starb Hyazinth Graf Strachwitz. Offiziere der Bundeswehr hielten am Sarg die letzte Wache.

Der Verteidiger von Kowel

Die Mausefalle von Tscherkassy schnappte am 28. Januar 1944 zu. Divisionen des Heeres, die SS-Einheiten *Wiking* und die Sturmbrigade *Wallonien* waren eingeschlossen. Jeder der Belagerten war sich über die Lage, in der er sich befand, im klaren: die Sowjets wollten der deutschen Wehrmacht ein zweites Stalingrad bereiten. Pausenlos rollten feindliche Angriffe mit Panzern und Infanterie, unterstützt von Artilleriefeuer. Bomben, Stalinorgeln und Schlachtfliegerbeschuß trieben die Eingeschlossenen in die Erde.

Schon fünf Tage später verkündeten der britische und der sowjetische Rundfunk die „bevorstehende Vernichtung mehrerer deutscher Armeen bei Tscherkassy". Die Eingekesselten widerlegten jedoch diese Zwecknachrichten: drei Wochen ließen sie die Sowjets anrennen.

Als die Bomben und Panzer keinen Erfolg brachten, zogen die Sowjets alle Register der modernen Kriegführung. Täglich fuhren Lautsprecherwagen vor die deutschen Linien. Überläufer forderten die Männer auf, sich zu ergeben. Als dieses Ansinnen mit noch wütenderem Abwehrfeuer beantwortet wurde, tauchten eines Tages kriegsgefangene Offiziere – Mitglieder des Nationalkomitees Freies Deutschland – vor den Mikrophonen auf und riefen den Eingeschlossenen zu, die Waffen niederzulegen und sich in die Gefangenschaft zu begeben.

Nachdem auch diese Appelle ohne Wirkung blieben, richtete der kriegsgefangene General v. Seydlitz, Präsident des „Bundes deutscher Offiziere", ein Handschreiben an General Gille, den Kommandeur der SS-Division *Wiking*. Darin versprach er beste Behandlung seiner Soldaten und nach Kriegsschluß frühzeitige Entlassung aus der Gefangenschaft.

Die Sowjets hatten mit einem Erfolg gerechnet, nicht aber damit, daß sich ihre Lautsprecher-Attacken als Fehlspekulation erweisen sollten. Für die Männer im Kessel von Tscherkassy ging in jenen Tagen das Gespenst der sowjetischen Gefangenschaft um. Der Name Stalingrad geisterte durch die Deckungslöcher – keiner wollte den Weg ins Ungewisse antreten. Nein, sie wollten nicht am Rande der Rollbahn verhungern, erfrieren, verdursten oder erschlagen werden! Für die Eingeschlossenen gab es nur eine Lösung: Durchhalten! Sie glaubten, daß die Gelegenheit zum Ausbruch noch kommen oder der Kessel von außen geknackt würde. –

In Tscherkassy kämpften Freiwillige fast aller europäischen Staaten. Zum ersten Male in der jüngsten Geschichte standen Männer mehrerer Nationen in einer Front gegen die sowjetischen Armeen. In schlammigen, mit Eiswasser gefüllten Löchern lagen sie und hielten die Gewehre in den klammgefrorenen Händen. Sie rauchten die letzten Tabakkrümel und teilten ihre Brotreste: Deutsche und Holländer, Schweden und Belgier, Finnen und Schweizer, Dänen und Flamen, Wallonen und Norweger. Dann standen sie wieder im Graben, schossen, verteidigten sich im Nahkampf, wiesen den Gegner ab und hielten die Stellungen.

Im Krachen der Granaten, im nervenzerfetzenden Geheul der „Katjuschka", beim Detonieren der Bomben und dem „Urräh"-Gebrüll der angreifenden Sowjets, im gemeinsamen Widerstand und im gemeinsamen Sterben verschmolzen sich die Gedanken der Männer, die zwar in verschiedenen Sprachen redeten, aber den gleichen Kampf kämpften.

In der Nacht vom 16. auf den 17. Februar – um Mitternacht – machten sich die Männer des ersten Stoßkeils zum Angriff fertig. Die Spannung fraß an den Nerven. Die Stimmung war drückend. Damit die Sowjets den bevorstehenden Ausbruch nicht wahrnehmen sollten, hatte die Artillerie Schießverbot. Die Überraschung mußte gelingen, jene Überraschung, auf die die Männer im Kessel alles gesetzt hatten. Minuten wurden zur Ewigkeit. Da sprangen aber schon die ersten Nahkampfabteilungen in die Gräben der Sowjets. Mit der blanken Waffe schlugen sie den Weg für die nachfolgende Truppe frei. Die Gasse war schmal. Die schweren Waffen und alle Fahrzeuge mußten im Kessel zurückgelassen werden. Das sumpfige und von vielen kleinen Bächen unterbrochene Gelände ließ eine andere Möglichkeit nicht zu. Die immer wieder angreifenden Sowjets trafen auf einen bis zum Letzten entschlossenen Gegner. Ausgehungert, erschöpft, aber mit einem unbändigen Willen, weiterzuleben, schlugen sich die SS-Einheiten 30 Kilometer durch den Gegner. Der Ausbruch war gelungen, sie konnten den Kameraden, die von „draußen" den Angriff unterstützt hatten, die Hände reichen.

Unter den Truppen, die als letzte den freigekämpften „Schlauch“ verließen, befand sich auch ein Zug tapferer Wallonen. Die grauen, schlammverkrusteten Gestalten trugen auf einer Bahre ihren toten Bataillonskommandeur. Wie stark mußte das Band der Kameradschaft sein, wenn diese Wallonen ihren Offizier im Feuer der feindlichen Batterien aus dem Kessel trugen!
Die deutschen Soldaten, an denen der Totenzug vorbeimarschierte, wurden wie von einer magnetischen Kraft hochgerissen. Für Sekunden waren Müdigkeit, Not und Entbehrung verflogen. Sie standen auf und erwiesen dem Toten und den Männern aus dem fremden Lande die Ehrenbezeigung.
Dem Kommandeur der tapfer kämpfenden Soldaten, SS-Gruppenführer General Gille, wurde nach diesem harten, aber gelungenen Durchbruch, am 20. 2. 1944, das Eichenlaub mit Schwertern verliehen. –

Bis zu diesem Höhepunkt war es ein harter Weg, den der am 8. März 1897 in Gandersheim im Harz geborene Herbert Otto Gille vom Groß-Lichterfelder Kadetten und späteren Leutnant des 2. Badischen Feldartillerieregiments 30 in Rastatt zurücklegte.
Der Weltkrieg 1914/18 war für Deutschland verloren, und der aus dem Wehrdienst entlassene Oberleutnant Gille „lag auf der Straße“. Er hatte keinen Zivilberuf erlernt. So setzte er sich noch einmal auf die Schulbank und bereitete sich auf seine künftige Tätigkeit als Verwalter und Inspektor eines Gutes vor. Wenn er später auch in diesem Beruf aufging, seine soldatische Anlage blieb in ihm wach.
Fünfzehn Jahre arbeitete er in seinem Zivilberuf, bis 1934 erneut die Möglichkeit bestand, Soldat zu werden. Gille ließ sich bei der SS-Verfügungstruppe reaktivieren. Er wurde Zug- und Kompanieführer in Ellwangen, dann Kommandeur eines Bataillons des SS-Regiments Germania in Arolsen. Schließlich betraute man ihn mit der Aufstellung einer Artillerie-Einheit dieser neuen Truppe in Jüterborg. Es war Mai 1939, und innerhalb kurzer Zeit war das erste SS-Artillerieregiment aus Männern der verschiedensten Waffengattungen zusammengestellt. Als Abteilungskommandeur dieses Regiments nahm Gille am Polen- und am Westfeldzug teil und übernahm 1940 in der von SS-Obergruppenführer Felix Steiner geführten SS-Division *Wiking* das Artillerieregiment. Beide SS-Führer hatten vieles gemeinsam. Sie waren Truppenoffiziere im Ersten Weltkrieg gewesen, und beide waren „Nur-

Soldaten", die jede weltanschauliche und politische Beeinflussung der Soldaten ablehnten und weit von sich schoben. Kein Wunder, daß beide, wie Heinz Höhne in seinem Buch *Der Orden unter dem Totenkopf* schreibt, dem Reichsführer-SS Heinrich Himmler unliebsam auffielen.
Abgesehen davon, daß Gille den militärischen Dilettanten Himmler verachtete und dessen brutale Methoden, wo immer er Gelegenheit hatte, anprangerte, mißtraute er ihm. Dieser Mann war ihm unheimlich. Er machte auch gegenüber Vorgesetzten aus seiner Meinung kein Hehl, und als er zur Kenntnis nehmen mußte, daß er einen Aufpasser in seinem Regiment hatte, warnte er alle jene Offiziere in der Division, die ähnlich dachten wie er.
Im Krieg gegen die Sowjetunion – Gille hielt ihn für vermeidbar – zeichnete er sich durch hervorragendes taktisches Können, verbunden mit persönlichem Draufgängertum, aus. Seine Devise hieß: „Immer am Feind bleiben." Seine von ihm geführte Vorausabteilung der Division *Wiking* preschte in die Masse des zurückgehenden Feindes hinein. Wo sich der Gegner zeigte, wurde er angegriffen und keinen Augenblick in Ruhe gelassen. Weit vor dem Gros der eigenen Truppen griffen die *Wiking*-Männer an, ungeachtet der Einschließungsgefahr, und warfen Teile einer sowjetischen Armee aus Jegorslikaja. Die Gefangenen trugen die Nummern von zehn Divisionen!

In unaufhaltsamem Vordrängen wurde der Kuban erreicht und damit den deutschen Armeen, die den Fluß überschritten, der Weg für weitere weiträumige Operationen freigekämpft. Als Führer dieser Vorausabteilung wurde der SS-Oberführer und Kommandeur des Artillerieregiments Herber Otto Gille nach diesen Kämpfen am 8. 10. 1942 mit dem Ritterkreuz ausgezeichnet.
Kurze Zeit darauf übernahm er als Kommandeur die Division *Wiking*, die an der Ostfront – bei Freund und Feind – zu einem Begriff wurde. Neidlos lobten deutsche Armeebefehlshaber die Tapferkeit der „Wikinger", und unter den Soldaten des Heeres machte sich Zuversicht breit, wenn sie erfuhren, daß sie als Nachbarn die Waffen-SS hatten. Als der sowjetische Generalmajor Artemenko, Kommandeur des XXVII. Armeekorps, im Herbst 1941 gefangengenommen wurde, stand er noch ganz unter dem Eindruck des Erlebten. Offen gab er zu, von der Tapferkeit der Wikinger fasziniert gewesen zu sein, lobte ihre bis dahin noch

nie erlebte Schlagkraft, ihr Draufgängertum und die taktische Klugheit ihrer Offiziere. Auf sowjetischer Seite war man froh gewesen, als eines Tages die Wikinger herausgezogen wurden; endlich hatte man ein wenig Ruhe. Doch diese Ruhe dauerte nicht lange an. Als nach drei Tagen die Waffen-SS-Soldaten wieder auftauchten und angriffen, war die „Hölle los“, sagte Artemenko. „Das Ende sehen Sie... mein Korps zerschlagen, vernichtet, mein Stab und ich gefangen...“
Bei Klenowoje hielten 400 Wikinger auf einer Frontbreite von 32 Kilometern die Angriffe der Sowjets ab. Besonders bei Walki-Olchani und Charkow zeichneten sie sich durch ihren Durchhaltewillen aus, und mit Tscherkassy und Kowel gingen sie und ihr Kommandeur in die Kriegsgeschichte ein. Sie hielten an Ostpreußens Grenzen – gemeinsam mit einem SS-Totenkopfverband – einer 21-fachen Übermacht stand und verhinderten im Herbst 1944 den geplanten sowjetischen Durchbruch nach Berlin. Bei den energischen Operationen in Ungarn – Budapest, am Plattensee und bei den Rückzugskämpfen – leisteten Gilles Männer Übermenschliches.
Dem umsichtigen Truppenführer Gille war es aufgefallen, daß Nachrichten und wichtige Meldungen, die über den Verbindungsoffizier der Waffen-SS zum Führerhauptquartier an den Chef des Generalstabes Heinz Guderian gerichtet waren, nur in seltenen Fällen den Adressaten erreichten. Ebenso wurde festgestellt, daß Nachrichten, die den SS-Brigadeführer Fegelein (später Generalleutnant der Waffen-SS – erschossen nach Standgerichtsurteil am 29. April 1945 in Berlin auf Befehl Hitlers, dessen Schwager er war) passierten, oft völlig verstümmelt oder ins Gegenteil verkehrt weitergegeben wurden.
Gille war mißtrauisch und sprach mit Hitler sehr deutlich über die Lage an der Front. „Mein Führer, kommen Sie einmal zu uns, da können Sie die Verhältnisse an Ort und Stelle studieren.“
Hitler winkte ab. „Ich glaube, Sie sehen alles zu schwarz. Nach den mir vorliegenden Meldungen ist doch die Lage längst bereinigt.“
Gille glaubte, sich verhört zu haben. Er kam aus dem angesprochenen Raum, und er wußte, wie es dort wirklich aussah. „Mein Führer, Sie werden angelogen“, erwiderte er. „X ist seit gestern früh in den Händen der Sowjets!“ –

Das Jahr 1944 begann unheilverkündend für die Ostfront. Während sich in den Frühjahrsmonaten vor der Heeresgruppe Mitte unter Generalfeldmarschall Busch ein gigantischer, aber hervorragend getarnter Aufmarsch sowjetischer Panzer-, Artillerie- und Infanteriekräfte vollzog, wanderte südlich davon, eingeschlossen, die 1. Panzerarmee unter Generaloberst Hube nach Westen. Dieser „wandernde Kessel“ war aber nicht die einzige Sorge des Führerhauptquartiers und des Oberbefehlshabers der Heeresgruppe Nordukraine, Generalfeldmarschall Models. Er hatte Weisung aus dem Führerhauptquartier, die Zugänge zu den Karpathen unter allen Umständen offen zu halten und die Linie Kolomea-Tarnopol-Kowel nicht aufzugeben. Aber inzwischen hatten die Sowjets die Stadt Kowel eingeschlossen. Hitler bezeichnete sie von nun an in seinem Planspiel als „Festen Platz“. Diese wichtige Position an der Nahtstelle zwischen der Heeresgruppe Mitte und Nordukraine durfte unter keinen Umständen verlorengehen.

Zu diesem Zeitpunkt meldete sich aus dem Führerhauptquartier telefonisch der SS-Brigadeführer Fegelein bei General Gille. „Herr General, auf Befehl des Führers haben Sie sofort eine Kampfgruppe aufzustellen, nach Kowel zu marschieren und die Stadt zu halten.“
Ohne zu zögern antwortete Gille: „Fegelein, sagen Sie dem Führer, daß ich es ablehne, eine Kampfgruppe zu bilden. Außerdem wünsche ich den Führer persönlich zu sprechen.“
„Der Führer ist in einer Besprechung.“
„Dann komme ich per Flugzeug sofort ins Hauptquartier.“
Gille flog – aber er wurde bei Hitler nicht vorgelassen. Nach langen Bemühungen war es ihm dann endlich gelungen, den damaligen Chef des Generalstabes, Generaloberst Guderian, zu sprechen.
Gille protestierte gegen den „Führerbefehl“. „Was wollen Sie? Eine Division Wiking gibt es nicht mehr! Wir sind nur noch ein Haufen Menschen, die fertig sind!“, empörte er sich.
Guderian war sichtlich beeindruckt von Gilles ungeschminktem Lagebericht, und er versprach Waffen, Munition und Mannschaftsersatz. Er bat Gille aber auch, mit dem Rest der Männer nach Kowel zu marschieren.
„Herr Generaloberst! Ich kann das meinen Männern nicht zumuten, sie können einfach nicht mehr. Aus der Beurteilung der Gesamtlage ersehe ich aber, daß Kowel gehalten werden muß. Ich allein werde nach Kowel einfliegen und den Widerstand in der Stadt organisieren.“
Im eingeschlossenen Kowel herrschte Panikstimmung. Polizeigeneral

von dem Bach-Zelewski, der Kampfkommandant, zeigte sich der Lage nicht gewachsen. Er hatte die Nerven verloren und sich krank gemeldet. Gille sondierte die Lage, machte Bestandsaufnahme. Was er vorfand, war deprimierend: eine kleine Einheit Kavalleristen, ein paar Polizeikompanien und ein zusammengewürfelter Haufen Landesschützen. Die Männer hatten durchweg keine Kampferfahrung. Aber sie wußten, daß sie keinen anderen Ausweg hatten als zu kämpfen, wenn sie nicht in sowjetische Gefangenschaft gehen wollten.

Nachdem Gille mit ihnen bereits zehn Tage die Stadt gehalten hatte, wurden außerhalb des Einschließungsringes die Vorbereitungen für die Entlastung getroffen. „Wir halten!" ließ Gille aus dem Kessel funken, obwohl es fast aussichtslos schien. Denn: die Häuser hatten keine Keller, das Gelände bot keine Deckung, die Verluste stiegen. Und dennoch: Gille versprach zu halten.

Wie lange noch? Der General wußte, daß er und seine schwache Besatzung Kowel nicht mehr lange verteidigen konnten. Nicht einen einzigen Panzer hatte er in der Stadt. Dafür kreuzten die sowjetischen T 34 vor den dünnbesetzten Stellungen auf und feuerten aus allen Rohren. Die Lage entwickelte sich immer bedrohlicher. Zwar gelang es am 4./5. April einer Kampfgruppe unter Generalleutnant v. Saucken, mit den Eingeschlossenen Verbingung aufzunehmen, doch waren die Kräfte zu schwach, um in die Stadt durchzustoßen oder einen Ausbruch abzusichern. Die Sowjets nutzten die Situation und versuchten die Heeresgruppe Mitte von ihrem Nachbarn zu trennen. Mit der 11. Schützenarmee und zwei Gardekavalleriekorps wollten sie einen Keil dazwischenschieben.

Während es Generaloberst Hube mit dem „wandernden Kessel" gelang, am 5. April Verbindung mit der 4. Panzerarmee aufzunehmen und den Kessel zu sprengen, blieb das Schicksal des „Festen Platzes" Kowel ungewiß. Auf dem Obersalzberg rangen Feldmarschall Model und Hitler um die Bedeutung der Stadt Kowel. Hitler wollte, wie immer in solchen Fällen, „halten bis zum letzten Mann". Model schlug vor, entweder die Stadt aufzugeben oder aber sie in eine neue Abwehrlinie einzubauen, was allerdings eine Offensive voraussetzte.

Hitler war von Models Plan begeistert. Doch als der Feldmarschall in seinem Hauptquartier die Lage mit seinen Mitarbeitern besprach, mußte er feststellen, daß sein Plan nicht durchzuführen war. Kurz ent-

schlossen schlug er Hitler telefonisch die Aufgabe des „Festen Platzes“ Kowel vor.
„Das geht doch nicht... ich verbiete Ihnen...“, sagte Hitler fast tonlos. Aber Model fiel ihm ins Wort. „Ich muß sehen, daß ich die Nahtstelle dichtmache, sonst bricht hier alles zusammen!“
Schließlich willigte Hitler in Models Plan ein. Kowel wurde aufgegeben.
Von allem ahnte der Gruppenführer der Waffen-SS General Gille in Kowel nichts. Er hatte die Aufgabe, die Stadt zu halten. Für höhere Strategie hatte er weder Zeit noch Sinn. Die schwache Truppe mußte bei der Stange gehalten werden.
Über Funk erhielt Gille dann Nachricht, daß außerhalb der Stadt der SS-Standartenführer Richter eine Kampfgruppe zur Entlastung aufstellte. Ein gewagter Plan war entworfen worden, der genau am 14. Tag der Einschließung von Kowel in die Tat umgesetzt wurde.
Es war am frühen Morgen, als acht Panzer vom Typ Panther der SS-Division *Wiking* unter dem Kommando eines Leutnants und achtzig Mann der 131. Infanteriedivision unter Führung eines Hauptmanns auf dem Bahndamm nach Kowel vorstießen. Es war ein „Himmelfahrtskommando“. Aber es gelang! Mit diesen Panzern hielt Gille dann noch acht Tage die Stadt, bis die 131. I.D., die 4. und 5. P.D. und die Kampfgruppe *Wiking* den Kessel aufbrachen. Durch einen schmalen „Flaschenhals“ brachte Gille innerhalb 48 Stunden 2000 Verwundete und alle Kettenfahrzeuge in Sicherheit. Es war den Sowjets nicht gelungen, mit vier Armeen, die Handvoll Männer auszuheben. Für diese beispielhafte Tat erhielt der zum SS-Obergruppenführer beförderte General Gille am 19. 4. 1944 die Brillanten.
Sechs Wochen später wurde Gille mit der Aufstellung des IV. SS-Panzerkorps beauftragt. Einsatzraum Heeresgruppe Mitte in der Narew-Stellung. Überraschend wurde das Korps noch im Winter in den Raum Budapest verlegt, eine Fehlentscheidung Hitlers, die folgenschwer für die Heeresgruppe Mitte sein sollte, vor der die Großoffensive der Sowjets erwartet wurde. Nur aus Prestigegründen befahl dann Hitler am 24. 12. den Angriff zum Entsatz der ungarischen Hauptstadt Budapest. Gille wollte stürmen, doch wieder einmal unverständlich mußte er auf höhere Weisung den Rückzug antreten. Im Verlaufe der weiteren Operationen im ungarischen Raum kämpfte das Korps im Verband der 6. SS-Panzerarmee am Plattensee.

Die Niederlage zeichnete sich ab. Für Gille gab es nur eine Entscheidung: nicht bei den Sowjets kapitulieren. Als dann die Amerikaner im Rücken seines Korps standen, marschierte er auf sie zu und ergab sich im österreichischen Radstadt. Es war ein Zufall, daß es der ähnliche Name einer Stadt war, die in Gilles Leben eine Bedeutung spielte. Im badischen Rastatt wurde er Rekrut und Leutnant, im österreichischen Radstadt setzte er den Schlußpunkt hinter seine militärische Laufbahn.

Wochenlang lagerte das Korps mit allen Waffen und Fahrzeugen auf den Wiesen bei Wagrein. Eines Tages tauchte bei Gille ein Jeep auf, in dem mehrere amerikanische Stabsoffiziere saßen. „Der Oberkommandierende der amerikanischen Truppen ist in Salzburg und möchte Sie und Ihren Chef des Stabes sprechen. Ehrengeleit ist Ihnen garantiert. Sie können, wenn sie wollen, auch mit eigenem Wagen fahren."

Gille und sein Stabschef sagten zu und fuhren in Begleitung der amerikanischen Offiziere nach Salzburg. Dort wurden sie von amerikanischen Soldaten im Gefängnis empfangen. Zwei Stunden saß der General in einer Zelle. Dann wurde er abgeholt und in ein Zimmer geführt. Dort saß, die Beine auf den Tisch gestreckt, ein junger Oberleutnant der US-Armee, der in Sekundenabständen mit einer Reitpeitsche auf den Tisch hieb.

„Sind die Brillanten echt, die Sie tragen?" lautete seine erste Frage.

Vierzehn Tage später wurde Gille nach Augsburg verlegt. Dort nahm man ihm seine Auszeichnungen weg.

Die Amerikaner behandelten die Kriegsgefangenen unterschiedlich. Das lag daran, daß sie die Angehörigen der SS-Formationen nicht als reguläre Soldaten, sondern als Mitglieder einer politischen Gliederung, später „verbrecherische Organisation" genannt, betrachteten.

So wurde auch Gille nicht als Wehrmachtsangehöriger, sondern fälschlicherweise als Angehöriger einer politischen Organisation eingestuft. Er wurde zu anderthalb Jahren Gefängnis verurteilt – die jedoch durch die Internierungshaft als verbüßt galten.

Die von den SS-Sonderkommandos – die nichts mit der Waffen-SS zu tun hatten – in den KZs verübten Untaten warfen auch ihre Schatten über das Zivilleben des ehemaligen SS-Obergruppenführers. Es waren schwere Jahre, die Gille durchzustehen hatte. Seine Frau mußte durch Heimarbeit in Stemmen zum Lebensunterhalt beitragen, denn er selbst erhielt als Angestellter in Hannover nur ein kümmerliches

Gehalt. Später eröffnete er, zusammen mit seiner Familie, einen Versandbuchhandel. Das Nachrichtenblatt der HIAG, der Hilfsgemeinschaft ehemaliger Angehöriger der Waffen-SS, wurde von ihm gegründet und sowohl redaktionell als auch verlags- und vertriebstechnisch bis 1958 geleitet.
Am 26. 12. 1966 starb Herbert Otto Gille überraschend an einem Herzinfarkt.

Generaloberst Hans Hube

Mit einem Arm vom Zehn-Meter-Turm

Zu den herausragendsten Persönlichkeiten der deutschen Wehrmacht gehörte Generaloberst Hans Hube. Als Infanterieoffizier des Ersten Weltkrieges und des Hunderttausendmannheeres, aus dessen Reihen hervorragende Offiziere kamen, lernte er die hohe Schule des Soldaten kennen; als Krönung seiner Laufbahn und als letztes Kommando vor seinem Tode war Hube, ohne im Generalstab ausgebildet worden zu sein, Befehlshaber einer Armee und später für den Posten als Oberbefehlshaber des Heeres vorgesehen. Hitler konnte Hubes Tod nicht verwinden. Vor Offizieren und Parteiführern stellte er Hube als leuchtendes Vorbild hin und wünschte, wie er sagte, mehr Generale, die aus dem selben Holz geschnitzt seien wie er. Die gleiche Meinung vertrat auch Generalfeldmarschall v. Manstein, der zeitweilig Hubes Vorgesetzter war.

Hans Hube ragte nicht nur durch umsichtiges Führen heraus, sondern auch durch persönliche Tapferkeit und Kameradschaft. Er war Truppenoffizier, lebte mit seinen Soldaten, bildete sie aus und zog an ihrer Spitze in beide Weltkriege.

In seiner geistigen Haltung war Hube ein vollkommener Soldat. Unerbittlich gegen sich selbst, streng und hart, gerecht und gut gegen Untergebene, kühn und persönlich mutig, immer Vorbild für seine Soldaten: Er verlangte nichts, was er nicht selbst vermochte oder sich selbst abverlangte. Er war durchdrungen vom friderizianischen Geiste, doch mag er mit seiner Erziehungsmethode und seinen Ansichten nicht immer das volle Verständnis seiner Vorgesetzten gefunden haben – letztlich aber erwiesen sich seine Maßnahmen als dem Wohl der Truppe dienend. Bei einer Besichtigung im Hunderttausendmannheer sagte der damalige Chef der Heeresleitung, Generaloberst v. Seeckt, von Hubes Kompanie: „Es war mir ein Genuß, diese Kompanie zu sehen. Sie erinnert mich lebhaft an meine Dienstzeit bei der Garde, mit deren bester Kompanie Ihre Männer konkurrieren könnten!"

Hube, geboren am 29. Oktober 1890, zeichnete sich schon als Fahnenjunker im Infanterieregiment Fürst Leopold von Anhalt-Dessau Nr. 26 in Magdeburg aus, wo er nach 18 Monaten Dienstzeit am 22. August 1910 zum Leutnant befördert wurde. Mit seinem von ihm selbst ausgebildeten Rekrutenjahrgang zog er 1914 in den Ersten Weltkrieg, wurde Bataillonsadjutant und am 20. September 1914 bei Fontenay durch einen Querschläger so schwer verwundet, daß der linke Arm amputiert werden mußte. Als Oberleutnant und Kompaniechef kehrte Hube im Dezember 1915 an die Front zurück. 1916 erhielt er an der Somme das EK I, anderthalb Jahre später, 1917, wurder er zum Hauptmann befördert und mit dem Ritterkreuz des Hausordens von Hohenzollern ausgezeichnet.
Mit hohen Verlusten für den Gegner wehrte Hube als Bataillonskommandeur den ersten englischen Panzerangriff ab. Kurz darauf mußte er mit einer schweren Giftgaserkrankung ins Lazarett eingeliefert werden. Für seine beispielgebende Tapferkeit wurde er zum Pour le Mérite vorgeschlagen. Er bekam ihn jedoch nicht, denn im November 1918 war der Krieg beendet und verloren.
Dieser einarmige Offizier hatte einen unbeugsamen Lebenswillen. Er war maßgebend an der Niederringung des kommunistischen Aufstandes in Mitteldeutschland beteiligt und meldete sich nach der Demobilisierung seiner Truppe als einer der ersten zur Wiederverwendung im Hunderttausendmannheer. Aber obwohl man die Tapferkeit des jungen Hauptmanns kannte, lehnte man ihn ab, da man einen Amputierten nicht vor die Front stellen könne. Hube war anderer Meinung, und es wird von ihm berichtet, daß er, der während des Ersten Weltkrieges von seiner schweren Verwundung noch nicht vollständig genesen an der Front aufgetaucht war und mit Erfolg Kompanien und Bataillone geführt hatte, vor geladenen Offizieren in voller Uniform, feldmarschmäßig mit Tornister und Gewehr, von einem Zehn-Meter-Turm ins Wasser gesprungen sei. Nachdem er mit Gewehr und Tornister aus dem Wasser gestiegen war, erklärte der Einarmige den anwesenden Offizieren: „Wenn man mich nicht nimmt, dann werde ich von jedem Offizier, der mir vorgezogen wird, verlangen, daß er erst einmal diesen Sprung nachmachen soll."
Diese Haltung charakterisiert am besten den Menschen und Soldaten Hube, der unerschrocken, hart und mit dem eisernen Willen sich durch-

zusetzen jederzeit Herr seiner selbst war. Seine Devise lautete: Nicht der Buchstabe ist entscheidend, sondern der Geist.
Hube wurde schließlich doch als Kompanieführer übernommen, und seine 11. war bald die beste Kompanie im Regiment. Er war bekannt dafür, daß er besonders strenge Maßstäbe bei der Auswahl seiner Unteroffiziere und Offiziersanwärter anlegte. Die sportliche Ausbildung zog er der theoretischen vor: Auf seiner Stute Riekchen preschte er selbst bei schweren Geländeritten allen anderen voraus, mit den Skiern raste er über vereiste Pisten, sprang vom Zehn-Meter-Turm und zeichnete sich als Leichtathlet aus.

Die Vorgesetzten wurden bald auf Hube aufmerksam; er wurde vorpatentiert. In diesen Jahren schrieb er das Buch: *Der Infanterist,* das bald der Leitfaden für jeden Soldaten und Offizier der Reichswehr und später der Wehrmacht wurde. Hube bezeichnete darin die Manneszucht als höchstes Gut des Soldaten. Er hielt die Geländeausbildung für das A und O der soldatischen Erziehung und setzte sich für die Ausbildung von Stoßtrupps besonders ein. Seine Aufmerksamkeit galt damals schon der Panzerabwehr und der Panzernahbekämpfung.
Wegen seiner außerordentlichen Leistungen und Kenntnisse wurde Hube 1928 auf eine Dienstreise in die Vereinigten Staaten geschickt und später an die Kriegsschule Dresden versetzt. 1932 übernahm er als Major das 1. Bataillon des Infanterieregimentes 3 in Ostpreußen. Schon zwei Jahre später erfolgte die Beförderung zum Oberstleutnant. Mit der Versetzung als Kommandeur der Infanterieschule nach Döberitz am 1. Mai 1935 wurde die zweite Phase der soldatischen Laufbahn dieses Offiziers beendet.
Erst nach dem Polenfeldzug bekam Hube ein Frontkommando. Daß es sein altes Regiment 3 war, entsprach seinem Wunsch. Im Westwallgelände bereitete er seine Männer auf die bevorstehende Auseinandersetzung mit den Franzosen und Engländern vor.
Bei einer Übungsbunkerbekämpfung mit scharfem Schuß erhielt die 7. Kompanie des 1. Bataillons den Befehl, im Schutze des eigenen Artilleriefeuers angenommene feindliche Stellungen anzugreifen. Die Kompanie lag in einem Waldstück in Deckung, als plötzlich die schweren Batterien das Feuer eröffneten. Die erste Lage saß in unmittelbarer Nähe, die beiden nächsten inmitten der Kompanie. Es gab mehrere Tote und Verwundete. Hube ließ zwar sofort die Übung abbrechen, forderte aber von Hauptmann Arning, dem späteren Generalmajor

und Kommandeur der 75. I.D., die Wiederholung der Übung am nächsten Tag. Und zwar mit derselben Kompanie.
Die Männer hatten den Schreck vom Vortage noch nicht überwunden, als sie erneut zum Übungsangriff antreten mußten. Aber Hube marschierte an ihrer Spitze und unterlief mit ihnen das Feuer der eigenen Artillerie!
Diese Haltung des Regimentskommandeurs hinterließ einen tiefen Eindruck bei seinen Soldaten; er hatte ihnen nicht nur ein Beispiel persönlichen Mutes gegeben, sondern auch ihr Selbstvertrauen gestärkt. Allerdings: an vorgesetzter Stelle lehnte man diese „Selbstmordaktionen", wie Hubes Übung bezeichnet wurde, strikt ab. Sie schien auch nach Ansicht altbewährter Frontsoldaten verrückt und überzogen, Ausfluß eines rücksichtslosen Einsatzwillens zu sein, bei dem der Mensch als „Material" gewertet wurde.
Am 14. Mai 1940 übernahm Hube die 16. mot. Infanteriedivision. Zwei Wochen später wurde er zum Generalmajor befördert. Innerhalb der Panzergruppe Kleist erreichte er kämpfend die Kanalküste und drang dann in Lothringen bis zum Vaudemont bei Mirecourt vor, wo er die Kapitulation des französischen XXI. Korps des Generals Flavigny zwei Tage vor den Waffenstillstandsverhandlungen entgegennahm.
Nach dem Westfeldzug erhielt Hube den Befehl, seine 16. I.D. zur Panzereinheit umzugruppieren und als Ausbildungstruppe für den damaligen Verbündeten Rumänien nach Siebenbürgen zu verlegen. Von dort wurde sie nach Polen transportiert, wo sie wiederum im Rahmen der Panzergruppe Kleist für den Angriff auf die Sowjetunion als Stoßkeil bereitgestellt wurde. Wo immer diese Division auch eingesetzt war, zeichnete sie sich durch Kampfwillen, extremen Angriffsgeist und enorme Disziplin aus. Auf Anhieb durchbrach sie im Frühsommer 1941 die Stalinlinie, wofür Generalmajor Hube am 1. August 1941 das Ritterkreuz erhielt. Später vernichtete sie bei Nikolajew und Kiew zwei sowjetische Armeen, wofür General Hube als 62. Soldaten am 17. Januar 1942 das Eichenlaub verliehen wurde.
Wo es „brannte", war Hans Hube. Er führte seine Soldaten mit Erfolg an der Front. Als er die Nachricht vom Tode seines einzigen Sohnes erhielt, der als zwanzigjähriger Leutnant an der Spitze seines Zuges gefallen war, verließ er den Gefechtsstand und fuhr zu seinen Männern.
Am 16. September 1942 wurde er zum Generalleutnant befördert und Kommandierender General des XIV. Panzerkorps, das in Stalingrad ein-

gesetzt war. Da erreichte ihn am 28. Dezember der Befehl Hitlers, zur Berichterstattung und zum Empfang der am 21. Dezember verliehenen Schwerter aus dem Kessel zu fliegen. Längst war sich das Führerkorps der 6. Armee darüber einig, daß ein Halten von Stalingrad die Vernichtung der Truppe bedeutete. Hube trug diese Bedenken Hitler vor und forderte die Genehmigung für einen Ausbruch, der jedoch, wie schon zuvor, abgelehnt wurde.

Als Hube am 8. Januar 1943 wieder in den Kessel zurückflog, zeichnete sich das Schicksal der Eingeschlossenen immer deutlicher ab. Die Sowjets hatten ein Ultimatum an Generaloberst Paulus gestellt, und während Hube über die Auffassung berichtete, die im Führerhauptquartier vorherrschte, konnte er die Enttäuschung auf den Gesichtern der Kommandierenden Generale ablesen.

Zwei Tage später trat der Gegner zum Großangriff an. Für Hube gab es nur noch eines: Vorne bei seinen Soldaten im beißenden Schneesturm kämpfen und sterben. In jenen Tagen führte Oberst Bernd v. Pezold eine Kampfgruppe von Freiwilligen, die als „Feuerwehr" eingesetzt war. Bei ihm meldete sich der General der Panzertruppe Hube, der das Ende nicht überleben wollte. Der Kampfgruppenkommandeur war nicht wenig erstaunt und versuchte Hube umzustimmen. Aber der blieb bei seinem Vorhaben. Enttäuscht berichtete Hube dem Oberst von seinem erfolglosen Besuch im Führerhauptquartier und von der Leichtfertigkeit, mit der man dort die Lage in Stalingrad beurteilte.

Da traf völlig unerwartet Hitlers Befehl ein: General Hube ist sofort aus dem Kessel zu fliegen. Der General lehnte zunächst ab. Dann, im Glauben, Hitler doch noch umstimmen zu können, die Reste der 6. Armee aus dem Kessel herauszuführen, begab sich Hube nochmals ins Führerhauptquartier. Am 18. Januar 1943 verließ Hube den Kessel. Er meldete sich beim Oberbefehlshaber der Heeresgruppe Süd Generalfeldmarschall v. Manstein und schlug diesem vor, Hitler zu bewegen, einen „Oberbefehlshaber Ost" zu bestimmen, der allein für die Operationen auf diesem Kriegsschauplatz verantwortlich zu zeichnen hätte. v. Manstein bestärkte Hube in seinem Vorhaben, und dieser beschwor dann wenig später Hitler mit eindringlichen Worten, den Abtransport und den Ausbruch der 6. Armee vorantreiben zu lassen und einen OB Ost einzusetzen. Hitler lehnte ab. Und als Hube daraufhin seinen Wunsch äußerte, sofort wieder in den Kessel zurückgeflogen zu werden, brauste Hitler auf. Er befahl dem General, sofort die Versorgung

der Stalingradverteidiger von außen sicherzustellen. Die katastrophalen Umstände – Hube war als Verbindungsoffizier bei Generalfeldmarschall Milch, der mit dem Versorgungsstab des Generalobersten v. Richthofen in Mariupol lag – ließen aber keine wirksame Hilfe mehr zu. Die überheblichen Worte Görings, er werde die 6. Armee aus der Luft versorgen, besiegelten das Schicksal von 225 000 Soldaten.
Hube richtete daraufhin an Generaloberst Jodl eine Denkschrift über den Zweck von Festungen im Bewegungskrieg. Wie so viele andere Vorschläge von Frontoffizieren fand sie keine Beachtung.
Im Februar 1943 beauftragte das OKH den General der Panzertruppen Hans Hube mit der Neuaufstellung des XIV. Panzerkorps, das nach Sizilien verlegt werden sollte. Dort war die Lage inzwischen sehr ernst geworden. Die Alliierten waren auf dem europäischen Festland gelandet und überrannten die italienischen Stellungen. Intrigen und Verrat einerseits und persönliche Diadochenkämpfe im italienischen Offizierkorps andererseits verhinderten klare Entscheidungen und Operationen. In dieser Situation entschied Hitler, die Verteidigung Siziliens den deutschen Truppen zu überlassen. Er setzte einen „deutschen Kommandanten Messina-Straße“ ein, ohne die italienischen Kommandostellen zu informieren, denn inzwischen war bekannt, daß der italienische Marschall Ambrosio mit den Alliierten konspirierte. Auffallend war, daß Ambrosio im „Comando Supremo“ stärkeren deutschen Truppeneinsatz auf Sizilien forderte. Mißtrauisch lehnten Hitler und Generaloberst Jodl ab. Sie fürchteten eine Falle: Ambrosio wolle deutsche Kräfte binden und diese bei passender Gelegenheit den Angloamerikanern ausliefern. Viel später stellte es sich heraus, daß diese Vermutung zu Recht bestand.
Hitlers Entschluß stand fest. Er brauchte einen tüchtigen, erfahrenen und vor allen Dingen kompromißlos führenden Offizier in Sizilien. Für ihn kam niemand anders in Frage als der General der Panzertruppen Hans Hube. Er ernannte ihn zum Oberbefehlshaber aller Heeres- und Flaktruppen in Sizilien. Dagegen erhob Reichsmarschall Göring Einspruch. Er wollte unbedingt aus Prestigegründen einen Luftwaffenoffizier als Befehlshaber und schlug deshalb General Stahel vor. Doch Feldmarschall Rommel und Hitler lehnten ab. Hube konnte führen. Dazu Rommel in seinem Tagebuch: „Göring schlug Stahel als OB vor. Ich setzte Hube durch und als Chef des Stabes General Bayerlein. Führer ist einverstanden.“

Die Alliierten hatten 5000 Flugzeuge und massierte Schiffsartillerie eingesetzt. Über 2000 Transporter „spuckten“ stündlich Infanterie- und Panzermassen aus. Gegen diese unvorstellbare Übermacht sollten Hubes vier Divisionen halten. Nach hartem Widerstand mußte er sich mit seinem Korps in Rückzugsgefechten absetzen. Nach 38 kampfreichen Tagen überquerte er am 17. August als letzter deutscher Soldat die Straße von Messina.

Die Hauptlast des Angriffs trug Hubes altbewährte 16. P.D.; zwei amerikanische Divisionen wurden vernichtet, und beinahe wäre es Hube gelungen, die gesamte 5. Armee bei Salerno ins Meer zu drängen. Die deutsche Luftwaffe, die Flak und die eingesetzten Nebelwerferabteilungen brachten der amerikanischen Invasionsarmee schwere Verluste bei und lösten heillose Verwirrung in deren Reihen aus. So tapfer aber auch Hubes Divisionen kämpften, der alles entscheidende Erfolg blieb ihnen versagt. Im Feuer schwerster Schiffsartillerie blieb der Angriff liegen, stiegen nun die Verluste der deutschen Truppen. Dennoch bezeichnete Hitler den General der Panzertruppen Hans Hube als „Sieger von Salerno“.

Mit gemischten Gefühlen übernahm Hans Hube im November 1943 die 1. Panzerarmee, deren bisheriger Befehlshaber, Generaloberst v. Mackensen, von Hitler im Zugriffverfahren, über den Kopf des Heeresgruppen-OB Feldmarschall v. Manstein, abgelöst wurde. Zum ersten Male führte Hube einen Großverband. Doch es zeigte sich, daß er die ihm gestellte Aufgabe hervorragend löste. Südlich Pogobitsche zerschlug er mit ihr fünf sowjetische Armeen und drei Panzerkorps. Aber ungeachtet ihrer schweren Verluste griffen die Sowjets pausenlos an. Am 8. März stieß der Feind bei Berditschew mit starken Panzerkräften durch die deutsche Front nach Westen, während sich im Norden ebenfalls starke feindliche Infanteriekräfte zum Angriff bereitstellten. Er begann in der Nacht zum 9. März.

Es bestand die Gefahr, daß ein Großteil der 1. Panzerarmee eingeschlossen werden würde. Das Hauptquartier General Hubes befand sich zwischen Winniza und Kalinowka im ehemaligen Hauptquartier Hermann Görings. Die Soldaten machten ihre Witze darüber. Denn es war bekannt, daß Göring sein Hauptquartier nur dann aufsuchte, wenn er Lust zur Jagd verspürte. Diesmal sollte es der letzte Besuch einer deutschen Einheit sein. Schon nach wenigen Stunden wurde der Holzbau geräumt. Pioniere mit Flammenwerfern brannten ihn nieder.

Winniza zu halten, hielt General Hube für absurd. Hitlers Befehl lautete aber, die Stadt als „Festen Platz“ auszubauen, wobei die einzige Artilleriedivision der deutschen Wehrmacht, die 18. A.D., die Generalmajor Thoholte führte, die Verteidigung übernehmen sollte. Mit ihren noch verbliebenen 132 Rohren wäre sie für jede andere Armee eine willkommene Verstärkung gewesen. Doch Hitler lehnte jeden Einwand ab.

Während sich in Winniza die Kolonnen sich absetzender Einheiten stauten, näherte sich in raschem Vormarsch die sowjetische Infanterie auf Lastwagen. Diesmal hatten es die Russen anders gemacht: Sie kamen nicht in erster Welle mit T 34, sondern beförderten Infanterie auf Lastwagen, um schneller Feindberührung zu bekommen.

Von drei Seiten stürmte der Feind. Hubes Truppe sah sich bereits in der Falle. Panik drohte auszubrechen. Feldgendarmerie sorgte für die Aufrechterhaltung der Ordnung. Doch die Masse der Soldaten begriff, worum es ging. Sie verhielt sich besonnen und fädelte sich in die Absetzbewegung ein. Während unendlich lange Kolonnen auf das Passieren der einzigen Brücke über den Bug warteten, schossen die Sowjets bereits mit Granatwerfern in die Stadt.

Aber Hitler war zum Halten entschlossen, und das Armee-Oberkommando des Generals Hube ordnete sich diesem Befehl unter. Doch da erhob General Nehring, der Führer eines Panzerkorps, Einspruch: „Das Halten von Winniza wäre glatter Wahnsinn! Wir brauchen jeden Mann, und hier würden wir alle sinnlos verheizt werden!“ Er sollte recht behalten!

Innerhalb von 24 Stunden setzten – ein Wunder – sämtliche Fahrzeuge über den Bug. Gleich darauf beeilten sich Pioniere, die Brücke in die Luft zu jagen. Da standen die ersten feindlichen Stoßtrupps bereits in den Straßen von Winniza.

Die Sowjets zielten auf die Vernichtung der 1. Panzerarmee ab. Inzwischen hatten die vorderen Teile von Hubes Truppen den Dnjestr erreicht. Aber die Sowjets waren noch schneller. Sie überflügelten die Deutschen und erwarteten sie auf dem jenseitigen Ufer. Dort vernichteten sie die Spitze der deutschen Armee.

Es sah düster aus um den Bestand der 1. Panzerarmee. Die Sowjets hatten in der Zwischenzeit um sie einen riesigen Kessel gebildet. Fünf Armeen versuchten diesen einzudrücken, ihn zu zernieren, dann zu vernichten. Die Front, die von der Heeresgruppe Süd gehalten werden

sollte, war zusammengebrochen. Kamenez-Podolsk befand sich bereits in Feindeshand. Die Lage war zum Verzweifeln, nachdem seit Wochen die Schlammperiode jede Bewegung erschwerte. General Hube schlug der Heeresgruppe vor, nach Süden durchzubrechen. Aber Feldmarschall v. Manstein lehnte ab und befahl Hube, den Ausbruch nach Westen vorzubereiten, um dort mit der 4. Panzerarmee des Generalobersten Raus zusammenzukommen. Inzwischen näherten sich dem Kessel von außen die 7. P.D., die 16. P.D., die 20. I.D.mot. und die 291. I.D. Hube gab dem Kommandeur der 7. P.D. Oberst Mauss den Befehl, mit diesen anderen Divisionen Verbindung aufzunehmen und den Kessel von außen zu sprengen. Weiterer Befehl: gemeinsamer Angriff über den Zbrucz, Brückenkopf bilden.
Die Truppe war ausgepumpt – aber Hube, der das wußte, blieb nichts anderes übrig, als das fast Unmögliche zu fordern, sollte seine Armee nicht vernichtet werden und die Masse der Soldaten in sowjetische Gefangenschaft gehen. Aus diesem Grunde appellierte er an die Soldaten: „Der Russe ist beiderseits der 1. Panzerarmee durchgebrochen und hat uns von unseren Versorgungsverbindungen abgeschnitten. Die Armee wird sich durch den Feind durchkämpfen und ihn schlagen, wo sie ihn trifft. Harte Gefechte, Anstrengungen und Entbehrungen stehen uns in den nächsten Tagen bevor. Nur wenn jeder Einzelne mit verbissener Energie und unter sparsamstem Munitionseinsatz dort angreift oder abwehrt, wo er von der Führung eingesetzt wird, kann das große Ziel von uns allen erreicht werden: Durchbruch und Schutz in der Heimat. Das Schicksal einer der ruhmreichsten Armeen steht auf dem Spiel!“
Weit nach Westen, vor der 1. Armee, waren die sowjetischen Armeen ins Land geströmt. Normalerweise war ein Entkommen, ein Ausweichen und Ausbrechen aus dem Kessel nicht mehr möglich. Ungarische und deutsche Verbände, die südlich des Dnjestrs zu sichern hatten, rieb der Feind völlig auf und vernichtete sie. Wollte die 1. Armee den Zbrucz überschreiten, würde sie auf der anderen Seite des Flusses sofort wieder auf heftigen Widerstand stoßen. Der Feind war überall, rundum!
Die Gruppe Mauss, zu der jetzt auch die „SS-Leibstandarte“ gestoßen war, bekam den Auftrag, im Norden der 1. Panzerarmee die Flanke zu decken und den Zbrucz zu überqueren. Um besser disponieren zu können, wurde Mauss der „Korpsgruppe Chevallerie“ unterstellt. Hube

wußte, daß er sich auf Mauss und seine 7. P.D. verlassen konnte. Sie war einer der ganz wenigen intakten und schlagkräftigen Verbände. Für sie hatte Hube einen Sonderauftrag, der, wie sich herausstellte, allerdings nicht durchführbar war. Mauss sollte nach Süden abdrehen, den Übergang bei Husytyn nehmen und auf die Nachhut warten. Überraschend griff die Korpsgruppe Breith den Feind bei Kamenez-Podolsk an und bildete einen Brückenkopf bei Okopi. War das die Rettung? Oberst Mauss erhielt am 28. März von General Hube folgenden Funkspruch: „Wer macht das Rennen, Breith oder Mauss?
Wer gewinnt, fährt drei Wochen nach Haus!"
Prompt antwortete Mauss: „Keiner hält das Tempo mit, wenn die Mauss genügend Sprit!"
Galgenhumor? Optimismus? Wer will heute sagen, wie es in den Männern ausgesehen hat, auf deren Schultern die schwere Verantwortung lag?
Überraschend schlug das Wetter um, und Frost brach ein. Mauss konnte also wieder rollen! Seine Vorausabteilung stieß nach Borcow, überrannte den Gegner und erreichte den Sereth, überquerte ihn und bildete einen Brückenkopf. Alles setzte Mauss nun auf eine Karte. Er wußte, wenn sie stach, hatte er gewonnen, wenn nicht, dann waren alle weiteren Anstrengungen zwecklos. Nicht ein Mann sollte überflüssigerweise beim Troß bleiben. Jeder, der laufen und schießen konnte, wurde eingesetzt. Selbst Leichtverwundete mußten von den Fahrzeugen klettern und mitkämpfen. Sie taten es bereitwillig. Denn es ging um ihr Leben! „Wo der Gegner sich stellt, ist er unter Beteiligung aller an dem jeweiligen Ort anwesenden Angehörigen der Division zu schlagen und zu vernichten!"
Am Tage wurde jeder Marsch eingestellt, jede Bewegung erspart. Die Luftüberlegenheit war schon lange auf den Feind übergegangen. Seine Spähtrupps sollten die Stoßrichtung der Armee nicht vorzeitig erkennen. In der Nacht wurde dann marschiert, nach Kompaß und Nordstern, wie General Hube befahl.

Die sowjetischen Verbände standen am 1. April 1944 60 Kilometer westlich des eingeschlossenen Kessels der 1. Panzerarmee. Es gab praktisch kein Entrinnen mehr für Hubes Soldaten. Wer wollte oder wer konnte sich durch einen 60 Kilometer tief stehenden Feind durchschlagen? Bedenkt man, daß zusätzlich jene Kräfte in den Kampf eingreifen

würden, die den Kessel bildeten, dann war ein Durchbruch nicht mehr möglich.
Es war den Sowjets sichtlich unangenehm, eine so beachtlich starke Kräftegruppe im Hinterland zu wissen. Sie band, das stand ohne weiteres fest, eine Reihe von schlagkräftigen Verbänden, die das Frontoberkommando gerne im Angriff gewußt hätte. Aus dieser Überlegung heraus richtete der sowjetische Marschall Schukow an die Soldaten und Offiziere der 1. Panzerarmee eine Aufforderung zur Kapitulation mit folgendem Wortlaut:
„Um weitere Opfer zu sparen, schlage ich vor, den sinnlosen Widerstand aufzugeben und mit allen unterstellten Einheiten zu kapitulieren. Eine Hoffnung auf Hilfe von außen besteht nicht. Aus der Einschließung herauszukommen, ist euch unmöglich, da ein fester Ring um euch geschlossen ist. Ich schlage vor:
1. Bis zum 2. April 1944 ist zu kapitulieren,
2. Offiziere und Soldaten behalten ihre Gewehre, Auszeichnungen und Transportmittel,
3. Wenn ihr nicht kapituliert, werdet ihr erschossen.
Frontoberkommando der Sowjetunion
Schukow
Marschall der Sowjetunion."

Sie kapitulierten nicht! Sie kämpften weiter. Hitlers Absicht, die 1. Panzerarmee als wandernden Kessel, wie einen Dorn im Fleische, im Rücken der vordringenden Sowjets operieren zu lassen, scheiterte jedoch an der geschwächten Luftwaffe. Sie war nicht mehr in der Lage, die Versorgung aus der Luft durchzuführen. –
General Hube entschloß sich, mit der 7. P.D. als Rammkeil die feindlichen Linien zu durchbrechen und nach Nordwesten zu stoßen, wo er deutsche Verbände vermutete. Funkunterlagen bestätigten ihm, daß die 4. Panzerarmee des Generalobersten Raus in heftigen Kämpfen mit den Sowjets stand.
Nach einigen bangen Stunden gelang es ihm, Verbindung mit Raus zu bekommen. Der Oberbefehlshaber funkte: „Wir kommen!"
Jetzt konnte Hube seinen Plan, die 7. P.D. als Keil anzusetzen, verwirklichen. Aber auch die 4. Panzerarmee wußte, daß es um das Freischlagen der Kameraden im Kessel ging. Als die Armee gegen die sowjetischen Stellungen anrannte, sie durchstieß, brach die 16. P.D. aus dem

Kessel, stieß bis Buczacz vor, schlug den Feind und vereinigte sich hier mit der 4. Panzerarmee.
Weiter nördlich überrannte die 7. P.D. die Feindstellungen, schoß 53 Panzer ab, zerstörte mehrere Geschütze und machte einige Hundert Gefangene.
Noch am gleichen Tage erließ Hube einen Tagesbefehl mit folgendem Wortlaut: „Der Durchbruch durch den Einschließungsring starker feindlicher Kräfte ist erzwungen. Der Russe stand am 23. März vor der siegreichen Beendigung einer Vernichtungsschlacht, wie sie die Kriegsgeschichte von Cannae, Sedan und Tannenberg her kennt. Von Osten und Westen hatte er nach gelungenem Durchbruch bei unseren Nachbarn mit fünf Panzerarmeen eine doppelte Umfassung der 1. Panzerarmee nördlich und südlich des Dnjestr vollzogen und griff mit seinen Infanteriemassen die Ost- und Nordfront der Armee pausenlos an. Die 1. Panzerarmee aber stand, von ihren Verbindungen abgeschnitten, von allen Seiten eingeschlossen, einen breiten Strom mit nur einem Übergang im Rücken, unerschüttert wie ein Felsblock. Und als der Befehl dazu gegeben wurde, trat die Armee zum Angriff an, zunächst ungenügend versorgt, unter größten Gelände- und Wetterschwierigkeiten. Der einschließende Feind wurde selbst eingeschlossen, zerschlagen, geworfen und von seinen Verbindungen abgeschnitten. Wie eine Sturmflut ergossen sich unsere Panzer- und Infanteriemassen in den bestürzten Feind und zerschlugen ihm Truppe und Operationsplan. Die Leistungen von Truppe und Führung sind einmalig."

Der Feind war verblüfft. Seine Verluste waren außerordentlich hoch. 358 Panzer, 190 Artillerie-, 20 Sturmgeschütze, über 200 Selbstfahrlafetten und Schützenpanzerwagen wurden vernichtet. Die Einbuße an Mannschaften war besonders in der Phase des letzten Angriffs der 4. Panzerarmee und der gewaltigen Kraftanstrengung der 1. Panzerarmee vor der Vereinigung hoch. Der Feind sah sich mit einem Male von zwei Seiten angegriffen, in kleinen Kesseln eingeschlossen. Das Schicksal, das er der 1. Panzerarmee hatte bereiten wollen, erlitt er selbst.

Für dieses Beispiel glänzender Truppenführung erhielt General Hube am 20. April 1944 die Brillanten. Gleichzeitig wurde er zum Generaloberst befördert.
Am nächsten Tage, als er nach Berlin fliegen wollte, stürzte er mit dem

Flugzeug in der Nähe des Obersalzbergs ab. Seine Verletzungen waren tödlich.
In einem Staatsbegräbnis, an dem Hitler und das gesamte Kabinett teilnahmen und bei dem Generaloberst Guderian die Trauerrede hielt, wurden die Überreste des hervorragenden Truppenführers Hans Hube auf dem Invalidenfriedhof in Berlin beigesetzt.

Soldat bis zum letzten Tag

Der 6. Mai 1946 hatte im Leben des Generalfeldmarschalls einen besonderen Platz eingenommen. Es war ein Tag wie jeder andere. Und doch sollte er zu einem der schwärzesten in der Geschichte der britischen Military-Justiz werden. Es war in Venedig, als im düsteren Saal des Military Central Tribunal der Präsident des höchsten britischen Militärgerichts den Satz aussprach: „Der ehemalige Generalfeldmarschall der deutschen Luftwaffe, Albert Kesselring, wird wegen Kriegsverbrechen zum Tode durch Erschießen verurteilt."
Generalfeldmarschall Kesselring nahm das Urteil in unerschütterlicher Haltung entgegen, so wie er bisher gelebt und gekämpft hatte. Nicht einmal das Schlußwort durfte er sprechen. Der Feldmarschall wollte aber weder bitten, noch um Gnade flehen. Allein das Bekenntnis wollte er ablegen, das hier wiedergegeben werden soll:

„Kurz vor dem Prozeßbeginn stand ich auf dem deutschen Heldenfriedhof Cervia-Rimini vor den Gräbern von 6000 meiner tapferen Soldaten. In stummer Andacht gedachte ich ihres heldenhaften Kampfes und ihrer Opfer und fühlte dabei, daß ich mich in einer Zeit, in der fast jeder Deutsche als Verbrecher angesehen wird, für die Ehre meiner Soldaten und der deutschen Führung einzusetzen hatte. Dies bestärkte mich in meinem Entschluß, mich zu verteidigen und zur Bürde der oft unerträglichen Monate der Gefangenschaft auch noch die Last des langen und nicht immer leichten Gerichtsverfahrens auf mich zu nehmen.
Als ein hoher Führer der deutschen Wehrmacht hatte ich die Pflicht, in diesem Prozeß zu zeigen, daß auch in den deutschen Offizieren und Soldaten ein hohes sittliches Ethos wohnte, das den trauernden Müttern und Kindern den Sinn des Opfertodes ihrer Lieben zeigen und vielleicht auch ein Völkerverstehen erleichtern würde.
Für meine Befehle trage ich allein die Verantwortung. Habe ich als Führer und Mensch geirrt, so habe ich die Folgen zu tragen. Niemals aber werde ich Strafgesetze anerkennen, die einseitig nur gegen Deutsche

erlassen wurden und gegen anerkanntes Recht rückwirkende Kraft haben. Niemals werde ich anerkennen, daß zweierlei Recht noch Recht ist und daß Lücken im internationalen Strafrecht straffällig machen können. Ich glaube, daß mir jeder gerecht denkende Mensch zustimmen wird.
Andererseits weiß ich die Schwierigkeiten gerade für dieses internationale Gerichtsverfahren zu würdigen. Ich weiß aus eigener Erfahrung, wie schwer es ist, die Atmosphäre jahrelang zurückliegender, sogar persönlich erlebter Geschehnisse zu erfühlen. Ich weiß, wie schwierig es für ein Gericht ist, sich in einen anderen Volkscharakter hineinzudenken und die eigenartigen, unausgeglichenen Führungsverhältnisse des nationalsozialistischen Deutschland zu verstehen. Ich weiß, daß selbst der Rechtsprechung durch die hohe Politik Bindungen auferlegt werden können.
Mit diesen Tatsachen habe ich mich abzufinden. Ich darf jedoch mit folgendem abschließen:
Sehr viele Deutsche und Ausländer versagen mir als Mensch, Persönlichkeit und Offizier nicht ihre Achtung.
Mit ruhigem Gewissen kann ich der Geschichtsforschung das Urteil über meine militärischen Maßnahmen überlassen.
Und mit meinem Gewissen werde ich vor meinem Herrgott bestehen.
Mein Haus ist bestellt.
Ihre Entscheidung, meine Herren Richter, wird über meine Person hinausgehen zu den hohen militärischen Führern der Welt, die in gleicher Lage waren und es sein werden.
Ungebeugt erwarte ich als Frontsoldat das Urteil von Ihnen als Frontsoldaten. Gleichgültig wie es ausfallen mag, ich werde es zu tragen wissen. Ich habe in langen Zeiten tiefster Erniedrigungen gelernt, auf mein Elend zu treten, um höher zu stehen."

Der Feldmarschall stand nicht allein in der Welt. So kam es, daß am 4. August 1947 die Todesstrafe in „lebenslängliche Haft" umgewandelt werden mußte, weil unüberhörbare Stimmen sich für Kesselring einsetzten. Aber damit begannen auch für den Soldaten Kesselring die bitteren Demütigungen der Gefangenschaft. Tütenkleben mit Berufsverbrechern. Zusammengesperrt mit Totschlägern, Zuhältern und Gaunern. Die Vollstreckung des Erschießungs-Urteils hätte ihm oft Erlösung bedeutet. Als ritterlich kämpfendem und denkendem Soldaten blieb ihm diese unwürdige Behandlung durch den Gegner unverständlich. –

Der Fahnenjunker, der am 13.11.1885 in Marksteft (Unterfranken) geboren wurde und 1904 beim 2. bayerischen Fußartillerieregiment eintrat, hatte damals eine besondere Vorliebe für „höhere Regionen“. Er ließ sich als Ballonbeobachter ausbilden. Der erste Schritt zum späteren Luftflottenführer war getan.
Kesselring nahm am Ersten Weltkrieg von 1914 bis 1918 bei der Truppe und als Generalstabsoffizier und Brigade-Adjutant teil. Nach der Demobilisierung lernte er die Kommunisten kennen, als diese das Generalkommando des 3. bayerischen AK in Nürnberg stürmten. Die Maßnahmen der Systemveränderer machten ihn zu deren unversöhnlichem Gegner. Er bekam einen Vorgeschmack von Gefangenenbehandlung, wie er sie nach dem Zweiten Weltkrieg in Oberursel und Dachau, fast 30 Jahre später, noch einmal spüren sollte.
1919 trat Kesselring in die Reichswehr ein; nach dreijährigem Truppendienst wurde er in den Generalstab berufen. In der Eigenschaft eines „Spar- und Vereinfachungskommissars“ erwarb er sich Einblicke in den weitverzweigten Verwaltungsbereich der Wehrmacht. 1930 wurde er zum Abteilungskommandeur im Artillerieregiment 4 ernannt und im selben Jahr zum Oberst befördert. Drei Jahre später erfolgte die Versetzung zur neuaufzubauenden Luftwaffe, wo er die Stellung eines Chefs des Stabes beim Luftwaffen-Verwaltungsamt (LVA) und beim Luftwaffenkommando-Amt (LKA) innehatte.
Er wurde aufgrund seiner Qualifikation rasch befördert:
1935 zum Generalmajor, 1936 zum Generalleutnant, 1937 zum General der Flieger. Er übernahm den Befehl über den Luftkreis 3 Dresden; ein Jahr später wurde er Befehlshaber der Luftwaffengruppe 1 Berlin, die nach kurzer Zeit in die Luftflotte 1 umgewandelt wurde. Ihm unterstand zu dieser Zeit der deutsche Luftraum von Berlin und Mitteldeutschland nach Osten.
Den Einmarsch ins Sudetenland und in die Tschechoslowakei schirmte er mit seinen Geschwadern von Norden her ab. Ernst wurde es, als der Angriff gegen Polen befohlen wurde. Es war mit ein Verdienst Kesselrings, daß die Operationen des Heeres im Frontabschnitt des Generalobersten v. Bock so erfolgreich verliefen und zu einem schnel-

len Sieg beitrugen. Für die hervorragenden Führungsverdienste wurde Kesselring am 30. 9. 1939 das Ritterkreuz verliehen.
In der Reichstagssitzung vom 19. 7. 1940 – nach dem Frankreichfeldzug – wurde Kesselring – unter Überspringen des Ranges eines Generalobersten – zum Generalfeldmarschall befördert. Dies war die Anerkennung für hervorragende Leistung der Truppe und gleichzeitig für seine Führung als Luftflottenchef 2, unter der auch das erste große Luftlande-Unternehmen gegen Holland stand.Die Mitwirkung der Luftwaffe war nämlich Voraussetzung für das rasche Niederwerfen von Holland, Belgien und Nordfrankreich.
Bei diesen Operationen arbeitete er wieder, wie schon in Polen, mit dem ebenfalls zum Generalfeldmarschall beförderten Oberbefehlshaber einer Heeresgruppe v. Bock zusammen. Dabei kam Kesselring seine langjährige Tätigkeit als Generalstabsoffizier des Heeres zugute. Nichts konnte ihn daran hindern, selbst zu fliegen. Sein Wunsch, gegen England zeitweise mitzufliegen, wurde aber von Reichsmarschall Göring abgelehnt und ein Flugverbot für den Feldmarschall erlassen.
Die „Schlacht um England“ war für Führung und Truppe nervenanspannend und verlustreich; sie endete als Zwischenakt zum Rußlandfeldzug, jedoch ohne den gewünschten Erfolg. Kesselring wollte übrigens die Invasion gegen England. Für ihn war es zum Zeitpunkt der Luftüberlegenheit, der Heeressiege und einer gewissen Demoralisierung der Gegner eine Selbstverständlichkeit, nachzustoßen, den Feind zu stellen und zu vernichten. Mit der Invasion in England wäre, nach seiner Meinung, der Krieg auf der westlichen Seite Europas beendet gewesen.
Der Krieg gegen die Sowjetunion sah Kesselring mit seiner Luftflotte 2 wieder im Bereich des Feldmarschalls v. Bock. Das rasche Vorgehen und die siegreichen Kesselschlachten im Sommer 1941 waren mit ein Erfolg seiner Geschwader, die in ununterbrochenem Einsatz die hart kämpfenden Truppen des Heeres wirkungsvoll unterstützten.
Nicht lange blieb Kesselring im Osten. Gegen Ende des Jahres 1941 ernannte ihn Hitler zum „Oberbefehlshaber Süd“ und übertrug ihm den Oberbefehl über die Luftstreitkräfte im Mittelmeerraum und an der afrikanischen Front. Kesselring trat damals für einen Schwerpunktwechsel und damit für die Verstärkung der Jagdfliegerwaffe ein. Er sah voraus, daß in Kürze die Initiative an den Gegner übergehen und die Alliierten versuchen würden, mit ihren überlegenen Luftstreitkräften

das Festland anzugreifen und Deutschland zu zerschlagen. Seine Vorstellungen blieben erfolglos, da man höheren Orts immer noch an die entscheidende Wirkung der Kampfflugzeuge glaubte.

Als „Oberbefehlshaber Süd“ bewies der Feldmarschall sein Können im kombinierten Einsatz der Wehrmachtsteile, was ihm neidlos Verbündete wie Gegner bescheinigten. Ob es die auf höhere Weisung zurückgestellte, aber von Kesselring geforderte und auch begonnene *Operation Malta* war, die verlustreiche Geleitsicherung über See oder die Unterstützung der Angriffe und Abwehrkämpfe des Afrikakorps von El Gaza bis Tobruk und El Alamein – alle Fäden liefen in der Hand des Feldmarschalls zusammen.

Wiederum als Anerkennung für die Leistung seiner Truppe und Auszeichnung für seinen persönlichen Einsatz und seine Führungskunst wurden ihm am 25. 2. 1942 das Eichenlaub und ein halbes Jahr später, am 18. 7. 1942, die Schwerter verliehen.

Als die Kämpfe in Tunesien begannen, wurde er Oberbefehlshaber aller im Operationsraum befindlichen Wehrmachtsteile, die trotz zahlenmäßiger Unterlegenheit monatelang beispielhaften Widerstand leisteten.

Die Landung der Alliierten auf Sizilien war der Auftakt für eine Invasion größten Stils in Italien. Kesselring als Oberbefehlshaber der Heeresgruppe C zerstörte den Optimismus des Gegners, die Deutschen in einem einzigen Anlauf aus dem Lande ihrer Verbündeten über die Alpen zu fegen. Geschickt verteidigte er gegen einen zahlen- und materialmäßig vielfach überlegenen Gegner und führte auch die Rückzüge, trotz der ständigen alliierten Überlegenheit in der Luft und auf See, mit verhältnismäßig geringen Verlusten durch.

Für seine außergewöhnlichen Verdienste wurden ihm am 19. Juli 1944 – einen Tag vor seinem vierzigjährigen Dienstjubiläum – die Brillanten verliehen.

Wie hoch die Leistung Kesselrings im Ausland beurteilt wurde, geht aus einem Artikel der schwedischen Zeitung *Dagens Nyheter* im Jahr 1944 hervor:

„Churchill sollte ebenso wie alle anderen alliierten Sachkenner zugeben, daß die deutsche Strategie und Taktik im Italienfeldzug geradezu meisterhaft ist. Mit beispielloser Geschicklichkeit hat Generalfeldmarschall Kesselring seine Rückzugsbewegungen bis zum Arno durchgeführt.“

Auch der britische *Manchester Guardian* bestätigte im gleichen Monat dem Feldmarschall sein hohes militärisches Können:
„Die deutsche Verteidigung in Italien wird bestimmt einmal von den Kriegshistorikern mit Lob und Anerkennung verzeichnet werden müssen. Trotz allen Fallen, die südlich von Rom gelegt wurden, hat Feldmarschall Kesselring seine Truppen immer wieder zurücknehmen können. Immer wieder, geschickt alle Gelegenheiten ausnutzend, niemals sich auf einen allzu starren Widerstand versteifend, der gegebenenfalls katastrophale Folgen hätte haben können, bis er schließlich seine Truppen auf eine neue Verteidigungslinie brachte, die besser als irgendeine andere zu sein scheint, um dort erneut härtesten Widerstand zu leisten, so daß neue Umgehungsmanöver durch Landungen im Rücken notwendig geworden sind."
Die immer ernster werdende Situation ließ es Ende 1943 im Führerhauptquartier ratsam erscheinen, einen einheitlichen Oberbefehl über Truppen und Operationen im Mittelmeerraum zu schaffen. Hitler schlug Mussolini vor, den Gesamtoberbefehl – auch über die italienischen Streitkräfte – an Kesselring zu übertragen, um die Zweigleisigkeit der Kriegsführung im unmittelbaren Operationsraum auszuschalten.
Kesselring bejahte zwar Hitlers Auffassung, befürchtete jedoch Mißstimmung in der italienischen Führung auszulösen. Dies wollte er verhindern und forderte statt dessen eine sorgfältig abgestimmte Führung durch „Comando Supremo" und Oberbefehlshaber Süd. Bis zum Waffenstillstand Italiens am 8. September 1943 war dadurch eine reibungslose Zusammenarbeit der höchsten Führungsstellen auf dem italienischen Kriegsschauplatz sichergestellt. Der Feldmarschall erfreute sich großen Ansehens bei den Bundesgenossen; er verschaffte sich damit eine bemerkenswerte Einwirkung auf die italienischen Führungsstellen. Mussolini untestützte ihn in jeder Weise. Mit dem Abfall Italiens waren die Führungsverhältnisse für Kesselring einfacher geworden. Dies war bei den immer härter und schwerer werdenden Kämpfen von größter Bedeutung. Die deutsche Führung und Truppen wurden auch in den letzten beiden Kriegsjahren bis zur äußersten Grenze ihres Leistungs- und Widerstandsvermögens beansprucht.
Gegen Ende einer der schwersten Abwehrschlachten in Italien, am Nordhang des Apennins, wurde Kesselring im Oktober 1944 bei einem seiner täglichen Truppenbesuche schwer verletzt. Eine Gehirnschalen-

verletzung hielt den Feldmarschall fast drei Monate von der Truppe fern. Zu dem Unfall kam es, als Kesselrings Wagen auf ein rückwärts aus einem Seitenweg stoßendes Langrohrgeschütz prallte.

Noch nicht ganz wiederhergestellt, übernahm Kesselring Anfang 1945 den Oberbefehl in Italien. Am 9. März 1945, als sich bereits der Zusammenbruch abzeichnete und die sowjetischen Truppen tief im Reichsgebiet standen, wurde ihm der Oberbefehl über den Kriegsschauplatz im Westen übertragen, der sich im April über den gesamten Südraum ausweitete. Hier erlebte er das Ende des Krieges.

Die Verbundenheit Kesselrings mit den Ereignissen auf dem italienischen Kriegsschauplatz gibt am besten der Abschiedsbrief Mussolinis wieder:

„Lieber Marschall Kesselring! Die Nachricht von Ihrem Scheiden aus Italien, um das Kommando über die Westfront zu übernehmen, ist für mich eine schmerzliche Überraschung. Doch denke ich, daß der Führer Ihnen dadurch den höchsten Vertrauensbeweis gegeben hat, den Sie durchaus verdienen.

Lieber Feldmarschall, wir haben fast drei Jahre zusammengearbeitet, in Afrika und auf dem Boden Italiens, den Sie an der Spitze Ihrer wundervollen Truppen Schritt für Schritt bis an die Apenninen verteidigt haben. Ihr Name wird für immer mit diesem Abschnitt der Geschichte Italiens verbunden sein, und Ihre Leistung als Heerführer und Feldherr wird überall als Vorbild der Kriegskunst anerkannt werden.

Ich danke Ihnen für alles, was Sie in Italien geleistet haben, und ich bitte Sie, die herzlichsten Wünsche entgegenzunehmen beim Eintritt in den höchsten Aufgabenbereich, der Ihnen anvertraut worden ist.

Ihr Mussolini"

In der Tat: Kesselring erfreute sich nicht nur großer Beliebtheit bei Offizieren und Mannschaften, sondern er war auch darüber hinaus sehr angesehen. Seinen Weitblick bewies er besonders in der Schlußphase des Krieges, als für ihn der schwerste und verantwortungsvollste Lebensabschnitt begann. Sein Ziel war, durch hinhaltenden Widerstand den Vormarsch der Alliierten aufzuhalten, um möglichst vielen Truppenteilen die gegen die Sowjets kämpften, den Übertritt in die Gefangenschaft eines alliierten westlichen Gegners zu ermöglichen. Tatsächlich wurde dadurch Hunderttausenden deutscher Soldaten das Schicksal der sowjetischen Gefangenschaft erspart.

Kesselring war, wie vielleicht seine Stellung vermuten ließe, keineswegs an den Schreibtisch gebunden. Über 200-mal war er über die Front geflogen, besonders im Mittelmeerraum und in Afrika, um bei seinen Verbänden zu sein. Die goldene Frontflugspange erhielt er schon 1942. Rücksicht auf sein eigenes Leben kannte er nicht. Um so tiefer traf ihn dann das Ende.

An der Freilassung Kesselrings im Jahr 1952, die nach mehreren Krankenhausaufenthalten und Operationen erfolgte, hatte der britische Vernehmungsoffizier ein nicht abzustreitendes Verdienst. Oberstleutnant Alexander Scotland war es, der Kesselring sowohl in London, als auch in Venedig ein ausgesprochen kameradschaftliches Entgegenkommen zeigte. Scotland kritisierte in seiner Broschüre über den „Fall Kesselring" das britische Gericht mit folgenden Worten:

„Alle rechtlich denkenden Menschen in England und Deutschland sollten sich selbst ein Urteil über das Gericht bilden, das man wohl als das schlechtest-unterrichtete bezeichnen kann, das je auf Befehl Sr. Majestät zusammentrat."

Acht Jahre noch lebte der kranke Feldmarschall, der sich schriftstellerisch betätigte, in Bad Wiessee. Am 16. Juli 1960 starb er an Herzversagen. Tausende gaben ihm das letzte Geleit. General Kammhuber, Generalinspekteur der Bundesluftwaffe, würdigte am offenen Grabe diesen ungewöhnlichen Soldaten mit höchster Qualifikation: „Ich hatte in früheren Zeiten oft Gelegenheit, mit dem Verstorbenen zusammenzuarbeiten. Ich bekam ein Bild von seiner weit über das Militärische hinausragenden hohen Bildung sowie von der überragenden Klarheit und Folgerichtigkeit seines Denkens. Mit unermüdlicher Arbeitskraft, Energie und Zuversicht nahm er seinen Dienst wahr und beherzigte den Grundsatz des Generalstabes: viel leisten – wenig hervortreten, mehr sein als scheinen!"

Albert Kesselring blieb, wie der Titel eines seiner Bücher lautet, *Soldat bis zum letzten Tag.*

Oberstleutnant Helmut Lent

In der Nacht auf Bomberjagd

Die Sommernacht war klar und hell. Der Kommodore des Nachtjagdgeschwaders 3, Oberstleutnant Helmut Lent, blickte auf die Uhr. „Gleich müssen die Tommies kommen", sagte er zu seinem Adjutanten.

Da schrillte das Telefon, lange und laut. Der Adjutant nahm den Hörer ab. „Wie bitte...? Auf Stuttgart...? 600 Maschinen! Das gibt es doch nicht. Weshalb erfahre ich erst jetzt davon?" Am anderen Ende der Leitung blieb es still. Dann, nach kurzem Räuspern, sagte die Stimme: „Herr Oberleutnant, wir haben eben erst die Meldung bekommen, wollten es nicht glauben, fragten zurück. Ich weiß nicht, warum nicht früher gemeldet wurde."

Lent hatte mitbekommen, was passiert war. Er wartete erst gar nicht ab, bis sein Adjutant ihm Einzelheiten meldete. Mit schnellen Schritten verließ er den Gefechtsstand, gab Alarm und den Angriffsbefehl für die erste Gruppe zum Anflug auf Stuttgart und flog seinem Verband voraus.

Der Kommodore wußte, wie schwach die Nachtabwehr im südlichen Teil Deutschlands war. Bisher hatten die Briten ihre Angriffe von den Heimatplätzen in England geflogen. Nachdem sie und die Amerikaner in Italien gelandet waren und mehr als die Hälfte des Landes besetzt hatten, war es nun für die Alliierten nicht mehr schwer, ihre Bomberflotten über die Alpen nach Deutschland zu schicken. Die in Italien stationierten Verbände hatten die Aufgabe, Süddeutschlands Städte anzugreifen, während jene, die von England aus starteten, auf Norddeutschland und auf Berlin ihre Bombenteppiche legten. Diese Einteilung des Gefechtsfeldes ersparte dem Gegner lange Anflüge aus dem Norden und die damit verbundenen hohen Verluste.

Auch in jener Sommernacht flogen die Briten über die Alpen ein. Der ersten Gruppe weit voraus, jagte Lent der gefährdeten Stadt entgegen. Wie weit mochten die Engländer von Stuttgart entfernt sein? Der Kommodore holte alles aus der Maschine heraus; er mußte noch vor dem Feind über der Stadt sein. Das Gespräch seines Adjutanten fiel ihm ein,

als dieser die Alarmmeldung am Telefon erhielt. Weshalb wurde er so spät von dem feindlichen Einflug verständigt? Warum? Warum? Viel Glück, sehr viel Glück müßte er haben, wenn er es schaffen sollte! – Stuttgart! Deutlich sah die Besatzung das von Leuchtfallschirmen bereits abgesteckte Angriffsfeld der feindlichen Bomber. Die Piloten der „Pfadfindermaschine" hatten ihre Arbeit bereits getan. Gleich würden die Pulks kommen. Und das hieß: Angriff! Die schwachen Nachtjagdverbände würden ihn nicht verhindern können. 600 Maschinen waren im Anflug. Sechshundert! Die Bodenstelle meldete, daß außerdem 50 englische Fern-Nachtjäger den Verband begleiten und bereits einige deutsche Nachtjagdmaschinen abgeschossen hätten.
Lent und seine Besatzung starrten in die Nacht. Wo ist der feindliche Verband? Nach eigener Berechnung mußte er im gleichen Planquadrat sein. Da – vorne, ein schemenhafter Schatten. Und noch einer, und noch einer. Das war die Spitze der Bomber-Armada.
„Ich greife an!" meldete Lent. Im nächsten Augenblick hängte er sich an eine Halifax und drückte auf die Auslöseknöpfe seiner Bordkanonen. Sekunden später stürzte die Viermotorige in die Tiefe. Noch dreimal wiederholte sich das Schauspiel, zerplatzten Bomben in der Luft, stürzten glühende Flugzeugteile zu Boden. Als der Kommodore auf seinem Heimatplatz landete, konnte er seinen 96. bis 100. Nachtjagdsieg melden. Ein paar Tage später, am 31.7.1944, wurden Helmut Lent als erstem, und bis dahin erfolgreichsten Nachtjäger der Luftwaffe, die Brillanten verliehen. –
Helmut Lent war Sohn eines Pfarrers aus dem Warthebruch. In Neumark wurde er am 13.6.1918 geboren, besuchte das Gymnasium und meldete sich 1937, nach dem Abitur, zur Luftwaffe, um aktiver Offizier zu werden. Er war begeisterter Segelflieger. Mit den schnellen Motorflugzeugen fand er sich rasch zurecht. Kurz vor Ausbruch des Krieges wurde er Leutnant und einem Zerstörergeschwader zugeteilt. Zu Beginn des Polenfeldzuges flog er als Tagjäger und erzielte schon am 2. September den ersten Luftsieg. Aufmerksam auf ihn wurden seine Vorgesetzten bei der Luftschlacht über England. Dort schoß er im Dezember 1939 drei Maschinen ab.
Als Zerstörerpilot glaubte Lent sich nicht richtig „ausfliegen" zu können. Sein Wunsch, Jäger zu werden, wurde jedoch nicht akzeptiert. Diesen jungen Draufgänger, der mittlerweile acht Abschüsse erzielt hatte, wollte der Kommodore gern behalten. Inzwischen wurden für

die neuaufgestellten Nachtjagdgeschwader gute Piloten gesucht, die nicht nur die Maschine beherrschten, sondern auch den Kampf gegen „Fliegende Festungen“ aufzunehmen wagten. Helmut Lent meldete sich, und diesmal mußte ihn sein Geschwaderkommodore freigeben. Schon beim ersten Nachtjagdfeindflug, im Mai 1941, schoß Lent zwei viermotorige Bomber ab. „Als Einstand“, sagte er nach dem Landen. Mit diesem Start war der Beginn einer nicht mehr aufzuhaltenden Erfolgsserie angekündigt. Abschuß folgte auf Abschuß. Als die Briten versuchten, Nachschublager in Norwegen zu vernichten, flogen ihnen deutsche Nachtjäger entgegen. In erbitterten Gefechten, bei denen die Engländer schwere Verluste erlitten, zeichnete sich Lent mit 13 Abschüssen als der erfolgreichste Nachtjäger aus. Dafür wurde ihm – nach 20 Abschüssen – am 30. August 1941 das Ritterkreuz verliehen. Am 6. Juni 1942 erhielt er nach 36 Siegen das Eichenlaub.

Für den britischen Abhördienst wurde Lent ein Begriff. Seine zunehmenden Abschußerfolge machten ihn in jenen Jahren zum gefürchtetsten Gegner der Bomberflotten. Die britischen Einsatzstäbe kalkulierten mit Lent, der, wie sie wußten, keinen Kampf scheute, mochte die Überzahl des Gegners noch so groß sein. Lent und seine Nachtjäger lösten unter den Besatzungen der Royal-Air-Force-Bomberkommandos Furcht und Schrecken aus. Er dagegen bewunderte den Mut der Engländer, die zwar in einem stark bestückten Bomber flogen, aber gleich zwei Gegnern ausgesetzt waren: der Flak und den Nachtjägern.

Am 3. 8. 1943 wurden Helmut Lent, inzwischen Major, der nun als Sachverständiger für die Nachtjagd galt, die Schwerter verliehen. Weit an der Spitze aller Nachtjäger schoß er Feindmaschine auf Feindmaschine ab. Dabei zeichneten ihn seine verwegenen Einsätze gegen überlegene Verbände besonders aus.

Bei einem Luftkampf über der Zuidersee schoß Lent drei Halifax ab. Dann suchte er den Himmel nach weiteren Feindmaschinen ab – fand aber keine. Plötzlich huschte ein schneller Schatten an ihm vorüber. Er wollte sich dahintersetzen, als es in seiner Maschine krachte und nach verbranntem Gummi roch.

„Getroffen“, erschraken die Männer und machten sich zum Aussteigen fertig. Lent spürte einen heftigen Schlag gegen die Schulter. Für Sekunden verlor er das Bewußtsein und die Gewalt über die Maschine. Doch dann gelang es ihm, seine Me 110 unter höchster Anstrengung zum Einsatzhafen zurückzubringen. Was war geschehen? Unbemerkt hatte sich ein englischer Fern-Nachtjäger an Lents Maschine herangeschlichen und zog an ihm vorbei, um seine Aufmerksamkeit auf sich zu lenken. Im nächsten Augenblick setzte sich ein zweiter Engländer hinter Lent und versuchte die deutsche Maschine abzuschießen. Es gelang nicht. Mit schwer havarierter Maschine und einer leichten Verwundung konnte Lent landen.

Es konnte nicht ausbleiben, daß an höchster Stelle der Nachtjäger Helmut Lent mit besonderer Aufmerksamkeit beobachtet wurde. Dessen hervorragende technische Kenntnisse und taktische Fähigkeiten ließen aufhorchen. In Hitlers Umgebung machte man kein Hehl daraus, daß der kommende Inspekteur der Nachtjagd Helmut Lent heißen würde. In einem mehrstündigen Gespräch mit Lent überzeugte sich Hitler von dem Können dieses jungen, bescheidenen Offiziers. In einer von ihm persönlich verfaßten Notiz bezeichnete er Helmut Lent als den möglichen Chef der Nachtjagd; er plante, ihn mit der Neuorganisation der Geschwader zu betrauen.

Es blieb nicht bei diesem einzigen Gespräch. Energisch wandte sich Lent an seine unmittelbaren Vorgesetzten. Mehr Maschinen, bessere Radargeräte und Piloten brauchte er, Piloten, die sich der Nachtjagd mit Haut und Haar verschrieben. Er selbst bezeichnete die Nachtjäger als das „Fähnlein der Aufrechten", das gegen einen übermächtigen Feind auf scheinbar verlorenem Posten steht und dennoch erfolgreich kämpft. Gab es eigentlich taktische Rezepte gegen die Bomberstrategie der Alliierten? Waren die deutschen Nachtjäger zahlenmäßig in der Lage, gegen Tausende und Abertausende „Fliegende Festungen" und hervorragenden Begleitschutz Erfolge zu erzielen, die eine Wende im Bomberkrieg herbeiführen konnten? Diese Fragen stellte sich Helmut Lent, und sie wurden ihm gestellt. Er wußte, daß sowohl die technischen wie die taktischen Mittel beschränkt waren. Den Feind erfolgreich bekämpfen, das war in erster Linie persönlicher Einsatz.

Auf die Frage, wie er sich das Niederkämpfen der starken Feindverbände vorstelle, antwortete er: „Durch persönlichen Schneid! Wenn wir eine Phalanx von Nachtjägern haben und jeden feindlichen Angriff pausenlos stören, wenn wir im rollenden Einsatz am Gegner bleiben, machen wir ihn so unsicher, daß er entweder nur noch tagsüber angreift oder überhaupt nicht mehr. Um diesen Mammut-Einsatz durchzuführen, muß allerdings die bisherige Taktik geändert werden."

Das war es also, eigentlich simpel und ohne Schnörkel. Helmut Lent wollte den Gegner nicht zur Ruhe kommen lassen und ihn pausenlos angreifen. Das aber bedeutete, noch mehr Geschwader, noch mehr hervorragende Piloten. Mit hohen Verlusten mußte gerechnet werden. Aber was bedeutete das schon gegenüber den unsäglichen Opfern der Zivilbevölkerung, die fast hilflos den Bombenangriffen ausgesetzt war? Die Angriffe auf Städte, in denen Frauen und Kinder verbrannten, empörten ihn. Zu einem Kameraden sagte er: „Ich finde den Krieg schauderhaft. Aber wenn er schon sein muß, dann sollte er mit Fairneß geführt werden. Angriffe auf Frauen und Kinder, Luftminen und Phosphor auf die friedliche Bevölkerung unserer Städte und Dörfer – das alles ist eine Schweinerei." –

Helmut Lent starb auf tragische Weise. Er wollte am 5. 10. 1944 seinen alten Freund, Eichenlaubträger Jabs, in der Nähe von Paderborn besuchen. Der Flug verlief ohne Störungen, bis plötzlich vor der Landung ein Motor ausfiel, die Maschine an Höhe verlor und wie ein Stein absackte. 50 Meter fiel sie durch und schlug auf dem Boden auf. Die anderen Besatzungsmitglieder waren sofort tot. Lent lebte noch und wurde ins Lazarett geschafft, wo er vier Tage mit dem Tode rang. Dann starb er, der Kämpfer in vielen hundert Luftschlachten und Sieger in 102 Gefechten.

Der Vater seiner „langen Kerls“

Am 24. April 1966 hingen schwere Regenwolken über Ludwigsburg. Die Stadt im Einzugsgebiet der Landeshauptstadt von Baden-Württemberg, Stuttgart, war von einer selten erlebten Nervosität ergriffen. Noch nie hatten die Menschen so viele Polizisten zu Fuß und motorisiert gesehen. Omnibus auf Omnibus rollte durch die Stadt. In ihnen saßen zumeist Männer. Als sie in der Nähe des neuen Friedhofs ausstiegen, formierten sie sich zwanglos zu Gruppen. Viele humpelten an Krücken, andere, die nicht sehen konnten, wurden von Kameraden geführt.
Über dem offenen Grab stand ein Sarg, zugedeckt mit Blumen. Mehrere Tausend Menschen umringten ihn. Sie schwiegen und starrten auf die Hülle, in der ihr ehemaliger Oberbefehlshaber lag: Sepp Dietrich, den sie wie einen Vater verehrten und der sich um sie wie ein Vater gesorgt hatte.
Über 5000 waren gekommen – aus allen Teilen Deutschlands und viele, die im Ausland lebten. Sie kamen, um Abschied zu nehmen von dem Mann, der für sie in den Schlachten des Krieges ein leuchtendes Beispiel an Mut, Tapferkeit und Kameradschaft gewesen war.
Es wurden Reden gehalten, von Freunden und ehemaligen Vorgesetzten. Dann, als der Sarg in die Gruft gesenkt wurde, stimmten sie ein, ohne daß es einer vorher befohlen hatte: Ich hatt' einen Kameraden ... und danach: Einigkeit und Recht und Freiheit. Es war ein ergreifender Gesang. Da zogen wieder die Bilder aus dem Inferno der Schlachten an ihnen vorüber, da tauchten sie wieder auf, die Gesichter der gefallenen, vermißten und in Gefangenschaft geratenen Kameraden. Da stand ein Mann vor ihnen, der von allen alles gefordert hatte, von jedem Einzelnen: Sepp Dietrich.
Die Polizei, die sich unauffällig zwischen die Trauernden mischen wollte, gab es auf. Sie war in Alarmbereitschaft gesetzt und verstärkt worden aus allen Teilen des Landes. Irgend jemand befürchtete so etwas wie einen „Aufstand der SS“.
Die jungen Beamten waren überrascht von der Disziplin der ehemaligen Soldaten der Waffen-SS, sie waren berührt und nachdenklich gestimmt

von den Worten, die am Grab gesprochen wurden, von der Anteilnahme der Männer, die unter dem Verstorbenen gedient und gekämpft hatten. Sie sahen die Amputierten, die an den Rollstuhl Gefesselten und die vielen anderen, derentwegen sie hierhergekommen waren und die nicht mehr und nicht weniger als jeder andere Soldat nur ihre Pflicht getan hatten. Und viele von ihnen fragten sich, wer eigentlich der Mann gewesen war, dem die Menschen in Treue das letzte Geleit gaben, einundzwanzig Jahre nach dem Kriege, nach Demütigung und Diffamierung, die sie als Angehörige der Waffen-SS hatten erdulden müssen. Obwohl sie doch nur gekämpft hatten.

Sepp Dietrich war der geborene Soldat, ein soldatisches Naturtalent, wie während des 2. Weltkrieges von bekannten Heerführern neidlos bestätigt wurde. 1911, mit neunzehn Jahren Freiwilliger im 4. Feldartillerieregiment 1; 1915 im 6. Res. Feldart.regiment und 7. Feldart.regiment. Als die ersten deutschen Panzer im Heer eingeführt wurden, meldete er sich freiwillig zu dieser modernen Truppe. 1917/18 fuhr er bei der Bayerischen Sturmpanzerkraftwagen-Abteilung 13 (Tank) Angriffe gegen Briten und Franzosen, danach, bis 1919, gehörte er dem 7. Feldart.regiment 1 an. Schon hier zeichnete sich, der am 28. Mai 1892 in Hawangen, Bayern, geborene Josef Dietrich durch besondere Tapferkeit aus. Er erwarb beide Eisernen Kreuze, das Panzersturmabzeichen, das Bayerische Verdienstkreuz und die Österreichische Tapferkeitsmedaille.

Nach Kriegsende trat er als Wachtmeister dem Wehrregiment 1, einem Freiwilligenverband in München, bei. Seine Einheit hatte maßgeblichen Anteil an der Niederschlagung der Revolution und an der Beseitigung der Räteherrschaft.

Im gleichen Jahr schloß er sich dem Freikorps und Bund „Oberland“ an. Er kämpfte im Mai 1921 in Oberschlesien gegen die polnischen Insurgenten und erhielt dort den Schlesischen Adler-Orden 1. und 2. Klasse. Als Angehöriger eines von „Oberland“ aufgestellten Sturmbataillons nahm er am 9. November 1923 am Putsch Adolf Hitlers und Generaloberst Ludendorffs in München teil.

Nachdem er aus der Münchner Landespolizei ausgeschieden war, übernahm er die Stellung eines auf Zolltreue verpflichteten Lagerverwalters in einer Tabakfabrik. Danach war er zwei Jahre als Expedient im NS-eigenen Franz-Eher-Verlag in München tätig.

Im Mai 1928 wurde er in die NSDAP und in die, einen Wehrverband

bildende, Schutzstaffel (SS) mit der Mitgliedsnummer 1177 aufgenommen. Hitler erkannte in Sepp Dietrich die soldatischen Eigenschaften und beförderte ihn schon am 1. Juni zum Sturmführer. Am 1. August bereits Sturmbannführer, wurde Dietrich mit dem Aufbau der SS-Standarte 1 in München beauftragt und zum Standartenführer befördert. Die Karriere ging steil aufwärts. 1930 zog Sepp Dietrich als Abgeordneter der Nationalsozialistischen Deutschen Arbeiterpartei (NSDAP) in den Reichstag ein. Im gleichen Jahr wurde er SS-Oberführer. Am 18. Dezember 1931 verhinderte Gruppenführer Sepp Dietrich durch seine ausgleichende Haltung beim Stennes-Putsch Blutvergießen. Von Oktober 1933 bis 1934 führte er den SS-Oberabschnitt Nord der Allgemeinen SS. Im gleichen Jahr wurde er Preußischer Staatsrat, Ratsherr der Reichshauptstadt Berlin und ehrenamtlicher Richter beim Obersten Ehren- und Disziplinarhof der Deutschen Arbeitsfront. Am 1. Juli 1934 erfolgte die Beförderung zum SS-Obergruppenführer.
Schon im Frühjahr 1933 hatten ihn Hitler und der ehemalige Reichswehrminister von Blomberg beauftragt, eine Stabswache für die Reichskanzlei aus besonders ausgesuchten Männern aufzustellen. Aus dieser Stabswache entstand später die *SS-Leibstandarte Adolf Hitler,* ein verstärktes Infanterieregiment. Diese *Leibstandarte* unterstand allein Hitler und war ein Eliteregiment. Kommandeur wurde SS-Obergruppenführer Sepp Dietrich. Seine Aufgabe war es, eine moderne Truppe von besonderer Art heranzubilden. Dietrich formte diese Männer mit seinen Führern und Unterführern auf dem Exerzierplatz und im Gelände. Er sprang als erster vom Zehn-Meter-Turm und war auch der beste Schütze. Seinen Männern gab er ein Beispiel echten Soldatentums und guter Kameradschaft. Er duzte grundsätzlich alle, ohne daß sich einer erlaubt hätte, ihm gegenüber vertraulich zu werden. Er war ein Vater seiner „langen Kerls" und gewann ihr Vertrauen, wie es selten einem Truppenführer gelang.
Bei der Rückeingliederung des Saargebietes rückte die *Leibstandarte* am 1. März 1935 in Saarbrücken ein, und beim Einmarsch in Österreich am 11. März 1938 wurde sie von der Bevölkerung auf der Fahrt von Linz nach Wien mit überschäumender Begeisterung und Herzlichkeit empfangen. Am 3. Oktober 1938 marschierten die SS-Einheiten über Eger und Karlsbad im Rahmen der von Generaloberst Guderian geführten Panzerverbände ins Sudetenland und bei der Besetzung von Böhmen und Mähren am 15. März 1939 in Mährisch-Ostrau ein.

Im Polenfeldzug 1939 wurde die *Leibstandarte* als motorisiertes Infanterieregiment eingesetzt. Neunzehn Jahre war das Durchschnittsalter der Soldaten und fünfundzwanzig das der Unterführer. Dieser Eliteverband durchbrach die Schutzstellung Zentralpolens bei Pabianiece und zeichnete sich bei der Schließung des Kessels von Kutno aus.
Er verhinderte im Rahmen der 4. Panzerdivision die verzweifelten Durchbruchversuche der Polen aus Warschau und sperrte auf dem Südufer der Weichsel die Festung Modlin. Sepp Dietrich erhielt für diese Einsätze die Spangen zu den beiden Eisernen Kreuzen.

Zu Beginn des Feldzuges 1940 kämpfte die *Leibstandarte* in Holland nördlich Rotterdams, ihre Panzerverbände stießen zum Aakanal durch, bildeten einen Brückenkopf, dann erfolgte der Durchbruch bis nach Dünkirchen, wo sie die Briten einschlossen. Im Verlauf der Kämpfe auf diesem Kriegsschauplatz nahm sie dann die Verfolgung des Feindes über die Marne auf, stieß durch ihn hindurch und nahm Clermont-Ferrand und St. Etienne. Stets war ihr Kommandeur, der am 4. Juli 1940 das Ritterkreuz erhielt, an der Spitze des Verbandes.
Hier in Frankreich machte zum erstenmal eine Truppe auf sich aufmerksam, die von einer Kampfbesessenheit und Unbekümmertheit ohnegleichen geprägt war. Die *Leibstandarte*, unaufhaltsam vorwärtsstürmend, kaum der eigenen Verluste achtend, nur von dem Gedanken getrieben, als erster den Feind schlagen zu müssen, stellte einen völlig neuen Typ des deutschen Soldaten dar. Der Soziologe Werner Picht bezeichnet sie nicht als neue Form des Frontkämpfertums, sondern als verschworene Gemeinschaft, die für jeden Führerauftrag zur Verfügung steht. Und Heinz Höhne in seinem hervorragenden Werk *Der Orden unter dem Totenkopf* schreibt: „Die Heeresoffiziere stießen sich daran, daß die Führer der Waffen-SS offensichtlich nie gelernt hatten, die ihnen anvertrauten Menschen umsichtig einzusetzen. Manche, freilich nicht alle SS-Führer praktizierten im Felde, was sie sich auf den Junkerschulen eingeprägt hatten: den Tod zu geben und den Tod zu empfangen, empfanden sie als höchstes Gebot der Truppe. Die SS-Verbände erlitten dann auch Verluste, wie sie dem Heer unbekannt waren. Schon während der Kämpfe im Westen hatten sich die Führerreihen der SS-Divisionen so drastisch gelichtet, daß sich die Truppe ihre neuen Offiziere aus den Hörsälen der Junkerschulen holen mußte.
Die SS-Truppen als militärische Elite der Nation? Hitler hatte es so

gewollt. Aber auch ohne seinen Wunsch zu akzeptieren, wäre es zumindestens die *Leibstandarte* geworden."

Nicht nur Heinz Höhne zieht einen treffenden Vergleich, wenn er sagt, daß sie mit den Ledernacken der US-Army oder den französischen Paras zu vergleichen seien. „Sie alle umhüllte ein Mythos der Härte und Mannhaftigkeit, sie alle elektrisierte das Bewußtsein, Mitglieder einer aristokratischen Minderheit zu sein, eines Sonderkollektivs mit eigenen Gesetzen und eigenen Loyalitäten."

Fast ein Jahr später schlug die *SS-Leibstandarte* in kühnem Angriff britische, jugoslawische und griechische Truppen, als sie dem bedrängten Bundesgenossen Italien in Griechenland zu Hilfe kommen mußte. Sie stürmte den als uneinnehmbar bezeichneten Klidipaß gegen zäh kämpfende Neuseeländer und Australier und stieß zum Katavapaß hinauf, wo die griechische Nordarmee unter dem Druck des raschen Vorstoßes der *Leibstandarte* kapitulierte. Der Golf von Patras wurde in Fischerbooten überquert, Patras im Handstreich genommen und der Peleponnes besetzt.

Dem Patriarchen von Janina sprach SS-Obergruppenführer Dietrich seine Anerkennung über die Haltung der griechischen Soldaten aus. Dietrich lehnte einen Wunsch des italienischen Oberkommandos, ihm 50 000 griechische Soldaten „auszuleihen" entrüstet ab. „Wenn sie 50 000 Gefangene brauchen, weshalb haben Sie diese nicht während der Kämpfe gemacht?" Diese Antwort löste einen energischen italienischen Protest gegen Dietrich bei Hitler aus. Aber der Kommandeur blieb bei seiner Auffassung und setzte sich auch im Hauptquartier durch. Die Griechen wurden übrigens nicht in Gefangenschaft gehalten, sondern mit ihren Offizieren sofort freigelassen.

Nach dem Balkanfeldzug begann die große Auseinandersetzung mit der Sowjetunion. Tapfer kämpften die Soldaten der *Leibstandarte,* wo immer sie eingesetzt wurden. Im Wettlauf mit der Zeit wurde im ersten Ansturm der Kessel von Uman geschlossen, nach Nowo-Danzig vorgestoßen, die Stadt Cherson genommen, der Dnjepr bei Berislaw überschritten und als nächstes Ziel Perekop angepeilt.

Weit vorauseilend stieß die *Standarte* in den Feind. Die Industriestadt Mariupol mit den riesigen Asow-Stahlwerken und den Werften fiel unzerstört in deutsche Hände. Taganrog wurde erobert und Rostow besetzt. Bei der Schlacht am Asowschen Meer wurden 100 000 Gefangene gemacht, 212 Panzer und 672 Geschütze erbeutet. Der Ober-

befehlhaber der 18. sowjetischen Armee fiel bei den Kämpfen. Für die hervorragenden Leistungen der Truppe und für persönliche Tapferkeit erhielt Sepp Dietrich am 31. Dezember 1941 das Eichenlaub.
Im Juni 1942 wurden die Reste der stark angeschlagenen *Standarte* aus der Front herausgelöst und zur Neuaufstellung und Auffrischung nach Frankreich verlegt und zur Panzergrenadierdivision umgerüstet. Mit 20000 Mann – alles Freiwillige – schlug sie sich 1943 mit der gleichen Bravour, wie jene Soldaten von 1941–42 zwischen Don und Donez und nahm, zusammen mit der Division *Das Reich*, die Stadt Charkow.

In einem kleinen Gefechtsstand trafen die Offiziere alle Vorbereitungen für den Angriff. Gegen zwei Uhr waren sie abgeschlossen. Die Bereitstellung erfolgte so geräuschlos, daß der Gegner sie nicht bemerkte. Der SS-Obergruppenführer trat hinaus in die Nacht; es war der 11. März 1943: „Los", sagte er zu seinem Fahrer, „nach vorne!"
Eine halbe Stunde später überrollten die Panzer der *Leibstandarte* die sowjetischen Stellungen, liefen aber Gefahr, abgeschnitten und eingeschlossen zu werden. Jedoch der Divisionskommandeur war vorne bei seinen Männern; er gab nicht nach. Es gab kein Zurück mehr. Charkow mußte genommen werden! Die *Standarte* stieß, die Stadt nördlich umgehend, in den Gegner, der sich verbissen wehrte. Er wußte, was diese Industriestadt des Donezgebietes wert war. Für einen Augenblick geriet der Angriff ins Stocken, als aus dem grauen Morgendunst feindliche Panzer in der linken Flanke der *Standarte* auftauchten und die Grenadiere heftig angriffen. Als der Kommandeur die Meldung darüber erhielt, kniff er die Augen zusammen und überlegte. Die Flanke stand offen. Aber mußte er nicht dieses Risiko eingehen, wenn er durchbrechen wollte? Die Sowjets hatten sofort die Weichstellen entdeckt. Sie versuchten den Angriff zu stoppen, zumindest wollten sie einen Keil zwischen Voraustruppen und Gros treiben.
„Warte, ich komme mit", sagte Dietrich zum Kradmelder, sprang aus seinem Befehlswagen, setzte sich in den Beiwagen und raste in den grauen Morgen.
An der gefährdeten Stelle schlugen sich die Grenadiere gegen die pausenlos angreifenden Sowjets, die einen kleinen Einbruch erzielt hatten; er konnte den gesamten Angriff zunichte machen. Der Kommandeur erfaßte sofort die Lage, raffte eine Panzerabteilung und ein Grenadier-

bataillon zusammen und griff nun seinerseits die Sowjets, die sich zurückgezogen hatten, in der Flanke an.
Als es Morgen wurde, war Dietrich wieder an der Spitze seiner Division und stieß mit ihr zum „Roten Platz“ bis in die Stadtmitte vor, ohne ernstlich gehindert zu werden. Der Durchbruch überraschte die sowjetische Truppenführung, die zu spät erkannte, daß mit diesem Angriff das Schicksal Charkows besiegelt war. Sie warf zwar alle verfügbaren Kräfte in den Angriffsraum, aber die *Leibstandarte* hielt, nahm noch den Bahnhof und wartete, bis die nachfolgenden anderen Heeresverbände in die Stadt eindrangen. Anschließend wurde sie nach Norden zur Wegnahme von Bjelgorod angesetzt. Für diese Tat persönlicher Tapferkeit erhielt Sepp Dietrich am 16. März 1943 die Schwerter zum Eichenlaub.
In heftigen Kämpfen westlich von Bjelgorod (*Unternehmen Zitadelle*) wurde die 1. SS-Panzerdivision Leibstandarte „Adolf Hitler“ wiederum schwer angeschlagen. Am 12. Juli 1943 wurde sie nach einem massierten Artilleriefeuer, von 150 Sowjetpanzern T 34 der 5. sowjetischen Garde-Panzerarmee des Generals Rotmistrow auf einer Breite von 500 Metern überrannt. Ein Kilometer tief drangen die Sowjets vor. Aber hier stellten sich die SS-Panzer dem Feind, der in einem unerbittlich geführten Gefecht 90 Panzer verlor. Weitere 30 T 34 wurden von Grenadieren im Nahkampf vernichtet. Nach diesen Kämpfen wurde die Division herausgezogen und nach Oberitalien verlegt.
Spätestens bis zu diesem Zeitpunkt waren die SS-Verbände, und nicht nur die *Leibstandarte*, zur Kerntruppe der deutschen Ostfront geworden. Der amerikanische Historiker Stein bescheinigte ihnen, mindestens einmal ein neues Stalingrad verhindert zu haben. „Wo immer die SS-Verbände eingesetzt waren, griffen sie an. Manchmal kämpften sie mit großem Erfolg, manchmal mit geringem oder gar keinem. Aber wie auch jede einzelne Aktion enden mochte, das Endresultat blieb: Der feindliche Vormarsch wurde aufgehalten.“
Die Verluste der Waffen-SS und der *Leibstandarte* waren groß. Und dennoch besaß diese Truppe einen unbrechbaren Angriffsgeist und in der Verteidigung ein beharrliches Stehvermögen, die sie bis zum Tage der Kapitulation nicht einbüßte.

Sepp Dietrich, legendäre Gestalt und Sinnbild für alle soldatischen Tugenden der Waffen-SS, war die herausragende Persönlichkeit dieses

„Ordens“. Er war neben SS-Oberstgruppenführer Hausser und den SS-Obergruppenführern Bittrich, Steiner und Gille, einer der ganz wenigen, die sich nicht in die ideologische Zwangsjacke des Reichsführers-SS Heinrich Himmler pressen ließen. Obwohl alter Kämpfer und treuer Paladin Hitlers, mochte er die Kamarilla der Himmler, Kaltenbrunner und Heydrichs nicht. „Endlich ist die Sau tot“, sagte er, als er vom Tode des Chefs des Sicherheitsdienstes Reinhard Heydrich erfuhr. Brutalität war ihm zuwider. Hörte er in seinem Befehlsbereich von Übergriffen gegen Zivilpersonen oder Kriegsgefangene, schritt er hart ein. „Wir sind Soldaten und kein Marodeure, wir sind deutsche Männer und haben uns zivilisiert aufzuführen, wohin immer wir befohlen werden“, lautete seine Devise.
Seine Loyalität gegenüber den Offizieren des Heeres brachte ihm die nahezu uneingeschränkte Sympathie der Generalität ein. In vielen Fällen, wo Partei oder Sicherheitsdienst das Leben anderer bedrohten, wandten sich Offizierskameraden an Sepp Dietrich. Es machte ihm nichts aus, Hitler persönlich aufzusuchen und den „Fall klarzustellen“. Er verbat sich die Eingriffe der „Schnüffelstellen“, bezeichnete Himmler in aller Öffentlichkeit als „Reichsheini“ und „die größte Null, die Uniform trägt“, und ignorierte dessen Anordnungen oder Befehle. Ganz bewußt setzte er sich von der SS-Schickeria ab, die für ihn seelenlose Roboter, Kriegsgewinnler oder „brutale Schweine“ waren, die nichts, aber auch gar nichts mit der soldatischen Waffen-SS zu tun hatten.
Zweimal wurde er bei Hitler vorstellig und protestierte gegen die Judenerschießungen, von denen er an der Ostfront gehört hatte. „Kümmern Sie sich um Ihre Truppe und halten Sie sich da heraus“, antwortete ihm sein Oberbefehlshaber. Aber Dietrich ließ nicht locker. „Sie machen einen großen Fehler, mein Führer“, antwortete er ihm. „Abgesehen davon, daß es eine Schweinerei ist, unschuldige Menschen zu erschießen, was überhaupt nicht mit der Ehrauffassung des deutschen Soldaten in Einklang zu bringen ist, schaden diese Exzesse dem Ansehen Ihrer Person und der Reichsführung. Der deutsche Soldat und vor allem die Soldaten der Waffen-SS werden eines Tages bitter dafür büßen müssen!“
Betroffen blickte ihn Hitler an. „Sie sind doch kein Defaitist geworden?“, fragte er leise. „Wie gesagt, kümmern Sie sich um Ihre Dinge und machen Sie sich um die Zukunft keine Sorgen.“ Sepp Dietrich aber machte sich Sorgen. In Gesprächen mit Generalen und Armee-

Oberbefehlshabern machte er aus seiner Meinung kein Hehl. Sicherlich konnte er sich mehr erlauben und herausnehmen als jeder andere Sterbliche. Sein Nimbus war nicht anzukratzen, und es hätte auch niemand gewagt, Hand an ihn zu legen.

Feldherren und Historiker haben sich bemüht, Sepp Dietrichs militärisches Vermögen zu prüfen, zu werten und zu analysieren. Die Auffassungen sind unterschiedlich. Während die einen ihm noch nicht einmal ein Regiment anvertraut hätten, konzidierten andere eine Division, ja sogar ein Korps. SS-Obergruppenführer Bittrich, Träger des Eichenlaubs mit Schwertern, erklärte, Dietrich habe seinen Lagevorträgen überhaupt nicht folgen können. In Anekdoten wurde Dietrich mit dem alten Haudegen Marschall Blücher verglichen, der angeblich nicht lesen konnte. („Den Finger drauf, das nehmen wir.") Fest steht jedenfalls, daß Dietrich hervorragende, außerordentlich begabte Generalstabsoffiziere hatte, die für ihn das „taktische Geschäft" erledigten. Einer davon war der achtundzwanzigjährige Obersturmbannführer Rudolf Lehmann, I a der *Leibstandarte*, dann Standartenführer und schließlich Divisionskommandeur der 2. SS-Panzerdivision *Das Reich*, Träger des Eichenlaubs zum Ritterkreuz. Diesem hochqualifizierten Offizier hatte Sepp Dietrich den größten Teil seiner Erfolge zu verdanken.
Sepp Dietrich führte im großen Stil, sozusagen an der langen Leine. Er hielt sich bei seinen Soldaten auf – dort, wo geschossen wurde und die Lage am ernstesten war. Persönlich außerordentlich tapfer, riß er Gefechte und Schlachten aus dem Feuer – eine hervorragende Ergänzung zu seinem taktischen Generalstabsoffizier Rudolf Lehmann.
Sepp Dietrichs Ruf in der Waffen-SS ist nur noch mit der Popularität des Generalfeldmarschalls Rommel zu vergleichen. Hitler wußte den Nimbus des alten Haudegens zu nutzen und befahl ihm, das 1. SS-Panzerkorps aufzustellen. Gleichzeitig wurde Dietrich zum Oberstgruppenführer und Generaloberst der Waffen-SS befördert. Als Gehilfe wurde ihm der Oberst i. G. Fritz Krämer zugeteilt.
Dem 1. SS-Panzerkorps unterstanden die SS-Panzerdivisionen „Leibstandarte" und „Hitlerjugend", mit denen er bei der alliierten Invasion 1944 im Raum von Caen zwei Monate lang den schweren Angriffen der Alliierten trotzte und mit seinen aufopfernd kämpfenden Männern dem gewaltigen Ansturm des Gegners begegnete. Im rasenden

Feuer alliierter Schiffsgeschütze und Bomberflotten hielt er die Stellung.
Bei diesen Kämpfen wurde am 10. Juni 1944 der Stab der Panzergruppe West, des Generals Geyr v. Schweppenburg, zerschlagen. Sepp Dietrich übernahm zwei Tage später als Oberbefehlshaber die in 5. Panzerarmee umbenannte Panzergruppe West.
Auch in diesen Kämpfen bewährte sich der Soldat Sepp Dietrich. Immer an den Brennpunkten tauchte er auf, sprach mit Verwundeten, gab Befehle und zog Reserven zusammen, die er an entscheidender Stelle einsetzte, um Durchbrüche des Gegners zu verhindern. Für diesen persönlichen Einsatz und als Anerkennung für seine tapfer kämpfende Truppe wurde Dietrich am 6. August 1944 mit den Brillanten ausgezeichnet.
In den erbittert geführten Kämpfen an der Invasionsfront erkannte Dietrich die Sinnlosigkeit des Krieges gegen die westlichen Alliierten. Die ungeheure Materialüberlegenheit des Gegners zu Lande, zu Wasser und in der Luft lähmte jede Bewegung. Die hohen Verluste der deutschen Truppen erschreckten den Oberstgruppenführer. Gleich zu Beginn der Invasion sprach Dietrich mit Feldmarschall Rommel, Oberbefehlshaber am Atlantikwall und einer Heeresgruppe. Beide kannten sich seit vielen Jahren und waren befreundet. Rommel, der bisher wie Dietrich in Hitler den Retter der Nation gesehen hatte, äußerte Bedenken gegen die Kriegführung des Führerhauptquartiers. Die gleiche Auffassung vertrat Dietrich. Beide waren sich darüber einig, sofort etwas zu unternehmen, sollten nicht die Soldaten an der Westfront verbluten, während die Sowjets auf die deutschen Grenzen zumarschierten.
In einem weiteren Gespräch – die Alliierten hatten längst die deutschen Stellungen überrannt – beschlossen Dietrich und Rommel, eine Denkschrift zu verfassen, in der Hitler aufgefordert werden sollte, mit den Amerikanern und Engländern Waffenstillstand zu schließen. Dafür sollten alle Kräfte nach Osten geworfen werden. Sepp Dietrich erklärte sich bereit, dieses Dokument Hitler persönlich zu übergeben. Rommel wollte mitgehen, um der ganzen Sache mehr Nachdruck zu verleihen. Jedoch die Ereignisse überschlugen sich und beide sahen sich erst ein paar Tage vor Rommels schwerem Unfall wieder. Der Feldmarschall besuchte Dietrich in dessen Gefechtsstand. Er habe Nachrichten, sagte er, nach denen es nicht sinnvoll erscheine, mit der Denkschrift zu Hitler zu fahren, weil dieser sie beide nicht empfangen würde, da er sich

entschlossen hätte, bis zum letzten Mann gegen die Anglo-Amerikaner zu kämpfen.
Als Dietrich wissen wollte, wer Rommel diese Informationen zugespielt habe, schwieg der Feldmarschall. Zur Überraschung Dietrichs sagte er dann: „Sepp Dietrich, wir müssen handeln! Wir beide sind populär, wir müssen dem Führer klarmachen, daß er den Krieg beenden soll..."
Dietrich nickte und fragte, was Rommel unter „handeln" verstehe. Der Feldmarschall: „Wenn der Führer nicht Schluß machen will – und ich kann es hier nicht mehr verantworten, die Tausende junger Menschen verbluten zu lassen –, dann müssen wir ihn zwingen, zurückzutreten."
Lange starrte Dietrich sein Gegenüber an. „Und wenn der Führer uns erschießen läßt...?" Rommel schüttelte den Kopf. „Das wird er nicht wagen. Das würde eine Meuterei auslösen..."
Sekunden später hatte sich Sepp Dietrich entschlossen, zusammen mit Rommel zu Hitler zu fahren und ihn vor die Tatsache zu stellen, daß der Krieg im Westen verloren sei und er sofort um Waffenstillstand bei General Eisenhower ersuchen müsse.
Am 16. Juli rief Rommel noch einmal Dietrich an. „Es bleibt doch dabei?", fragte er. Und Sepp Dietrich antwortete: „Ja – es ist die beste Lösung..."
Rommel fragte zurück, was sie tun sollten, wenn Hitler ihren Vorschlag ablehne. Bevor Dietrich antwortete, sagte er: „Dann müssen wir eben zupacken." Die Reaktion des SS-Obergruppenführers: „Ich mache nur mit, wenn keine Gewalt angewendet wird!" Rommel: „Das habe ich auch nicht gemeint. Stubenarrest genügt auch..."
Das waren die letzten Worte, die die beiden Soldaten wechselten. Einen Tag später verunglückte Rommel, als sein Wagen bei einem Jabo-Angriff zerschossen wurde. Drei Tage später explodiert in er „Wolfsschanze" die Bombe des Grafen Stauffenberg. Erst viel später stempelte Himmler den Feldmarschall zum Mitverschwörer, sein Generalstabschef Speidel wurde verhaftet. Ihn paukte Sepp Dietrich sofort heraus.
Und wie verhielt sich Sepp Dietrich in der folgenden Zeit? Mußte er nicht damit rechnen, daß seine Verschwörung mit Rommel aufgedeckt werden könnte, wenn der Feldmarschall ahnungslos am Krankenbett darüber redete?
„Ich wäre nicht ein Jota von meiner Meinung abgewichen", sagte Dietrich später. „Ich habe ja gar nicht gewußt, wie es um Rommel stand, und was man mit ihm vorhatte. Als ich von der Erpressung hörte, mit

der Rommel in den Freitod getrieben worden war, sah ich Hitler mit anderen Augen. Das war nicht mehr der Mann, für den ich mich einst geschlagen habe. Daß ich aushielt und dabeiblieb, tat ich nur meiner Soldaten wegen. Ohne Rommel etwas gegen Hitler zu unternehmen, wäre Selbstmord gewesen. Es hätte niemandem genutzt."

Sepp Dietrich sah keinen anderen Ausweg, als „weiterzumachen". Alles, was er tat, glaubte er im Dienste des Vaterlandes tun zu müssen. Vorbei waren die Zeiten, als er sich noch für seinen Führer in Stücke hätte reißen lassen. Die vier Kriegsjahre waren für ihn mehr als eine Zäsur. „Ich sah im Kampf gegen die Alliierten keinen Sinn mehr und versuchte, ein anderes Kommando zu bekommen. Allein der Kampf gegen die Bolschewisten rechtfertigte in mir die Weiterführung des Krieges", sagte er dem Autor. Aber er mußte noch einige Monate warten.

Am 4. November übergab Sepp Dietrich die 5. Panzerarmee an General v. Manteuffel; er übernahm die neuaufzustellende 6. SS-Panzerarmee. Mit ihr wurde er am 10. November dem Oberbefehlshaber West unterstellt. Als die Ardennenoffensive befohlen wurde, sprach er sich gegen deren Durchführung aus und wurde bei seinem Vortrag von Generalfeldmarschall Model, dem Oberbefehlshaber der Heeresgruppe B, unterstützt. Aber Dietrichs Bedenken wurden zerstreut, der Angriff, unter dem Tarnnamen *Unternehmen Wacht am Rhein,* befohlen.

Die in den Einheiten der Waffen-SS dienenden westeuropäischen Freiwilligen wurden sofort versetzt, da sie sich nur zum Kampf gegen die Sowjetunion und gegen den Bolschewismus verpflichtet hatten.

Bis nördlich la Roche stießen die Angriffskeile von Sepp Dietrichs Verbänden vor und überrannten die 1. US-Armee. 20000 Gefangene wurden gemacht, 379 Panzer zerstört und 124 Flugzeuge abgeschossen. Versorgungsschwierigkeiten, Wetterumsturz und starke Feindangriffe in die Flanken brachten aber den Vormarsch zum Erliegen. Der Rückzug erfolgte geordnet bis zum Westwall.

Dann endlich berief das OKW Sepp Dietrich an die Ostfront. Im ungarischen Raum eröffneten die Sowjets ihre Großoffensive. Dietrich mußte seine 6. SS-Panzerarmee auf diesen Kriegsschauplatz verlegen.

Tiefe Einbrüche der Sowjets gelangen, als einige Einheiten der ungarischen 5. Armee, die am linken Flügel stand, zum Feind überliefen. Der Gegner stieß nun in den leeren Raum und versuchte, die SS-Armee einzukesseln.

In dieser Lage erhielt Dietrich den Befehl, stehenzubleiben und sich einschließen zu lassen. Es drohte die Vernichtung der SS-Truppen. Aber der Oberbefehlshaber weigerte sich, diesen Befehl auszuführen. Er bezog neue Stellung. Im Führerhauptquartier wurde seine Eigenmächtigkeit übel vermerkt. Hitler befahl, daß die SS-Divisionen ihre Ärmelstreifen ablegen sollten. Am 10. März um 2 Uhr früh wurde Dietrich von diesem Funkspruch überrascht. Er suchte seine Kommandeure auf und teilte ihnen den Befehl Hitlers mit. Dann schickte er einen SS-Führer mit Lagekarte und einem Handschreiben ins Füherhauptquartier. Der Kurier trug im Auftrage Dietrichs vor:
„Die Soldaten der 6. SS-Panzerarmee haben vom ersten Kriegstage an tapfer gekämpft, oft bis ans Ende ihrer physischen Kräfte. Sie haben eine solche Kränkung nicht verdient. Oberstgruppenführer Dietrich bittet Sie daher um Zurücknahme des Befehls."
Nur widerwillig hob Hitler seine Anordnung auf.
Auf der See-Enge des Plattensees sollte noch einmal ein Angriff gegen die vorprellenden sowjetischen Panzerarmeen geführt werden. Die Sowjets brachen jedoch am 18. März im Vertesgebirge durch und beschworen die Gefahr eines zweiten Stalingrads herauf. Daraufhin mußte der eigene Angriff abgebrochen und der Rückzug bis an den Rand der Alpen, in den Raum Wien, angetreten werden. Am 8. Mai erfolgte schließlich die Kapitulation bei St. Pölten-Krems. US-General Patton nahm sie entgegen. Sepp Dietrich ging mit seinen Soldaten in die Gefangenschaft.
Es wirft ein bezeichnendes Licht auf den Soldaten Dietrich, daß er in seinem Befehlsbereich nicht ein einziges Todesurteil zu unterzeichnen brauchte. Wie er Probleme und innerliche Verstrickungen zu lösen verstand, beleuchtet folgender Vorfall: Ein achtzehnjähriger Freiwilliger, zu Hause wohlbehütet und von einem Privatlehrer erzogen, wurde einer Panzerbesatzung zugeteilt, die keine Rücksicht auf den Jungen nahm und ihm das Leben sauer machte. Der Junge war weder den Strapazen, noch den gelegentlichen Schikanen gewachsen und machte sich auf den Weg zu seiner Mutter. Unterwegs wurde er gefaßt und vor ein Kriegsgericht gestellt. Das Urteil lautete: Tod durch Erschießen.
Oberstgruppenführer Dietrich sollte 1943 das Todesurteil durch seine Unterschrift bestätigen. Er las die Akte, sah das Geburtsdatum des Verurteilten und ließ den Jungen vorführen, der ihm noch einmal den Fall und seine Seelennot schilderte. Daraufhin stand Dietrich auf, gab dem

Verurteilten eine Ohrfeige und raunzte ihn an: „So, das genügt! Jetzt gehste dahin, wohin du wolltest – zu deiner Mutter. Bleibst eine Woche dort und kommst zurück und wirst ein anständiger Soldat!"
Der Junge fuhr in Urlaub, kam zurück und wurde tatsächlich ein ausgezeichneter Soldat. Von dem Urteil, das Sepp Dietrich mit einer väterlichen Ohrfeige aufgehoben hatte, sprach niemand mehr.

Am 16. Juli 1946 wurde Sepp Dietrich von einem amerikanischen Gericht, dem General Military Court, im sogenannten Malmedy-Prozeß zu lebenslänglicher Haft verurteilt, am 10. August 1951 zu 25 Jahren begnadigt, und schließlich am 22. 10. 1955 im Rahmen des Paroleverfahrens aus Landsberg entlassen. Eine Urteilsbegründung gab es nicht. Lediglich die Unterstellung: er habe gegen das Kriegsrecht verstoßen.
Nach knapp zwei Jahren wurde Sepp Dietrich erneut der Prozeß gemacht. Diesmal war es die deutsche Justiz, die ihn auf die Anklagebank setzte. Im sogenannten „Röhm-Prozeß" wurde er vom Schwurgericht München 1 am 14. Mai 1957 wegen Beihilfe zum Totschlag zu einer Gefängnisstrafe von 18 Monaten verurteilt.
Was war geschehen? Am 30. Juni 1934 hatte ein von Sepp Dietrich abgestelltes siebenköpfiges Exekutionskommando sechs höhere Führer der SA auf Befehl Hitlers erschießen müssen. Den SA-Führern war von Hitler Hoch- und Landesverrat vorgeworfen worden. Sie befanden sich bereits im Gefängnis München-Stadelheim.
Vom 7. August 1958 bis zum 2. Februar 1959 saß Dietrich in Landsberg einen Teil seiner Strafe ab. Der Rest wurde ihm erlassen.

Er hatte es nicht leicht gehabt – aber er meisterte auch das Zivilleben. Zuerst war er im Holzhandelsgeschäft tätig, dann verdiente er seinen Lebensunterhalt durch Industrievermittlung. Seine Kameraden hatten ihn nicht vergessen und überschütteten ihn oft mit Geschenken. Er blieb bis zu seinem Tode, am 21. April 1966, der Vater seiner „langen Kerls".

Rettungsanker an der Ostfront

Am 21. April 1945 setzte ein Pistolenschuß dem Leben eines der besten, aber auch umstrittensten Soldaten der Wehrmacht ein Ende. In einer Waldlichtung bei Duisburg erschoß sich Generalfeldmarschall Walter Model, weil er die Niederlage und den Untergang seiner Heeresgruppe nicht miterleben wollte und weil er den Standpunkt vertrat: „Ein Generalfeldmarschall geht nicht in Gefangenschaft!"
Walter Model, einer der bekanntesten Marschälle des letzten Krieges, ist sich bis zur letzten Stunde seines Lebens treu geblieben. Mit dem Pistolenschuß, der sein Leben auslöschte, zog der Marschall die Konsequenz aus einer Niederlage, die er nicht verschuldet hatte, unter deren Auswirkungen jedoch ihm das Leben nicht mehr lebenswert erschien. – Im Ersten Weltkrieg bereits zog er im Großen Generalstab als junger Hauptmann die Aufmerksamkeit des Generalfeldmarschalls v. Hindenburg auf sich. Model blieb auch nach dem Kriege beim Hunderttausendmannheer und übernahm 1926 – nach verschiedenen Kommandos im Generalstab – beim I.R. 8 Görlitz eine Schützenkompanie. 1928 siedelte er ins Reichswehrministerium über, wo er in der Ausbildungsabteilung als Lehrer für Kriegsgeschichte und später im „Reichskuratorium für Jugendertüchtigung" tätig war.
Models Herz gehörte jedoch der Truppe. Er übernahm in Allenstein das II. Bataillon des Infanterieregiments Nr. 2, dann das Regiment selbst, und wurde später – als Generalmajor – Chef der 8. (technischen) Abteilung im Generalstab des Heeres. Als Chef des Generalstabes des IV. AK Dresden nahm er am Krieg gegen Polen und als Chef der 16. Armee am Frankreichfeldzug teil.
Auf dem Vormarsch in Rußland wurde der General wegen seiner mitreißenden Dynamik zum vorwärtsstürmenden Element in schwierigsten Lagen. Als Kommandeur der 3. P. D. erhielt er am 9. Juli 1941 das Ritterkreuz.
Furchtlos in seinen militärischen Entscheidungen, stand Model auch seinen Vorgesetzten mutig Rede und Antwort. Er war keineswegs der Mann, der Befehle bedingungslos ausführte. Er widersprach, wenn

nach seiner Überzeugung die Lage von anderer Seite falsch beurteilt wurde.
Als es am 20. Februar 1942 im Führerhauptquartier um die Zuführung eines Panzerkorps für die Abwehrkräfte um Rshew ging, kam es zu einer heftigen Auseinandersetzung zwischen Hitler und Model. Hitler wollte das Panzerkorps nach Gshask verlegen, Model wollte es bei Rshew einsetzen. Beide vertraten ihre Standpunkte mit Temperament. Model sah die Lage aus der Sicht des Frontoffiziers, Hitler jedoch aus der Kartentischperspektive. Die umstehenden Offiziere glaubten nicht recht zu hören, als Model plötzlich seine Ausführungen unterbrach und sich abrupt an Hitler wandte: „Mein Führer, führen Sie die 9. Armee oder ich?"
Hitler war von der Selbstsicherheit Models überrascht. „Sie haben das Panzerkorps in Gshask unterzubringen! Ich kann die Lage besser beurteilen!" antwortete er.
Model trat von der Karte zurück und ganz nahe an Hitler heran. „Das muß ich mir verbitten!" sagte er schroff. „Sie sitzen hier weit weg vom Schuß. Ich aber weiß, was vorne los ist!"
Einen Augenblick stutzte Hitler, sah dann Model lange an und nickte. „Gut, Model! Machen Sie, wie Sie es wollen. Aber Sie haften mir mit Ihrem Kopf dafür, daß die Sache nicht danebengeht!"
Die Sache ging nicht daneben. Model behielt mit seiner Beurteilung der Lage recht. Die Sowjets versuchten gerade dort durchzubrechen, wo es Model vermutet hatte. Jetzt hatte er das Reservekorps zur Hand und konnte damit den feindlichen Angriffsstoß abfangen.
Unmittelbar nach diesen Kämpfen stürzte Model, der in einem Fieseler Storch von Partisanen beschossen wurde, verwundet ab. Es war seine fünfte Verwundung, und sie war lebensgefährlich.
Die Verleihung des Eichenlaubs am 13. Februar 1942 und der Schwerter am 3. April 1943 waren verdiente Auszeichnungen für einen tapferen Offizier und hervorragenden Führer.
Als der am 31. März 1944 zum Generalfeldmarschall beförderte Walter Model zuerst die Heeresgruppe Nord und dann die Heeresgruppe Nordukraine befehligte, bissen sich die Sowjets ihre Zähne an Models Truppen aus.
Da brach, unter den Schlägen sowjetischer Artillerie, Schlachtflieger, Panzer und motorisierter Schützendivisionen, im Juni 1944 die Heeresgruppe Mitte zusammen. Völlig unerwartet und unverständlicherweise

fielen die Säulen der sorgsam aufgebauten Verteidigungsstellung in sich zusammen. Obwohl der sowjetische Angriffstermin bekannt war und auf die Minute feststand und die Feindaufklärung ungeheure Panzer- und Infanteriemassen festgestellt hatte, reagierte die Führung der Heeresgruppe überhaupt nicht. Im Gegenteil: Generalfeldmarschall Busch ignorierte die Meldungen, gab sich sorglos. Energisch auf die Gefahr, die sich anbahnte, hingewiesen, meldete er dies im Führerhauptquartier. Hitler glaubte an eine Täuschung des Gegners, und der Feldmarschall übernahm diese Meinung.

Die Sowjets indessen führten in der Tat ein Täuschungsmanöver größten Stils durch. Sie konnten zwar den Aufmarsch nicht ganz verbergen, doch gelang es ihnen, starke Artilleriekräfte nachts zu verlegen und an den beabsichtigten Angriffsschwerpunkten, hervorragend getarnt, in Stellung zu bringen. Nicht erkannt von der deutschen Abwehr, karrten sie freigewordene Kräfte von der Kaukasusfront in den Angriffsabschnitt. Ein Teil dieser Truppe trug khakifarbene Uniform, Gefangene sagten aus, daß ihr Standort sich im Südkaukasus befand und sie selbst Angehörige einer mit Kamelen ausgerüsteten Einheit waren. Diese frischen, hervorragend ausgebildeten und ausgerüsteten Soldaten – insgesamt traten 146 Schützendivisionen und 43 Panzerverbände an – überrannten schließlich am 22. Juni 1944 die deutschen Stellungen.

Die Frage, weshalb die deutsche Führung gottergeben den Angriff abund erwartete, statt die vorderen Gräben und Stellungen zu räumen und Menschen und Material zurückzunehmen, den Gegner ins Leere stoßen zu lassen und ihn dann in einem gut vorbereiteten Gegenangriff zu vernichten, wurde nie beantwortet. So wurde die Heeresgruppe Mitte fast total aufgerieben, 25 Divisionen gingen verloren. Hitler setzte Generalfeldmarschall Busch daraufhin ab – ein schwacher Trost für die katastrophalen Verluste. Der Weg nach Ostpreußen war für die Rote Armee frei!

In jenen Tagen explodierte im Führerhauptquartier die Bombe des Oberst Graf Stauffenberg unter Hitlers Lagetisch. In der sich daraus ergebenden Situation wurde Feldmarschall Model aufgetragen, die zusammengeschlagene Heeresgruppe Mitte in Personalunion mit der Heeresgruppe Nordukraine zu führen.

Es war für den Feldmarschall nicht einfach, eine gejagte und gehetzte Truppe zum Stehen zu bringen. Ungünstige Verhältnisse und Materialüberlegenheit des Feindes schufen verzweifelte Lagen. Den Durchbruch

der Sowjets abzuriegeln, war eine schwere Aufgabe, und mit einer aufgeriebenen Heeresgruppe einen Sperriegel zu bilden und den überlegenen Feind zu bremsen, schien auch dem größten Optimisten unmöglich. Aber Model schaffte es. Ohne nennenswerte Reserven stoppte er vor Ostpreußens Grenze die sowjetische Dampfwalze. Er organisierte und setzte Kampfgruppen ein, feuerte seine Offiziere und seine Männer an und tauchte immer dort auf, wo die Lage am gefährlichsten schien. Für diese Taten wurden Walter Model am 17.8.1944 die Brillanten verliehen.
Dieser kleine, fast zierliche Mann mit dem vollen schwarzen Haar und den großen lebhaften Augen, die skeptisch und abschätzend blickten, war wie eine Stahlfeder: stets gespannt und voller Energie, scharfen Verstandes, von hervorragender Auffassungsgabe und einer nicht zu übertreffenden Standhaftigkeit.

1891 in Genthin, in der Mark Brandenburg, geboren, lebte er die preußische Auffassung vom Soldatentum vor. Er war der Mann, der zu seinem Wort stand, der rücksichtslos Befehle und Auffassungen vertrat, der aber genauso rücksichtslos gegen sich selbst war. Mit seinen Soldaten trug er alles Schwere. Die steile Karriere dieses Offiziers erregte Aufsehen. Viele seiner Kameraden neideten ihm den Aufstieg, andere warfen ihm – allerdings erst nach dem Kriege – eine gewisse Hitlerhörigkeit vor.
Es ist nicht von der Hand zu weisen, daß Model in Hitler den Obersten Befehlshaber sah und ihn auch akzeptierte. Seine Begeisterung für den Aufbau der Wehrmacht und für die Beseitigung der Arbeitslosigkeit durch Hitler verhehlte er gar nicht. Und im Kriege gehorchte er, war er seinem Fahneneid treu, weil er nicht anders wollte und auch gar nicht anders konnte. Das alles aber hinderte ihn nicht daran, Hitler offen seine Meinung zu sagen.
Empört reagierte er auf das Attentat auf Hitler am 20. Juli 1944. „Die Truppe kämpft, verblutet und leistet schier Unmögliches, und im Hinterland legt ein Offizier gegen seinen Obersten Befelshaber eine Bombe. Das hat es in der deutschen Geschichte noch nicht gegeben."
Schon im Januar 1944 sorgte Model für eine Sensation, die als Novität in der Geschichte des deutschen Offizierkorps einging. Model wollte sich einen persönlichen Adjutanten „zulegen". Er bat General Schmundt, Chef des Heerespersonalamtes, ihm einen jungen Offizier

aus der Führerreserve zur Verfügung zu stellen. Schmundt lehnte ab. Oberbefehlhabern von Heeresgruppen stünde ein „Persönlicher“ nicht zu.

Wütend darüber – es war im Führerhauptquartier – erzählte er das Himmler und dem SS-Gruppenführer Fegelein, dem Verbindungsoffizier der Waffen-SS zu Hitler, dessen späteren Schwager. „Da nehmen Sie doch einen meiner Männer...“, sagte Himmler.

Model nahm das Angebot an. Hauptsturmführer Rudolf Maeker, ein früherer Turnierreiter, wurde Models persönlicher Adjutant.

Hitlers mehrfache Ergebenheitsadressen an die Waffen-SS und seine Äußerungen, nur noch auf diese Soldaten könne er sich verlassen, und sein kaum mehr unterdrücktes Mißtrauen dem Generalstab des Heeres, ja der Heeres-Generalität gegenüber, vergifteten zunehmend die Atmosphäre. Das Attentat vom 20. Juli und die Tatsache, daß es von Heeresoffizieren geplant und durchgeführt wurde, die Ergebnisse der Ermittlungen und Nachforschungen mußten auf Hitler niederschmetternd gewirkt haben. Jetzt mißtraute er fast jedem Heeresgeneral, fühlte sich belogen, hintergangen.

Wie immer man Models Loyalität gegenüber seinem Oberbefehlshaber beurteilen mag, fest steht, daß seine Leistungen als Offizier und Heerführer unbestritten sind und auch von seinen Gegnern anerkannt wurden.

Generalfeldmarschall v. Manstein, der Model gut kannte, schrieb in seinem Buch *Verlorene Siege:* „Models hervorstechende Eigenschaft war eine außergewöhnliche Energie, die allerdings der Rücksichtslosigkeit nicht entbehrte. Mit ihr verband er große Sicherheit im Auftreten und Bestimmtheit bei der Äußerung seiner Meinung. Seiner Veranlagung nach war er ein Optimist, der Schwierigkeiten nicht anerkannte. Er hat seine Ansichten auch Hitler gegenüber rückhaltlos vertreten. In jedem Fall war Model ein tapferer Soldat, der seine Person rücksichtslos einsetzte und das gleiche von seinen Untergebenen, oft in brüsker Form, verlangte. Stets war er an den kritischen Stellen der von ihm befehligten Front zu finden.“

Wo Model stand, hielt die Front. Und weil der Marschall dieses Durchhalten und Aushalten zur Parole erhob, hatte er Erfolge zu verzeichnen. Ein Mann, der so energisch und schonungslos mit sich selbst verfuhr, mußte die Herzen seiner Soldaten gewinnen und sie überzeugen, daß sie mehr zu leisten imstande seien.

Niemals hatte er es sich leicht gemacht. Es stimmt, daß Model sein Leben einsam lebte, und daß es keinem Menschen in seiner persönlichen Umgebung gelang, sich ihm zu nähern. Es stimmt, daß er sich mit einem Panzer von Unnahbarkeit umgab, nicht weil er es so wollte, sondern weil er nicht anders konnte. Es war ein Teil seiner Persönlichkeit, und es gehörte zu seinem Charakter, mit sich allein alles durchzuringen. Vor seinen Soldaten, vor seinem Gewissen und vor Gott wollte er allein die Verantwortung für sein Tun und für sein Handeln tragen.

Der Feldmarschall mit dem salopp-ironischen Ton, der Stabsoffiziere und Hauptquartiere erschreckte und die Etappe durcheinanderwirbelte, dieser Marschall war seinen Soldaten ein Vater, den sie vergötterten. Unter ihnen fühlte er sich auch am wohlsten. Wer ihn beobachten konnte, wie er die Männer, die ihm anvertraut waren, behandelte und über sie sprach, der konnte bei dem eisigen und undurchdringlich scheinenden Model plötzlich Mitgefühl und Rührung erkennen. Seine Männer waren ihm ans Herz gewachsen.

Hitler versuchte einmal, Model behutsam auf die Moral und augenscheinlich nachlassende Kampfkraft der Truppe anzusprechen. Model warf seinen Kopf herum und entgegnete scharf: „Sie sind im Irrtum, mein Führer! Wer Ihnen solchen Quatsch erzählt, weiß nicht, was es heißt, vier Jahre mit dem Tod auf Duzfuß zu stehen. Im übrigen würde ich mich freuen, Sie einmal bei mir begrüßen zu können!"

Daraufhin lenkte Hitler sofort ein. „Ich will kein Werturteil abgeben, aber ich meine, daß der deutsche Soldat nicht mehr so gut ist wie der von 1941!"

Model sah Hitler überrascht an. „Der deutsche Soldat von 1941 ist tot. Jawohl, er ist tot. Irgendwo in Rußland gefallen. Die Soldaten, die wir jetzt haben, sind aber nicht einen Deut schlechter. Nur haben sie einen Gegner vor sich, der sich auf dem Vormarsch befindet."

Als ein Stabsoffizier der Ansicht Hitlers beipflichtete, riß Model der Geduldsfaden. „Was wissen Sie von Dreck, Schlamm, eisiger Kälte und Trommelfeuer? Und Panzern, Panzern! Sie haben gar kein Recht, meine Soldaten zu kritisieren! Ich verbiete Ihnen das! Über den Soldaten sprechen kann nur der, der mit diesen tapferen Männern gekämpft und gelitten hat. Aber nicht ein Mann wie Sie, der täglich im Daunenbett schlafen kann!" Dann wandte er sich an Hitler: „Ich möchte Sie, mein Führer, doch entschieden bitten, dafür zu sorgen, daß weder

Ehre noch Tapferkeit der Soldaten angetastet werden. Menschen, die bereit sind, für das Vaterland zu sterben, haben auch das Recht, gegen dummes Geschwätz und üble Nachrede geschützt zu werden!" –
Die Etappe nannte den Feldmarschall „Terrorflieger". Denn Model flog gern in einem Fieseler Storch und besuchte überraschend die rückwärtigen Dienste. Stäbe kämmte er nach Drückebergern und überflüssigem Personal durch und schickte was er da fand an die Front, die in schwerem Ringen Strapazen und Nöte erdulden mußte. Er kümmerte sich um die Verpflegung und die Munition und hatte für die Offiziere ein ganz besonders waches Auge. Wehe, er erwischte einen von ihnen auf einem „Druckposten"!
Für seine Armee baute er ein schönes großes Erholungsheim, in dem sich die abgekämpften Soldaten ausruhen konnten. –

Es war im Juni 1943 vor der Kursk-Offensive. Model lehnte gegenüber dem damaligen Chef des Generalstabes des Heeres, Generaloberst Zeitzler, einen befohlenen Angriff ab, weil er es nicht verantworten konnte, mit den „paar Männlein" Krieg zu führen. Der Chef des OKH berief sich daraufhin auf den dringenden Befehl Hitlers, die Offensive durchzuführen. „Ich denke nicht daran, es zu tun! Sagen Sie das dem Führer. Ich bin mir zu schade, Offensiven durchzuführen, die von vornherein sinnlos sind und nur wertvolle Menschenleben kosten", meinte Model. Tatsächlich wurde die Offensive verschoben, bis Model genug Reserven zugeführt waren.
Kurz darauf, als der Angriff steckenblieb, rief ihn Generaloberst Jodl an und forderte ihn auf, auf Hitlers Befehl sofort wieder anzugreifen. Entrüstet rief Model ins Telefon: „Sie können Ihrem Führer bestellen, daß Model einen solchen Befehl nicht ausführt!"
Genau das gleiche hat er später einmal im Beisein des Generals der Panzertruppen Hasso v. Manteuffel gesagt, als beide zum Vortrag in die Reichskanzlei geladen waren. –
Die Flut der Befehle aus dem Führerhauptquartier riß zeitweise überhaupt nicht ab. Widersprechende Ansichten, farblose Auskünfte und ängstliches Zurückweichen bei der Beantwortung von Fragen, die mit der Zurücknahme der Front zusammenhingen, veranlaßten den Generalfeldmarschall, Hitler eine Denkschrift und einige energische Proteste zuzusenden. Die Schriftstücke gingen durch die Hände des Generalobersten Jodl, der sofort anrief und Model fragte, ob es sein Ernst sei,

Hitler in dieser unverblümten Sprache auf Fehler aufmerksam zu machen. Er wage es nicht, Hitler die Dokumente vorzulegen. Model überlegte nicht lange und gab kurz zur Antwort: „Sagen Sie dem Führer, daß ich kommen werde."
Im Führerhauptquartier herrschte bei Models Besuch Alarmstimmung. Schonungslos trug er Hitler und dessen Beratern vor, was er schriftlich verfaßt hatte. Ohne Hemmungen vor dem Obersten Befehlshaber wies er auf dessen Fehler hin und sagte zum Schluß: „Wie wollen Sie von den ausgepumpten Männern an der Front verlangen, daß diese sich von den Materialmassen der Amerikaner und der Russen zusammenschlagen lassen, wenn Sie, mein Führer, nicht einsehen wollen, daß meine Befehle und Operationen nur dem Wohl dieser Truppe und der allgemeinen Lage dienen."
Beeindruckt von den Worten des Generalfeldmarschalls, stattete ihn Hitler mit weitgehenden Vollmachten aus. Er schätzte Models Gradlinigkeit und Wahrheitsliebe. Und deshalb, weil er etwas konnte und sich persönlich tapfer einsetzte, durfte er in herausfordernden, freimütigen Worten zu Hitler sprechen und Fronten zurücknehmen. Für Hitler war Model der „Retter der Ostfront".
Als Model am 17.8.1944 die Brillanten überreicht wurden, meinte Hitler: „Ohne Sie, Ihren heldenhaften Einsatz und die kluge Führung Ihrer tapferen Soldaten wären die Sowjets heute in Ostpreußen und stünden sogar vor Berlin. Das deutsche Volk hat Ihnen zu danken!"
Am selben Tage noch wurde Model an die Westfront befohlen, wo er als Nachfolger des Generalfeldmarschalls Günter v. Kluge, der seinem Leben durch Gift ein Ende bereitete, dessen Heeresgruppe übernahm.
Die Führung der Heeresgruppe B befriedigte Model aber nie, denn er war Ostspezialist. Trotzdem tat er sein Bestes. In Belgien, in Holland (Arnheim), in Deutschland (Aachen) und bei der Ardennenoffensive zog er noch einmal alle Register seines Könnens. Er erntete nur Teilerfolge.
Dazu schreibt Generalfeldmarschall v. Manstein: „Model ist nicht dazu gelangt, als Führer einer kühnen Operation den Lorbeer des Sieges zu pflücken. Er wurde mehr und mehr der Mann, den Hitler einsetzte, um aus einer bedrohten oder ins Wanken geratenen Front die Lage wiederherzustellen, und er hat in diesen Lagen Außergewöhnliches geleistet." Model war der große „Abwehrlöwe" an allen Fronten.

Als der Generalfeldmarschall mit seiner Heeresgruppe im Ruhrkessel einer auswegslosen Lage gegenüberstand und eingeschlossen war, verließ ihn zum erstenmal die Hoffnung. Er sah das Ende und gab an alle ihm unterstellten Einheiten den Befehl, den Soldaten Entlassungspapiere auszustellen, um ihre Gefangennahme zu verhindern.
So wie er an den Fronten seine Entschlüsse allein faßte, so blieb er auch in jenen Stunden allein, als er das Verhängnis über seine Front hereinbrechen sah. Es gab kein Ausweichen mehr. Deshalb stand es für Model fest: Er mußte den Tod auf dem Schlachtfeld finden.
In aller Ruhe schrieb er den letzten Brief an seine Frau und seine Kinder. Dann vertraute er seinen engsten Mitarbeitern an, daß er beschlossen habe, den Tod zu suchen. Überall, wo die Front brannte, tauchte Model auf. Aber der Tod nahm sein Opfer nicht an.
Der Gegner an dieser Front war der amerikanische General Matthew Ridgway. Dieser Kommandeur des XVII. Luftlandekorps sollte später in der Nachkriegsgeschichte Westdeutschlands und Europas noch eine Rolle spielen. Ridgway entsandte Captain Brandstetter, einen Offizier seines Stabes, als Parlamentär zu Model, um ihn zur Kapitulation zu bewegen. Model lehnte ab. Ein wenig später schickte Ridgway erneut Captain Brandstetter zu Model, diesmal mit einem persönlich gehaltenen Brief. Er bat Model einzusehen, daß die Niederlage vollständig und eine Kapitulation nichts Unehrenhaftes sei, wenn die Situation so sei, wie gegenwärtig. Es gehe auch darum, das Leben deutscher und amerikanischer Soldaten zu schonen und die weitere Zerstörung von Städten und Dörfern zu verhindern. Aber Model lehnte erneut ab. Das Wort Kapitulation gab es bei ihm nicht. Der Fahneneid war oberstes Gebot. Seine Soldaten sollten nach Hause und nicht in Gefangenschaft gehen.
Es war die Nacht vom 17. zum 18. April. In Models Begleitung befanden sich der IIa Oberst Pilling, der Ic Oberstleutnant i. G. Michael, der Id Major i. G. Behr. Sie fuhren in einem Spähwagen. Bei Ratingen durchbrachen sie die unaufhaltsam vordringenden Kolonnen der Amerikaner, um in einem Waldstück zu verschwinden, das von der Unbarmherzigkeit des Krieges noch nicht berührt schien.
Am 20. April 1945, Hitlers 56. Geburtstag, ließ Model das mitgenommene Funkgerät einschalten. Es sprach Reichsminister Goebbels. Während die sowjetische Artillerie die Reichshauptstadt mit schwerster Artillerie beschoß, verunglimpfte Goebbels die Ruhrarmee, der er Verrat vor-

warf. Model schüttelte den Kopf. Mit einem bitteren Zug um den Mund und den Worten: „Ich hätte nicht geglaubt, daß ich so enttäuscht würde, denn ich diente nur Deutschland", stand er auf und faßte den Entschluß, jetzt und hier aus dem Leben zu scheiden.
Noch einmal versuchten die Offiziere, den Feldmarschall zu einem anderen Entschluß zu bewegen. Aber Model blieb fest. Er lehnte ab, als man ihm empfahl, sich durch die alliierten Linien nach Mitteldeutschland durchzuschlagen.
Am nächsten Tag ging er mit Oberst Pilling durch den Wald. Er suchte seine Grabstätte aus. Unter einer Gruppe mächtiger Eichen fand er sie. Da zog der Generalfeldmarschall seine Pistole und erschoß sich. Oberst Pilling und Oberstleutnant Michael begruben ihn dort, wo er liegen wollte. In seinen persönlichen Unterlagen befand sich ein Zettel mit den Anfangszeilen eines Gedichtes:
„Als Sieger will ich kommen, sonst nicht..."
1955 erst wurde er nach Vossenack übergeführt.

MAJOR ERICH HARTMANN

Der erfolgreichste Jagdflieger der Welt

Sie nannten ihn „Bubi". Er war jung, zweiundzwanzig Jahre alt, schlank, mit frischem Gesicht unter hellblondem Haar, und Oberleutnant, als er das Eichenlaub mit Schwertern und Brillanten zum Ritterkreuz erhielt. Er war der erfolgreichste Jagdflieger der Welt, Fachleute bezeichnen ihn als Phänomen, als das er auch in die Kriegsgeschichte einging.
Auf den Kopf dieses „Bubi" hatten die Sowjets 10 000 Rubel ausgesetzt. Der Grund: innerhalb von 30 Monaten schoß Erich Hartmann 352 Flugzeuge ab! Er absolvierte im Jagdgeschwader 52 – mit fast 11 000 Luftsiegen war es das erfolgreichste Geschwader des letzten Krieges – 1428 Feindflüge und über 800 Luftkämpfe.
Nach der Kapitulation am 8. Mai 1945 lieferten die Amerikaner das Geschwader geschlossen an die Sowjets aus. Die waren erstaunt, als sie den „Schwarzen Teufel", wie sie Hartmann nannten (seine Maschine hatte eine schwarze „Schnauze"), leibhaftig vor sich sahen. Dieser Junge sollte 352 „Rote Falken" vom Himmel geholt haben? Sie wollten es anfangs nicht glauben. Sie hielten es nicht für möglich, daß dieser junge Offizier mit dem Kindergesicht fünf sowjetische Geschwader vernichtet haben sollte. Dann, als sie davon überzeugt waren, den „Richtigen" zu haben, verurteilten sie ihn am 27. 12. 1949 in einem „Prozeß" zu 25 Jahren Zwangsarbeit. Einige Monate später erfolgte die zweite Verurteilung: „... wird mit weiteren 25 Jahren Zwangsarbeit bestraft!"
Zehneinhalb Jahre dauerte die Haft. 1955 kehrte er zurück, ein vom Schicksal geprägter junger Man mit einem alt gewordenen Gesicht, in dem jedoch helle Augen Energie, Lebenswillen und Trotz widerspiegelten.

Oktober 1955.
Im Heimkehrerlager Friedland an der Zonengrenze läuteten die Glokken. Transporte mit deutschen Kriegsgefangenen aus der Sowjetunion trafen ein. Menschen weinten, jubelten, fielen sich um den Hals. Die Freude des Wiedersehens mit dem Sohn, dem Ehemann oder dem Vater schnürte die Kehlen zu, preßte die Herzen zusammen.

In den Verwaltungsgebäuden wurde es dann sachlicher. Registrierkarten lagen gehäuft. Nummern wurden aufgerufen, Geld ausgegeben, Imbisse und Zigaretten verteilt. Irgendwo wurden Anzüge anprobiert und dann Namen aufgerufen. Die ehemaligen Soldaten standen wieder „Schlange".

„Sie heißen?"

„Hartmann... Erich Hartmann."

Die alte Dame, an deren Halskrause eine Brosche mit dem Roten Kreuz steckte, sah einen Augenblick vom Registrierblock auf. Ihre dunklen Augen blickten in ein Gesicht, in das zehn Jahre Gefangenschaft und Gefängnis Kerben und Falten gegraben hatten.

„Hartmann?" fragte sie.

Der entlassene Rußlandheimkehrer in der abgewetzten Fliegerjacke nickte. „Erich Hartmann, Major a. D...." Er lächelte und meinte beiläufig: „Das war einmal... vorbei ist vorbei..."

„Ich... ich... das heißt, mein Sohn, der sprach immer von einem Fliegeroffizier, der Hartmann hieß. Einer mit zahlreichen Abschüssen."

Sie strich verlegen über das Papier. „Mir fällt das gerade so ein, weil ich jetzt Ihren Namen lese."

Der Heimkehrer schaute die alte Dame interessiert an. „Ich war Fliegeroffizier", sagte er nach einer kleinen Pause.

Die Frau hob den Kopf. Sie musterte den jungen Mann mit dem ernsten Gesicht und den hellen Augen.

„So, Sie waren Flieger? Vielleicht sind Sie der Hartmann, von dem mein Junge immer sprach? Er wollte so fliegen können wie Sie."

„Nun, vielleicht wird man wieder fliegen können – ich meine, vielleicht kann ich Ihren Sohn einmal sprechen, wir könnten uns unterhalten."

Er sah nicht, wie die Frau die Lippen zusammenpreßte, und wie dann, als habe sie eben einen Gedanken verscheucht, ein Lächeln um ihren Mund huschte. „Mein... Junge ist gefallen... kurz vor Kriegsschluß."

Der Heimkehrer zog an seiner Zigarette. Was konnte er ihr schon sagen? Die Frau spürte seine Verlegenheit, ahnte seine Gedanken. Sie wollte den jungen Mann nicht länger aufhalten.

„Da bin ich aber froh, daß ich mit Ihnen noch einmal sprechen konnte. Wenn das der Junge erlebt hätte", sagte sie. „Er erzählte, daß Sie einer der erfolgreichsten Flieger waren. Sie waren Jäger, nicht wahr? Mein Junge war es auch."

Der Heimkehrer nickte. Plötzlich fragte die Frau: „Sie waren hoch ausgezeichnet? Ich erinnere mich..."
Sie sah auf die Stelle, an der früher einmal das Ritterkreuz mit dem Eichenlaub, den Schwertern und den Brillanten gehangen hatte.
„Ja, wie man's nimmt", sagte er.
Als der Heimkehrer Erich Hartmann ging, rief sie ihm noch nach: „Alles Schöne und Gute für die Zukunft." –

Ein einziger Mann schoß 352 feindliche Maschinen vom Himmel. Ein einziger! Und das in erstaunlich kurzer Zeitspanne. Erich Hartmann brauchte nicht länger als zwei Jahre dazu. Als er flog, kündigte sich gerade das Ende von Stalingrad an. Die sowjetischen Piloten hatten an fliegerischem Können aufgeholt und starteten mit Maschinen, die den deutschen kaum noch unterlegen waren. Die Zeit, in der die „Ratas" vom Himmel fielen, war vorbei. Denn die deutschen Geschwader wurden schwächer, die Verluste stiegen, und die weiten Fronten fraßen Mensch und Material.
Erich Hartmann hatte eine Vorliebe für Kämpfe in 8000 Meter Höhe. Hier fühlte er sich am wohlsten. Es gab Jäger, die nicht über 3000 Meter stiegen. Andere wiederum waren ausgezeichnete Piloten, dafür weniger erfolgreich im Kampf. Sie hatten nicht den Nerv, im richtigen Augenblick die Auslöseknöpfe der Bordwaffen zu bedienen.
Hartmann war kein Kunstflieger, kein technischer Fachmann wie Mölders, Gollob oder Galland. 1943, als seine Erfolgsserie begann, konnte man weder das eine, noch das andere ausschließlich tun. Die Zeit raste – und die Devise hieß: vernichten!
352mal kehrte Erich Hartmann als Sieger in seinen Einsatzhafen zurück. 352mal leuchtete eine stürzende Brandfackel am russischen Himmel auf. 352mal unterlag der Gegner.
Unter Hartmanns Opfern befanden sich 261 Jagdmaschinen und 91 Zweimotorige. Fast alle Typen der sowjetischen Luftwaffe befanden sich auf seiner Abschußliste: das gefährlichste Schlachtflugzeug, die IL-2 „Stormowik", die MIG-1, die U-2, die I-16 Rata, die Airacobra, die Boston (Pacht- und Leihlieferung der USA), die LaGG-3 und 5, die Jak 7, die Pe-2.
Im Geschwader wußte man, daß er zu Beginn seiner Laufbahn, Schwierigkeiten mit der Me 109 gehabt hatte. Aber das dauerte nicht lange. Erich Hartmann, am 19. April 1922 in Weißach in Württemberg ge-

boren, war ein ausgezeichneter Segelflieger. Der Sohn eins Arztes war fliegerisch „erblich belastet". Denn seine Mutter war eine hervorragende Pilotin, die den Privatpilotenschein erworben hatte und eine Klemm 27 flog. Jeden Sonntag konnte man auf dem Flugplatz Böblingen – die Hartmanns waren mittlerweile nach Weil im Schönbuch gezogen – die junge, hübsche Frau mit ihren beiden Söhnen fliegen sehen. Was Wunder, wenn Erich Hartmann, der schon als Junge ein vertrautes Verhältnis zum Flugzeug hatte, später mit der Jagdmaschine gewissermaßen eine Einheit wurde?

Als Hartmann nach dem Abitur als Offiziersanwärter 1940 zur Luftwaffe ging, konnte er nicht ahnen, daß er die Abschußerfolge des beliebten Mölders noch übertreffen würde. Noch nicht einmal in seinen kühnsten Träumen kam ein solcher Gedanke auf. Mit zwanzig Jahren – am 31.3.1942 Leutnant – wurde er am 8.10.1942 an die kaukasische Front zum Jagdgeschwader 52 versetzt, dessen Kommodore Major Hrabak war. Zwei Tage später abkommandiert zur III. Gruppe des Majors v. Bonin und der 7. Staffel in Soldatska, die später Oberleutnant Krupinski führte.

Gleich zu Anfang hatte er Pech: beim ersten Feindflug am 14.10.1942 machte er Bruch. Er sah sich verfolgt und glaubte, sein letztes Stündlein habe geschlagen – da setzte er zur Notlandung an. Als er wieder bei der Gruppe war, stauchte ihn Major v. Bonin zusammen. Hartmann hatte in der Hitze des Gefechtes seinen eigenen Rottenflieger Rossmann für einen „Roten Falken" gehalten. Diesen „Fehlstart" vergaß Hartmann nie. Etwas ähnliches sollte ihm nie wieder passieren. Er wollte lernen, lernen, lernen. Und dazu hatte er reichlich Gelegenheit.

Da war der damals schon als As bekannte Oberleutnant Krupinski mit 70 Abschüssen (insgesamt 197), die Ritterkreuzträger und Feldwebel Paul Rossmann und Dammers, Major v. Bonin, Leutnant Grislawski, Oberleutnant Rall (insgesamt 275). Durchweg erfahrene Jäger, Draufgänger, hervorragende Flieger, Männer mit eisernen Nerven. Von ihnen wollte und konnte Hartmann lernen. Es war Leutnant Grislawski, der ihm beibrachte, wie die schwergepanzerte IL-2, das Schlachtflugzeug, das schier kaum abzuschießen war, tödlich getroffen werden konnte. Grislawski war so etwas wie Spezialist für IL-2-Abschüsse. „Du mußt den Ölkühler treffen. Und das kannst du nur, wenn du die IL-2 unterfliegst."

Am 5. November 1942 gab es Alarmstart. 18 IL-2 griffen die deutsche

Infanterie, die sich auf dem Vormarsch befand, pausenlos an. Zehn LaGG gaben Jagdschutz. Die Sowjets waren zahlenmäßig überlegen, wie immer. Aber die Männer des JG 52 griffen an.
Hartmann flog an diesem Nachmittag mit Oberleutnant Trepte, dem Adjutanten des Gruppenkommandeurs. Über Digora stellten sie den Feind. Hartmann nahm sich eine IL-2 vor, griff sie an, schoß. Aber die Geschosse prallten von der Panzerung des Flugzeuges ab. Da erinnerte er sich der „Regieanweisung“ Grislawskis. Er flog unter die Maschine, und als er 60 Meter von ihr entfernt war, schoß er. Treffer! Eine schwarze Rauchwolke drang aus der IL-2, die sich sofort nach Osten absetzte. Hartmann hinterher, schoß, die IL-2 explodierte. Der erste bestätigte Luftsieg war errungen!
Es dauerte lange, bis Hartmann den zweiten verzeichnen konnte. Am 27.2.1943 – das Jahr der großen Siege – war es eine MIG-1, die er über Armavir abschoß. Aus der Sonne tauchten kleine, blinkende Sternchen auf. Immer schneller stürzten sie auf die deutschen Flugzeuge, die den Himmel nach Gegnern absuchten.
„Achtung, Indianer aus der Sonne!“ quäkte es im Sprechfunk. Hartmann flog ruhig weiter. Er wollte warten, bis einer der Sowjets vor ihm flog. Da erblickte er einen alleinfliegenden Gegner! Gas gedrückt und volle Fahrt! Er hörte noch im Kopfhörer: „Achtung, der ist gefährlich!“ – Aber da sah er nur noch seinen Gegner, der ihn jetzt ebenfalls erkannt hatte. Hartmann nahm eine harte Rechtskurve und setzte sich hinter die MIG. Aber der Pilot war ein alter Fuchs, der fliegen konnte und auf solche Mätzchen nicht hereinfiel. Hartmann zog die Maschine höher... immer höher. Die Nadel auf dem Armaturenbrett zeigte 6500 Meter. Sie kurbelten immer weiter und malten verrückte Kondenszeichen an den Himmel.
8000 Meter zeigte der Höhenmesser. Hartmann mußte höllisch achtgeben, sonst war das sein letzter Einsatz. Denn der Gegner verstand etwas vom Fliegen.
Und dann sah er ihn wieder über sich. Weshalb schoß der nicht? Als er instinktiv den Kopf herumriß, sah er die MIG im Sturzflug auf sich zukommen. Der muß verrückt sein, dachte Hartmann und sah die Maschine immer größer werden, immer schneller heranrasen. Noch höchsens drei Sekunden konnte es dauern, dann...
Hartmann war so fasziniert von dem Manöver seines Gegners, daß er wie gebannt auf die MIG starrte. Plötzlich knisterte es im Kopfhörer.

Hartmann zuckte zusammen – das war sein Glück – und erwachte aus dem beinahe tödlichen Traum.

Nun tat er etwas, womit der Gegner nicht gerechnet hatte. Er zog seine Maschine hoch und raste in geringster Entfernung, so daß sich beinahe die Tragflächen der Flugzeuge berührt hätten, über den Russen hinweg. Eine große Schleife zog er, setzte sich hinter ihn und schoß, als er ihn im Visier hatte.

Der Schreck über so viel Kaltschnäuzigkeit, das Erstaunen über so viel Ruhe und Frechheit, mußten dem sowjetischen Piloten in die Knochen gefahren sein. Er hatte keine Zeit mehr zur Abwehr. Er raste mit der brennenden Maschine in die Tiefe.

Seit jenem Duell in 8000 Meter Höhe wußte der junge Leutnant, was man tun mußte, um zu siegen. Und diese Siege reihten sich nun wie Perlen an einer Schnur. Vier bis fünf Abschüsse an einem Tage bei fünf Einsätzen waren keine Seltenheit. In einer einzigen Woche waren es 17. Im Monat August 45. Am 20. August wollte Hartmann seinen 89. und 90. Gegner abschießen.

Alarmstart – über der deutschen HKL kreisten 40 Schlachtflugzeuge IL-2 Stormowik und machten den Infanteristen das Leben zur Hölle. Die Jäger sollten den deutschen Soldaten „Luft" machen.

Es war gegen sechs Uhr, als die Staffel Me 109 den Feind sichtete. Hartmann setzte sich hinter eine IL-2, schoß sie ab, drehte weg und griff eine zweite an. Der 90. Abschuß – die IL-2 stand in Flammen. Plötzlich setzte der Motor aus, Qualm drang in die Kabine. Er hatte doch gar keinen Einschlag gespürt. Er hatte nur eine Chance, aus dem Hexenkessel herauszukommen, wenn er versuchen würde, die Maschine notzulanden.

Als die Me neben einem Sonnenblumenfeld am Boden entlangschepperte, glaubte sich Hartmann in Sicherheit. Ein LKW, deutsches Modell, näherte sich der Maschine. Die beiden Männer, die absprangen und auf Hartmann zukamen waren – Russen!

Der erste Gedanke war: Gefangenschaft. Doch Hartmann setzte alles auf eine Karte. Er simulierte den Verwundeten. Die Sowjets hoben ihn behutsam aus der Me – setzten ihn auf die Planke des LKW. Dann geschah etwas, was aus einem Karl-May-Roman stammen könnte. Hartmann gab einem der Sowjetsoldaten einen Stoß, sprang vom Wagen und rannte ins Sonnenblumenfeld. Die verblüfften Sowjets hinterher, schießend, rufend. Aber für Hartmann ging es um Leben und Tod.

Das Artilleriefeuer war sein Kompaß. So schlich er sich durch die sowjetischen Linien. Und nach 36 Stunden, als die Vermißtenmeldung bereits weitergeleitet war, meldete er sich bei seinem Kommandeur. „Leutnant Hartmann vom Feindflug zurück!" –

Im September übernahm er eine Staffel. Am 29. 10. 1943, als er über Kirowograd eine LaGG-7 und eine Airacobra abschoß und seinen 147. und 148. Luftsieg meldete, wurde ihm das Ritterkreuz verliehen. Am 2. März 1944 hatte er 202 Sowjetflieger vom Himmel geholt. Dafür erhielt er – zusammen mit Oberleutnant Krupinski – das Eichenlaub. Die Beförderung zum Oberleutnant erfolgte am 18. März 1944. Am 1. Juli schoß er den 250. Gegner ab. Dafür wurde er mit den Schwertern zum Eichenlaub ausgezeichnet.

Am 25. August malten seine Kameraden auf eine riesige Buttercremetorte die Zahl 300. Das war an einem Nachmittag, als er fünfmal wakkelnd über den Platz flog und die Bodenstelle mithörte, wie der Oberleutnant Hartmann den „dreihundertsten" Gegner abschoß. Am gleichen Tage bekam er die Brillanten verliehen. Er war der erfolgreichste Jagdflieger der Welt!

Er flog ins Führerhauptquartier Wolfsschanze, dorthin, wo am 20. Juli das Attentat auf Hitler stattgefunden hatte. Hartmann war kurz nach dem Anschlag, am 3. August, schon einmal bei Hitler gewesen, um die Schwerter in Empfang zu nehmen. Nur drei Wochen später, am 26. August, nahm er die Brillanten entgegen.

Wie es nach dem Attentat Vorschrift war, durfte kein Offizier mehr in Hitlers Gegenwart eine Waffe tragen. Pistolen wurden abgegeben, jeder Besucher mußte sich einer Leibesvisitation unterziehen. Dieses unwürdige Schauspiel wollte Hartmann nicht mitmachen. Genauso wie Oberst Rudel verbat er sich die Kontrolle und sagte zu Hitlers Luftwaffenadjutanten, dem Obersten v. Below: „Bitte sagen Sie dem Führer, daß ich die Brillanten nicht haben will, wenn er kein Vertrauen zu seinen Frontoffizieren hat."

Der Oberst sprach mit dem Sicherheitsoffizier – und Hartmann durfte mit umgeschnallter Pistole ins Arbeitszimmer Hitlers eintreten. Dort nahm er das Koppel mit der Pistole ab, hängte es an den Kleiderständer und trat auf Hitler zu. Später, im Speiseraum, erklärte Hitler dem erstaunten Oberleutnant, daß der Krieg militärisch zwar verloren sei, aber die Hoffnung bestehe, daß sich Amerikaner und Russen aus politischen Gründen entzweien könnten und dadurch für Deutschland die

Chance zum Abschluß eines fairen Waffenstillstandes. „Wir dürfen nicht von den bolschewistischen Horden überrannt werden!", sagte Hitler. „Das wäre das Ende Europas."

Am 1. September 1944 erfolgte Hartmanns Beförderung zum Hauptmann, am 1. November übernahm er die 1. Gruppe im J. G. 52. Am 1. 3. 1945 wurde er abkommandiert und auf die Me 262, die legendäre Turbinenmaschine, umgeschult. Er blieb nicht lange dabei, denn sein Kommodore, Brillantenträger Oberst Hermann Graf, holte ihn wieder zurück. Bis zum 8. Mai, dem Tag der Kapitulation, schoß Hartmann noch weitere 52 Feindmaschinen ab. Die letzte am 8. Mai. Es war eine Jak II, mit der ihr Pilot, angesichts der bevorstehenden deutschen Kapitulation, im Siegestaumel Loopings drehte. Hartmann spürte, wie er später sagte, plötzlich Haß in sich aufsteigen. Er hatte von den Greueln der Sowjets gehört – und er sah Rot. Später sagte er, als er viel Zeit zum Nachdenken hatte: „Ich habe einen Abschuß zuviel."

Die Kapitulation sollte, so wollte es Oberst Graf, bei den Amerikanern erfolgen. In Deutsch-Brod, wo das Geschwader lag und sich viele Angehörige, Frauen und Kinder der Soldaten aufhielten, herrschte Unruhe. An jenem 8. Mai erhielt Kommodore Graf einen Befehl durch Funkspruch, dessen Befolgung das Schicksal zweier Männer entschied: „Graf und Hartmann fliegen sofort nach Dortmund, um sich den britischen Streitkräften zu ergeben. Das übrige Personal J.G. 52 wird in Deutsch-Brod bei den sowjetischen Truppen kapitulieren. Seidemann, Kommandierender General des Fliegerkorps."

Oberst Graf hielt das Papier in der Hand, als er Hartmann von dem soeben eingegangenen Befehl verständigte. „Der General will nicht, daß wir als Brillantenträger in russische Gefangenschaft geraten. Mit uns wird man nicht viel Federlesens machen und uns gleich an die Wand stellen. Wir haben zusammen 550 Sowjetmaschinen abgeschossen, denken Sie daran!"

Hartmann fragte, ob sie denn beide dem Befehl gehorchen sollten. Graf schüttelte den Kopf, ging zur Zelttür und öffnete sie einen Spalt. „Draußen sind mehr als 2000 Angehörige unserer Männer, alte Leute, Frauen, Kinder, Flüchtlinge, die sich auf uns verlassen, die uns vertrauen. Diese Menschen sind völlig wehrlos. Glauben Sie wirklich, ich könnte mich in eine Me 109 setzen und sie im Stich lassen und nach Dortmund fliegen?" Hartmann verstand. „Das wäre Verrat", antwortete er. Oberst Graf atmete auf. „Ich bin froh, daß Sie mit mir der gleichen

Meinung sind. Ich habe eigentlich etwas anderes nicht erwartet. Wir vergessen den Befehl, sagen den Leuten nichts und werden versuchen, bei den Amerikanern zu kapitulieren!"
Dann gab der Kommodore den Befehl, alle Maschinen zu verbrennen. Er ließ einen Konvoi zusammenstellen und zog mit ihm zu den 100 Kilometer entfernt liegenden amerikanischen Truppen der 90. Infanteriedivision in Pisek.
Acht Tage später lieferten die Amerikaner das J.G. 52 mitsamt den Frauen und Kindern an die Sowjets aus. Das Martyrium begann, zuerst für die Frauen und Kinder, die sofort von den Männern und Vätern getrennt wurden. Die Sowjetsoldaten betrachteten sie als persönliche Beute. Die deutschen Soldaten mußten mitansehen, wie die Soldateska ihre Frauen und Töchter schändete und erschlug.
Diese erste Station einer zehneinhalbjährigen Passion prägte sich in Hartmann für immer ein. Was dann kommen sollte, war persönlich hart und schwer, doch das Gesehene und Erlebte blieb das Schrecklichste.
Die Odyssee durch die Gefangenenlager, die Hartmann erlebt hatte, würde die Seiten eines Buches füllen. In diesen Jahren durchmaß er alle Höhen und Tiefen, die ein Mensch zu erleiden fähig war. Der General, der zum Kriecher vor dem NKWD und der Antifa wurde, und der unbekannte Feldwebel, der durch seine menschliche Größe Vorbild wurde. Hier erlebte Hartmann zum erstenmal, wer in Wirklichkeit „echt" war, welche Persönlichkeit bisher hinter Orden, Ehrenzeichen und Dienstgrad gesteckt hatte.
Es dauerte nicht lange, bis die Sowjets den „Marktwert" des Gefangenen Erich Hartmann erkannten. Zuerst versuchten sie es mit Schmeicheleien, priesen ihn als den erfolgreichsten Jagdflieger der Welt. Als Hartmann darauf nicht hereinfiel, vielmehr dahinter einen Trick vermutete und sich abweisend verhielt, zogen sie andere Saiten auf.
Im Offizierslager Gryasowetz regierten der NKWD-Hauptmann Uwarow und sein Genosse Klingbeil, ein emigrierter deutscher Kommunist. Eines Tages ließ Klingbeil den Gefangenen Hartmann zu sich kommen. Nachdem er ihm Platz und eine Zigarette angeboten hatte, sagte er, freundlich lächelnd: „Wissen Sie, mein Lieber, daß wir Sie schon längst nach Hause schicken wollten?" Lauernd wartete er auf Hartmanns Reaktion. „Ja, das wollten wir... obwohl wir glauben, daß Sie sofort im Westen wieder mitmachen würden, stimmt's?"
Hartmann schüttelte den Kopf. „Nein, ich habe erst einmal die Nase

Das ist noch einmal gutgegangen. Mit havarierter Maschine und leichter Verwundung kehrt Walter Nowotny vom Feindflug zurück.

Vor dem Start auf der Me 110, Lent links.

Helmut Lent war 26 Jahre alt, Oberstleutnant, und führte bis zu seinem Tode am 5. 10. 1944 mit 102 Siegen die Liste der erfolgreichsten Nachtjäger an.

SS-Oberstgruppenführer und Generaloberst der Waffen-SS Sepp Dietrich zeichnet Männer der *SS-Leibstandarte Adolf Hitler* aus.

Sepp Dietrich, Kommandeur der *Leibstandarte Adolf Hitler*, bei Kapitulationsverhandlungen mit griechischen Offizieren im Mai 1941.

Sepp Dietrich bei einer Lagebesprechung mit dem I a einer Panzerdiv. auf dem Vormarsch in der Normandie.

Am Scherenfernrohr
während der Orel-Schlacht,
Juli 1943

Heeresgruppe Nord,
Januar 1944 (links
SS-Hauptsturmführer
Macker)
▼

FM Walter Model im Winter 1944/45 als Oberbefehlshaber der Heeresgruppe B im Gespräch mit Soldaten.

FM Model besucht am 9. 10. 1944 den vorgeschobenen Gefechtsstand der 246. Volksgrenadierdivision im Raum Aachen.

GenFM Walter Model im Frühsommer 1944 als OB der Heeresgruppe Nordukraine.

Vortrag der Lage durch den OB der Heeresgruppe B, FM Model, vor dem neuernannten OB West, FM Kesselring, März 1945 (rechts Gen Westphal).

Reichsmarschall Göring und der Gen. der Jagdflieger Adolf Galland zu Besuch bei Gruppenkommandeur Erich Hartmann (Sommer 1944).

Erich Hartmann wird am 25. 8. 1944 nach seinem 301. Luftsieg vom Bodenpersonal mit Blumen gefeiert.

Am 25. 8. 1944 erhielt Ob.Lt. Erich Hartmann nach seinem 300. Luftsieg das Eichenlaub mit Schwertern und Brillanten.

GFM v. Rundstedt im Hauptquartier von General Balck.

Generaloberst Guderian läßt sich bei der Armeegruppe Balck im Frühjahr 1945 vor Budapest die Lage erläutern.

Während des Frankreichfeldzugs 1940 in Juniville haben die Soldaten des Oberstleutnants Balck eine französische Fahne erobert. Balck übergibt sie dem General der Panzertruppen Heinz Guderian.

General Ramcke zeichnete sich als Fallschirmjäger auf Kreta ebenso aus wie in Afrika.

Auf dem afrikanischen Kriegsschauplatz schlug sich Ramcke mit seiner Truppe 50 km durch den Feind. Er paßte sich dabei den Lebensgewohnheiten in der Wüste an.

General Ramcke, dem am gleichen Tage die Schwerter und die Brillanten verliehen wurden, nach der Kapitulation der Festung Brest auf dem Weg in die Gefangenschaft.

Erfahrungsaustausch mit Kameraden eines Nachbargeschwaders

voll. Und außerdem haben die andere Leute an der Spitze. Ich bin Flieger, aber kein taktischer Führer."
„Gewiß, im Westen haben sie andere. Männer, die schon größere Verbände geführt haben. Aber Sie, Hartmann, Sie kennen die sowjetische Luftwaffe wie kaum ein anderer. Sie würden uns gefährlich werden, wenn wir Sie entließen." Er lächelte und goß sich ein Glas Wodka ein. „Aber wir geben Ihnen eine Chance, dennoch aus der Gefangenschaft entlassen zu werden... eine große Chance."
„Und welche, wenn ich fragen darf?"
„Ganz einfach, mein Lieber, Sie verpflichten sich, in Ostdeutschland zu bleiben. Sie übernehmen ein Kommando in der dortigen Luftwaffe. Sie können sich sogar Ihren Posten aussuchen. Sagen Sie ja – und wir fahren Sie in den nächsten Tagen nach Moskau, wo wir Sie mit Persönlichkeiten der DDR bekannt machen werden. Dann werden Sie über Ihre Aufgabe unterrichtet – und Sie können nach Deutschland fahren!"
Hartmann wollte Zeit gewinnen. Wenn er erst einmal in Ostdeutschland war, würde er auch bald die Gelegenheit bekommen, sich nach Westen abzusetzen. Das war keine Frage. Darum sagte er: „Das müßte ich mir erst einmal überlegen... ich meine, Ihren Vorschlag."
„Aber mein Lieber, da gibt es doch nichts zu überlegen. Sie können froh sein, daß Sie die Chance bekommen. Der Preis, der zu zahlen ist, ist augenblicklich nicht sehr hoch."
Hartmann blickte überrascht auf. „Was für ein Preis? Und wie hoch ist er, wenn ich fragen darf?"
Klingbeil beugte sich ein wenig über den Tisch und ließ das Gesicht seines Gegenübers nicht aus den Augen. Langsam, jedes Wort betonend, sagte er: „Sie liefern uns einen Vertrauensbeweis, verstanden? Wir können Sie doch nicht so einfach laufen lassen. Wir wollen sehen, ob Sie sich unseres Vertrauens würdig erweisen."
Dann zog der NKWD-Hauptmann eine Liste aus der Aktentasche und las zehn Namen vor. Namen bekannter Offiziere, die mit Hartmann im Lager saßen, und die er gut kannte. „Sie geben uns eine Charakteristik, Hartmann, verstehen Sie?"
Dann fragte er den Gefangenen, ob er davon wisse, daß diese Offiziere mit militärischen Stellen in Westdeutschland Verbindung hätten.
„Ich verstehe Sie nicht, Herr Hauptmann", sagte Hartmann. „Sie fordern mich zu einem niederträchtigen Spitzeldienst auf! Aber diesen Preis bezahle ich nicht!"

Klingbeil versuchte einzurenken, bat, schimpfte, drohte. Und dann meinte er kleinlaut: „Kommen Sie Hartmann, unterschreiben Sie diesen Brief. Mehr brauchen Sie nicht zu tun. Dann sind Sie ein freier Mann."

Hartmann starrte auf das Stück Papier. Wenn er es unterschriebe, würde es ihn aus der Ungewißheit des Gefangenenlebens entlassen. Eine Unterschrift nur! Aber er wußte auch, daß er mit dieser Unterschrift wohl sein eigenes Leben in Sicherheit bringen, das Leben von zehn anderen Kameraden aber gefährden würde. „Nein, Herr Hauptmann... ich werde nicht zur Kanaille!" sagte er ruhig.

Klingbeil sprang empört auf. „Scheren Sie sich zum Teufel, Sie Nazischwein!" brüllte er.

Nur wenige Tage später befahl NKWD-Hauptmann Uwarow, der Lagerkommandant, Hartmann zu sich. Es begann das gleiche Spiel wie bei Klingbeil. Auch hier sollte Hartmann ein Papier unterschreiben, das in russischer Sprache abgefaßt war. „Ich tue es nicht, wenn es nicht übersetzt ist", antwortete er. Uwarow wurde wütend. „Ich bin sowjetischer Offizier, und Sie müssen mir glauben", brüllte er. Doch Hartmann ließ sich nicht überreden. „Erst übersetzen", forderte er. Wütend trommelte Uwarow mit den Fäusten auf den Tisch. „Du verdammtes Faschistenschwein wirst dafür büßen. Wir können alles mit dir tun, du Dreckschwein, alles. Niemand wird erfahren, was mit dir passiert ist. Rußland ist groß und weit..."

„Nein, ich unterschreibe nicht", beharrte Hartmann und sah dem NKWD-Offizier ins rot angelaufene Gesicht. Das war für Uwarow zu viel. „Du wirst arbeiten bis dir die Knochen platzen...", tobte er.

Hartmann wunderte sich später, daß er gelassen fragen konnte: „Ist das alles?" Er hatte nicht mit Uwarows Reaktion gerechnet, der jetzt eiskalt erwiderte: „Nein, du hast einen sowjetischen Offizier beleidigt. Dafür bekommst du zehn Tage Bunker!"

Als die Wache Hartmann wegbrachte, ahnte er noch nicht, wie es ihm im Bunker ergehen würde. In einem dreckigen und stinkenden, aus Steinen gemauerten Verlies von drei Meter Länge und 1,2 Meter Breite, das kaum beleuchtet war und nur eine kleine Büchse als Toilette aufwies, verbrachte er zehn Tage. Er mußte auf dem Boden schlafen und fror jämmerlich. Täglich erhielt er zwei Liter Wasser und 600 Gramm Brot.

Am 27.12.1949 wurde ihm und anderen Kameraden der Prozeß ge-

macht. Ein „Kriegsgericht“ trat zusammen, und der Anklagevertreter verlas das „Sündenregister“. Er warf Hartmann die Vernichtung von 352 Sowjetflugzeugen vor, die Erschießung von 780 russischen Zivilpersonen und Sabotage an der russischen Wirtschaft. Hartmann sollte durch die Beschießung eines Mehlkombinats und einer Brotfabrik die Tagesproduktion von 16 auf 1 Tonne herabgesetzt haben.
Hartmann, der über diese Vorwürfe lächelte, konnte nachweisen, daß er nie in der Gegend gewesen war, in der man ihn als „Kriegsverbrecher“ angeblich suchte. Er war Soldat, und auf Zivilisten hatte er niemals geschossen. Aber der Richter sagte: „Das macht nix, Sie haben Luftkampf gemacht und auch einmal danebengeschossen. Diese Geschosse fielen dann zu Boden, haben Menschen getötet, verstehn?“
Als Hartmann den Kopf schüttelte, meinte der Mann in der Uniform eines Hauptmanns: „Das macht auch nix. 25 Jahre Zwangsarbeit... verstehn jetzt? No, gutt!“
Hartmann gehörte nicht zu jenen, die aufgaben oder resignierten. Vielmehr versuchte er durch seine Haltung die Schwachen aufzurichten. Er trat in den Hungerstreik, weil die Verhältnisse im Lager mehr als menschenunwürdig waren. Als Sprecher der Mitgefangenen beugte er sich nicht ein einziges Mal der Brachialgewalt des NKWD. So auch nicht im Lager Schachty, in das man ihn und die Kameraden nach der Verurteilung gebracht hatte. Da auch hier die Verhältnisse katastrophal waren, organisierte er einen Aufstand, der in die Annalen der sowjetischen Kriegsgefangenschaft deutscher Soldaten eingehen sollte. Nachdem er vergebens den Lagerkommandanten gebeten hatte, die Mißstände abzustellen, besetzte er mit den eingeweihten Mitgefangenen das Verwaltungsgebäude, entwaffnete die Posten und telefonierte aus dem Zimmer des Kommandanten mit dessen Vorgesetztem, einem General, in Rostow, schilderte ihm die Situation und bat ihn, eine Kommission zu entsenden, die menschenwürdige Zustände im Lager garantieren sollte.
Die Kommission kam, aber Hartmann wurde mit den Rädelsführern des Aufstandes ins Gefängnis Iwonowo eingeliefert und dann anschließend an den Händen gefesselt wie ein Schwerverbrecher, nach Nowotscherkassk gebracht. Neun Monate saß er dort, davon fünf Monate im Bunker. Dann trat ein Scheingericht zusammen. Es warf ihm „Anzettelung eines Aufstandes der Zivilbevölkerung von Schachty gegen die Sowjetregierung“ vor. Die Sowjets: „Wir haben außerdem Beweise, daß Sie

die Bestrebungen der internationalen Bourgeoisie unterstützen und Verbindung zu den konterrevolutionären Bandera-Banden unterhalten."
Hartmann bestritt. Er kannte gar keinen Mann namens Bandera. Er wußte nicht, daß dieser Ukrainer den Befreiungskampf seines Volkes gegen die Sowjets noch lange nach Kriegsschluß weiterführte.
Das Gericht entschied: „Weitere 25 Jahre Zwangsarbeit für diesen Angehörigen der internationalen Bourgeoisie!"
Hartmann nahm auch dieses Urteil gelassen entgegen. Er wußte, daß die Sowjets keine Gnade kannten, es sei denn, man nahm ihre Vorschläge zum Spitzeldienst an. Aber er wurde nicht zur Kanaille, wie er schon dem Hauptmann Klingbeil erklärt hatte.
1953 wurde Hartmann ins Lager Diatewka verlegt. Ein Jahr blieb er dort, dann schob man ihn aber wieder ins Gefängnis nach Nowotscherkassk ab. Dann eines Tages wurde wahr, was alle erhofften, viele aber nicht glauben konnten. Der Besuch des Bundeskanzlers Dr. Konrad Adenauer in Moskau machte sich auch im Gefängnis bemerkbar. Die Gefangenen wurden nicht mehr beschimpft und beleidigt und brauchten auch nicht mehr mit dem Gesicht zur Wand stehen, wenn ein Aufseher vorbeikam. Jetzt waren sie wieder Kriegsgefangene.
Die angekündigte Freiheit nahm den Männern fast den Atem. Hartmann bekam seine Fliegerjacke, und dann fuhr er nach Deutschland. Nach zehneinhalb Jahren kehrte er heim. Die Kameraden, die er hatte denunzieren sollen, waren längst vor ihm in die Heimat zurückgekehrt.
Schon wenige Tage nach seiner Rückkehr besuchten ihn einige seiner früheren Mitgefangenen. Die meisten von ihnen waren wieder Soldaten und trugen Uniform. „Komm zur Luftwaffe! Da kannst du wieder fliegen", sagten sie. Aber Hartmann glaubte nicht daran. Erst wollte er sich von den Strapazen der Gefangenschaft erholen.
Später stellte er sich die Frage, von deren Beantwortung die Zukunft abhängen würde: Was wirst du tun? Er konnte ja nichts anderes als fliegen. Jetzt noch einen Beruf erlernen? Nein, das würde er kaum schaffen. Nach all dem Erlebten, nein.
Natürlich reizte es ihn, wieder zu fliegen. Zehneinhalb Jahre hatte er nicht mehr am Steuerknüppel gesessen. Aber er wußte auch, daß die neue Bundeswehr mit Düsenmaschinen flog. Doch dies würde er auch bald können, schließlich hatte er noch 1945 mit der Me 262 geübt.
1956 entschied er sich – und ging zur Bundeswehr. Als Major wurde er eingestellt. Erst nach vier Jahren, am 12. 12. 1960, beförderte man

ihn zum Oberstleutnant. Sicherlich lag es daran, daß Hartmann kein bequemer Untergebener war. Er nannte die Dinge beim Namen. So hatte er es immer gehalten, vor allen Dingen in der Gefangenschaft. Er kniff vor niemandem!

Bald schon stellte er fest, daß die Bundeswehr mehr verwaltet als geführt wurde. Der Ausbildungsstand war mangelhaft, gemessen an dem der Sowjetsoldaten sogar katastrophal. Dieser Betrieb war nicht nach seinem Geschmack. Ihn störte, daß weniger der Tüchtige als vielmehr der Protegierte zum Zuge kam. Kasinoallüren zählten mehr als soldatisches Verhalten.

Die Bürokraten in der Bundeswehr intrigierten gegen ihn, die Vorgesetzten bezeichneten ihn als „unbequem". Aber in der NATO beurteilte man ihn anders: „Hartmann ist ein erstklassiger Flieger und außergewöhnlicher Luftkriegstaktiker!"

Das Jagdgeschwader 71 *Richthofen* in Ahlborn, das er im Sommer 1959 übernahm, trainierte er innerhalb eines Jahres auf NATO-Einsatz. Mit ihm erzielte er die allerbesten Schießergebnisse, die bei den Alliierten Staunen und Bewunderung hervorriefen. Nur in der Bundeswehr wollte man dies nicht zur Kenntnis nehmen.

Sieben Jahre mußte er warten, bis er Mitte 1968 zum Oberst befördert wurde. Noch drei Jahre machte er mit, nach dem er gemahnt und gewarnt hatte. Wegen der Lappalie, daß er seinen Flugzeugführerschein verlegt hatte und ihn nicht gleich auffinden konnte, als der Verlängerungstermin anstand, wurde ihm der Prozeß gemacht. Grund: Terminversäumnis. Eine Untersuchung wurde eingeleitet, dann gab es noch drei weitere Prozesse, die Hartmann durchweg gewann. Seine Gegner wollten ihn vom Schreibtisch aus „abschießen". Was jedoch die Sowjets nicht vermocht hatten, sollte auch den Intriganten und Neidern in der Bundeswehr nicht gelingen.

Es war peinlich. In den höheren Stäben der US-Luftwaffe schüttelte man wegen des Verhaltens, gegenüber dem erfolgreichsten Jagdflieger der Welt, die Köpfe. Der damalige Luftwaffeninspekteur General Panitzki wurde in Washington darauf angesprochen. Aber er hatte nur eine wegwerfende Antwort übrig: „Hartmann ist ein guter Jagdflieger, aber kein guter Offizier!" Sicher gefiel nicht jedem Vorgesetzten Hartmanns saloppes und selbstsicheres Auftreten. Nun, Hartmann war jung, temperamentvoll und von einem kaum noch zu bändigendem Freiheitsdrang. Daß er sich nur schwer unterordnete, war in bezug auf

Disziplin sicherlich ein Manko, im Einsatz jedoch erwies er sich als beherrscht und als ein vorbildlicher Kommodore.
Am 30. September 1970 quittierte „Bubi" Hartmann den Dienst der Bundeswehr. Verbittert? Sicher nicht – aber enttäuscht. „Wenn die Bundeswehr richtig geführt, wenn Leistung und Effektivität Oberhand über das Karrieredenken behalten würden, dann wäre ich geblieben – um jeden Preis."
Konsequent wie immer, ging er. Von 1971 bis 1974 war er als hauptamtlicher Fluglehrer in Hangelar bei Bonn tätig. Er ist begeisterter Flieger geblieben. Bei seinen Clubkameraden des Flugvereins Herrenberg im Schwäbischen fühlt er sich am wohlsten. Dort bringt er – ehrenamtlich – Flugbegeisterten das Fliegen bei. Auf dem Flugplatz Poltringen kann man täglich Erich Hartmann im Kreise seiner Fliegerkameraden finden.

„Der blonde Ritter aus Deutschland" heißt ein Buch, das die Amerikaner Toliver und Constable über Erich Hartmann geschrieben haben. In der deutschen Übersetzung trägt es den Titel: *Holt Hartmann vom Himmel*, ein Befehl, den die sowjetische Luftwaffenführung während des Krieges an ihre „Roten Falken" gegeben hatte. Sie haben „Bubi" nicht heruntergeholt.

General der Panzertruppen Hermann Balck

Verteidigungsstratege von hohen Graden

Der dreiundachtzigjährige schlanke, fast zierliche Herr im dunkelblauen Blazer und hellgrauer Hose blättert in den Tagebüchern. Penibel hat er sie während des Ersten und Zweiten Weltkrieges geführt; heute sind sie historische Unterlagen für ein Buch, das General a. D. Hermann Balck geschrieben, aber noch nicht veröffentlicht hat.
Er selbst sagt von sich, daß seine größte Leistung am Ende des Krieges stand. Damals, in den Maitagen 1945, als er die gesamte 6. Armee, 300000 Soldaten, dem Zugriff der Sowjetrussen entzog und sie in amerikanische Gefangenschaft führte. Damals...

Anfang April 1945 ging die Armeegruppe Balck auf die Reichsgrenze, wo sich eine ausgebaute Stellung befand, zurück. Harte Kämpfe lagen hinter den Soldaten. Der Feind vor der Front war abgeschüttelt. Rechts war Anschluß an die 2. Panzerarmee, links hatte die 6. SS-Panzerarmee den Anschluß nicht halten können, dies aber dem General mitgeteilt. Balck gab sich selbst den Befehl, unterstützt von seinem Stabschef General Gaedtke: die Reichsgrenze bis zum Waffenstillstand zu halten, damit die Steiermark möglichst den Westmächten in die Hände fiele. Weiter: Anschluß nach rechts halten, um der Heeresgruppe Südost (E), die zum Teil noch tief im Balkan (Sarajewo) stand, den Rückweg nach Deutschland offen zu halten und im letzten Stadium den Rückzug der 6. Armee hinter die alten Reichsgrenzen sicherzustellen und durchzuführen. Mehr als 200000 Flüchtlinge befanden sich im Bereich der Armeegruppe und glaubten sich in den Tälern der Steiermark vor den anrückenden Sowjets in Sicherheit. Bei ihnen befanden sich auch die neuaufgestellte 1. und 3. ungarische Armee, die ebenfalls General Balck unterstellt waren.
Nach dem sich das IV. SS-Panzerkorps aus seinen Stellungen gelöst hatte, ohne die daraus entstehenden Konsequenzen zu bedenken, entstand ein leerer Streifen, in den sofort ein sowjetisches Panzerkorps hineinstieß und auf Graz rollte.
In dieser Situation erhielt General Balck die Meldung, daß die bisher

tapfer kämpfende ungarische Division *St. Laszlo* zum Feind übergelaufen sei und mit ihm gegen die deutschen Truppen kämpfe. Balck hatte keine Gelegenheit mehr, die Meldung auf ihre Richtigkeit überprüfen zu lassen, und veranlaßte in einem Tagesbefehl die Entwaffnung aller im Bereich der 6. Armee befindlichen ungarischen Truppen.
Was war geschehen? Fest stand, daß die ungarische Division, die von einem tapferen Offizier geführt wurde – Generalmajor Zoltan-vitez-Szügyi, dem General Balck am 25. Februar das Ritterkreuz überreicht hatte –, nach rechts abmarschierte, ohne das deutsche Generalkommando zu unterrichten. Somit geriet die Division *St. Laszlo* aus dem Blickfeld des Armeeoberbefehlshabers. Er mußte glauben, was man ihm meldete: Die Division habe sich, wie manche anderen ungarischen Truppenteile es ja auch getan hatten, den Sowjets ergeben. Aus dieser Annahme zog Balck die Konsequenz und veranlaßte die sofortige Entwaffnung aller noch vorhandenen ungarischen Truppen.
Was General Balck allerdings nicht wußte und erst dreißig Jahre nach dem Kriege erfuhr, war die Tatsache, daß die Division *St. Laszlo* keineswegs übergelaufen war, sondern bis Mitternacht des 9. Mais 1945 gegen sowjetische Truppen kämpfte. Erst am 10. Mai kapitulierte General Szügyi bei den Engländern.
Am linken Flügel der 6. SS-Panzerarmee war eine Lücke entstanden – es gab auch keinen Anschluß mehr –, in die zwischen Pinkafeld und dem Semmering fünf sowjetische Divisionen auf Graz marschierten. Die Front geriet ins Wanken. Die Gefahr, vom Altreich abgeschnitten zu werden, stieg von Stunde zu Stunde. Da entschied General Balck: angreifen! Er wußte, daß in solchen Situationen nur der Angriff nutzen konnte. Verteidigung bedeutete die eigene Vernichtung. Im Eiltempo wurde die Angriffstruppe „zusammengekratzt". Die hervorragende 1. Panzerdivision, eine Werferbrigade ohne Werfer, dazu ein Offizier mit fünf Panzern, die 117. Jägerdivision und die 1. Gebirgsdivision wurden eingewiesen.
Am Semmering hatte der Wehrkreisbefehlshaber Salzburgs, General Ringel, eine Verteidigungsstellung ausgebaut. In Oberst Raithel, Kommandeur der Gebirgsartillerieschule Dachstein, hatte er einen ausgezeichneten Helfer.
Als Balck gemeldet wurde, daß die sowjetischen Panzerspitzen nicht mehr weit entfernt seien, befahl er Oberstleutnant Wolff, einem Panzeroffizier seines Stabes, mit drei seiner Männer Panzerfäuste in einen

Kübelwagen zu laden und den Russen entgegenzufahren. Balck wußte, daß in außergewöhnlichen Situationen außergewöhnliche Maßnahmen zu ergreifen waren.
Kurz vor der feindlichen Panzerspitze entdeckten Wolff und seine Soldaten ein deutsches Heimatlazarett und eine Ersatzeinheit (Fahrerersatzabteilung 19 aus Graz). Er bewaffnete jeden, der sich noch bewegen konnte, und nahm den ungleichen Kampf gegen die sowjetischen Panzer auf. In wenigen Minuten vernichteten die Handvoll deutscher Soldaten sechs Panzer! Die Sowjets brachen den Angriff ab und zogen sich zurück. In dieser Zeit schickte General Balck einige Einheiten zur Verstärkung. Gemeinsam hielten sie die Stellung.
Am 16.4.1945 traten Balcks Truppen zum Angriff an. Südlich des Semmerings schloß er die vordringenden fünf sowjetischen Divisionen ein und vernichtete sie. Am 27.4. war die Operation beendet. In hervorragendem Kampfgeist hatten Truppen des Heeres und der Waffen-SS, aber auch der Volkssturm gekämpft. Als ein Dorf bei Vorau von den Sowjets befreit wurde, kam der Pfarrer den Volkssturmmännern entgegen und begrüßte sie: „Kameraden, ich bin kuriert!" Acht Tage Besetzung durch die Rote Armee hatten dem alten Herrn alle Illusionen geraubt.
In den folgenden Tagen bereitete Balck die Absetzbewegung auf die Reichsgrenze vor, um, wie er sich vornahm, bei den Amerikanern zu kapitulieren. Die Sowjets zogen Kräfte für die Schlacht um Wien ab. Der Befehl, den Balck von der Heeresgruppe bekam, lautete: „Halten. Mit dem Westen gegen den Osten." Dieses Wunschdenken hielt Balck für Utopie und reagierte erst gar nicht darauf.
In der Nacht vom 6. zum 7. Mai trafen sich General Balck und Feldmarschall Kesselring in Judenburg. Der Feldmarschall wußte, daß es zu Ende ging, klare Anweisungen gab er jedoch nicht. Er nahm auch nicht zu seinem Haltebefehl Stellung. Sicher glaubte er selbst nicht daran.
Balcks Chef des Stabes, General Gaedtke, wurde von der Heeresgruppe ins amerikanische Hauptquartier geschickt. Aber der amerikanische General verhandelte nicht, sondern forderte den Besuch des Oberbefehlshabers der Heeresgruppe und die sofortige bedingungslose Kapitulation.
Am 7. Mai erfuhr General Balck von seinem Ic Major i. G. v. Czernicki, der einen Funkspruch abgefangen hatte, daß zwischen den Amerikanern und den Sowjets eine Abmachung vereinbart worden war, nach

der diejenigen Truppen, die gegen die Amerikaner gekämpft an diese, und jene, die gegen die Sowjets im Kampfe gestanden hatten, an die Rote Armee ausgeliefert würden. Stichtag war der 8. Mai 1945.
Balck setzte sofort seine Soldaten in Marsch auf die Amerikaner. Die Waffen blieben stehen. Nur die Nachhuten, bestehend aus Panzern, Pak und MG, behielten die volle Ausrüstung. Brücken durften nur auf Befehl des Armee-Oberkommandos gesprengt werden. Sie blieben intakt – die Sowjets stießen nicht nach, denn sie bemerkten die Absetzbewegung der Deutschen nicht. An der Enns wären dann beinahe alle Bemühungen, in amerikanische Gefangenschaft zu gehen, gescheitert. Ein US-Leutnant stoppte die Marschgruppe und schickte die Einheiten ins Tal der Enns zurück, wo sie den Russen übergeben werden sollten. General Balck erfuhr davon und telefonierte sofort mit seinem Gegner, dem US-General und Divisionskommandeur McBride. Er schilderte in kurzen Zügen die Lage und erbat ein sofortiges persönliches Gespräch. Die Überraschung für Balck war groß, als er in Kirchdorf, wo sich der amerikanische Stab befand, mit allen militärischen Ehren begrüßt wurde. Die Wache präsentierte, Balck schritt die Front ab. McBride, zuerst ein wenig zurückhaltend, streckte seinem Gegner die Hand entgegen: „Ich verstehe Herr General, daß Sie bei uns die Waffen niederlegen wollen. Jeder Amerikaner sollte froh sein, wenn bei den Sowjets möglichst wenig deutsche Soldaten kapitulieren“, sagte er.
Nicht wenig erstaunt war der Amerikaner, als Balck in fließendem Englisch – wie schon vorher am Telefon – antwortete. Dann zogen sich die beiden Generale zu einem Gespräch unter vier Augen zurück. Wenig später gab Balck telefonisch die notwendigen Befehle und Anweisungen für die Übergabe an die US-Truppen. 300 000 deutsche Soldaten waren ihrem Befehlshaber dankbar. –
Hermann Balck stammt aus einer alten Soldatenfamilie. In Danzig-Langfuhr wurde er am 7. 12. 1893 geboren. Nach der Versetzung in die Oberprima trat er ins Jägerbataillon 10 in Goslar ein. Im Ersten Weltkrieg wurde der junge Offizier siebenmal verwundet. Er trug das goldene Verwundetenabzeichen, erhielt für besondere Tapferkeit die Eisernen Kreuze 1. und 2. Klasse, bereits im Oktober 1914 als einer der ersten Offiziere den Bayerischen Militärverdienstorden, den Österreichischen Militärverdienstorden 3. Klasse, das Ritterkreuz mit Schwertern zum Hausorden von Hohenzollern und war im Oktober 1918 zum Pour le Mérite eingegeben. Sein Vater – Generalleutnant Balck –

erhielt für persönliche Tapferkeit und hervorragende Führung der Truppe – aus der Hand des Kaisers – den Pour le Mérite.

Nach dem Kriege schloß sich Hermann Balck mit seiner Kompanie dem Grenzschutz Ost an und kämpfte als Kompanieführer im Freiwilligen Hannoverschen Jägerbataillon in der Provinz Posen. 1920 wurde er ins Hunderttausendmannheer übernommen, als erster aller Leutnants und Oberleutnants des X. und VIII. Armeekorps. Bei den Kämpfen in der Provinz Posen zeichnete sich seine Truppe mehrfach aus. Es folgten Verwendungen und Beförderungen. 1935 wurde er als Major Kommandeur der Radfahrabteilung 1 in Tilsit. Später bekam er ein Kommando beim Oberkommando des Heeres und wurde Sachbearbeiter für Kavallerie und einen Teil der motorisierten Truppen.

Im Krieg gegen Frankreich 1940 machte Balck durch persönliche Tapferkeit und hervorragende Führung seiner Truppe auf sich aufmerksam. Mit dem 1. Schützenregiment durchbrach er bei Sedan die feindlichen Linien und stürmte bis Dünkirchen. Für diesen schneidig geführten Angriff erhielt er am 3. 6. 1940 das Ritterkreuz und wurde im Wehrmachtsbericht namentlich erwähnt. An der Aisne brach er mit seinem Schützenregiment 1 durch, rollte anschließend die feindlichen Stellungen in den Vogesen auf und nahm die Festung Belfort im Handstreich. Sein Name wurde dafür ins Ehrenbuch des Deutschen Heeres eingetragen.

Im Feldzug gegen Jugoslawien und Griechenland 1941 durchbrach Balck mit seinem Panzerregiment 3 die Metaxas-Linie, stieß ins Tempetal bis Mittelgriechenland vor und drang in Saloniki und Athen ein. Der britische Nachrichtendienst berichtete darüber: „Das Pz.Reg. 3 verstand es, Gelände zu überwinden, das wir für absolut panzersicher gehalten hatten. Deshalb verzichteten wir auch auf eine Panzerabwehr." Balck erhielt den bulgarischen Tapferkeitsorden III. Klasse mit Schwertern.

Am 7. 7. 1941 erfolgte die Kommandierung zum OKH mit dem Sonderauftrag, die Kfz-Lage des Heeres zu bereinigen. Dafür erhielt er Sondervollmacht, um das Durcheinander zu beseitigen. Balck zählte zu den hervorragendsten Panzerführern, die in der Wehrmacht Karriere machten. Am 1. 11. 1941 wurde er „General der Schnellen Truppen" beim OKH. Dazu Generaloberst Guderian: „Einen Besseren konnten sie nicht finden!"

Mit seiner berühmten 11. Panzerdivision, die Hermann Balck am

12. 5. 1942 übernahm, erzielte er große Erfolge. In der Abwehrschlacht im Suchinitschibogen wurden an einem Tag 91 Panzer abgeschossen. Diese Zahl wurde während des ganzen Krieges nicht mehr erreicht! Die „Elfte“ war am Tschin, ostwärts Smolensk und bei Woronesch dabei.
Es war am 4. Juli, als 17 T 34 in die linke Flanke der 11. P.D. stießen und plötzlich vor dem Divisionsgefechtsstand auftauchten. Aus 800 Meter schossen sie die Holzhäuser zusammen. Verwirrung herrschte unter den Stabsoffizieren und „rückwärtsgelegenen Diensten“.
Nur einer behielt die Ruhe und holte durch Funk eigene Panzer heran: der Divisionskommandeur Generalmajor Hermann Balck. In der Regimentsgeschichte des Panzerregiments 15, das der 11. P.D. angehörte, heißt es dazu: „In einer etwas eigenartigen Aufmachung, aber dennoch souverän steht er auf dem Dach seines Befehlsomnibusses und ruft den gerade ankommenden Panzerkampfwagen-Kommandanten entgegen: „Nun sehen Sie mal zu, daß Sie etwas tun!“ Die tun dann auch, was zu tun ist, und räumen mit dem russischen Panzerspuk auf. Während des kurzen, aber harten Panzergefechtes, das General Balck vom Dach seines Omnibusses leitet, fiel Major v. Burstin, Kommandeur der III. Abteilung. Auf der Strecke blieben alle 17 T 34.“
Am 7. 12 in den Raum Stalingrad verlegt, wurde die 11. P.D. wegen hervorragender Tapferkeit hervorgehoben und ihr Kommandeur im Wehrmachtsbericht genannt. Am 22. 12. 1942 erhielt Balck das Eichenlaub. Für die Vernichtung der Armee Popoff, eines zehnmal stärkeren Gegners, wurden ihm am 4. 3. 1943 die Schwerter verliehen.
In Italien landeten 1943 die Alliierten bei Salerno und bildeten einen Brückenkopf. Balck erhielt den Befehl, mit dem XIV. Panzerkorps die Amerikaner zu vernichten. Die eingeleiteten Operationen schienen zum Erfolg zu führen. Da stürzte der General mit dem Fieseler Storch ab. Trotz schweren inneren Verletzungen behielt er zunächst die Führung des Korps, mußte sie jedoch bald aus Gesundheitsgründen abgeben. Infolgedessen konnten seine Angriffspläne nicht verwirklicht werden.
Vom 13. 3. 1943 bis zum 13. 11. 1943 befand sich Balck bei der Führerreserve des OKH. Am 1. 11. 1943 zum Kommandierenden General des XXXXVIII. Panzerkorps ernannt – sein Chef des Stabes war der damalige Oberst v. Mellenthin, mit dem ihn auch später noch enge Freundschaft verbindet –, war er maßgeblich bei der Abwehr und den Angriffs-

schlachten im Raum Kiew, Shitomir und Bordischew beteiligt. Seine Truppen vernichteten bei Brussilow die 60. sowjetische und eine weitere feindliche Armee.
Mit seinem Korps kämpfte er bei Schepetowka und Jampo, führte bei Luck und bei den schweren Kämpfen bei Tarnopol, Kowel und Brody. Am 5. 8. 1944 wurde er Oberbefehlshaber der 4. Panzerarmee, die sich in den Schlachten bei Baranow auszeichnete. Als die Sowjets in Südpolen durchbrachen, stellte er sich ihnen mit seiner Armee entgegen, stoppte den Gegner und warf ihn weit über dessen Ausgangsstellung zurück. Am 31. 8. 1944 wurden ihm die Brillanten verliehen, sein Name erneut im Wehrmachtsbericht genannt.
in unaufhaltsamen Vormarsch in die zurückflutenden deutschen Trup-
in unaufhaltsamem Vormarsch in die zurückflutenden deutschen Truppen und näherten sich den Reichsgrenzen. Um den Gegner aufzuhalten, wurde die Heeresgruppe G unter General Balck aufgestellt.
Der alliierte Großangriff begann im Morgengrauen eines kalten Novembertages. 700 US-Tanks wühlten sich zwischen Belfort und Luxemburg über schlammige Felder, mehr als eine Million GIs und Franzosen marschierten gegen einen weitunterlegenen Gegner, gegen 700 000 deutsche Soldaten und 30 Panzer.
Von den Kämpfen der Heeresgruppe G im Westen berichtet der Engländer David Irving in seinem Buch *Hitler und seine Feldherren:* „Sein Angriff (Patton) begann am 8. 11. aber in strömendem Regen. Durch Schlamm und Minenfelder rückte er in acht Tagen nur 25 km in Richtung auf den Westwall vor. Dann brachten die elastisch geführten Operationen General Balcks und die hartnäckige Verteidigung von Metz den Angriff zum Stehen." (Metz unterstand Balck.)
Wie hatte doch der Befehlshaber der 3. US-Panzerarmee, der berühmte General George S. Patton, gesagt: „In drei Tagen bin ich an der Saar, dann knacke ich den Westwall."
30 deutsche gegen 700 amerikanische Panzer! Die Verluste der Amerikaner waren verheerend – mehr als ein Drittel ihrer Panzer wurde vernichtet. Diese hervorragende Abwehrleistung beruhte aber allein auf einem Einfall des General Balck. Er wußte, daß er mit der Zuführung weiterer Panzer nicht rechnen konnte, dem gegnerischen Angriff aber so gut wie nichts entgegenzusetzen hatte.
An der Ostfront hatte er es mit einem Gegner zu tun gehabt, der ein Meister der Improvisation war. Viele deutsche Truppenführer – und dar-

unter auch Hermann Balck – waren darüber überrascht und begannen zu lernen. Sie wendeten die gleichen Mittel an wie der Feind und hatten Erfolg.
In jenen Tagen erinnerte sich General Balck an das, was im Osten zum täglichen Handwerk eines Truppenführers gehört hatte. Improvisieren! Weshalb sollte er es nicht hier an der Westfront versuchen? Wenn der amerikanische Großangriff noch rechtzeitig aufgehalten werden sollte – er zeichnete sich schon seit geraumer Zeit ab –, dann mußte Balck zu einer List greifen. In denkbar kürzester Zeit entwickelte er einen Plan, zentral organisierte Minenfelder anzulegen. Um ihn aber durchführen zu können, benötigte er Truppen
Im Hinterland „kratzten" General Unruh (Heldenklau) und seine Helfer Regimenter zusammen. Die Lazarette wurden durchgekämmt, und wer noch einigermaßen auf beiden Beinen stehen konnte, wurde „erfaßt". Aus Magenkranken aufgestellte Bataillone sollten einen entfesselten, mit den modernsten Waffen ausgerüsteten Gegner aufhalten. Dagegen wandte sich General Balck. Es war nach seiner Meinung unverantwortlich, diese Männer an die Front zu schicken. Da er aber Truppen benötigte, um seinen Minen-Plan durchführen zu können, unterstellte er sich die Bataillone der nicht Frontfähigen und nannte sie von nun an „Minenbataillone". Die Soldaten erhielten eine kurze Einweisung in ihre künftige Aufgabe – die sie im übrigen hervorragend lösten.
Um Pattons Panzer zu stoppen, rammten Balcks „Minenspezialisten" an den Schwerpunkten des amerikanischen Angriffs Metallstäbe in den Boden, die von den Suchgeräten der US-Tanks zunächst als Minenfelder geortet wurden. Aber bald konnten die Amerikaner diese scheinbare List durchschauen – und das sollten sie auch: Denn nun fuhren sie ohne jede Vorsicht weiter in gutverborgene echte Minenfelder, die unmittelbar hinter den vorgetäuschten lagen. Die Überraschung war perfekt, der Erfolg gesichert. Pattons Panzerangriff blieb stecken und brach im Feuer der deutschen Infanterie und Artillerie zusammen.
Nach dieser Operation wurde General Balck erneut an die Ostfront befohlen. In Ungarn kommandierte er – wie schon erwähnt – die deutsche 6. und die ungarische 1. und 3. Armee. Nach schweren Kämpfen um Budapest und den darauffolgenden Absetzbewegungen, bei denen ostwärts Graz – so General Balck – die letzte deutsche Kesselschlacht stattfand, bei der mehrere sowjetische Divisionen vernichtet wurden, erfolgte, wie berichtet, in der Steiermark die Kapitulation bei

den amerikanischen Truppen. General Balck bezeichnet die Rückführung aller deutschen Truppen aus Ungarn und ihre Übergabe an die Amerikaner als seine größte Leistung.
Einige Jahre nach Balcks Entlassung aus der Kriegsgefangenschaft verhaftete die deutsche Polizei unvermutet den ehemaligen General. Man stellte ihn vor Gericht und klagte ihn des Totschlags an. Was war geschehen?
Als Hermann Balck an der Oberrheinfront die Heeresgruppe G führte, stattete ihn das OKW mit der Sondervollmacht aus, im Notfall hart durchzugreifen. Balck handelte nach dieser Sondervollmacht. Er hatte abgefangenen amerikanischen Funksprüchen entnommen, daß ein alliierter Großangriff vorbereitet wurde. Balck wähnte, daß nur ein konzentriertes Artilleriefeuer diesen Angriff zerschlagen könne. Als der feindliche Angriff rollte, befahl er, das Artilleriefeuer auf den Gegner zu legen. Da meldete ihm ein Divisionskommandeur, daß der Chef der Artillerie sinnlos betrunken im Bunker liege. Balck schickte einen Offizier dorthin, der den Oberstleutnant tatsächlich volltrunken auf dem Sofa vorfand. Dieser, so berichtete er, sei nicht einmal in der Lage gewesen, sich aufzurichten, und hatte keine Ahnung, wo seine Batterien standen. Der General wußte, daß er ohne Artillerie keine Chance hatte, den Angriff aufzuhalten. Er gab den Befehl, den Artillerieoffizier zu erschießen. Auf Anraten des Divisionskommandeurs General v. Knobelsdorf ließ er den Tatbestand am folgenden Tag noch einmal überprüfen, wobei sich allerdings nichts änderte und die Lage bestätigt wurde. Daraufhin wiederholte Balck am zweiten Tag den Erschießungsbefehl, der ausgeführt wurde.
Balck war mißtrauisch geworden. Kurz vor diesem Vorfall war ein Divisionskommandeur in ähnlicher Sache freigesprochen worden. Wie es sich herausstellte, hatte man das Gericht mit dessen Verwandten besetzt. Das sollte sich nicht mehr wiederholen. Im Drange der Ereignisse unterließ es Balck jedoch, ein Standgericht einzusetzen, das allerdings Balcks Meinung zufolge den Fakten nach ebenfalls ein Todesurteil gefällt hätte.
Wegen der Erschießung des Artillerieoffiziers verurteilte ihn ein Stuttgarter Schwurgericht zu einer dreijährigen Gefängnisstrafe, von der er jedoch nur achtzehn Monate abzusitzen brauchte. Balck kannte das Urteil schon ein Vierteljahr vorher. Es wurde von den Amerikanern festgesetzt, die ebenfalls das ordentliche Gericht ablösten und so besetz-

ten, wie sie es für dieses Urteil benötigten. In keiner westlichen Armee wäre eine Aburteilung erfolgt.
Wie angesehen der ehemalige General war und welche Wertschätzung er in der Öffentlichkeit genoß, unterstrich das Spruchkammerurteil im Entnazifizierungsverfahren gegen ihn. Hier nur wenige Auszüge:
„Er war eine durchaus tadellose soldatische Persönlichkeit, die in allen Ländern, die eine gute Wehrmacht besitzen, unbedingt geachtet und geschätzt ist. Es liegen eine Fülle von eidesstattlichen Erklärungen vor, die glaubhaft bescheinigen, daß seine ganze Weltanschauung auf einer disziplinierten Ordnung und Pflichtbewußtsein basiere... Auch der z. Zt. hier tätige öffentliche Ankläger Kischke, der den Betroffenen als Kommandeur hatte, schilderte ihn als den loyalsten und anständigsten Offizier, den er kennengelernt habe, der nie als Nationalsozialist anzusprechen sei... Es wäre ungerecht, einen Offizier, der den verwerflichen Prinzipien des Nationalsozialismus nicht die geringste Konzession machte, der nicht der Partei angehörte, als belastet anzusehen, nur weil er ein guter und tapferer General war. Er war daher als formal vom Gesetz betroffen, aber nicht belastet zu erkennen, wie geschehen: Zentralspruchkammer Nord-Württemberg."
Balck hatte sich unter anderem nicht gescheut, im Winter 1942/43 den Gaupropagandaleiter von Schlesien zu maßregeln. Dieser wurde zu einer hohen Gefängnisstrafe verurteilt und später einem Strafbataillon zugeteilt.
Nach seiner Entlassung begann Hermann Balck als Lagerarbeiter, war dann aber bald schon im Außendienst einer schwäbischen Firma tätig. Später machte er sich als Wirtschafts- und Betriebsberater selbständig, stellte Verbindungen für Geschäftsabschlüsse her und war vor allem im Auslandsgeschäft tätig.
Seine Liebe aber heißt Südafrika – weiß und schwarz. Sein langjähriger Generalstabschef General v. Mellenthin, verwandtschaftlich in Südafrika gebunden, hatte dort mit südafrikanischen Fliegern eine Fluglinie von Luxemburg nach Johannesburg aufgebaut. Diese Linie vertrat Hermann Balck in Europa. Seit er Südafrika kennengelernt hatte, beschäftigte er sich vor allem mit der Kulturgeschichte und der Wirtschaft dieses Erdteils. Fünfmal durchstreifte er längere Zeit Afrika südlich des Sambesis. Noch mit siebzig Jahren durchquerte er mit seiner Frau in einem Volkswagen die Wüste Kalahari, trieb Studien und hielt in der Bundesrepublik Vorträge über Südafrika. Öfter bereiste er die USA,

wo er als Gastredner vor politisch einflußreichen Clubs referierte. Zum Beweis für seine hervorragende Kondition durchschwamm er mit achtzig Jahren den Wisconsin River.
Als Witwer privatisierte er, trieb historische Studien und hielt sich in seinem herrlichen Gartengrundstück in Asperg bei Ludwigsburg auf, seinem Lieblingsplatz, den er in sechzehnjähriger Arbeit angelegt und zu einer kleinen Idylle ausgebaut hatte. Am 29.11.1982 starb General Hermann Balck 89jährig.

General Hermann Bernhard Ramcke

Vom Matrosen zum Fallschirmjäger

Bonn, 26. Juni 1951. Bundeskanzler Dr. Konrad Adenauer empfängt im Palais Schaumburg den soeben aus französischer Haft entlassenen ehemaligen General der Fallschirmjäger Hermann Bernhard Ramcke. Diese Begegnung zwischen dem Kanzler der Bundesrepublik und einem früheren General der Deutschen Wehrmacht bedeutete mehr als eine versöhnliche Geste gegenüber dem General, der sechs Jahre in Frankreich inhaftiert war.
Durch eine waghalsige Flucht aus dem „Liberté Provisoire" hatte der Fallschirmjägergeneral auf das Schicksal der noch in französischer Haft befindlichen deutschen Kriegsgefangenen hinweisen wollen. Die Reaktion in der deutschen Presse bewies, daß es Ramcke gelungen war, die Öffentlichkeit durch seine sensationelle Flucht aufzurütteln. Vor allem in Frankreich mehrten sich daraufhin die Stimmen, die für eine Freilassung der Deutschen plädierten. Nicht mehr der Revanchegeist sollte herrschen, sondern endlich Vernunft und Menschlichkeit.
Und doch kehrte der General nach seiner Flucht wieder nach Frankreich zurück. Man hatte versprochen, endlich den Prozeß zu eröffnen. Sechs Jahre lang war nach Beweismaterial gegen Ramcke, den Verteidiger der französischen Hafenstadt Brest, gesucht worden. Zwar war in den letzten Monaten seiner Gefangenschaft Material zusammengetragen worden, aber der französische Verteidiger Ramckes widerlegte und zerpflückte es.
Diese Tatsache überdachte der Kanzler der Bundesrepublik, als er mit Ramcke über das Schicksal der deutschen Kriegsgefangenen sprach. Dr. Adenauer wußte auch von den makellosen Zeugnissen, die alle früheren amerikanischen Gegner den Fallschirmjägern und dem General ausgestellt hatten, ihrem tapferen und fairen Gegner von Brest. –

Die Ramckes sind ein altes Bauerngeschlecht, das sich zu Beginn des 15. Jahrhunderts in Pinneberg angesiedelt hatte. Aber Bernhard Ramcke, am 24. Januar 1889 in Schleswig-Friedrichsberg geboren, wollte nicht Landwirt werden. Er brach aus. Seine Liebe gehörte weder der Schule, noch der Landwirtschaft. Zur See zog es ihn hin. Als Bernhard im zweiten Schuljahr war, fragte die Lehrerin, welchen Beruf er wählen wolle. Selbstbewußt antwortete der Steppke, der die Dienstgrade des Militärs noch gar nicht kannte: „Admiral oder General!"

Daran mußte Ramcke denken, als er Jahre später in Friedrichsort bei Kiel vor der Musterungskommission stand. Die Offiziere lächelten über den schmächtigen Burschen, der allen Bedenken seiner Konstitution wegen selbstsicher begegnete: „Ich werd's schon schaffen. Lassen Sie mich nur erst mal zur See!" Und er schaffte es!

Aufs SMS *Stosch,* einer Fregatte, fuhr der junge Ramcke um die Welt und wurde hart gedrillt. *Prinz Albert* und *Blücher* waren die nächsten Schiffe, auf denen er als junger Fahrensmann die Meere befuhr – bis der Erste Weltkrieg ausbrach. In der Marinedivision stand Ramcke im Kampf gegen Engländer und Belgier in Flandern. 1916 erhielt der Offiziersstellvertreter Bernhard Ramcke das Eiserne Kreuz I. Klasse und das Preußische Militärverdienstkreuz in Gold. Tapferkeit vor dem Feinde brachte ihm die Beförderung zum Leutnant ein. Später, während der Kämpfe im Baltikum, wurde er Oberleutnant. Im Hunderttausendmannheer diente Ramcke als Hauptmann, in der Wehrmacht als Major und schließlich, mit dem Rang eines Oberstleutnants, als Kommandeur des pommerschen Truppenübungsplatzes Groß-Born.

Im Zweiten Weltkrieg wurde Deutschlands neueste Waffengattung, die Fallschirmjägertruppe, durch ihre waghalsigen und erfolgreichen Einsätze im Westfeldzug bekannt. Das war die Truppe, die dem Draufgängertum Ramckes entsprach. Obwohl bereits einundfünfzig Jahre alt und Oberst, meldete er sich freiwillig und wurde von General Student, dem Begründer der Truppe, sofort übernommen.

Die härteste Bewährung bestand die junge Waffengattung 1941 bei der Landung auf der Mittelmeerinsel Kreta. Drei Wochen lang wurde die Eroberung dieses britischen Stützpunktes vorbereitet. Die Besetzung dieser Insel gehörte eigentlich nicht mehr zum Balkanfeldzug. Sie war ein selbständiges Unternehmen, in dem es um die Kontrolle des östlichen Mittelmeers ging, um Gewinn oder Verlust entscheidender Positionen im Kampf um den Suezkanal.

Am 20. Mai begann der unter Leitung des Oberkommandos der Luftwaffe geführte Angriff aus der Luft durch Fallschirmjäger und Gebirgsjäger. Schwere taktische Krisen waren zu überwinden, und die Truppe erlitt erhebliche Verluste.

Dem Historiker wird überlassen bleiben, über Sinn oder Unwert dieser kriegerischen Operation zu urteilen. Tatsache ist, daß sich die Fallschirmtruppe nie mehr von ihren Verlusten erholte, die sie während der erbitterten Kämpfe hier erlitten hatte. Eine solche Truppe nach den harten und hohen Verlusten auf Kreta wieder schlagkräftig und voll einsatzbereit aufzubauen, erfordert jahrelange gründliche Ausbildung.
Oberst Ramcke war zum Zeitpunkt der Landung auf Kreta Kommandeur der Fallschirm-Ergänzungstruppen. Mit einer Kampfgrupe von 550 Mann sprang er bei Malemes ab, um die hart kämpfenden Männer des Korps zu entlasten, die in schweren Gefechten gegen die Briten standen. Es gelang, Verbindung zu anderen Kampfgruppen herzustellen. Zusammen mit inzwischen gelandeten Gebirgsjägern wurde der Gegner in seinen Stellungen aufgerollt und geschlagen.
Als Anerkennung für seinen persönlichen Einsatz wurde Ramcke zum Generalmajor befördert und am 21. 8. 1941 mit dem Ritterkreuz ausgezeichnet. Anschließend weilte Ramcke vorübergehend bei der Königlich-Italienischen Wehrmacht, als ihn der Befehl erreichte, sich mit einer Fallschirmjägerbrigade nach Nordafrika zu begeben, um die Truppen des Generalfeldmarschalls Rommel zu unterstützen. So sehr auch General Student gegen den bevorstehenden infanteristischen Einsatz seiner Truppe in der Wüste protestierte – der Befehl wurde aufrechterhalten. Alle Einwände, die Fallschirmjäger seien eine viel zu kostspielige Truppe, die nur zu besonderen Einsätzen verwendet werden dürfte, fruchteten nichts.
Rommel begrüßte in der libyschen Wüste den Fallschirmjägergeneral mit sorgenvollem Gesicht: „Auftrag und Lage kennen Sie, Ramcke. Kommen Sie mit Ihren Männern so bald wie möglich, damit meine Truppe endlich entlastet wird. Im übrigen: schauen Sie sich recht gründlich um! Dieser Kriegsschauplatz hat es in sich.“ Ramcke bezog mit seiner Brigade Stellung am Ruweisat-Rücken bei Deir el Schein und an der Kattara-Senke im Südabschnitt der deutschen El-Alamein-Front.
Am 23. Oktober 1942 eröffnete General Montgomery mit seiner 8. englischen Armee die Offensive. Gegen 22 Uhr entfesselten über 1000 Geschütze die Hölle der Schlacht. 1114 britische Panzer rollten gegen 230 deutsche an. Der Masseneinsatz schwerer Waffen zerschlug die von Rommel aufgebaute Verteidigungsfront.
Die Tapferkeit der deutschen Truppen in der Panzerarmee Afrika konnte den Ansturm der Engländer und ihrer Verbündeten – Australier,

Polen, Südafrikaner, Inder und Neuseeländer – nicht aufhalten. Im Nordabschnitt der Front stießen Montgomerys Panzer durch. Und Ramcke saß mit seinen Männern im Südabschnitt, 130 km von der einzigen Küstenstraße entfernt, ohne Mannschaftstransportwagen. Das bedeutete – wollte er nicht abgeschnitten werden und in Gefangenschaft geraten – 130 km Marsch durch die Sandwüste. Zu Fuß!
Vorsichtig setzte sich Ramcke mit den Fallschirmjägern ab. Von Sonne und Sand allein schon erschöpft, gruben die Jäger neue Stellungen, wehrten britische Panzer und Spähwagen ab, marschierten, gruben, marschierten. Sie kamen nicht zur Ruhe. Hinter ihnen und vor ihnen stand der Feind. Die Truppen der Panzerarmee Afrika und das XX. Italienische Korps waren bereits auf dem Rückzug zur Fuka-Stellung, bald darauf auf dem Weg in die Cyrenaika. Es gab für die Fallschirmjäger nur zwei Möglichkeiten: Anschluß an die zurückweichende Panzerarmee finden – oder in Gefangenschaft ziehen.
Drei britische Spähwagen umkreisten in einiger Entfernung die ermattet dahinziehenden Fallschirmjäger. Jede Bewegung konnten sie beobachten. Aber sie griffen nicht an, holten auch keine stärkeren Verbände. Vermuteten sie, daß diese deutsche Truppe, abgeschnitten vom Gros der zurückweichenden Armee, selbst aufgeben, kapitulieren, in Gefangenschaft gehen würde?
Die Engländer kannten Ramcke und seine Jäger nicht. Eines Nachts hielt, nur wenige hundert Meter von den Fallschirmjägern entfernt, eine Lastkraftwagenkolonne. Deutsche? Nein, es waren Engländer! Daneben fuhr eine zweite Kolonne auf: britische Panzer! Jetzt galt es! Entweder in der Wüste umkommen – in Gefangenschaft ziehen – oder vielleicht doch gewinnen! Lautlos wurden kleine Trupps gebildet, nicht mehr als drei oder vier Fallschirmjäger. Befehl: Unbemerkt und ohne zu schießen an die englischen Fahrzeuge anschleichen, die Besatzungen lautlos überwältigen, aufsitzen und Kurs West steuern. Die Fallschirmjäger waren hellwach. Vergessen waren Durst und Hunger, vergessen alle Strapazen, überwunden war die Erschöpfung. Mit Pistolen im Anschlag krochen sie auf die Engländer zu, die ahnungslos und müde in die Wüstennacht dösten. Kein Schuß fiel. Im Handstreich wurden die englischen Besatzungen überrumpelt. Die Motoren sprangen an. Und wenige Sekunden später verschwanden die Fallschirmjäger mit den Fahrzeugen in der Nacht.
Nach geraumer Zeit fiel der erste Schuß. Viel zu spät und verdattert

kletterten die englischen Panzermänner, die in der zweiten Kolonne standen, in ihre Kampfwagen. Aber was war eigentlich los? Wer hatte geschossen? Wo hatte es geschossen? Warum fuhren die LKW fort? Die Panzerleute mußten glauben, ihre eigenen LKW-Besatzungen wollten sich vor irgendwo im Osten aufgetauchten Deutschen retten. Verwirrt gaben sie den fliehenden LKW Feuerschutz. Sie konnten nicht ahnen, daß Ramckes Männer in den englischen Fahrzeugen saßen! In einer Senke ließ der General halten und sammeln. Die Jäger durchsuchten ihre erbeuteten LKW – und fanden alles, was sie entbehrten: Wasser, hochwertige Verpflegung, Kraftstoff.
In den frühen Morgenstunden tauchten englische Jagdmaschinen auf. Sie nahmen Kurs auf die Kolonne. Würden die Spitfires jetzt alle Hoffnung auf Rettung zerstören? Aber Ramckes Männer wußten Rat. Sie winkten zu den Jägern hinauf. Und diese sahen englische Fahrzeuge mit der englischen Kokarde – also winkten die Piloten zurück!
Im Eiltempo ging die abenteuerliche Fahrt durch die Wüste, immer hinter den Resten der zurückmarschierenden deutschen und italienischen Truppen her. Und wieder tauchte eine Kolonne auf. Engländer! Ahnungslos fuhren sie auf Ramckes Fahrzeuge zu. Da sprangen die Fallschirmjäger ab und nahmen sie gefangen. Und es gab noch eine Überraschung: auf den Lastwagen saßen deutsche und italienische Kriegsgefangene. Sie glaubten ihren Augen nicht zu trauen, als sie die deutschen Soldaten sahen. Ramcke: „Die Deutschen und die Italiener aufsitzen, Briten absitzen!“ Die Engländer wurden mit Wasser versorgt – das ist in der Wüste der Lebensstoff, nicht die Verpflegung – und zurückgelassen. Die Fallschirmjäger fuhren mit den befreiten Deutschen und Italienern weiter nach Westen.
Nach fünf Tagen Marsch hinter der britischen Offensivfront gelang der Durchbruch. Ramcke und seine tapferen Männer stießen auf der Küstenstraße auf Feldmarschall Rommel, der sie bereits verloren glaubte. So reihten sich 2000 Fallschirmjäger wieder in Rommels Armee ein und kämpften weiter. Dieses großartige Bravourstück der Fallschirmjäger wurde am 15.11.1942 mit der Verleihung des Eichenlaubs an General Ramcke belohnt und gewürdigt. –

Nach dem Abzug der Fallschirmjägerbrigade Ramcke aus Afrika wurde sie in Frankreich, im Raume Auray neu aufgestellt. Besonders gut war das Verhältnis zur Bevölkerung. Eines Tages ließ Ramcke beim Bürger-

meister des Ortes feststellen, welche kinderreichen Familienväter noch in deutscher Kriegsgefangenschaft waren. Er bekam eine Liste mit acht Namen, die er dem Chef des Stabes des „Allgemeinen Wehrmachtsamtes" übergab und um Freilassung bat.
Kurz darauf wurden Ramckes Fallschirmjäger im Südabschnitt der Ostfront eingesetzt. In schweren Kämpfen erlitten sie hohe Verluste, die zur Verlegung auf den Truppenübungsplatz Wahn zwangen. Dort wurde die Brigade neu aufgestellt. –

Am 6. 6. 1944 begann die Invasion der Alliierten an der Kanalküste. Ramcke führte jetzt die 2. Fallschirmjägerdivision. Die Ausbildung der Neuaufgestellten war noch nicht beendet, als der Befehl eintraf: Verlegung in die westliche Bretagne; dem Gegner die Einnahme der Stadt und des Hafens Brest verwehren. Auf dem Marsch an die Front besuchte Ramcke Auray – und wurde von der Bevölkerung herzlich begrüßt. Acht Männer dankten ihm – es waren Franzosen, denen er die Heimkehr aus der Kriegsgefangenschaft ermöglicht hatte.
Inzwischen waren die Alliierten bei Avranches durch die deutsche Atlantikfront gestoßen. Alle Truppenteile aus dem Raum Brest wurden in die Festung befohlen. Ramcke stand mit seiner weit auseinandergezogenen Division immer noch auf den Höhen von Mont d'Areé. Amerikanische Einheiten waren inzwischen auch auf Brest vorgestoßen und besetzten den Flugplatz Guipavas. Es bestand die Gefahr, daß die Fallschirmjäger von Brest abgeschnitten würden. Am 8. 8. 1944 forderten amerikanische Parlamentäre den Oberst v. d. Mosel, Festungskommandant von Brest, zur Kapitulation auf. Mosel lehnte ab. Ramckes Division rückte ins Vorfeld von Brest ein, wo die Fallschirmjäger neue Stellungen bezogen. Der General übernahm auf höheren Befehl das Kommando über die Festung Brest, während Oberst v. d. Mosel Chef des Stabes des Festungskommandanten wurde. In der Festung befanden sich außer der 2. Fallschirmjägerdivision noch die 243. Infanteriedivision und Truppen des Seekommandanten. 35000 Deutsche verteidigten die französische Festung Brest gegen die amerikanische Panzerdivision, gegen mehrere Artilleriebrigaden und gegen eine Armada von Bombern und Jabos. Aber Ramcke und seine Männer führten den Befehl aus, massierte Feindkräfte zu binden.
In Brest befand sich noch etwa die Hälfte der Einwohnerschaft, die anderen Franzosen hatten die Stadt verlassen. Angesichts des bevor-

stehenden Kampfes um die Festung Brest wollte Ramcke auch die restlichen 40 000 Einwohner evakuieren. Er verhandelte mit General Middleton, dem Kommandeur des VIII. US-Army-Corps, wegen eines Waffenstillstandes. Die Zivilisten sollten außerhalb des gefährdeten Kampfraumes gebracht werden. Der Amerikaner stimmte zu. In vier aufeinanderfolgenden Tagen wurden die Einwohner von Brest mit deutschen Kraftfahrzeugen aus der Stadt in Sicherheit gefahren.
Wie sich bald herausstellte, waren doch nicht alle Zivilisten aus der Stadt gebracht worden. 5000 bis 7000 Franzosen gaben vor, sich von ihrem Eigentum nicht trennen zu wollen – aber viele von ihnen gehörten der Résistance an, der Widerstandsbewegung des Generals de Gaulle. Sie waren in der Festung geblieben, um hier den Kampf aus dem Dunkel heraus gegen die Fallschirmjäger zu führen. Sie sabotierten und kämpften aus dem Hinterhalt. General Ramcke wollte nochmals einen Evakuierungstermin mit dem Amerikaner vereinbaren. Bürgermeister Eusen ging ins amerikanische Hauptquartier. Aber diesmal lehnte General Middleton ab.

Heftige Kämpfe begannen, es gab auf beiden Seiten schwere Verluste. Auf verlorenem Posten harrte die Festungsbesatzung von Brest aus. Sie wußte, daß sie alliierte Streitkräfte band, die nun nicht nach Osten weiterrücken konnten, sie wußte aber auch, daß sie nicht durchhalten konnte und früher oder später aufgeben mußte.
General Middleton gelang es nicht, mit seinen starken Kräften die Festung zu nehmen. Er erhielt daraufhin Verstärkung: eine Infanteriedivision, Pionierbataillone und Granatwerferabteilungen. Unter dem pausenlosen Hagel ihrer Artilleriegeschosse griffen die Amerikaner immer wieder an. Nur in einigen Fällen gelangen ihnen kleinere Einbrüche, die bald wieder bereinigt wurden. Ramcke hielt aus!
Eines Tages verfuhr sich eine amerikanische Sanitätskolonne und landete in der deutschen HKL. General Ramcke nahm die Amerikaner nicht gefangen, sondern schickte die verdutzten Boys aus Texas zu General Middleton zurück. Der bedankte sich über Funk für die freundliche Geste.
Der Kampf ging weiter. Die Verteidiger von Brest hielten die Festung gegen eine erdrückende Übermacht, gegen rollende Bomberangriffe, gegen Partisanen, gegen die Artillerie – und das im Bewußtsein, von allen anderen deutschen Truppen abgeschnitten zu sein. Am 13. Sep-

tember 1944 schickte General Middleton drei Offiziere als Parlamentäre mit einem Schreiben zu General Ramcke:

„An: Generalleutnant Ramcke, Kommandierenden General der deutschen Truppen in Brest.

Von: Kommandierenden General der amerikanischen Truppen vor Brest.

Wie immer im Kriege, erreicht einmal die militärische Lage einen Zeitpunkt, an dem ein Kommandant weiteres Blutvergießen und das Aufopfern seiner Soldaten nicht länger rechtfertigen kann.

Mit Ihren – durch uns gefangenen – Offizieren und Soldaten haben wir die Lage der deutschen Besatzung von Brest besprochen. Alle sind überzeugt, daß die militärische Lage hoffnungslos ist, und daß durch die Verlängerung dieses Kampfes nichts erreicht werden kann. Wir sind daher der Meinung, daß die deutsche Besatzung von Brest keinen gerechtfertigten Grund für ein weiteres Aushalten hat.

Ihre Soldaten haben gut gekämpft. Ungefähr 10 000 Mann sind jetzt Kriegsgefangene. Ihre eigenen Verluste kennen Sie. Außerdem ist viel des von Ihnen benötigten Kriegsmaterials ausgefallen, und Ihre Truppen sind in einem kleinen, engen Raum eingekesselt. Sie haben somit Ihre Pflicht dem Vaterlande gegenüber voll und ganz erfüllt.

Dem Vorhergehenden zufolge ersuchen wir Sie, als ein Berufssoldat zu einem anderen, diesen ungleichen Kampf einzustellen. Wir hoffen, daß Sie als alter und verantwortungsvoller Offizier, der ehrenvoll gedient und seine Pflicht hier bereits erfüllt hat, diesem Vorschlag Ihre günstige Berücksichtigung zu geben.

gez. Troy H. Middleton“

Ramckes Antwort auf diesen Brief lautete kurz und bündig:

„An den Kommandierenden General des VII. am. A.K., Herrn Generalmajor Troy H. Middleton.

„Herr General!

Ihren Vorschlag lehne ich ab.

gez. Ramcke“

Der Festungskommandant glaubte immer noch, daß jeder Tag, den er weiter aushielt, der Heimat Entlastung bringe und den deutschen Führungsstellen die Möglichkeit gebe, eine neue Front aufzubauen. So

lange wollte er aushalten. Und er ahnte nicht, daß das deutsche Schicksal im französischen Raum schon lange besiegelt war, er und seine Männer im Grunde genommen sinnlos geopfert werden sollten, weil das Halten der Festung Brest kaum mehr strategischen Wert hatte.
Die Amerikaner trommelten nun auf alle Abschnitte der deutschen Festungsfront. Angriff auf Angriff rollte gegen die Verteidiger. Harte, verlustreiche Nahkämpfe entbrannten. Und immer näher schob sich der Gegner an die Stadt heran. Schließlich schoß die amerikanische Artillerie mit Phosphorgranaten. Sie wollten die Deutschen in der brennenden Stadt ausräuchern. Jetzt bestand keine Möglichkeit mehr, den Einbruch der Angreifer weiter abzuwehren.
Ramcke hörte durch Funk, die einzige Verbindung zur Heimat und zur Führung, von seiner Beförderung zum Kommandierenden General und von der Verleihung der Schwerter zum Eichenlaub des Ritterkreuzes. Einen Tag später, am 21. September 1944, wurde ihm über Funk die Verleihung der Brillanten gemeldet – aber inzwischen hatte die Festung Brest kapitulieren müssen.
Im Hauptquartier des amerikanischen Befehlshabers standen sich gegenüber: General Ramcke und General Middleton. Der Amerikaner fragte, was er für Ramcke tun könne. Der antwortete: „Sorgen Sie dafür, daß meine Soldaten in der Gefangenschaft gut behandelt werden!"
In einer letzten Ansprache dankte Ramcke seinen Männern für ihre Treue und ihren todesmutigen Einsatz. Als er sich von ihnen verabschiedete, riefen Tausende deutscher Soldaten: „Vater Ramcke – Vater Ramcke!" Für den General, der wirklich ein Vater seiner Soldaten war, begann der Weg in die Gefangenschaft, der zunächst in Amerika, im Clinton-Camp im Staat Missouri, endete.

Ramcke las in einer amerikanischen Zeitung, daß sich die Senatoren Price und Eastland gegen den berüchtigten „Morgenthau-Plan" wandten. Die beiden Männer forderten eine gerechte und vernünftige Deutschlandpolitik. Daraufhin schrieb Ramcke – es war kurz vor Weihnachten 1945 – einen Brief an die Senatoren und schilderte die Zustände im Lager. Wie aber sollte er den Brief aus dem Lager herausschmuggeln? Er selbst übernahm schließlich diese schwierige Aufgabe, die Aufgabe des Briefträgers. Mit Hilfe zweier Eingeweihter schlüpfte Ramcke durch den Stacheldraht. Per Anhalter fuhr er in die benachbarte Stadt Jackson. Auf der dortigen Post bekam er aber keine Brief-

marken – die Geschäfte waren an jenem Tag geschlossen. Ramcke spielte vortrefflich die Rolle des Schwerhörigen und des Sprachgehemmten. Freundliche Menschen verwiesen ihn an die Apotheke, die auch am Feiertag geöffnet war – und so gelangte er endlich in den Besitz der notwendigen Briefmarken. Auf dem gleichen Weg kehrte er ins Lager zurück – unbemerkt, gerade noch rechtzeitig zur abendlichen Zählung. Nun beschloß Ramcke die Flucht. Sorgfältig bereitete er den Ausbruch vor. Nach Südamerika hoffte er zu entkommen. Inzwischen erfuhr der Lagerkommandant von den Senatoren, wer an die beiden Männer geschrieben hatte. Daraufhin wurde Ramcke in ein anderes Camp verlegt. Eine wahre Irrfahrt begann und führte von Amerika nach England, von dort ins deutsche Munsterlager, schließlich nach Frankreich. Mit Handschellen gefesselt, wurde Ramcke als „Mörder von Brest" den französischen Behörden ausgeliefert.
In sechs Jahren Kriegsgefangenschaft und Kerkerhaft mußte Ramcke Beleidigungen und Demütigungen hinnehmen, bevor ihm endlich – nach der Flucht und nachdem er sich freiwillig wieder gestellt hatte – der Prozeß gemacht wurde. Das Gericht verurteilte den General – den Vater von sieben Kindern – zu fünf Jahren Gefängnis. Die französischen Justizbehörden setzten jedoch Ramcke auf freien Fuß, da ihm die Jahre der Gefangenschaft auf die Gefängnisstrafe angerechnet wurden.

Nach seiner Entlassung war er als leitender Angestellter in einem Industrieunternehmen tätig und schrieb mehrere Bücher über seine Kriegserlebnisse. Er starb am 5. Juli 1968 in Kappeln/Schleswig.

Major Heinz Wolfgang Schnaufer

Die Engländer nannten ihn „Nachtgespenst"

13. Juli 1950. Das Mercedes-Kabriolett glitt über den spiegelnden Asphalt der breiten Straße, die von Biarritz nach Bordeaux führt. Der dunkelhaarige, schlanke Mann mit dem ernsten, aber noch jungen Gesicht blickte auf den Tachometer. 80 Stundenkilometer.
Plötzlich fuhr aus einer Nebenstraße, deren Einfahrt durch ein Waldcafé verdeckt war, ein Lastwagen mit beträchtlicher Geschwindigkeit und versuchte, ohne die Vorfahrt zu beachten, die Straße zu überqueren. Kreischende Bremsen, Ausweichversuche – dann ein dumpfer Aufprall. Das Kabriolett schlug um. Im gleichen Augenblick rollte vom Lastwagen die unvorschriftsmäßig verstaute Ladung – schwere Sauerstoff-Flaschen – auf die Straße und in den Straßengraben, in dem der bewußtlose Mercedesfahrer lag.
Die Feuerwehr erschien und auch der Krankenwagen. Geraume Zeit später suchte in der Klinik der diensttuende Arzt nach den Ausweispapieren des Deutschen. Denn so viel wußte er: das Fahrzeug des Verletzten war deutscher Herkunft. Dann las er im Personalausweis: Heinz-Wolfgang Schnaufer, geboren am 16. Februar 1922. Wohnort Calw in Württemberg, Deutschland.
Zwei Tage später, am 15. Juli 1950, starb der Verunglückte. Und nach weiteren zwei Tagen wurde die Mutter vom Tode ihres Sohnes unterrichtet.

In dem Schwarzwaldstädtchen Calw verbreitete sich die Nachricht vom tödlichen Unfall des Brillantenträgers wie ein Lauffeuer. Gerüchte tauchten auf.
Mordanschlag auf den berühmten Nachtjäger!
Verspätete Rache der französischen Résistance!
In eine Falle gelockt!
In der Tat erhielten diese Gerüchte Nahrung, als die französische Sûreté den Sarg des Toten versiegelte und erst nach längeren Verhandlungen den Hinterbliebenen freigab. Aber die Vermutungen erwiesen sich als haltlos, als ein Arzt die Leichenschau vornahm. Es gab auch

keine Anhaltspunkte für ein Attentat oder einen Anschlag, nachdem man den Unglücksfall rekonstruiert hatte.
Die Bevölkerung der kleinen Stadt Calw gab dem Toten das letzte Geleit. Ihm zu Ehren wurde in einem neuerbauten Wohnviertel die Hauptstraße nach ihm benannt.

16. 2. 1945. Das war der Geburtstag des Kommodore, Major Wolfgang Schnaufer. Die Besatzungen warteten auf Einsatzbefehle. Aber das Wetter war schlecht, zu schlecht – und dennoch würden sie starten. „Gratuliere zum Dreiundzwanzigsten!", riefen die Kameraden. Jemand drehte am Rundfunkgerät. Schlager, Tanzmusik.
„Wo hast du denn die erwischt?", fragte Schnaufer. „Die andere Feldpostnummer. Soldatensender Calais." Da brach die Musik ab, eine Stimme kam aus dem Äther.
„Hallo Kameraden des vierten Nachtjagdgeschwaders in Gütersloh. Wir bewundern eure tollkühnen Einsätze. Aber wozu riskiert ihr noch Kopf und Kragen? Euer Kommodore ist der beste und erfolgreichste Nachtjäger der Welt. Heinz Wolfgang Schnaufer! Herr Major, wir erlauben uns, Ihnen heute zum dreiundzwanzigsten Geburtstag zu gratulieren!" Kleine Pause.
Die Nachtjäger sahen sich erstaunt an. Woher wußten die Engländer...?
„Sie wissen, Herr Major", fuhr die Stimme fort, „daß unsere Bomberbesatzungen Ihnen den Ehrentitel ‚Nachtgespenst' verliehen haben. Wir bemühen uns, fair zu sein. Wir achten den Gegner. Und weil wir wissen, daß auch Ihr Einsatz fair ist, schätzen wir Sie. An diesem Ihrem Geburtstag spielt für Sie das Tanzorchester der BBC den Schlager ‚Das Nachtgespenst, das Nachtgespenst, es geht in unserem Schloß herum' !"
Die Nachtjäger waren aus dem Häuschen. Da schoß man fast jede Nacht britische Viermotorige ab – und dafür wurde einem noch von den Engländern gratuliert!
Diese Ehrung hatte am allerwenigsten Schnaufer selbst erwartet. Wenn schon der Feind seine Leistungen anerkannte, sie schätzte, von ihr mit Hochachtung sprach, dann bedeutete das eine echte Auszeichnung. „Nachtgespenst" in dieser Bezeichnung lagen Hochachtung, Bewunderung und auch ein wenig Furcht vor dem deutschen Nachtjäger. Die Air Force war weniger pathetisch. Sie meinte, daß er der überragende Nachtjäger der deutschen Luftwaffe sei.

Mit der Präzision eines Uhrwerks rollte bei dem jungen Kommodore jeder Angriff ab. Als er noch Gruppenkommandeur war, konnte er zusammen mit seinen Männern die beachtliche Zahl von 700 Abschüssen in der Gruppe buchen. Es war nicht verwunderlich, daß von der Insel aus ganze Schwärme „Moskitos“ als Spezialeinheiten gegen Schnaufer und seine Gruppe, und später gegen sein Geschwader, eingesetzt wurden. Vor jedem ihrer Bombenangriffe auf das Reichsgebiet schickten die Briten ein Sonderkommando los, das einen Start des erfolgreichen Nachtjägers verhindern sollte. Mit Spreng- und Brandbomben wurde der Flugplatz belegt, auf dem sie Schnaufer vermuteten. Der Erfolg blieb ihnen jedoch versagt, denn 126 schwere Bomber, in der Mehrzahl viermotorige Maschinen vom Typ Boeing und Lancaster, fielen unter dem Geschoßhagel des Deutschen vom Nachthimmel ... –

Der Wetterdienst meldete dichten Nebel. Gleichzeitig waren feindliche Bomber im Anflug über der Nordsee. Schnaufer gab seiner Besatzung Startbefehl. Rasch war der Nebel durchbrochen, und die Maschine befand sich unter sternklarem Himmel.

Plötzlich tauchte vor ihr ein dunkler Schatten auf. Feindmaschine! Schnaufer hängte sich hinter den schweren Kasten und erkannte in ihm eine Lancaster. Einsam flog sie ihrem Verband voraus. Als sogenannter „Pfadfinder“ hatte die englische Maschine die Aufgabe, das ausgesuchte Ziel anzusteuern und über dem Zielraum die Leuchtfallschirme und „Christbäume“ zu setzen. In dieser Maschine befand sich gewöhnlich der Commander des Bomberpulks.

Einen solchen „Zeremonienmeister“ abzuschießen, war gleichbedeutend mit einem gewonnenen Gefecht. Denn die nachfolgenden Bomber warfen, wenn sie kein abgeleuchtetes Zielfeld vorfanden, ihre Todesladungen planlos ab, bevor sie den eigentlichen Abwurfraum erreicht hatten. Schnaufer wußte längst um diese Möglichkeiten. Er kannte aber auch die Größe der Gefahr, den Kampf mit der starkbewaffneten Feindmaschine aufzunehmen. In den Heckschützenkanzeln saßen nämlich Offiziersanwärter, junge Soldaten, die keinen Zweikampf scheuten und außergewöhnlich tapfer waren.

Schnaufer durfte keine Zeit verlieren. Je weiter vor dem Angriffsziel er den Gegner stoppen würde, um so größer war die Aussicht, den Verband zum Abwerfen der Bomben über Wald- und Feldgelände zu zwingen. Langsam näherte er sich dem Heck der Lancaster. Noch 200

Meter... 100 Meter. Der Heckschütze hatte ihn noch nicht erkannt. 50 Meter.

Jetzt – Schnaufer löste die Bordkanone aus! Die Geschosse schlugen in den Rumpf der feindlichen Maschine. Die zweite Lage traf einen Benzintank. Im nächsten Augenblick explodierte der schwarze Riese! Wie ein Gold- und Silberregen tropften die brennenden Teile der Maschine an der Me 110 vorbei. Die Munition und die Leuchtfallschirme in der brennenden Maschine entzündeten sich und schossen, zu einem glühenden Feuerball verwandelt, der Erde zu.

Doch Sekunden später tauchte eine zweite Viermotorige auf. Schnaufer kurvte auf die neue Lancaster zu und tauchte unter ihr weg. Dabei jagte er ihr eine Geschoßgarbe in den Rumpf. Im gleichen Augenblick erkannte der englische Heckschütze die deutsche Me 110. Obwohl seine eigene Maschine brannte, schoß der Engländer, was aus seinem Vierlingsmaschinengewehr hinausging. Er traf Schnaufers „Vogel" und feuerte auch dann noch, als er mit seiner Lancaster bereits als brennende Fackel zu Boden raste.

Jetzt mußte der Großverband kommen! Schnaufer kurbelte nach Nordwesten, um die Briten zu stellen. In der Dunkelheit erkannte er eine schnellfliegende Viermotorige vor sich. Unter ihr flog er den gleichen Kurs mit und schoß ihre Heckkanzel in Brand. Aber die Engländer flogen weiter. Jetzt setzte sich Schnaufer dicht hinter den Bomber. In diesem Augenblick barst die Maschine auseinander. Der Druck der Explosionswelle war so stark und die ausstrahlende Hitze der explodierenden Brandbombenlast so groß, daß die Benzintanks der Me 110 beinahe Feuer gefangen hätten.

Für den Bruchteil einer Sekunde verlor Schnaufer die Gewalt über seine Maschine, die steuerlos in die Tiefe raste. Doch nach einigen schwierigen Manövern konnte er sie abfangen. „Wir fliegen nach Hause", meldete er durch das Mikrophon. Aber sein Bordmechaniker Wilhelm Gänsler hatte eine neue Lancaster ausgemacht.

Obwohl Schnaufer von den drei vorhergehenden Angriffen erschöpft war, pirschte er sich an den neuen Gegner heran. Vielleicht war er ein wenig nervöser als sonst, denn im ersten Anflug schoß er vorbei. Da prasselten ihm die Geschosse des Bomberheckschützen entgegen. Die Viermotorige versuchte auszuweichen, tauchte, stieg. Aber Schnaufer ließ sich nicht mehr abschütteln. Aus dreißig Meter Entfernung schoß er ihre Benzintanks in Flammen.

Am Boden lag nach wie vor Nebel, als die Besatzung nach vierzig Minuten landete. Vier Siege in einer knappen Stunde! Abgekämpft und müde warfen sich die Männer in ihre Kojen. Aber schon eine Stunde später gellten die Alarmglocken durch die Korridore: „Der Tommy fliegt erneut ein." –

Es gibt Menschen, die trotz hervorragender Geistesbildung, Wissen und Intelligenz unselbständig bleiben. Oft stehen sie einfachen Situationen völlig hilflos gegenüber. Der entgegengesetzte Typ war Heinz-Wolfgang Schnaufer. In ihm vereinigte sich Intelligenz mit einem ausgesprochenen Sinn für die Praxis. Er begriff schnell und wertete seine Erkenntnisse mit verblüffender Genauigkeit und Umsicht zum Nutzen und Wohle seiner Umgebung aus und scheute sich auch nicht vor ungewöhnlichen Aufgaben.

Als er vierzehn Jahre alt war, äußerte er den Wunsch, Offizier zu werden. In diesem Beruf sah er keineswegs die Versorgung durch den Staat, sondern eine Berufung. Schulfreunde behaupten, daß er in seinem Denken seinen gleichaltrigen Kameraden um drei bis fünf Jahre voraus war. Als Siebzehnjähriger machte er im November 1939 das Abitur mit Auszeichnung.

Nach der Aufnahmeprüfung als Offiziersanwärter der Luftwaffe hatte Schnaufer während seiner Ausbildung Gelegenheit, fast alle deutschen Flugzeugtypen zu fliegen. Er bekam nicht nur eine hervorragende Jagdausbildung, sondern wurde auch darüber hinaus auf Sturzbomber- und Blindflug für Jäger und Zerstörer im Einzel- und Verbandsflug gedrillt. Die Nachtjagdschule ergänzte hauptsächlich die Nacht-Blindflug-Ausbildung, sowie die taktische für den Nachtjagdeinsatz. Am 1. April 1941 erhielt er das Leutnantspatent und wurde zum Frontverband abgestellt. Er war gerade zwanzig Jahre alt, da erhielt er für seinen ersten Abschuß bei Grenz-Donau am 2. 6. 1942 das EK II und für den sechsten das EK I. Damals konnte er nicht ahnen, daß noch weitere 120 Abschüsse hinzukommen würden. Das Deutsche Kreuz in Gold wurde dem Oberleutnant Schnaufer 1943 nach 15 Nachtabschüssen verliehen, und das Ritterkreuz erhielt er am 15. 1. 1944, als er seinen 40. und 41. Gegner besiegt hatte.

Jetzt erst begann Heinz Schnaufers Siegesserie. In fünf Nächten hintereinander schoß er jeweils vier Viermotorige ab. Am 1. 5. 1944 wurde er zum Hauptmann befördert. Das Eichenlaub wurde ihm am 27. 6. 1944 nach seinem 80. Abschuß verliehen, die Schwerter wenig später, am

30. 7. 1944. Am 8. Oktober meldete er seinen „Hundertsten“ und wurde dafür am 16. 10. 1944 mit den Brillanten ausgezeichnet.
In einer einzigen Nacht, innerhalb 14 Minuten, schoß er über Aachen fünf viermotorige Bomber ab! Die einfliegenden Briten und Amerikaner meldeten ihren Bodenstellen, als sie das Sterben der englischen Besatzungen erlebten: „Das kann nur Schnaufer gewesen sein!“
In Gesprächen mit gefangenen britischen Offizieren, die nach Deutschland eingeflogen waren und gegen Schnaufer gekämpft hatten, kam fassungsloses Staunen zum Ausdruck. Wie war es möglich, daß dieser eine Mann und seine Besatzung Nacht für Nacht und oftmals auch mehrmals in einer Nacht am Feinde „klebten“, unermüdlich und unerschrocken! Die Engländer wußten, wie schwer es war, eine viermotorige „Fliegende Festung“ anzugreifen, weil die radar-navigatorischen Suchgeräte in den deutschen Maschinen noch nicht genügend entwickelt waren. Um so höher müssen die Erfolge jener Jäger gewertet werden, die bei Nacht und Nebel aufstiegen und trotz ungünstigen Voraussetzungen den Kampf gegen einen Gegner aufnahmen, der stark gesichert und bewaffnet war und mit vollem Recht als „Fliegende Festung“ bezeichnet wurde. –

„Britische Verbände vermutlich im Anflug auf Stuttgart!“ Als diese Nachricht im Hauptquartier der Nachtjäger in St. Trond in Holland bekannt wurde, gab es für Schnaufer kein Halten mehr. Er mußte versuchen, die Briten abzufangen und ihren Verband auseinanderzujagen. Aber die Engländer flogen bereits weit über dem Reichsgebiet.
Schnaufer holte aus seiner Me 110 alles heraus. Währenddessen versuchte sein Bordfunker Oberleutnant Fritz Rumpelhart, der wie sein Bordschütze Oberfeldwebel Wilhelm Gänsler mit dem Ritterkreuz ausgezeichnet war, den Bomberverband im neuen Suchgerät auszumachen. Endlich, wenige Kilometer vor Stuttgart, tauchte die erste Maschine auf dem Bildschirm auf. Schnaufer griff sie von hinten an und schoß sie im ersten Anflug in Brand. Aber er wollte die Spitze abfangen, den Verband überholen und den „Zeremonienmeister“ abschießen, um den Pulk von Stuttgart fernzuhalten. Es gelang dem Hauptmann, den Verband unbemerkt zu unterfliegen. Dann – noch vor der Stadt – löste sich eine Lancaster aus dem riesigen Pulk und flog auf das Ziel zu.
Der Funker hielt die feindliche Maschine genau im Suchgerät fest.

Aber auch die Engländer erkannten jetzt den deutschen Nachtjäger. Sie versuchten wegzutauchen, schlingerten, stiegen. Es nutzte nichts. Schnaufer blieb „dran".
„Noch 600 Meter... 400 Meter... 200 Meter..." Ruhig klang die Stimme des Funkers, der die Ortung durchsagte. „Jetzt noch 80 Meter."
Da zerriß ein greller Blitz die Nacht. Dieses Licht konnte nicht von Leuchtspurmunition herrühren. Viel greller, so, als wäre der Benzintank explodiert, schoß er in die Augen. Gleißende, stechende Helle blendete die Besatzung. Was war geschehen?
Die Engländer hatten im letzten Augenblick, bevor Schnaufer schoß, eine Blitzbombe geworfen, die den verfolgenden Nachtjäger blenden und ihn von seinem Ziel abbringen sollte.
Und gleichzeitig krachte es in der Kabine!
Der englische Heckschütze nahm die deutlich sichtbare Me 110 unter Feuer. Die erste Garbe zerschlug das Funk- und Suchgerät. Instinktiv ließ Schnaufer die Maschine fallen, tauchte unter der Lancaster weg und stand dann wieder am klaren Himmel.
Wo war der „Zeremonienmeister" abgeblieben? Er mußte ihn bekommen, er durfte ihn nicht aus den Augen verlieren! Sonst würde Stuttgart bombardiert werden! Es war höchste Zeit! Also suchte er mit den Augen den schwarzen Hintergrund ab. Er änderte den Kurs nicht, weil er damit rechnete, daß die Engländer ihre Route beibehalten würden.
In der Tat: schon nach wenigen hundert Metern wurde seine Maschine von einer Propellerboe erfaßt und wie ein Luftballon weggedrückt. Da tauchte auch wieder der schwarze Schatten vor ihm auf – der „Zeremonienmeister"!
„Ich greife an!" meldete Schnaufer seinen beiden Gefährten. Er ging ein wenig unter die Lancaster, die ruhig weiterflog. Langsam zog Schnaufer die Me hoch, dann sah er genau über sich den riesigen Bauch des Bombers.
Gleichzeitig mit Schnaufers Angriff schoß der englische Bordschütze. Leuchtspurenmunition durchbrach die Dunkelheit. Die Geschosse verfehlten nur knapp ihr Ziel. Schnaufer sah das helle Aufblitzen der Bordwaffe. Er flog ins Feuer hinein. Es war, als besäße er überhaupt keine Nerven. Der englische Bordschütze mußte furchtbar erschrocken sein, denn so viel Kaltblütigkeit hatte er sicherlich noch nicht erlebt.
Da drückte Schnaufer auf die Auslöseknöpfe seiner Bordkanonen. Ein einziger Feuerstoß genügte, um die Lancaster zur Explosion zu bringen.

Die gefährliche Ladung, bestehend aus Blitz-, Leucht- und Brandbomben, „Christbäumen“ und Leuchtraketen, wurde in die Nacht geblasen und ging wie ein Feuerwerk zu Boden. Brandkörper fielen auf den Motor der deutschen Maschine.
„Das fehlt uns noch – der Motor brennt!“ rief Schnaufer, gleichzeitig stellte er die Zündung ab. Jetzt flogen sie mit einem Motor weiter. Während er die lahme Maschine aus dem nachfolgenden Bomberstrom manövrierte, tauchte im bunten Lichtzauber der explodierenden Leuchtkörper und im taghellen Schein an Fallschirmen pendelnder „Christbäume“ eine Lancaster ins Schußfeld der Me 110. Aber Schnaufer wagte sich mit seiner havarierten Maschine nicht an den starkbewaffneten Gegner heran.
„Bißchen schneller, dann schieß' ich ihn ab!“ drängte Bordschütze Gänsler. Der Hauptmann drückte den Gashebel durch. Schneller, hatte Wilhelm gesagt. Gut, er würde schneller fliegen. Da hämmerte auch schon Wilhelm Gänslers MG. Dauerfeuer! Und nach wenigen Sekunden hörten sie die Explosion. Der Bomber platzte auseinander. Inzwischen hatte der Bomberverband die Stelle erreicht, über der jetzt die Leuchtfallschirme hingen, die gleichzeitig auch den Abwurfplatz für die Bomben markierten. Die Piloten des 400 bis 500 Maschinen starken Verbandes hatten keinen „Zeremonienmeister“ mehr, sahen aber die „Christbäume“ und einige zerplatzte Maschinen, die zu Boden gingen. Ihr Commander fehlte – und so luden sie die Bomben nicht auf Stuttgart ab, sondern im Wald zwischen Renningen, Malmsheim und Münklingen. Schnaufer atmete auf. Der Langstreckenflug und die Strapazen hatten sich gelohnt. Der Großangriff auf die Stadt war abgewehrt, die Briten kehrten um. Jetzt würden sie von den anderen Nachtjägern abgefangen werden.

Schnaufer landete mit seiner beschädigten Maschine auf dem Flugplatz Echterdingen bei Stuttgart. Am Morgen wollte er nach erfolgter Reparatur weiterfliegen. Aber vorher – zur späten Nachtstunde, rief er noch seine Mutter in Calw an: „Hier Schnaufer!“
„Hier auch Schnaufer“, meldete sich Heinz-Wolfgang.
„Junge, von wo rufst du an?“
„Ich bin in Echterdingen. War über euch...“
„Du bist doch in St. Trond?“
„Ich bin quer über Deutschland geflogen, als ich hörte, daß ein Bom-

berverband Stuttgart angreifen wollte. Aber ich habe ihnen das versalzen..."
„Kommst du vorbei?"
„Leider nein. Die Maschine wird nur überholt, und in wenigen Stunden fliege ich zurück. Mit einem Motor bin ich gelandet."
Schnaufers Mutter drang nicht in ihren Jungen, sie wußte, daß es zwecklos wäre. –
In einer eiskalten Februarnacht des Jahres 1945 krönte der nun zum Major beförderte Geschwaderkommodore seine Erfolge. Der Krieg war verloren. Die Sowjets marschierten auf Schlesien, Brandenburg und in Richtung Berlin. Die Reichshauptstadt lag Nacht für Nacht und Tag für Tag im Bombenregen.
Schnaufers Geschwader lag in Gütersloh, als er die Meldung über Einflüge starker britisch-amerikanischer Verbände erhielt. Kurs: Berlin. Die deutschen Maschinen starteten, obwohl die Männer wußten, daß ihre Feuerkraft zu schwach gegen den übermächtigen Feind war. Aber sie wollten versuchen, den gewaltigen Bomberstrom auseinanderzureißen, ihn vom Hauptziel abzulenken. Mehr konnten sie nicht tun. Natürlich würden sie so viele Maschinen abschießen wie nur möglich.
Die Spitzen des alliierten Verbandes näherten sich den Außenbezirken Berlins, als Schnaufers Geschwader sie erreichte.
„Angreifen! Nichts wie angreifen!" befahl er. Er selbst stürzte sich gleich auf eine viermotorige Boeing. Sie zerplatzte in der Luft, ehe der gegnerische Heckschütze auch nur einen einzigen Feuerstoß aus seinen Bordwaffen abgeben konnte.
Unten brannte die Stadt. Am Nachmittag war sie bereits von einem Bombenangriff schwer getroffen worden. Die riesige Feuersbrunst ließ die Männer in den Maschinen die Tragödien ahnen, die sich in den Kellern und Ruinen abspielen mochten. Schnaufer flog, bis er keine Munition mehr besaß. Bis dahin hatte er aber noch weitere sechs viermotorige Bomber abgeschossen! Seinem Geschwader war es gelungen, den riesigen Verband zu sprengen, und so blieb der konzentrierte Angriff auf Berlin aus. Die Bomben fielen wahl- und ziellos in die Wälder, die Gewässer und auf die Wiesen um Berlin. Nur wenigen Maschinen gelang es, den Stadtkern zu erreichen.
Zu Schnaufers Taktik gehörte das Unterfliegen des Gegners. Von unten stieß er wie ein Pfeil auf die Maschine zu und schoß in die Benzintanks. Das war um so schwerer, als die Bordschützen in den Vier-

motorigen so verteilt waren, daß auch der von unten angreifende Nachtjäger bekämpft werden konnte. Um das Manöver des Pfeil- und Steilangriffes nicht mehr ausführen zu müssen, kam Schnaufer auf die Idee, zusätzlich noch Bordkanonen so zu montieren, daß diese senkrecht nach oben schossen: Vier Zweizentimeter-Rohre ragten aus der Kanzel senkrecht nach oben. So brauchte er nicht mehr oder doch nicht immer den Gegner von hinten oder von vorn anzugreifen. Jetzt flog er unter ihm weg und drückte auf die Auslöseknöpfe, wenn er die Feindmaschine über sich im Visier hatte.

Im März 1945 erprobte er auf höheren Befehl die Do 335 für den Nachteinsatz. Sein letzter Einsatz fand am 9. April statt. Von Fassberg startete er um 22 Uhr und landete nach 79 Minuten, um 23.19 Uhr. Vergebens hatte er eine Lancaster gejagt, die von starkem Jagdschutz begleitet war. Am 19. April übernahm Schnaufer den Platzschutz in Eggeberg, um die Überführung eines Teils des Geschwaders nach Fassberg zu sichern. Das war auch sein letzter Flug.

Mit insgesamt 2300 Starts und 1133 Flugstunden beendete der erfolgreichste Nachtjäger seine Laufbahn als Fliegeroffizier.

Das Nachtjagdgeschwader 4 mit seinem Kommodore Major Schnaufer kapitulierte bei den Engländern. Endlich hatten sie das „Nachtgespenst", jenen legendären Nachtjäger, der zum Schrecken ihrer Bomberpiloten geworden war. Er war so etwas wie ein „Wundertier". Verhör folgte auf Verhör. Alliierte Fliegeroffiziere kamen und sahen sich Schnaufer an. Dieser junge, gutaussehende Mann war es also gewesen, der 126 Bomber abgeschossen hatte!

Die britische Propaganda hatte während des Krieges die Meldung verbreitet, Schnaufer werde vor seinen Starts mit Drogen (Laktal-B) gedopt. Denn normalerweise könne ein Mensch diese nervliche Belastung nicht aushalten. Die Engländer hielten es für anormal, daß ein einziger Mann in einer Nacht vier oder sechs Bomber abschoß. Da konnte irgend etwas nicht stimmen!

Auch in der Gefangenschaft wurde Schnaufer nach den Drogen gefragt, die man ihm injiziert hätte. Als die Vernehmungsoffiziere hörten, daß er keine Aufputschmittel gebraucht hatte, wollten sie es nicht glauben.

Noch im November 1945 wurde Schnaufer entlassen, nachdem er eine Diphterieerkrankung durchgestanden hatte.

Das „Nachtgespenst" aber hatten die Briten nicht vergessen. Und es sollte eine Ehrung besonderer Art erfahren. Die britische Luftwaffe

stellte nämlich Schnaufers Maschine, auf der die Anzahl der abgeschossenen Bomber aufgemalt war, im Hyde-Park, dem meistbesuchten Ort Londons, in einem seilumspannten Viereck auf. Und über der Me 110 war ein Schild angebracht: „Diese Messerschmitt-Maschine flog der erfolgreichste Nachtjäger der Welt, der 23-jährige Major Heinz Wolfgang Schnaufer."
Britische Kommunisten hatten versucht, die Maschine zu zerstören. Als es ihnen nicht gelang, klebten sie Plakate in der Nähe der Me 110 an, die Schnaufers Ansehen schmälern sollten. Doch die Polizei griff ein, und die Plakate verschwanden. Hunderttausende pilgerten in den Hyde-Park und bestaunten die Me 110 und die 126 aufgemalten Abschußstriche. Sie konnten sich kaum vorstellen, wie es ein Mann fertiggebracht hatte, 126 schwerbewaffnete Bomber abzuschießen. Ein einziger Mann mit seiner Besatzung. Heute noch befindet sich im Londoner Museum die Me 110, und als besondere Attraktion gilt jener Teil der Maschine, auf dem die markierten Abschüsse zu sehen sind. –

Nach der Entlassung baute Schnaufer zusammen mit Geschwaderkameraden in Norddeutschland ein Transportunternehmen auf, das er jedoch bald aufgab. Er nahm vor allen Dingen Verbindung mit dem Elternhaus auf und gründete für die eigene Spirituosenfabrik und Weinkellerei Vertriebsniederlassungen. In jener Zeit galt es als ein Risiko, Geschäfte zu tätigen, von denen man sich in der Zukunft etwas versprach. Denn Deutschland war ein einziger Trümmerhaufen.
Aber Schnaufer hatte nur ein Ziel: die Firma seines Vaters auszubauen. Schon in der Gefangenschaft hatte er sich darüber Gedanken gemacht. Bestandteil seiner Pläne war der Vorsatz, möglichst viele Geschwaderangehörige mit nach Calw zu nehmen, um sie im elterlichen Betrieb unterzubringen. Andere kamen nach, als sie nicht mehr in ihre ostdeutsche Heimat zurückkehren konnten. Innerhalb von zwei Jahren wurde aus der kleinen Likörfabrik in Calw ein Großunternehmen, der „spiritus rector" war Heinz-Wolfgang Schnaufer.

In Heinz-Wolfgang Schnaufer vereinigten sich alle Tugenden guten Soldatentums. Für ihn spiegelte sich Soldatentum nicht im Kadavergehorsam wider, sondern im Vorleben desEinzelnen, in Disziplin und Ordnung, in der Achtung der Menschenwürde und der Gesetze, in der Liebe zum Vaterland und im Einsatz der eigenen Person.

Wenn Wasserbomben fielen, spielte er mit einer Puppe

Seine Männer nannten ihn „Cherry Brandi", vertrauten seinem guten Auge und ließen sich von seiner ausstrahlenden Ruhe anstecken. Als der Befehlshaber der U-Boote ihm den Sonderauftrag gab: „Geleitzüge im Mittelmeer stören", kam dies einem Himmelfahrtskommando gleich. Und dennoch meldete er „sagenhafte" Erfolge: drei Kreuzer, 12 Zerstörer und 21 Handelsschiffe mit einer Gesamttonnage von 118000 BRT; außerdem zwei Flugzeugabschüsse.
(Viele Jahre nach dem Krieg meldeten sich Stimmen, die die Versenkung der Großkampfschiffe anzweifelten. Sie seien in den Verlustlisten der britischen Marine nicht aufgeführt, könnten also auch nicht versenkt worden sein. So die Statistiker. Jedoch die vorliegenden Quellen sowie vor allen Dingen Brandis persönliche Unterlagen bestätigen die Erfolge.)
Keine andere Truppe hatte im letzten Krieg so hohe Verluste erlitten wie die U-Boot-Waffe. Von 39000 kehrten nur 6000 Männer zurück. Einer von denen, die zurückkehrten, war auch einer ihrer tapfersten. Denn nur zwei Offiziere der Kriegsmarine trugen die Brillanten: der tödlich verunglückte Wolfgang Lüth und Albrecht Brandi, der letzte Kommandeur der Kleinkampf-Einsatzgruppen.
Er selbst sagte: „Die Verleihung der Brillanten war mehr eine symbolische Handlung. Gewiß, wir haben das Beste gegeben und haben schwere Stunden erlebt. Aber ich glaube, daß man mich mit den Brillanten deshalb auszeichnete, weil ich in einer Zeit, in der es im großen und ganzen so gut wie keine U-Boot-Erfolge mehr zu melden gab, dennoch siegreich am Feind blieb."
Der blonde Westfale mit dem sympathischen Gesicht und den auffallend blauen Augen war bescheiden genug, anzuerkennen, daß im Wetteifer um die höchste Versenkungsziffer eben die Kommandanten an der Spitze lagen, die von Kriegsbeginn an Jagd auf Geleitzüge machten.
Die versenkten Bruttoregistertonnen der U-Boot-Asse Kretschmer, Topp, Mohr, Endraß, Prien, Hardegen, Liebe, Lüth, Merten, Suhren, Scheppke, Schnee, Schultze und anderer lagen im Atlantik, vor der

amerikanischen Küste oder um England. Brandi aber führte der Befehl ins Mittelmeer. Dort gab es wenig „freie Jagd". Es galt vielmehr, auf sich allein gestellt, starkbewachte Fahrzeuge aus Konvois herauszuschießen. Im Mittelmeer hatte das deutsche Boot auch geringere Bewegungsfreiheit als im Atlantik. Denn das dichte Netz der feindlichen Luftaufklärung machte es jedem U-Boot beinahe unmöglich, ungesehen hindurchzuschlüpfen. So war es nicht verwunderlich, wenn Brandis Boot oft mehr als achtzehn Stunden unter Wasser bleiben mußte. Die feindlichen Flugzeuge, von Stützpunkten startend, die in nächster Entfernung lagen, waren mit den neuesten Ortungsgeräten ausgestattet: auf einer Radarscheibe wurde dem Flugzeugführer die Position des U-Boots sichtbar. Um so höher waren Brandis Erfolge zu werten. Er war Spezialist für bewaffnete Seefahrzeuge. Zerstörer sind die Hetzhunde der U-Boote, und es gab nur wenige Kommandanten, die es darauf ankommen ließen, sich mit ihnen anzulegen. Einer von ihnen war Albrecht Brandi, der dreimal das Boot wechselte und dreimal wieder gegen den Feind fuhr, bis er abkommandiert und Führer der Kleinkampf-Einsatzgruppen wurde.
Er war kein Günther Prien, kein strahlender Held, dessen Name zu einem Begriff wurde und dessen Bilder durch die Presse gingen. Brandis Aufgabe bestand auch nicht darin, besondere Unternehmungen, wie zum Beispiel Priens Fahrt nach Scapa Flow, zu starten. Er hatte den Auftrag, feindlichen Geleitverkehr im Mittelmeer zu stören. Aber deshalb war er nicht weniger verwegen als Prien.

Seit 1935 fuhr Albrecht Brandi zur See, machte als Seekadett seine große Auslandsreise auf der *Emden,* fuhr dann vor Beginn des Krieges als I WO bei Bartels auf Minensuchboot *M 1*; wurde bei Eroberung der Westernplatte zu Beginn des Polenkrieges eingesetzt. Dann wieder auf *M 1*-Unternehmen-Norwegen. Bartels bekam das Ritterkreuz, und ab Juni 1940 führte Brandi *M 1* als Kommandant in norwegische Gewässer. 1941 erfolgte die „Konfirmandenfahrt" auf dem U-Boot des bekannten Kommandanten Erich Topp. Bei diesem Offizier lernte er alles, was man als Führer eines U-Bootes wissen und können muß. Topp, ein außerordentlich verwegener Fahrer, jagte im Atlantik alliierte Geleitzüge und genoß den Ruf, Nerven wie „Drahtseile" zu haben.
Als Brandi im Herbst 1942 sein erstes U-Boot erhielt, hatte er den Auftrag, im Nordatlantik die Augen offen zu halten. Der junge Kom-

mandant wußte, daß es auf dieser Fahrt darauf ankam, das Vertrauen zwischen ihm und seiner Mannschaft, die untereinander auf Gedeih und Verderb angewiesen waren, herzustellen. Eine U-Boot-Besatzung ohne gegenseitiges Vertrauen konnte keine Erfolge erringen, keine Wasserbombenangriffe, keine gefährlichen Situationen, bei denen es auf Leben und Tod ging, überstehen. Nirgendwo mehr als in einem U-Boot kam es auf das Vertrauen an, das sich der Kommandant bei seinen Männern erwerben mußte.

Am 29.8.1942 morgens 7 Uhr lief *U-617* zu seiner ersten Unternehmung aus Kiel aus. Mit ihm zwei weitere Boote. Brandi wußte, daß nur die anderen beiden das Gerät zur Feststellung des Geortetwerdens durch den Gegner bekommen hatten. Ein drittes war nicht greifbar gewesen. Er war darüber zuerst enttäuscht, sagte sich aber, wer weiß, wozu es gut ist. Mit verschärftem Ausguck bei Tage und nachts mit dem Vertrauen auf sein Glück, hoffte er, dieses Manko ausgleichen zu können. Bis zum Abend des 31. Augusts fuhren die drei Boote noch zusammen, dann trennten sie sich auf fünf Stunden Abstand an der Südspitze Norwegens. Endlich hatte man's geschafft! Endlich allein!

Während der Fahrt vertiefte sich Brandi immer wieder in den Inhalt des roten Aktendeckels: Befehle und Erfahrungen aus dem bisherigen Kriegsverlauf. Es waren sehr viele, aber man mußte sie im Schlaf kennen. Dle Fahrt wurde schwierig, die See brüllend. Die Wellenkämme wurden genau waagerecht weggepustet. Man sah den Horizont bestenfalls nach jeder dritten Welle. Die Hälfte des Prozellangeschirrs war bereits in Scherben außenbords gewandert. Man mußte alles in der Hand behalten. Gegen diese See machte das Boot nur 8–9 km pro Stunde.

Am 5.9. war das Wetter unverändert schwer. Die Island-Passage, der sogenannte „Rosengarten", machte sich mit fünfmal Alarmtauchen vor Flugzeugen bemerkbar. 60 Wasser- und Fliegerbomben, aber alle fielen ungefährlich weit weg. Der Seegang hatte so unangenehme Formen angenommen, daß er den I WO bei einem nächtlichen Alarm beinahe außenbords gespült hätte, er lag schon am Heck beim Geschütz.

Da *U-617* gegen Geleitzüge weit im Atlantik eingesetzt werden sollte und mit entsprechender Feindberührung erst nach etwa fünf Tagen zu rechnen war, wurde von der Besatzung um so freudiger schon am 7.9. die Meldung entgegengenommen: Backbord voraus eine schwache Rauchfahne. Brandi ließ sofort mit großer Fahrt draufloslaufen, bis das

Schiff als kleiner Frachter und Einzelfahrer mit Kurs Reykjavik erkennbar war. Ein schneller Bursche, der mit energischen Zacks seinem Ziel zustrebte.

U-617 setzte sich mühsam in 6 Stunden vor, tauchte und setzte zum Angriff an. „Torpedowaffe fertig!" „Rohr 1 und 2" – da machte der Gegner einen Zack um 60 Grad, und alles war umsonst. Brandi ließ auf Gegenkurs unter Wasser ablaufen. Nach dem Auftauchen waren von dem Frachter nur noch Masten, Schornstein und Brücke zu sehen. Erneut mußte Brandi 9 Stunden große Fahrt laufen, um zum Angriff ansetzen zu können. Der Frachter zackte noch einmal ab, und Brandi sah auch diesmal schon die Felle wegschwimmen, doch er stand ja auf dem Generalkurs des etwa 1400 to „kleinen" Dampfers. Er kam heran. „Rohr 1 und 2 fertig" – „Rohr 1 los – Rohr 2 los..." – es dauerte lange, etwa 50 Sekunden, die allen als Ewigkeit vorkamen. Dann gab es zwei riesige Detonationen. Unten im Boot machte sich die Erlösung in einem „Hurra" Luft. –

Tagelang herrschte Windstärke 10, Seegang 7–8. Das Boot marschierte unter Wasser, da es über Wasser bei Umdrehungen für 7 Seemeilen nur 1 Seemeile Fahrt machte. Der Unterwasserfahrt mit der elektrischen (E) Maschine sind durch eintretenden Sauerstoffmangel natürliche Grenzen gesetzt. Das schlechte Wetter dauerte an, die Männer im Boot wurden hin- und hergeworfen, konnten kaum schlafen, geschweige denn lesen. Große Sorge machte dem Kommandanten der hohe Brennstoffverbrauch, ohne daß man entsprechend vorangekommen beziehungsweise in der Lage gewesen wäre, Schiffe zu versenken.

Vom Befehlshaber der U-Boote bekam Brandi eine neue Position zugewiesen: „St.-Georgs-Kanal besetzen!" Schade um den Brennstoff! Brandi hoffte, im St.-Georgs-Kanal erfolgreicher zu sein. Zur Begrüßung kam ein Orkan auf, wie ihn Brandi noch nie erlebt hatte. *U-617* hatte den tollsten Sturm abzureiten. Da war wirklich „der Teufel los". Nur zu zweit konnte man im völlig dichten Taucheranzug, angekettet und mit Bleischuhen versehen auf der Brücke stehen. Zu sehen war vor lauter Gischt nichts. Brandi ging bei Nacht unter Wasser, es schlingerte bis auf 70 m, wie sonst oben. Das Boot erreichte Krängungen bis zu 68 Grad. Und dann traf ein, was keiner für möglich gehalten hätte: Ein Geleitzug tauchte auf. Brandi setzte bei Nacht über Wasser und bei Windstärke 9–10 und Seegang 8 zum Angriff an und schoß einen 10 000 to-Tanker und einen 5500 to-Frachter heraus. Wenig später nur

kam ein Nachzügler in Sicht, der bei der Bullensee nicht mitgekommen war. Er wurde mittschiffs von Brandis Torpedo getroffen, bekam starke Schlagseite und kippte nach zehn Minuten über den Achtersteven ab. Brandi hatte weiter Glück: die 3600 BRT große *Ronmanie* tauchte auf. Sie hatte Proviant, Autos und Benzin für England geladen. Ein schulmäßiger Angriff erfolgte: 2 Aale, 2 Treffer. Der Oberbefehlshaber der U-Boote gratulierte *U-617* zu den Erfolgen. Brandi erhielt jetzt ein festes Operationsgebiet und mußte warten, nichts als warten.
Zwei Tage nach der Versenkung der *Ronmanie* sah der Wachoffizier Mastspitzen bei hoher See und sehr starkem Wind. Brandi drehte darauf zu und sichtete einen ganzen Geleitzug. 30–40 Dampfer und Zerstörer. Brandi suchte sich den dicksten aus und schoß: nichts war zu hören. Der nächste Aal wurde auf einen 5000-Tonner angesetzt. Nach langer Laufzeit erreichte er sein Ziel, und mit riesiger Wassersäule ging der Dampfer hoch. Der dritte und letzte Aal verließ das Rohr. Brandi hörte zwar die Detonation, sah aber nichts. Auftauchen, Fühlung halten! Das Boot kam hoch wie ein Gummiball in der Badewanne. Doch – auf 300 bis 500 m Entfernung lag, links gestoppt, ein Zerstörer. Den Versuch, über Wasser wegzulaufen, gab der Kommandant sofort wieder auf und ließ tauchen. Die Entfernung war aber so gering, daß der Zerstörer bis zur Tauchstelle gar nicht auf Wurffahrt kommen konnte, *U-617* also Zeit hatte, auf Tiefe zu gehen. Nun setzte der „Segen“ ein, über 6 Stunden 104 Wasserbomben, zum Teil im Doppelwurf und bei guter Ortung. Dennoch war die Stimmung an Bord ausgezeichnet.
Nach sechseinhalb Stunden war es dunkel, und Brandi wagte das Auftauchen. Da lag der Zerstörer noch immer gestoppt da, die Besatzung schien zu schlafen. *U-617* drehte ab und verschwand in der Nacht. Der Brennstoff ging zur Neige – zum Glück kam der Befehl „Rückmarsch antreten“. Die Biskaya wurde am 3. Oktober erreicht, und nach fünf Tagen lief das Boot in St. Nazaire ein. Ergebnis: 4 Dampfer mit 20 122 to versenkt, 2 Dampfer mit zusammen 8000 to torpediert, einer torpediert mit Detonationsversager. Bei den ersten sechs war die Versenkung so gut wie sicher. Das heißt 28 000 to, das bedeutete sechs Wimpel! – Im Atlantik begann das große U-Boot-Sterben. Die meisten deutschen Boote sanken in der Biskaya, zwischen Europa und Kanada und vor Gibraltar. Jede Ausfahrt bedeutete ein „Himmelfahrtskommando“, und die Gewißheit auf Heimkehr sank von Tag zu Tag. Allein im Mai 1943 kehrten 38 U-Boote nicht in ihre Einsatzhäfen zurück. Der Gegner

hatte ein neues Funkmeßgerät. Diesem unheimlichen Feind waren die deutschen U-Boote hilflos ausgeliefert. Da war mit Kanonen und Torpedos und Schneid nicht mehr viel auszurichten. Zu diesem Zeitpunkt erhielt Brandi den Befehl, durch die Straße von Gibraltar ins Mittelmeer zu stoßen und die Operationen des Gegners zu stören. In jenen Tagen war die Meerenge von Gibraltar unpassierbar. Netzsperren und Zerstörerpatrouillen machten ein Durchschwimmen unmöglich. Und da sollte Brandi mit seinem Boot durchschlüpfen...? Dem jungen Kommandanten blieb nichts anderes übrig, als auf gut Glück die Ausfahrt anzutreten. Im Atlantik begegneten ihm die „fettesten Brocken", viele ohne Bewachung. Aber Brandi durfte nicht schießen. Die Torpedos, die er an Bord hatte, waren für die Schiffe im Mittelmeer bestimmt. Er kreuzte vor der afrikanischen Küste und erlebte ein Schauspiel, wie er es noch nie gesehen hatte. Die Amerikaner waren bei Oran gelandet! Eine ungeheure Masse von Seefahrzeugen aller Art und Größen, vom kleinen Schlepper bis zum 20000-BRT-Transporter, vom Zerstörer bis zu den schweren Schlachtschiffen und Flugzeugträgern *Rodny* und *Nelson.* Sie alle spuckten Mannschaften, Waffen, Verpflegung und Munition aus.
Unauffällig schlich sich Brandi an dem gefährlichen Gegner vorbei, er hatte einen anderen Auftrag. Was hätte es auch schon genutzt, wenn er eines der großen Schiffe angegriffen hätte? Er wäre nicht mehr lebend davongekommen. Denn im nächsten Augenblick hätte der Gegner Brandis Boot mit den modernen Funkmeßgeräten erfaßt und mit Wasserbomben zerstört. Nein, es hatte wirklich keinen Zweck, Held zu spielen in der Gewißheit, nicht mehr lebend aus der Metallhülle herauszukommen. Er nahm Kurs auf Gibraltar und passierte die Enge – ohne nach der Karte zu fahren. Dort im Mittelmeer legte er sich auf die Lauer, um „Einzelreisende" und Transporter anzugreifen, keinesfalls Schiffe mit starker Abwehr. Aber das Meer zwischen Afrika und Europa war nicht mit dem Atlantik zu vergleichen. Hier konnte man nicht so großzügig operieren, da die See viele Untiefen birgt. Wie leicht war das auf dem Grunde liegende Boot mit bloßem Auge zu erkennen.
Am 21. Januar 1943 erhielt Brandi das Ritterkreuz und schon am 11. April des gleichen Jahres das Eichenlaub. Der BdU – Befehlshaber der U-Boote – Großadmiral Dönitz schätzte den stillen Kommandanten. Er hatte sich als klug operierender Offizier bewährt und trotz heftiger Feindabwehr Erfolge verzeichnen können.

Von April 1942 bis 12. 9. 1943 fuhr Brandi auf *U-617*. In 18 Monaten lernten sich Kommandant und Besatzung kennen. Es gab fast keine Geheimnisse unter den Männern. Ruhender Pol war Albrecht Brandi. Sein gutes Auge war bekannt, aber mehr noch seine Geduld und die Hartnäckigkeit, mit der er den Gegner verfolgte, der Mut, mit dem er ihm auflauerte und die Ruhe, mit der er seine beste Schußposition suchte und nutzte.

Ein Überfall mit Wasserbomben konnte nicht nur die Nerven der Besatzung „fertigmachen" – in den meisten Fällen wurde das Boot beschädigt, zum Auftauchen gezwungen oder von den Druckwellen zerrissen. In solchen gefährlichen Lagen hockte sich Brandi mitten unter seine Männer und spielte, als ob nichts in der Welt oder besser gesagt, unter Wasser ihn berührte – mit einem Überschlagpüppchen. Immer wieder kippte das Figürchen über die kleine Holzstange. Einmal links herum, das andere mal rechts herum. Die Männer starrten auf ihren Kaleu. Der war nicht aus der Ruhe zu bringen. Und während die Bomben fielen, das dumpfe Grollen zu hören war oder das Boot durchgeschüttelt wurde – Albrecht Brandi ließ das Püppchen tanzen. Nach überstandenem Angriff pflegte er dann zu sagen: „Na, das war's!", legte die Puppe an ihren Liegeplatz und besprach mit seinen Offizieren die weiteren Operationen.

Das Spiel mit der Puppe hatte die Männer in den Bann gezogen. Es wirkte auf sie stimulierend, und die Ruhe, die Brandi dabei ausstrahlte, übertrug sich auf die Besatzung. Kaum einer dachte beim Wummern und Grollen der Wasserbomben an das Ende, niemand „drehte durch", verlor die Nerven. Auf *U-617* herrschte äußerste Disziplin und Ruhe. Die Männer vertrauten ihrem Kommandanten.

Nur ein solcher Offizier kam für die schwere Aufgabe, die zu lösen war, in Frage. Gewiß, im Stabe Dönitz kannte man die „alten Füchse", die „großen Haie" oder die „ruhigen Schleicher". Es gab genügend schneidige und tapfere Offiziere, die sich nicht gescheut hätten, im Mittelmeer Tanker und Transporter aus den Geleiten zu picken. Aber – und diese Frage bewegte den „Einsatzleiter Mittelmeer" – ob sie auch die unerschütterlicher Ruhe besaßen, noch immer besaßen, sich an radarausgerüstete Einheiten heranzupirschen, keine Minute zu früh oder zu spät anzugreifen und im richtigen Augenblick zu verschwinden, das schien nicht ganz sicher zu sein.

Längst schon führten die berühmten Fahrer, wenn sie noch lebten,

größere Verbände und mußten den „Jungen“ die Jagd auf Geleite überlassen. Sie hatten viele Tonnen versenkt, monatelang auf Wellenbergen getanzt oder waren durch Meerestiefen geschlichen. U-Bootfahrt zerrte an den Nerven, weil der Gegner Abwehrwaffen besaß, die kaum noch einen eigenen Erfolg zuließen. Die wenigen Boote mußten zudem noch auf den riesigen Kriegsschauplatz der Weltmeere verteilt werden. So war es nicht weiter verwunderlich, daß der BdU den Kapitänleutnant Brandi auf Lauerstellung ins Mittelmeer befahl.
„Cherry-Brandi“ hatte einen besonders guten Blick für Schiffe, die ihm wichtig und wesentlich für den Ablauf militärischer Operationen erschienen. Dieser Dampfer konnte Munition geladen haben, jener trug bestimmt Verpflegung, und dieser da war ein Truppentransporter. Brandi schoß nicht auf jeden Kahn – er suchte sich seine Opfer aus. Aber er stand allein auf verlorenem Posten. Nicht die Schiffe waren es, die er fürchtete, sondern vielmehr die neuen Dete-Ortungsgeräte des Gegners, die selbst bei Nacht und im dicksten Nebel die deutschen U-Boote auf dem Meeresgrund ausmachen konnten. Wie sollte er dann noch im Pirschgang an einen Geleitzug oder an einen einzeln fahrenden Zerstörer herankommen? Und doch wagte er es. Im Dämmern zwischen Nacht und Morgen schoß er einmal drei gesicherte Dampfer in Grund. Am nächsten Tag machte er drei Korvetten und zwei Frachter aus. Er schlängelte sich an den Gegner heran, peilte die Entfernung und jagte die Torpedos los. Sekunden später zischten Feuerberge aus den getroffenen Schiffen. Sechzehn Stunden später lief ein Zerstörer in unmittelbare Nähe. Der Angriff auf das schnelle, starkbestückte und mit Wasserbomben versehene Schiff, war sehr schwer. Aber Brandi war Fachmann für Unterwasserangriffe. Der Zerstörer erkannte *U-617* nicht. Die Briten trauten keinem deutschen Boot so viel Frechheit und Verwegenheit zu, in einem Gewässer zu operieren, in dem es von alliierten Schiffen wimmelte. Und außerdem fuhren in der Nähe noch einige Korvetten. Wer sollte da schon angreifen? Langsam und unendlich vorsichtig brachte Brandi das Boot in Schußposition. Durch das Sehrohr beobachtete er das feindliche Schiff. Die Wachen auf Deck des Zerstörers schienen zu schlafen. Kein Mensch regte sich an Bord. Fühlten sich die Briten so sicher? Das war Brandi nur recht. Als er den Gegner im Visier hatte, befahl er leise, als wolle er die Besatzung des feindlichen Schiffes nicht wecken: „Torpedo eins und zwei – los!“ Pfeilschnell glitten die Aale durch das Wasser. Im Boot warteten die

Männer auf die Detonation. Laufzeit...? Stoppuhr...? Jetzt müßte es krachen. Und tatsächlich schlug das Wummern von zwei Detonationen an die Bordwand. Wie ein Bleistift, in der Mitte zerbrochen, fiel der Zerstörer auseinander.
Auf dieser Mittelmeerfahrt versenkte Brandi noch weitere sieben Frachter und einen Schleppzug.
Am 29.8.1943 lief *U-617* aus Toulon. Auftrag: Auf schwere Kriegsschiffeinheiten hart vor Gibraltar operieren. Es sollte die letzte Fahrt und der letzte Einsatz des Bootes sein. Leider fand der Kommandant „das Nest" leer. Er bekam lediglich bald die Ortung eines Zerstörers, den er versenkte. Das ging so schnell, daß dessen Funker wohl keine Zeit mehr zum Abgeben einer Meldung gefunden hatte, denn es setzte keine Wasserbombenverfolgung ein. Offenbar hatte man auf der feindlichen Seite angenommen, der Zerstörer sei auf eine Mine aufgelaufen. An der gleichen Stelle versenkte der Kommandant nach einiger Zeit zwei weitere alleinfahrende Zerstörer und setzte sich dann nach Osten ab, um der Besatzung etwas Ruhe zu gönnen.
In der Nacht vom 11. zum 12.9.1943 war plötzlich ein Flugzeug „da". Es hatte kein Ortungsgerät eingeschaltet, denn das wäre im Boot sofort bemerkt worden. Offenbar hatte es in der hellen Mondnacht das Boot auf dem glitzernden Wasser unten gesehen und warf seine Bomben. Die dritte war, zwar noch einige Meter von der Bordwand entfernt, auf dem Wasser aufgetroffen, detonierte aber, durch Fallwinkel und Verzögerung verursacht, genau unter dem Boot, das etwa einen Meter aus dem Wasser gehoben wurde. Die Posten an Oberdeck hatten noch „Fliegeralarm" rufen können, und der Kommandant wollte gerade nach oben, als durch die Explosion der Bombe, im Boot sofort der Strom und damit auch das Licht ausfiel. Was aus Glas oder Porzellan bestand, Armaturen zum Beispiel, war nur noch Splitter, die Flurplatten (die das Laufen auf den Rohren ermöglichten) waren irgendwo, nur nicht mehr über den Rohren, so daß die Füße sich im Dunkeln auch noch dazwischen verklemmten. Jeder wollte natürlich nach oben, das ging aber nicht, weil gleichzeitig ein gewaltiger Wasserstrahl durchs Turmluk schoß und die obere Leiter – von oben gekommen – gegenüber der unteren stand. Zwei Männer konnten aber nicht gleichzeitig hochklettern, weil der Turm dazu zu eng war. Es war für alle unten im Boot klar: so sieht es also aus, wenn man absäuft.
Chlorgas entwickelte sich durch das Bersten der Batterien und den Ein-

bruch des Seewassers – aber dann hörte mit einemmal der Wassereinbruch von oben auf. Es waren Stimmen zu hören, und als der Kommandant oben ankam, irgendwie hochgehangelt, meldeten ihm seine Soldaten am Flakgeschütz begeistert, daß sie ein Flugzeug abgeschossen hätten.
Es war jedenfalls noch einmal gutgegangen, wenn auch das Boot hundertprozentig einsatzunfähig war. Keiner war verwundet! Trotz allen Defekten gelang es schließlich, *U-617* bei langsamster Fahrt auf die afrikanische Küste zu manövrieren, in deren Schatten man versuchen wollte, weitere Reparaturen vorzunehmen.
Plötzlich tauchte erneut ein Flugzeug auf. Angriff, Abwehrfeuer, Bomben. Die letzte, eine Phosphorbombe, traf genau den Turm. Das Flugzeug griff nicht ein zweites Mal an, sondern begnügte sich damit, in respektvollem Abstand Fühlung zu halten. Vor der Küste, nur noch 200 m entfernt, lief das Boot auf einen Felsen, dessen Spitze unter der Wasseroberfläche lag, und war durch kein Mittel wieder flottzumachen. Die Besatzung wurde, mit Schwimmwesten und Schlauchboot ausgerüstet, an Land geschickt. An Bord befanden sich außer Brandi der I. Wachoffizier und Unteroffizier Alfred Haremsa. Beide weigerten sich, *U-617* zu verlassen. Sie wollten ihrem Kommandanten beistehen. Sie wußten, daß das Boot zerstört werden mußte. Die an Bord befindlichen Sprengmittel reichten aber nur zum Leckschlagen, wobei das Boot zwar „absäuft", aber nicht völlig vernichtet wird, wenn es, so wie es jetzt der Fall war, auf einem Felsen aufsitzt.
Schließlich beschlossen die Männer, den eigenen Torpedo im Hinterschiff zur Explosion zu bringen. Da die Zündschnur nur neun Minuten „lang" war und die Küste so schnell nicht erreicht werden konnte, war die Überlebenschance größer, wenn sie bei der Explosion an Bord blieben. Der I. Wachoffizier fing erst an zu zählen, gab es aber bald auf, weil man nicht mehr wußte, wie viele Minuten schon abgelaufen waren. Zuerst gingen die kleineren Sprengladungen an den einzelnen Instrumenten hoch. Riesenstichflammen schossen aus dem Turm. Dann explodierte der Torpedo und riß das ganze Hinterschiff bis zum Turm auf. Die drei fanden sich im Wasser wieder und schwammen an Land.
Die Besatzung am Strand machte sich in dem Augenblick, da Sprengstücke die 200 m bis ans Ufer flogen, nicht mehr viel Hoffnung auf das Überleben der drei. Aber Brandi und seine zwei Kameraden hatten un-

wahrscheinliches Glück, denn sie standen im sogenannten toten Winkel der Detonation. Und zum zweitenmal großes Glück: das Öl, das ausströmte, hatte nicht angefangen, auf dem Wasser zu brennen! So wurden sie von Männern empfangen, die gerade noch selbst Deckung vor Sprengstücken gesucht hatten und nun an „Erscheinungen" glaubten, bis sie zu ihrer großen Freude begriffen, daß die drei „Sprengmeister" leibhaftig vor ihnen standen.

Als erstes sollten nun die Geheimsachen, die in einem Sack im Schlauchboot mit an Land gebracht worden waren, verbrannt werden. Da tauchte ein Beduine auf, der die U-Bootmänner daran hindern wollte. Er wurde kurzerhand festgenommen und nachdem alles verbrannt war, wieder freigelassen, mit der Auflage, sie zur nächsten Dienststelle zu bringen.
Für die Besatzung, die vierzehn Tage ohne Tageslicht im Boot zugebracht hatte, begann ein stundenlanger, mühsamer Marsch unter glühender Sonne und teils ohne Schuhe oder nur mit Lappen unter den Füßen, über weglose Gegend mit spitzen Steinen und über Felsen. Das große Glück war aber die Tatsache, daß sie auf neutralem, nämlich spanisch-marokkanischem Gebiet, gestrandet waren. Sie wurden von der spanischen Einheit, die dort stationiert war, sehr freundlich aufgenommen und in der nächsten größeren Stadt Mellila interniert. In Zivilkleidung wurden sie nach einiger Zeit nach Xauen und von dort per Schiff von Centa nach Cadiz auf spanisch-europäischen Boden gebracht. Erst auf der Pier des Hafens auf spanischem Mutterland sonderte sich der Kommandant, dessen Rolle der I WO Georg Gantier übernahm, möglichst unauffällig ab und stellte sich zu einer ihm zuvor bezeichneten Gruppe von Leuten. Mit ihnen fuhr er im Auto nach Madrid zum deutschen Marine-Attaché. Er blieb dort als Gast einige Tage, während für ihn ein Paß auf den Namen Albert Bergmann, Konsulatsangestellter, beschafft wurde. Albrecht Brandi alias Albert Bergmann wurde nun zur und über die spanisch-französische Grenze gebracht.
Weiter gings nach Toulon, von dort nach Paris und dann nach Deutschland. Für den Freundschaftsdienst, den der spanische Regierungs- und Staatschef Francisco Franco dem deutschen Großadmiral erwiesen hatte – es durfte ja nicht publik werden, da Spanien neutrales Land war und mit der Freilassung Brandis gegen die Neutralität verstoßen worden

wäre –, revanchierte sich Dönitz. Er ließ Franco ein kostbares Service aus Rosenthal-Porzellan überbringen.

Von Januar 1944 ab fuhr Brandi auf *U-380,* das am 11. März 1944 im Hafen von Toulon von feindlichen Flugzeugen zerstört wurde. Schließlich fuhr er auf *U-967* von April ab wieder im Mittelmeer bis Juli 1944. (Am 13. 5. 1944 erhielt Brandi die Schwerter.) Dann wurde er Einsatzleiter der U-Boote im Finnischen Meerbusen. (Am 24. 11. 1944 erhielt er die Brillanten.) Mit 16 Booten sollte er die sowjetischen Operationen unterbinden. Es kam nicht dazu, weil die Sowjets in ihren Häfen blieben.

Die Gespräche um die Wunderwaffe rissen nicht mehr ab. Albrecht Brandi, im Norden der Ostsee kaum beschäftigt, schien der Obersten Seekriegsleitung der richtige Kommandant für die neuaufgestellten Kleinkampfverbände zu sein. Der inzwischen zum Korvetten- und dann zum Fregattenkapitän beförderte Brillantenträger nahm die neue Stellung an und war sich der Verantwortung, die er auf sich lud, bewußt.

Es war für ihn nicht leicht, den Männern klarzumachen, daß bei jedem Einsatz die Chancen fast 100 Prozent für den Gegner stünden, genauso wie damals, als er *U-617* unter seinen Füßen in die Luft jagte. Die Männer verstanden ihn. Sie waren freiwillig gekommen. Nicht um einem Abenteuer nachzujagen, sondern um zu kämpfen. Es war selbst für das OKM eine Überraschung, daß sich Tausende zu den Kleinkampfverbänden meldeten. Tausende! Und das in der letzten Phase des bereits verlorenen Krieges, obwohl jeder Freiwillige wußte und ahnte, wie gering die Aussichten auf ein Überleben waren.

Im Führerhauptquartier löste die Meldung, daß sich allein 3000 Offiziere freiwillig gemeldet hatten, noch einmal Hoffnung auf einen anderen Ausgang des Krieges aus. In Ein- und Zweimann-Booten, „Seehunde" genannt, und als Kampfschwimmer wollten die Freiwilligen gegen die alliierte Flotte und die Geleitzüge antreten, Brücken vernichten, Nachschublager in die Luft sprengen und bis zur Selbstaufopferung im feindlichen Hinterland operieren.

Mit 3000 kerngesunden und in Gefechten bewährten Männern übte Brandi das „Einmaleins" des Wassernahkampfes. Die Erfolge nach den ersten Einsätzen waren verblüffend. Brandi operierte gegen die im Kanal ohne Sicherung fahrenden alliierten Schiffe. Gleich in den ersten drei Tagen versenkten seine „Seehunde" in der Themsemündung 60 000 BRT feindlichen Schiffsraumes. Was bedeuteten aber 60 000 BRT für einen Gegner, der mit Millionen Tonnage die Invasion durchgepaukt hatte und dessen Industrie auf Hochtouren lief? Der Fregattenkapitän machte sich Sorgen. Denn jetzt stiegen die eigenen Verluste von Tag zu Tag. Der Zeitpunkt für den Einsatz dieser tollkühnen, todesmutigen Männer war verpaßt. Sie hatten dem technisch überlegenen Gegner nichts anderes entgegenzusetzen als ein winziges Boot, zwei Torpedos, ihren Mut und ihr Leben. Sie hatten aber nicht nur gegen den Feind zu kämpfen, sondern auch noch gegen die technischen Unzulänglichkeiten ihrer eigenen Waffen. Torpedos trafen nicht oder kamen als Kreisläufer zurück und gefährdeten das eigene Boot. –

Der Krieg war verloren, die Kapitulation erfolgt. Brandi kapitulierte mit seinem Verband bei einer kanadischen Einheit in Holland. Er demonstrierte gleich zu Beginn der Gefangenschaft militärische Ordnung. In sauberen Uniformen, die Ordensträger in den ersten Reihen, marschierten die Männer im Spalier der holländischen Bevölkerung und der britisch-kanadischen Truppen, an den Fahnen der Sieger vorbei. Brandi und seine Männer hinterließen einen hervorragenden Eindruck, und schon wenig später wurde der Fregattenkapitän zum Lagerkommandanten von Ymeuiden ernannt, wo er jede Nacht 10 000 Soldaten verköstigen und beherbergen mußte. Nach ein paar Wochen erreichte ihn die Versetzung zur Minensuch-Flottille Emden, wo ihm ein Internierungslager mit 12 000 Mann unterstellt wurde. Das ging bis September 1945. Dann war Albrecht Brandi ein freier Mann. Nun galt es für ihn, ein neues Leben aufzubauen.
Brandi hatte sich schon immer für Architektur interessiert. Mit klarem Blick sah er jetzt, daß das zerstörte Deutschland Ingenieure, Architekten und Techniker brauchte. Bei einer Baufirma im Sauerland lernte er Maurer, um sich auf seinen künftigen Beruf als Architekt vorzubereiten. Er schleppte Zement, Steine und Mörtel. Nach der Gesellenprüfung bewarb er sich an der Technischen Hochschule in Aachen um die Immatrikulation. Aber dort wollte man von dem ehemaligen Marineoffizier mit der höchsten deutschen Tapferkeitsauszeichnung nichts wissen. Der Bescheid war kurz und bündig: Abgelehnt, weil Militarist. Die gleiche Absage kam auch von der Staatsbauschule in Essen. Brandi ließ sich dadurch nicht entmutigen. Er hatte einen Beruf, mit dem er sich über Wasser halten konnte, und arbeitete inzwischen im Architekturbüro seines Vetters, des Göttinger Professors Brandi. Dann wurde er

über den Essener Stadtbaumeister mit dem britischen Stadtkommandanten bekannt. Dieser sorgte persönlich dafür, daß Brandi sofort in die Essener Staatsbauschule aufgenommen wurde. 1950 machte Brandi sich selbständig. Mit Eifer widmete er sich seiner neuen Lebensaufgabe. Deutschland erlebte einen wirtschaftlichen Aufschwung, und von jedermann wurden Leistungen und Tatkraft verlangt. Brandi griff mit beiden Händen zu. Er wurde ein vielbeschäftigter und hochangesehener Architekt. Eine Reihe bekannter Gebäude seiner Vaterstadt Dortmund wurden nach seinen Ideen gebaut. Als Sieger in Wettbewerben machte er sich, weit über die Grenzen der Stadt hinaus, einen ausgezeichneten Namen. Seine Freunde sagten, selten habe ein Mensch so viel Sympathie, Lebensfreude und Humor ausgestrahlt wie Albrecht Brandi. Nichts schätzte er mehr als das Leben in der Gemeinschaft. Seine Familie war für ihn alles, bei seiner Frau Eva und den sechs Kindern fühlte er sich am wohlsten.

Albrecht Brandi starb mit einundfünfzig Jahren am 6. 1. 1966. Er war Rotarier. Zu seinen Freunden sagte er einmal, ein Jahr vor seinem Tode, als hätte er ihn geahnt: „Wenn ich auch ein junger Mann bin, so bin ich, bezogen auf das Governoramt, vergleichbar mit einem Manne, der fast alles hinter sich hat und der selbstkritisch Bilanz ziehen muß, was er verpaßt und falsch und was er richtig gemacht hat..." Und im gleichen Zusammenhang: „Nicht eine Religion oder gar Ideologie, nicht gleichgerichtetes politisches oder wirtschaftliches Interesse verbindet uns, sondern wir verstehen uns in dem gemeinsamen Ideal des Dienens, das in sich birgt so viele ethische Forderungen wie Selbstlosigkeit, Güte, Demut, Toleranz, Verständnis und Verantwortung im Dienste für das Ganze. Diese Tugenden sind überall gültig, zeitlos und deshalb so nötig für uns heute. Wir leben in einer aufregenden Zeit. Die alten abendländischen Ordnungen werden einfach zu klein. Die Geborgenheit, die unsere Väter hinter nationalen Grenzen empfanden, kann uns nicht mehr beruhigen. Die Sicherheiten, die dem bürgerlichen Menschen durch Vermögen und Standesbewußtsein gegeben werden, schwinden sichtbar dahin, überhaupt alle Sicherheiten, die ein Teil der Menschen gegen andere Teile aufbaute, werden, wenn sie heute auch noch gelten sollten, morgen überholt sein. Vielleicht ist das alles gut so."

Als Albrecht Brandi einmal gefragt wurde, wie er persönlich zu Tapferkeitsauszeichnungen stehe, antwortete er: „Die Maßnahmen und Taten, die durch Verleihung eines Ordens belohnt werden, werden von einem vereidigten Soldaten mit Selbstverständlichkeit ergriffen. Er wird immer stolz und froh sein darüber, Gelegenheit gehabt und genutzt zu haben, militärische Erfolge zu erzielen. Viele genauso tapfere Soldaten hatten die Gelegenheit nicht und haben oft erheblichen Anteil an dem Erfolg sichtbar Ausgezeichneter. Ein U-Boot-Kommandant erhält seine Auszeichnung immer im Namen und für seine Besatzung. Ich glaube somit nicht an eine Sonderrolle ausgezeichneter Soldaten innerhalb einer soldatischen Gemeinschaft. Ich bin in dieser Zeit der Vermassung für jede Elitebildung, aber nicht im Rückblick auf Geleistetes, sondern nur im Hinblick auf ein Ziel."

1,6 Millionen Flüchtlinge gerettet

Es gibt keinen General der deutschen Wehrmacht, über den mehr Unwahres, Zwielichtiges und Umstrittenes geschrieben wurde, als Ferdinand Schörner. Als Ungeheuer in Uniform sollte er in die Geschichte des letzten Krieges eingehen. Jedoch, nicht alle Legenden und Schauermärchen wurden von rückwärtigen Diensten erfunden, die Schörner erbarmungslos vor Drückebergern auskämmen ließ und von denen er deshalb gehaßt wurde; ein Teil geht auch auf die kommunistische Propaganda zurück, die ihn systematisch diffamierte, nachdem er bei seiner Entlassung aus sowjetischer Gefangenschaft im Januar 1955 das Angebot, Generalinspekteur der DDR-Volksarmee zu werden, ausgeschlagen hatte. So wurde dann dieser persönlich äußerst tapfere Offizier, dem als jungem Leutnant im Ersten Weltkrieg bei der 12. Isonzoschlacht der Pour le Mérite verliehen worden war, im Alter ungerechtfertigt gedemütigt.

Seine Verdienste an der Ostfront sind unbestritten. Schörner führte mit harter Hand, trieb die Truppe zu Höchstleistungen an, eine Truppe, die ihn fürchtete, aber auch verehrte, weil sie wußte, daß er für sie sorgte. „Der Schörner wird's schon machen", hieß es, wenn die Situation auswegslos schien. Und er machte es. Seiner klugen Führung und seinem unbeugsamen Verteidigungswillen ist es zuzuschreiben, daß 1,6 Millionen Flüchtlinge aus Schlesien und dem Sudetenland in Sicherheit gebracht werden konnten. Diese historische Tatsache allein dürfte wohl alle Vorwürfe gegen ihn – ob berechtigt oder nicht – aufwiegen.

Die Sowjets verurteilten Schörner nach dem Kriege zu 50 Jahren Zwangsarbeit; nach der Entlassung im Januar 1955, seine Frau und der älteste Sohn waren gestorben, folgten Diffamierung und viereinhalb Jahre Gefängnis, von denen er zwei Jahre in Landsberg verbrachte. Mittellos – seine Soldaten schickten ihm Geld und Lebensmittel – überstand er die schlimmste Zeit. Er wollte in Ruhe gelassen werden und nur im Kreise seiner Freunde leben. Er starb am 2. 7. 1973 in München. –

Ende Januar 1955 durchtoste ein Aufruhr die öffentliche Meinung der Bundesrepublik. Die Leitartikler der westdeutschen Presse überboten sich in ihren Kommentaren. Gerüchte gingen um, Vermutungen wurden angestellt. Was war geschehen?
Am 28. Januar 1955 kam ein mittelgroßer Mann aus sowjetischer Gefangenschaft zurück. Seine Augen blickten müde durch die Gläser einer Nickelbrille. Er trug einen alten, abgeschabten Wintermantel, einen Wollschal und eine schwarze Baskenmütze. Ein unscheinbarer Mann. Ein Mann wie tausend andere.
Und dieser Mann war Ferdinand Schörner, Generalfeldmarschall der ehemaligen deutschen Wehrmacht. Was verursachte den Aufruhr der öffentlichen Meinung? Was bewog die Masse der westdeutschen Kommentatoren dazu, diesen Mann anzugreifen? Wer war dieser Mann?
Hier sein Lebenslauf: Schörner wurde am 12. 6. 1892 in München geboren. Eigentlich sollte er Lehrer werden. Er betrieb an den Universitäten München, Lausanne und Grenoble Fremdsprachenstudien und bereitete sich auf seinen Beruf vor.
Der Ausbruch des Ersten Weltkrieges beendete Schörners Studium. Am 1. 8. 1914 ging er als Reserveoffiziersanwärter mit dem bayerischen Infanterieleibregiment an die Front. Drei Monate später wurde er bereits zum Leutnant befördert.
Der junge Schörner war ein äußerst tapferer Soldat. Bei der Schlacht von Hermannstadt verlegte er mit seiner 12. Kompanie Teilen der rumänischen 1. Armee den Rückweg durch Sperrung des Rotenturmpasses und verhinderte damit deren Ausweichen nach Siebenbürgen. Ein Jahr später bei der 12. Isonzoschlacht in Italien brach er ebenfalls mit seiner 12. Kompanie bei Tolmein durch und nahm im Handstreich die beherrschende Höhe 1114. Das Oberkommando hatte mit diesem Erfolg nicht gerechnet und sich vielmehr auf einen harten und langfristigen Kampf eingestellt. Um so mehr wog die schlachtentscheidende Tat des jungen Leutnants Schörner. Für diese persönliche tapfere Leistung, gepaart mit außergewöhnlicher Kühnheit, wurde ihm, übrigens als einzigem bayerischen Infanterieleutnant, der Pour le Mérite verliehen. Noch einmal machte der dreimal schwerverwundete Schörner auf sich aufmerksam: Am 12. 4. 1918 hatte er an der Erstürmung des Kemmel-Berges in Flandern größten Anteil.
Nach dem Kriege kämpfte Schörner als Angehöriger des Freikorps Epp bei der Befreiung Münchens von der Räteregierung und im Ruhrgebiet.

Danach wurde er in das Reichswehrinfanterieregiment 19 übernommen. Dort nahm der sprachgewandte junge Offizier an Lehrgängen der Kriegsakademie teil. Von 1923–1926 war er als „Führergehilfe» beim Wehrkreiskommando München und im Reichswehrministerium tätig. Die Beförderung zum Hauptmann erfolgte am 1.7.1926, verbunden mit der Übernahme einer Kompanie in Landshut a. d. Isar und wenig später in Kempten im Allgäu.
Als erster deutscher Offizier wurde er 1931 als Dolmetscher zur italienischen Armee abkommandiert und schließlich als Taktiklehrer an die Kriegsschule in Dresden berufen. 1934 Major, ein Jahr später Gruppenleiter in der 3. Abteilung des Generalstabes des Heeres (Fremde Heere). Hier gewann Schörner Einblick in die Militärapparate anderer Staaten und lernte die Methoden der ausländischen Nachrichtendienste kennen. Auf Reisen durch ganz Europa wurden diese Kenntnisse vertieft. Schörner war kein Schreibtischoffizier. Sein Herz hing an der Truppe. Nach seiner Beförderung zum Oberstleutnant 1937 und der Übernahme des neuaufgestellten Gebirgsjägerregiments 98 ging sein Wunschtraum in Erfüllung.
Im Polenfeldzug zeichnete sich der zum Oberst beförderte Schörner mit seinen Gebirgsjägern besonders bei der Einschließung und Einnahme von Lemberg am 12.9.1939 aus. Dieses als „Sturmfahrt von Lemberg" bezeichnete Unternehmen ist charakteristisch für Schörner. Befehl: „Unter möglichst starker Staubentwicklung, Reichsautobahntempo, los auf Lemberg!"
Vier Wochen nach Beginn des Westfeldzuges wurde Schörner Kommandeur der neuaufgestellten 6. Gebirgsjägerdivision und stand bereit, beim Unternehmen *Seelöwe*, den Sprung nach England zu wagen. Aber es kam anders.
Im August 1940 zum Generalmajor befördert, bewies Ferdinand Schörner im Feldzug gegen Griechenland erneut sein taktisches Können. Seine Gebirgsjäger schlugen griechische, neuseeländische, australische und englische Truppeneinheiten vernichtend. Am 20.4.1941 wurde Ferdinand Schörner mit dem Ritterkreuz ausgezeichnet. Am 27.4. hißte seine Vorausabteilung auf der Akropolis die Reichskriegsflagge.
Mit blitzschnellem Zupacken wollte Schörner den Gegner überraschen und vor allen Dingen bei der eigenen Truppe Blut sparen. Es war sein oberster Grundsatz, möglichst große Erfolge bei geringsten Verlusten zu erzielen. Hier schon zeigte sich das hohe Maß an Verantwortungs-

bewußtsein, in dessen Mittelpunkt die Fürsorge seinen Soldaten gegenüber stand.
Im Krieg gegen die Sowjetunion befand sich Schörner mit seiner 6. Gebirgsjägerdivision vom Herbst 1941 an an der Murmanskfront. Nach dem tragischen tödlichen Unfall des legendären Generals Dietl übernahm Schörner, unter Beförderung zum Generalleutnant und Ernennung zum Kommandierenden General, das XIX. Armeekorps. In dieser baumlosen, eisigkalten Steppe hatte das Korps den Auftrag, die feindlichen Geleitzüge, die über das Nordkap an der Fischerhalbinsel nach Murmansk fuhren, zu stören und die Nickelgruben bei Kolosjoki, südlich des Petsamogebietes, zu schützen. In schweren Kämpfen, in einem Gebiet, in dem die harten Finnen in der Zeit vor Schörners Truppeneinsatz nur widerwillig Stellung bezogen hatten, wurden die sowjetischen Angriffe immer wieder abgeschlagen. Sowjetische Gebirgseliteeinheiten aus dem fernen Osten vermochten die Front der Gebirgsjäger nicht zu durchbrechen.
Auch dies ist typisch für Schörner: er führte nicht aus dem Hintergrund. Seinen Gefechtsstand hatte er bei besonders heikler Situation inmitten seiner Soldaten. In diesem Krieg unter völlig anormalen Bedingungen vollbrachten die deutschen Gebirgsjäger, der Küstenschutz und die Luftwaffe eine in der Kriegsgeschichte einzigartige Leistung. Da Schörner genau wußte, daß von der Disziplin der Truppe Kampfmoral und Widerstandskraft abhingen, überspielte er Schwierigkeiten der ihm und seinen Soldaten gestellten Aufgabe mit dem von ihm geprägten und später als geflügeltes Wort kursierenden Motto: „Arktis ist nicht!“
Schon damals ging ihm der Ruf voraus, ein äußerst strenger und harter Truppenführer zu sein. Er wurde zum Schrecken der rückwärtigen Dienste, wenn er Kontrollen durchführte, Stabsoffiziere an die Front beorderte. So wurde er bald als der „wilde Ferdinand“ bekannt, denn der Mann mit der unvermeidlichen Sonnenbrille, den Keilhosen und dem Krückstock kümmerte sich um jede Einzelheit selbst. Seine Devise lautete: Alles für die Fronttruppe! Wer vorne kämpft und sein Leben einsetzt, hat das Recht, gut verpflegt und ausgerüstet zu werden. Dies machte den General bei der kämpfenden Truppe beliebt, in der Etappe aber gefürchtet.
Als Ferdinand Schörner im Herbst 1943 den Befehl über die Armeegruppe Nikopol in der Südukraine übernahm, übergab er das bisherige

Kommando an der Murmanskfront, ohne dem Feind auch nur einen Meter Boden überlassen zu haben.
Als OB der neugebildeten Armeeabteilung Nikopol wehrte Schörner im Oktober 1943 alle Angriffe der Sowjets ab. Da gelang dem Gegner im Januar 1944 beim westlichen Nachbarn, dem XXX. Armeekorps, ein Einbruch. Die Gefahr der Einschließung drohte. Schörner erreichte es, einen drei Kilometer breiten Schlauch zu halten und seine Männer herauszuschleusen. Bald darauf sollte er mit dem XXII. Korps auf dem östlichen Dnjepr-Ufer einen Brückenkopf halten. Schörner hielt diesen Befehl für undurchführbar. Auch andere Kommandeure waren dieser Ansicht, aber sie wagten es nicht, gegen den Führerbefehl aufzubegehren. Daraufhin handelte Schörner selbständig, gab den Brückenkopf auf und rettete seine Männer.

Am 17. Februar 1944 erhielt Schörner das Eichenlaub zum Ritterkreuz, und am 31. März 1944 wurde er Generaloberst und Oberbefehlshaber der Heeresgruppe Südukraine. Auch hier ging ihm der Ruf voraus, alles auf den Kopf stellen zu wollen, was andere bisher für gut befunden hatten. Dies mag übertrieben sein; fest steht, daß Schörner, wie der britische Historiker David Irving in seinem Buch *Hitler und seine Feldherren* berichtet, mit ungewöhnlichen Methoden führte. Er verschachtelte, so Irving, eine rumänische Division nach der anderen in der deutschen Front, er mischte die deutschen und rumänischen Verbände so unwiderruflich, daß Antonescu (Marschall und Staatsoberhaupt Rumäniens) sie nicht mehr zurückziehen konnte, auch wenn er es gewollt hätte. Er befahl jeden, der seine Stellung räumte, wegen Feigheit vor dem Feinde zu erschießen; überrollten russische Panzer eine dieser letzten Stellungen, so seien sie hinten abzuschießen, während die Front vorn unverzüglich wieder zu schließen sei. Jeder Soldat, der einen feindlichen Panzer mit Ofenrohr oder mit Panzerfaust abschieße, werde sofort drei Wochen Urlaub auf dem Festland erhalten.
Bei der Kommandoübernahme drohte der neuaufgestellten 6. Armee im Raum von Odessa die völlige Einschließung und Vernichtung. Telefonisch bat Schörner im Führerhauptquartier um die Räumung der Stadt. Aber dieser Wunsch wurde mit Rücksicht auf den rumänischen Bundesgenossen abgelehnt. Es hieß, die politischen Auswirkungen einer Räumung Odessas könnten schwerwiegende Folgen haben, denn auch die Türkei werde diesen Entschluß mißbilligen, ganz abge-

sehen vom Verlust der Krim, der nach der Räumung der Stadt unvermeidlich war.
Schörner erkannte diese Argumente nicht an und flog zu Generaloberst Jodl ins Führerhauptquartier. Die Aussichtslosigkeit der Lage und die Gefahr, daß Odessa eingeschlossen werden könnte, bewogen ihn, entgegen dem Führerbefehl die 6. Armee hinter den Dnjepr zurückzuführen. Damit ermöglichte er den Aufbau einer neuen Front entlang dem südlichen Flußufer. Odessa ging zwar verloren, die 6. Armee jedoch war gerettet. Die neue Front stand bis zum 20. August 1944.
Von der Heeresgruppe Süd wurde Schörner zur Nordfront geschickt, um dort die Heeresgruppe Kurland zu übernehmen. Aber er kam zu spät und konnte den sowjetischen Durchbruch nicht mehr verhindern. Schörner stand vor der Entscheidung: entweder bis zum letzten Mann zu kämpfen oder aber geschickt auszuweichen und eine neue Front aufzubauen. Die Entscheidung fiel: die nördlich Riga-Dünaburg stehende 16. Armee und die Armee-Abteilung Narva mußten so rasch wie möglich vom Feind gelöst und unter Aufgabe der nördlichen Ostseeprovinzen, über die Enge von Riga nach Süden, nach Kurland, herausgeführt werden.
Das Führerhauptquartier aber machte Schwierigkeiten und ließ sich auf Schörners Vorschläge nicht ein. Schörner beharrte jedoch auf seinem Standpunkt. Er kannte die gefährliche Lage, in der sich seine Truppe befand. Zwanzig sowjetische Armeen standen der 16. und 18. deutschen Armee gegenübern. Er gab daher Befehl zur Herauslösung der 16. Armee und der Narvaarmee-Abteilung. Er gruppierte südlich Riga um. Dadurch wurden alle Truppenteile bis auf den letzten Mann und das gesamte Material vor der Vernichtung gerettet. Am 28. August 1944 wurde er mit den Schwertern ausgezeichnet.
Ebenso dramatisch verlief die Aktion um die Insel Oesel. Generaloberst Schörner wußte um die Unhaltbarkeit der Insel. Er kannte aber auch den Führerbefehl. Trotzdem erwog er die Räumung, wenngleich er diesen Plan keinem seiner Offiziere mitteilte. Im Herbst 1944 fuhr er eines Tages mit dem „Admiral Ostsee", dem Vizeadmiral Bernhardi, in Schnellbooten zur Insel Oesel und besuchte dort den Divisionsstab und verschiedene Kommandeure der hart kämpfenden Front.
Der Regimentskommandeur der vordersten Infanterieeinheit hauste mit seinem Stab in einem riesigen Granattrichter. Schörner unterhielt sich mit den Männern und Offizieren und gewann anhand der Skizzen

und Karten, aber vor allem aufgrund seiner eigenen Beobachtungen den Eindruck, daß Oesel nur noch ein paar Tage gehalten werden könne.
Als Schörner während der Rückfahrt mit seinem Begleiter, Major Schmidt, über die Lage sprach, griffen sowjetische Jagdflieger die Boote an. Schmidt wurde verwundet, das Boot in Brand geschossen. Es blieb nichts anderes übrig, als auf hoher See umzusteigen. Als dieses Manöver unter ständigen feindlichen Angriffen gelungen war, dauerte es noch Stunden, bis Schörner und seine Begleitung am Abend endlich im Kriegshafen Windau landen konnten, nachdem über Funk eigene Jäger zum Schutz herangeholt worden waren. Unmittelbar nach der Landung diktierte der Generaloberst dem verwundeten Major Schmidt einen Funkspruch an Hitler, daß er Befehl gegeben habe, Oesel zu räumen, da die Insel nicht mehr zu halten sei. Dieser Funkspruch wurde abgesetzt und sein Empfang bestätigt. 30 000 Soldaten konnten so der sowjetischen Gefangenschaft entgehen.
Alle Versuche Schörners, einen Schlauch nach Ostpreußen hinzutreiben, scheiterten. Seine Heeresgruppe wurde wieder abgeschnitten, und die 26 deutschen Divisionen mußten sich in erbitterten Kämpfen in Kurland gegen einen vielfach überlegenen Gegner wehren. Hitlers ausdrücklicher Befehl, daß sich die Heeresgruppe Nord, obwohl nun eingeschlossen, rundum zu verteidigen habe, wurde von Schörner akzeptiert. Er wußte, daß er dadurch mehr als hundert sowjetische Divisionen im Norden band und sie der Hauptfront entzog. Bis zum bitteren Ende kämpften die deutschen Soldaten beispielhaft tapfer, so schreibt David Irving, unbesiegt in sechs großen und blutigen Kurlandschlachten, die Stalin bittere Niederlagen brachten.
Das Schicksalsjahr 1945 begann für den Generaloberst Ferdinand Schörner mit der Verleihung der Brillanten am 1. Januar, und nachdem der sowjetische Großangriff am 12. Januar aus dem Baranow-Brückenkopf unerwartet Fortschritte machte, mit der Übernahme der Heeresgruppe Mitte. Zu Beginn der Januaroffensive hatte Marschall Schukow unter dem Motto „Tod den deutschen Okkupanten“ befohlen: „Die große Stunde hat geschlagen! Die Zeit ist gekommen, dem Feind den letzten, entscheidenden Schlag zu versetzen und die historische Aufgabe zu erfüllen, welche von Genosse Stalin gestellt wurde: dem faschistischen Tier in seiner eigenen Höhle den Garaus zu machen und über Berlin die Siegesfahne zu hissen!

Die Zeit ist gekommen, mit den deutsch-faschistischen Halunken abzurechnen. Groß und brennend ist unser Haß! Wir haben die Qual und das Leid nicht vergessen, welche von den Hitlerschen Menschenfressern unserem Volke zugefügt wurden. Wir haben unsere niedergebrannten Städte und Dörfer nicht vergessen. Wir gedenken unserer Brüder und Schwestern, unserer Mütter und Väter, unserer Frauen und Kinder, die von den Deutschen zu Tode gequält wurden. Wir werden uns rächen für die in den Teufelsöfen Verbrannten, für die in den Gaskammern Erstickten, für die Erschossenen und Gemarterten. Wir werden uns grausam rächen für alles.
Wir gehen nach Deutschland, und hinter uns liegt Stalingrad, die Ukraine und Weißrußland; wir gehen durch die Asche unserer Städte und Dörfer, auf den Blutspuren unserer Sowjetmenschen, die zu Tode gequält und zerfetzt wurden vom faschistischen Getier.
Wehe dem Lande der Mörder!
Nichts wird uns jetzt aufhalten!
Wir haben unseren zugrunde gegangenen Freunden, wir haben unseren Kindern gelobt, die Waffen nicht niederzulegen, bevor die Missetäter erledigt sind. Für den Tod, für das Blut unseres Sowjetvolkes sollen die faschistischen Räuber mit der vielfachen Menge ihres gemeinen schwarzen Blutes zahlen.
Die Zeit ist gekommen, Genossen, Millionen unserer Sowjetmenschen, die mit Gewalt von den faschistischen Unterdrückern zur Zwangsarbeit vertrieben wurden, aus der deutschen Sklaverei zu befreien. Ihnen droht Lebensgefahr. Und je eher wir in Deutschland sind, um so mehr von ihnen können wir noch retten. Gleichzeitig werden wir unseren Brüdern, den Polen, den Tschechen und anderen unterdrückten Völkern helfen, die Ketten der deutschen Sklaverei abzuwerfen. Indem wir das faschistische Getier vernichten, erfüllen wir bis zum Ende auch unsere Rolle als Befreiungsarmee.
Der Krieg kann nicht beendet werden, solange in der deutschen Sklaverei noch Sowjetmenschen schmachten, solange das faschistische Räubernest nicht endgültig zerschlagen ist.
Genossen!
Uns steht die Überwindung erbitterten feindlichen Widerstandes bevor. Eingeklemmt in die Schraubzwinge zweier Fronten zwischen uns und unseren Verbündeten, wird der Feind mit der Verzweiflung des zum Tode Verurteilten Widerstand leisten. Für uns ist es aber nichts Neues,

den Deutschen zu schlagen. Die Truppen unserer Front haben ihn bei Stalingrad und Kursk, am Dnjepr und in Weißrußland, an der Weichsel und am Narew geschlagen. Wir haben ihn auch schon damals geschlagen, als er mit seinen Helfershelfern, den Ungarn und Finnen, den Rumänen und Bulgaren, vorging. Jetzt wenden sie alle, nachdem sie von der Roten Armee eine harte Lehre bekommen haben, ihre Waffen gegen die Deutschen. Der Deutsche ist jetzt allein, wie ein gehetztes Tier. Wir haben den Deutschen schon damals geschlagen, als wir noch allein kämpften, jetzt aber schlagen ihn mit uns zusammen auch die Amerikaner und Engländer, die Franzosen und Belgier.
Diesmal werden wir das deutsche Gezücht endgültig zerschlagen!
Ruhmreiche und kühne Kämpfer unserer Front!
Um diese Aufgabe zu lösen, muß jeder von uns auf dem Kampffelde tapfer, kühn, mutig, entschlossen und heroisch sein. Wir sind verpflichtet, so zu handeln, wie es Genosse Stalin von uns fordert. Durch geschickte Kombination von Feuer und Bewegung die feindliche Verteidigung in ihrer ganzen Tiefe aufzubrechen, dem Feinde keine Ruhepause zu geben, rechtzeitig die Versuche des Feindes zu liquidieren, durch Gegenangriffe unseren Angriff aufzuhalten, die Verfolgung des Feindes geschickt zu organisieren, ihn daran zu hindern, seine schweren Waffen mitzunehmen, durch kühne Manöver die Flanken des Feindes zu erfassen, in seinen Rücken zu stoßen, ihn einzuschließen, aufzusplittern und zu vernichten.
Dafür, liebe Genossen, haben wir alles, was nötig ist!
Wir sind stärker als der Feind. Unsere Kanonen, Flugzeuge und Panzer sind besser als die deutschen, und wir haben mehr davon als der Feind. Diese erstklassige Ausrüstung hat uns unser Volk gegeben, das durch seine heroische Arbeitsleistung unsere Siege sicherstellt.
Wir sind stärker als der Feind, weil wir für die gerechte Sache kämpfen, gegen Sklaverei und Unterdrückung. Wir werden erzogen, organisiert und zum Heroismus begeistert von unserer Partei Lenin-Stalin, der Partei des Sieges.
Wir sind stärker als der Feind durch die Weisheit unseres Oberbefehlshabers, des Marschalls der Sowjetunion, Genossen Stalin, der den Kampf unseres Volkes und der Roten Armee leitet. Wir aber wissen: Stalin ist mit uns – der Sieg ist mit uns.
Unser Ziel ist klar. Die Tage Hitler-Deutschlands sind gezählt. Die Schlüssel zum Siege sind in unserer Hand.

Auf zum letzten und entscheidenden Kampf, ruhmreiche Recken!
Durch heroische Taten werden wir den Ruhm unserer Kampfbanner, den Ruhm unserer Roten Armee steigern!
Für unser sowjetisches Vaterland, für unser heroisches Volk, für unseren geliebten Stalin – vorwärts, Kampfgefährten!
Tod den deutschen Eroberern!
Es lebe der Sieg!"

Jetzt galt Schörner als Rettungsanker. Er wurde zu einer legendären Gestalt. Als er am 18. Januar in seinem Hauptquartier Oppeln eintraf und dort die Minister Dorpmüller (Verkehr) und Speer (Rüstung) anwesend waren, wußte Schörner bereits, um was es ging. Sie trugen ihm in dürren Worten den Führerbefehl vor, demzufolge das oberschlesische Industriegebiet auf alle Fälle zu halten sei, koste es, was es wolle. „Wenn wir Oberschlesien verlieren, können wir Schluß machen. Die Stahlproduktion und die Kohlenförderung aus diesem Gebiet ermöglichen es, daß unsere Kriegsmaschine überhaupt noch läuft", sagte Speer. Schörner sah sich die Karte an und erschrak nicht. Jeder andere, weniger nervenstarke Befehlshaber hätte wohl resigniert. Aber Schörner sagte zu seinem Stabschef, General v. Xylander: „Es wird sehr schwer sein, da noch etwas zu machen. Auf alle Fälle müssen wir so lange halten, bis die Menschen aus dem Kampfgebiet evakuiert sind."

Das Kräfteverhältnis der deutschen zu den sowjetischen Truppen war bei Panzern 1:7, bei der Infanterie 1:11, bei der Artillerie 1:20, bei der Luftwaffe sogar 1:40. Die ständigen Angriffe des überlegenen Gegners konnte Schörner nur noch durch geschicktes Ausweichen und durch Aufgeben des Industriegebietes parieren, das Hitler um jeden Preis zu halten befohlen hatte. Nur so konnte die 17. Armee vor der Vernichtung gerettet und der Durchbruch des Feindes nach Mähren verhindert werden. Die Front, die Schörner befehligte, zog sich vom Raume südlich Brünn bis Frankfurt/Oder. Er entschloß sich nach eingehenden Überlegungen, das Industriegebiet aufzugeben und die 17. Armee bis zur Oder zwischen Ratibor und Cosel zurückzunehmen.

Die Soldaten des Generalobersten unterstützten und sicherten den Abtransport der Frauen und Kinder. In riesigen Trecks bewegte sich der Strom der Flüchtlinge bei einer Temperatur von 20 Grad minus, flankiert von den Soldaten Schörners. Wer den Sowjets entgehen wollte, marschierte auf den Straßen und den Feld- und Waldwegen Schlesiens in Richtung Westen. Am 23. Januar, etwa gegen 2 Uhr morgens, rief der

Generaloberst das Hauptquartier an. „Mein Führer, ich habe soeben die Räumung des oberschlesischen Industriegebietes befohlen. Die Truppe hat sich dort seit Tagen erbittert geschlagen; sie kann nicht mehr. Wenn wir nicht räumen, verlieren wir eine ganze Armee, und der Weg nach Mähren und Bayern wird für die Sowjets frei. Wir gehen auf die Oder zurück, dort wird gehalten!"

Die Offiziere um den Generaloberst sahen sich bekümmert an. Generalleutnant v. Xylander rechnete mit Schörners Ablösung, ja sogar mit einer standrechtlichen Erschießung. Sekundenlang hörte man nur ein leises Knistern in der Muschel. Schörner wartete auf die Antwort. Er hatte sich abgefunden, gemaßregelt zu werden. Aber vom anderen Ende drang die Stimme eines müden und offenbar erschöpften Mannes an sein Ohr. „Ja, gut Schörner, wenn Sie meinen? Sie führen schon richtig." Der Generaloberst legte den Hörer auf die Gabel. Er fuhr sich mit der Hand über das straff zurückgekämmte Haar. Schweigend starrte er auf den Telefonapparat...

Um dann das Industriegebiet von Mährisch-Ostrau zu retten, verteidigte sich Schörner mit seinen Truppen in einer zwanzigtägigen Schlacht und bereitete den Sowjets erneut eine vernichtende Niederlage. Am 3. April 1945 brachen die Sowjets alle Angriffe ab und gruppierten um. Nicht einen Schritt kamen sie vorwärts, ihre Verluste an Panzern und Truppen waren verheerend. Am 5. April beförderte Hitler den Generaloberst Ferdinand Schörner zum Generalfeldmarschall.

Am 25. April eroberten Schörners Truppen Bautzen und Weißenberg südlich von Berlin zurück. Die Sowjets erlitten dabei schwere Verluste. Im Führerhauptquartier träumte man wieder einmal von einer Wende. Aber das Ende war nicht mehr aufzuhalten. Nachdem Hitler kurz vor seinem Selbstmord Himmler und Göring aus der Partei ausgestoßen und Großadmiral Dönitz zu seinem Nachfolger bestimmt hatte, ernannte er Feldmarschall Schörner zum Oberbefehlshaber des Heeres. „Auf der ganzen Front zeigt sich nur ein einziger Mann als wirklicher Feldherr und das ist Schörner. Seine Verdienste sind nicht hoch genug einzuschätzen. Hätten wir mehr von solchen Offizieren gehabt..." So Hitler am 28. April 1945.

Vom Halten jeder Stadt, jeden Dorfes und jeden Streifen Landes war der Rücktransport der Frauen und Kinder abhängig. Schörner sah jetzt viel weniger auf militärischen Erfolg als vielmehr die Notwendigkeit, mit seinen Truppen möglichst viele Menschen vor dem unaufhalt-

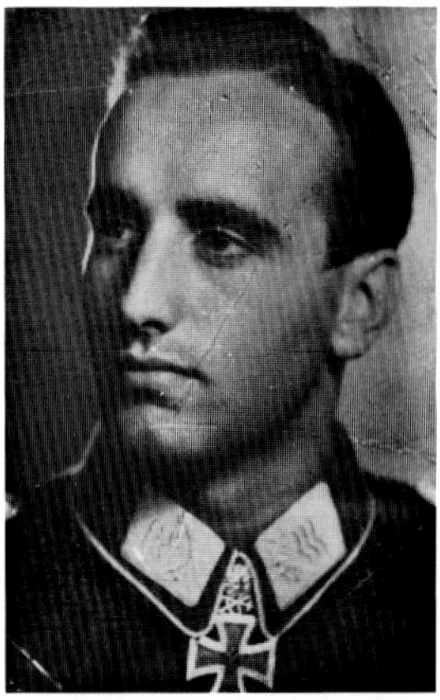

Wolfgang Schnaufer war 22 Jahre alt, als er zum Major befördert wurde. Die Engländer nannten ihn „das Nachtgespenst". Er war der erfolgreichste Nachtjäger der Welt.

Jeder Strich – ein Bomber. Major Wolfgang Schnaufer konnte auf das Leitwerk seiner Maschine 126 solche Striche malen lassen.

Nach erfolgreicher Feindfahrt – der strahlende Kommandant und seine Mannschaft.

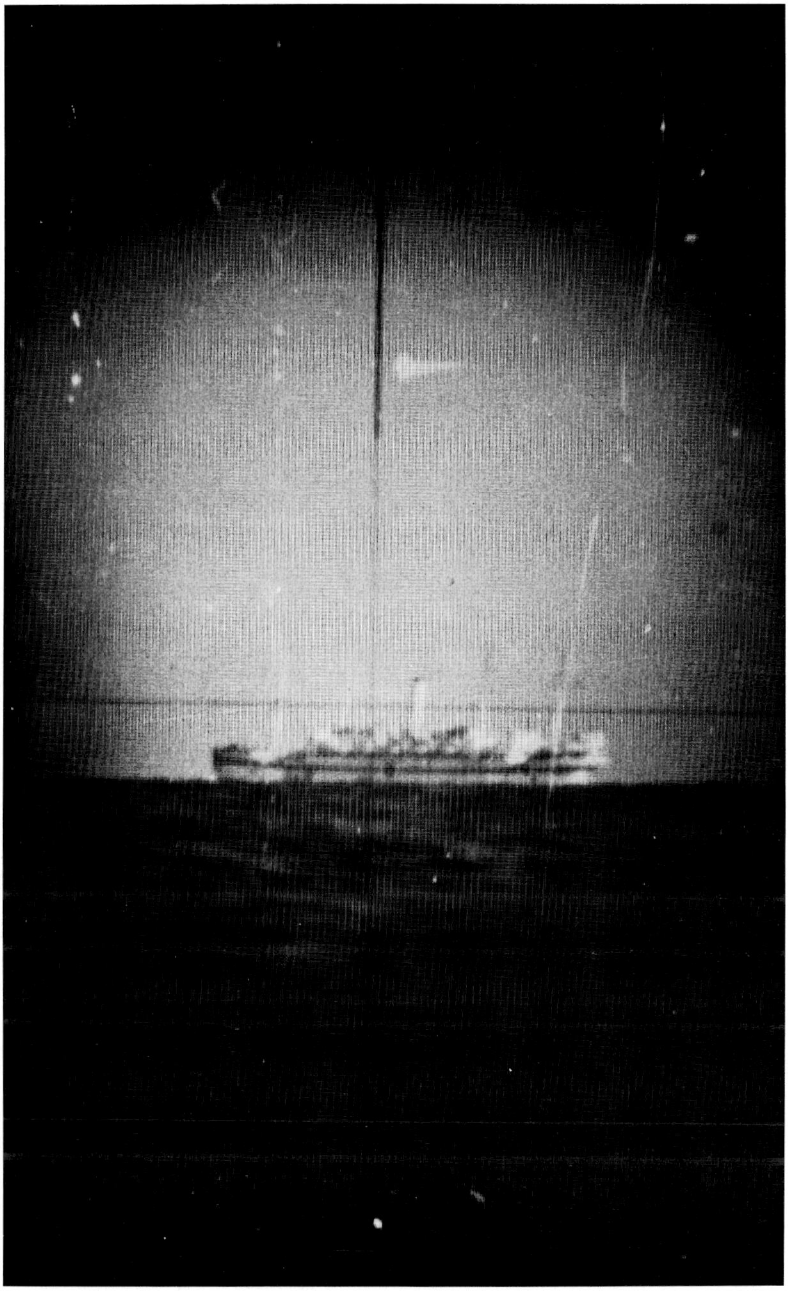

Noch einmal gutgegangen: Im Fadenkreuz des Zielfernrohres ein feindliches Schiff. Im letzten Augenblick, als die Torpedos abgeschossen werden sollten, erkannte Brandi in dem großen Pott ein Lazarettschiff.

„Albert Bergmann"

Unter dem Tarnnamen Albert Bergmann reiste Brandi aus spanischer Internierung nach Frankreich und Deutschland.

Als der populäre GenOb Dietl (rechts) mit dem Flugzeug tödlich verunglückte, übernahm General Schörner den Befehl über die Truppen an der Eismeerfront. Beide waren Gebirgsjäger.

Am 28. 2. 1945 eroberte die sowjetische 3. Garde-Panzerarmee die schlesische Stadt Lauban. Am 5. 3. 1945 wude Lauban von deutschen Truppen befreit. Die Propaganda des Dritten Reiches machte daraus die herbeigesehnte Kriegswende. Reichsverteidigungskommissar Goebbels gratuliert dem OB der Heeresgruppe, GenOb Schörner, auf dem Marktplatz der Stadt.

Immer in vorderster Linie: General v. Manteuffel bei der Abwehrschlacht am rumänischen Sereth.

v. Manteuffel als Gast bei Präsident Eisenhower, seinem früheren Kriegsgegner.

Lagebesprechung bei der Panzergrenadierdivision *Großdeutschland:* GenLt. v. Manteuffel (Mitte) mit den Regimentskommandeuren Oberst Niemack (Schwerterträger, links) und Oberst Langkeit (Eichenlaub, rechts).

Nach dem Krieg war v. Manteuffel Abgeordneter des Deutschen Bundestages. Gratulation 1956 bei Bundeskanzler Konrad Adenauer.

Verleihung der Brillanten an Generalmajor Theodor Tolsdorff am 18. 3. 1945.

Tolsdorff beobachtet auf dem Dach eines Hauses an der Straße Jülich-Aachen, dicht vor Jülich, einen Angriff des Gegners.

In seinem Heim in Wuppertal lebte Theodor Tolsdorff als Pensionär mit seiner Frau Lore.

General Mauss verteilt Frontkämpferpäckchen an die Elbing-Kämpfer (Febr. 1945).

Der letzte Kommandeur der 7. Panzerdiv., Dr. Karl Mauss war Zahnarzt. Seine Panzer deckten Ende 1944 nördlich Conitz bei Menzig (Menschikat) den Rückzug der deutschen Truppen und der Zivilbevölkerung.

In vorderster Linie – General Mauss mit „Ofenrohr"-Schützen nördlich Konitz im Februar 1945.

Nach dem Kriege eröffnete Dr. Mauss wieder eine Zahnarztpraxis.

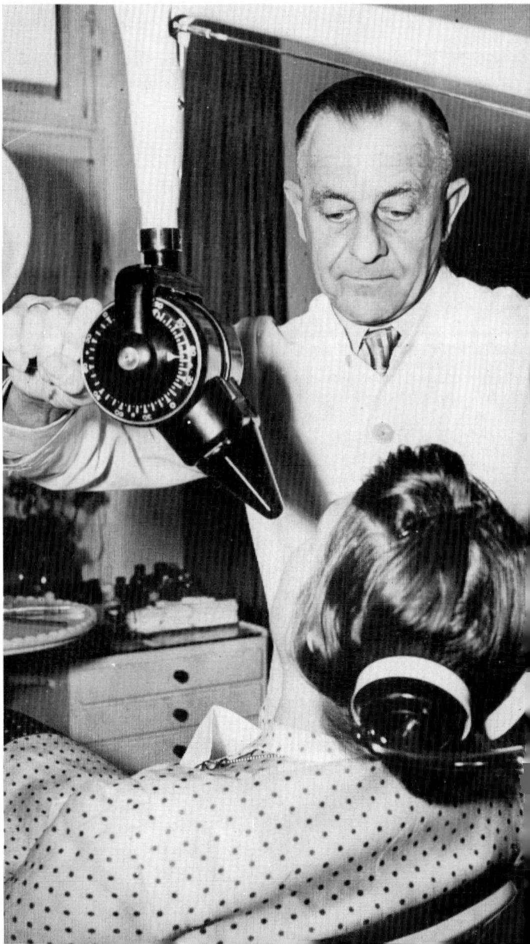

Lagebesprechung v. Saucken (rechts) berichtet dem OB der Heeresgruppe, GenOb Reinhard (Mitte), auf dem Gefechtsstand von GenLt Betzel (4. Panzerdivision).

Mit Oberst v. d. Damerau bei Teploje.

Letztes Kommando vor dem Angriff. v. Saucken gehörte zu jenen Panzerführern, die stets die Angriffe mitfuhren.

v. Saucken und die Besatzung seines Befehlswagens.

sam vorrückenden Feind zu retten. Die Geschichtsschreibung wird einmal festhalten müssen, daß es dem Widerstand dieser Truppen zuzuschreiben war, wenn 1,6 Millionen Menschen aus den Ostgebieten in Sicherheit gebracht werden konnten, die unweigerlich den Sowjets, aufständischen Polen und Tschechen ausgeliefert gewesen wären. –
Später wurde Schörner vorgeworfen, daß er seine Truppe am Tage nach der Kapitulation unter Umständen verließ, die einer Fahnenflucht glichen. Er habe eine „Krachlederne" angezogen, einen Sepplhut aufgesetzt und sich mit einem Fieseler Storch nach Tirol bringen lassen. In Wirklichkeit ließ er sich einen dunklen Anzug besorgen. Den Trachtenanzug kaufte er sich erst im Pinzgau – in diesem wurde er von den Amerikanern fotografiert. Das Bild ging damals durch die Weltpresse.

Über die Umstände des „Absetzens" gibt es zwei Versionen. Die eine sagt, daß Schörner ganz einfach Angst vor den Sowjets hatte und ihnen nicht in die Hände fallen wollte. Nach der anderen hat Schörner auf Hitlers Befehl gehandelt – obwohl Hitler schon nicht mehr lebte. Er sagte, daß Hitler ihm am 24.4.1945 den Befehl gegeben habe, die Alpenfront zu übernehmen und als ausgesprochene Wartestellung zu organisieren.
Am 5. Mai gab Feldmarschall Schörner den letzten Befehl an seine Armeen heraus. Am 7. Mai entließ er seine Soldaten und seinen Stab sowie den ihm unterstellten General der Flieger Seidemann. Dann kam die Nacht vom 8. auf 9. Mai 1945. Zum ersten Male nach über fünf Jahren herrschte Ruhe. Aber auf Schörner wartete eine neue Aufgabe. Er glaubte an einen Krieg zwischen den Amerikanern und den Sowjets. Schörner: „Da der Fluchtweg zur Übernahme der Alpenfront über das tschechische Aufstandsgebiet und durch den Raum der bekannten österreichischen Widerstandsbewegung Rot-Weiß-Rot führte und mit einer Zwangs- oder Notlandung jederzeit zu rechnen war, war es als Sicherheitsmaßnahme zweckmäßig, den Flug nicht in Feldmarschallsuniform, sondern in Zivil durchzuführen, um sich notfalls durchschlagen zu können.
Am 8.5. gegen 10 Uhr traf Oberst i. G. Meyer-Detring in Begleitung von vier amerikanischen Offizieren in meinem Hauptquartier ein und überbrachte eine Weisung des Chefs des Wehrmachtführungsstabes Generaloberst Jodl, derzufolge im Erzgebirge die Truppen noch eine gewisse Zeit Widerstand leisten sollten, um den Abfluß der ostwärtigen

Teile der Heeresgruppe nach Westen zu ermöglichen, während ich bei etwaigen Widerstand im Erzgebirge über den Kapitulationstermin hinaus nicht in Erscheinung treten dürfe.
Die Wartestellung der sogenannten Alpenfront ist in Verbindung mit einem Bericht des amerikanischen Journalisten Drew Pearson zu sehen, der über den Inhalt einer Geheimbesprechung im State Department am 15.4.1945 bereits vierundzwanzig Stunden später schrieb: ‚Es wurde beschlossen, Deutschland nach dem Kriege zu remilitarisieren und zu einem Bollwerk gegen die Sowjetunion zu machen!'
Als die sowjetischen Vernehmungsbeamten mich zu Beginn meiner zehnjährigen Haft vernahmen, kamen sie auf die Vorgänge am 8. 5. 1945 zu sprechen und sagten: ‚Wir wissen, daß Sie keinen Spaziergang in die Alpen unternommen haben. Sie waren OB der Alpenfestung. Das ist ein Punkt, der uns sehr interessiert.' "
Am 9. Mai gegen 3 Uhr früh flog Schörner mit seinem Fieseler Storch nach Süden. Die Maschine landete bei Mittersil in Tirol, wo sich Generaloberst Guderian mit seinem Stab und Teile des OKH befinden sollten. Aber Guderian war, wie Schörner bald erfuhr, inzwischen von den Amerikanern gefangengenommen worden. Schörner sah die Ausweglosigkeit seiner Lage ein und begab sich zu den Amerikanern in Gefangenschaft, die ihn an die Sowjets auslieferten. –
Schörner wurde in das Lager 27 Krassnogorsk bei Moskau eingeliefert, wo Antifa-Offiziere gegen ihn demonstrierten und vor seine Baracke zogen. Er trat schließlich vor die Tür und rief ihnen mit schneidender Stimme zu: „Meine Herren, wenn Sie an der Front die gleiche Energie aufgewandt hätten, dann säßen weder Sie noch ich hier..."
Nur kurze Zeit blieb er in diesem Lager. Der Weg durch die Zuchthäuser Rußlands sollte erst beginnen. In der Lubljanka wurde er von NKWD-Oberst Abramow stundenlang verhört, in der Butyrskaja mußte er tagelang in knietiefem Eiswasser stehen, in Lefortsovkaja erlebte er die besonderen Methoden sowjetischer Verhörspezialisten. In Wladimir sperrte man ihn mit sowjetischen Schwerverbrechern in eine Zelle. Als sich Schörner in einem Brief an Stalin über die maßlosen Demütigungen und Erniedrigungen, die den gefangenen deutschen Frauen zuteil wurden, beschwerte, änderten sich die Zustände etwas, und zu seiner eigenen Verwunderung wurden die fünfzig Jahre Zuchthaus, die man über ihn für seine Teilnahme am Niederschlagen des kommunistischen Aufstandes 1920 in Westdeutschland und wegen sei-

nes Widerstandes als „Hitlergeneral" an den sowjetischen Fronten verhängt hatte, auf achtzehn Jahre herabgesetzt. Mitgefangene bestätigten Schörners Haltung in diesen Jahren. Alle Angebote der Sowjets, sich dem „Nationalkomitee Freies Deutschland" anzuschließen, lehnte er entrüstet ab.
Noch während Schörner in sowjetischer Gefangenschaft war, wurde in Westdeutschland eine nicht endenwollende Kampagne gegen ihn inszeniert. In Büchern und Illustrierten wurde der Feldmarschall als die „Ausgeburt der Unmenschlichkeit, der Borniertheit und der Hitlertreue" bezeichnet. Vermutungen, Spekulationen, Mutmaßungen – alles aus den Fingern gesogen.
„Schörner als NKWD-Agent entlarvt". „War Schörner Sowjetspion?" „Schörner arbeitet mit Sowjets zusammen." „Schörner von Stalin empfangen." „Schörner als Sowjetmarschall mit Spezialaufgaben gegen den Westen."
Dann wieder einmal hieß es, Schörner sei gestorben. Ein paar Wochen später geisterte der von den Toten Wiederauferstandene als künftiger Generalinspekteur der DDR-Truppen durch die Regenbogenpresse.
Es gab nichts, was man dem Feldmarschall nicht anhängte. Mit geradezu diabolischer Freude an Lüge, Diffamierung, Beleidigung und Rufmord versuchten sogenannte Tatsachenberichter den Mann, der sich nicht wehren konnte, moralisch zu erledigen, ihn aus der Gesellschaft zu stoßen. Dort, wo er hauste – so schrieben sie – gab es nur an Bäumen baumelnde Soldaten. Er degradierte Offiziere, riß ihnen die Schulterstücke ab und beförderte sie wieder, wie es ihm paßte. Die Kolportagejournalisten hatten ihn zur Horrorfigur in Uniform stilisiert. In Wirklichkeit ging es aber gar nicht so sehr um die Person Schörners. Wahr ist, daß die Kampagne in dem Augenblick einsetzte, als in der Bundesrepublik die Bundeswehr im Gespräch war, beziehungsweise sich in der Planung und im ersten Aufbau befand. Die ganz speziell gezielten Angriffe gegen Schörner galten vielmehr der Wiederaufrüstung. Schörner war nur als Werkzeug vorgesehen, mit dem gegen den Wehrwillen Stimmung gemacht werden sollte. Die Identität Schörner-Bundeswehr sollte die „Ohne-mich-Kampagne" anheizen. Die Steuerleute saßen im Politbüro in Moskau und Ostberlin, die „nützlichen Idioten" in Westdeutschland.
Die Entlassung aus der Gefangenschaft erfolgte für Schörner völlig überraschend. Was ihn nun in Deutschland erwartete, war neben dem

schmerzlichen Verlust seiner Frau und seines Sohnes, eine Welle der Ablehnung in der Presse und zuletzt ein Prozeß, in dem er zu viereinhalb Jahren Gefängnis verurteilt wurde.

Als Schörner zurückkehrte, erreichten die Attacken ihren Höhepunkt. Sein ehemaliger Chef des Stabes, Generalleutnant v. Natzmer (der Nachfolger des tragisch verunglückten Generals v. Xylander), der zweimal die gleiche Position bei Schörner innegehabt und dem Feldmarschall immer größte Loyalität entgegengebracht hatte, gab unzutreffende Berichte über Schörners „Absetzen von der Heeresgruppe" wieder. Vor Gericht wurden sie richtiggestellt. Sicherlich hat Schörner Fehler gemacht – das haben andere auch getan. Die Methoden seines Durchgreifens wurden von den meisten seiner Generalskollegen abgelehnt. Der „Durchhaltegeneral", wie man ihn auch nannte, hatte jedoch seine Gründe, die letzten Monate und Wochen unerbittlich durchzustehen, um Frauen und Kinder aus der Gefahrenzone herausschleusen zu können. Bei einem grausam kämpfenden Feind, wie ihn die Rote Armee verkörperte, blieb ihm nichts anderes übrig. Der sowjetische Propagandist Ilja Ehrenburg hetzte täglich in Flugblättern und durch Lautsprecher die Sowjetsoldaten auf: „Rotarmisten, die deutschen Frauen gehören Euch! Werft ihre Kinder vor Eure Tanks!" Oder „Rotarmisten, pflastert die Straßen nach Westen mit den Köpfen der Deutschen. Trinkt das Blut der blonden Bestien. Tötet – tötet – tötet!"

Der Feldmarschall und seine Soldaten wußten, was sie und vor allem, was die Frauen und Kinder zu erwarten hatten, wenn sie in die Hände der siegestrunkenen Sowjetsoldaten fielen. In seinem ausgezeichneten Buch *Der Fall Schörner*, schreibt der Rechtsanwalt Rudolf Aschenauer: „Nie wird man vergessen, wie durchgebrochene russische Panzer Frauen und Kinder unserer zurückfahrenden Trecks einfach in den Boden hineingewalzt hatten!

Nie wird man die deutschen Frauen vergessen, die – irgendwelche Fetzen an ihren Körper pressend – vor den Bolschewiken herübergerannt oder über die Oder herübergeschwommen kamen und voller Verzweiflung um Hilfe baten.

Nur ein Beispiel:

Die 100. Jägerdivision, eine sehr gut geführte und disziplinierte Truppe, war in den Kampfraum Neiße abtransportiert worden. Sie stürmte, halb ausgeladen, das schlesische Städtchen Krappitz und das Dorf Burgwasser mit dem dortigen Kloster in einem Anlauf und warf unter sehr

geringen eigenen Verlusten die Russen über die Oder nach Osten zurück.
Wie sah es dort aber aus:
Sämtliche Männer waren erschossen, sämtliche Frauen und Mädchen geschändet, alles geplündert, viehisch verunreinigt und zerstört.
In der Klosterkirche waren die Nonnen zusammengetrieben, getötet und grauenhaft verstümmelt worden.
So vollzogen sich überall unvorstellbare Greuel an deutschen Menschen auf deutschem Boden.

In dieser ganzen Tragik und in diesem Erleben stand der deutsche Oberbefehlshaber der Heeresgruppe Mitte als alleiniger Verantwortlicher den Ereignissen gegenüber. Er hatte die Pflicht, jeden Fußbreit Boden in Schlesien hartnäckig zu verteidigen, um die deutsche Bevölkerung vor dem Schicksal zu bewahren, das sie von den Bolschewiken zu erwarten hatte. Nach seinem Wissen um die Dinge, nach seinem Gewissen und nach seiner Überzeugung mußte er in dieser schweren Verantwortung alle Mittel anwenden, die ihm nach Kriegsrecht zustanden, wo er es für nötig hielt.
Dies war entsetzliche Wirklichkeit, die in den harten Wochen und Monaten des Jahres 1945 täglich auf Führung und Truppen einstürmte und das Gesetz des Krieges bestimmte.
Schörner hat diesen harten, neuen Typ des Krieges im Osten aus eigener Anschauung zur Genüge kennengelernt: Hoch oben im Norden an der Murmanskfront, im großen Brückenkopf Nikopol, in den wechselreichen Kämpfen am Dnjepr und am Dnjestr, im Kampfraum Riga und in Kurland sowie schließlich bei der Heeresgruppe Mitte. Das entscheidende Erlebnis seiner Führungstätigkeit war, daß es ihm gelang, über schwierigste Lagen hinweg die Truppe selbst und ihre Kampffähigkeit zu erhalten. In gleicher Weise gelang ihm diese Aufgabe auch in Schlesien, allerdings unter Umständen, die bei der Auftragserteilung am 17. Januar 1945 ihre Lösung fast unmöglich erscheinen ließen."
Von den zahllosen Vorwürfen blieb schließlich die Beschuldigung hängen, er habe sich eines Verbrechens des Totschlags und zweier rechtlich zusammentreffender Verbrechen des versuchten Totschlags schuldig gemacht.
Im ersten Fall hatte er Ende März die standrechtliche Erschießung des Obergefreiten Arndt, der als Fahrer in betrunkenem Zustand am

Steuer seines Munitionsfahrzeuges angetroffen wurde, ohne Kriegsgerichtsverhandlung angeordnet.
Feldmarschall Schörner hatte in diesem Prozeß einen der besten deutschen Strafverteidiger, Dr. Rudolf Aschenauer, zur Seite. Dieser hatte in späteren Anträgen zu Wiederaufnahmeverfahren durch Zeugen nachweisen können, daß der zum Tode verurteilte Arndt gar nicht erschossen, sondern von einem Offizier „laufen“ gelassen worden war. Die Zeugen hatten sich erst gemeldet, als sie in den Zeitungen von Schörners Verurteilung gelesen hatten. Auch die Personenbeschreibung von Arndt deckte sich völlig mit den Aussagen der Zeugen. Dennoch verwarf das Oberlandesgericht am 10. 12. 1962 den Wiederaufnahmeantrag.
Bei den beiden anderen Anschuldigungen des versuchten Totschlags handelte es sich um den „Fall Neisse“. Schörner, der den Auftrag hatte, Neisse unter allen Umständen zu halten, erfuhr, daß die Stadt in den frühen Morgenstunden des 24. 3. 1945 verlorengegangen war. Die 45. Volksgrenadierdivision hatte an den Stab des XI. Panzerkorps eine Meldung durchgegeben, nach der angenommen werden mußte, daß der Kampfkommandant von Neisse seine Pflicht gröblichst verletzt habe. General Henrici ordnete daraufhin eine kriegsgerichtliche Untersuchung an. Das Ergebnis war eindeutig: Oberst Sparre, der Verteidigungskommandant, hatte keine Schuld an dem Verlust der Stadt, da er sich nach einem schweren Herzanfall im Lazarett aufhielt und später in ambulanter Behandlung war.
Schörner war über den Verlust von Neisse empört. Nach seinen Informationen hatte der Kampfkommandant versagt, sein Stellvertreter war nicht aufzufinden. General Henrici unterrichtete ihn jedoch über den wahren Sachverhalt. Schörner aber befahl die sofortige Erschießung von Oberst Sparre und dessen Stellvertreter.
General der Infanterie Schulz, Oberbefehlshaber der 17. Armee, gab entgegen dem Befehl von Schörner Anweisung, die Erschießung nicht durchzuführen. Danach setzten sich die Generale Henrici und Schulz mit Schörner in Verbindung, der unter dem Eindruck der Gegendarstellungen auf die Durchführung seines Befehls verzichtete.
Der Stellvertreter von Oberst Sparre, Major Dr. Jüngling, geriet in sowjetische Gefangenschaft. Interessant ist, was der österreichische General Svetozar Adamovic über den Kronzeugen Dr. Jüngling im Fall Neisse sagte: „Vorweg möchte ich betonen, daß ich persönlich Generalfeld-

marschall Schörner nicht kenne, außer auf Lichtbildern niemals gesehen habe. Im Gegensatz hierzu ist mir jedoch die Person des Majors Jüngling aus der Zeit meiner russischen Kriegsgefangenschaft bekannt. Ich lernte Jüngling im Jahre 1948 im Kriegsgefangenenlager Morschin bei Stryt, Ukraine (ehemaliges Galizien), kennen. Jüngling sollte damals mit einem Transport in die Heimat abgehen, wurde aber im letzten Augenblick gestrichen. Daraufhin begab er sich zum NKWD-Offizier des Lagers und erklärte, daß er als ehemaliger Adjutant des Kommandanten der Festung Neisse in dessen Abwesenheit ohne Not kapituliert hätte, sich dadurch gegenüber der Roten Armee große Verdienste erworben habe und hierfür in contumaciam degradiert und zum Tode verurteilt worden wäre. Er sei daher nicht mehr als Stabsoffizier, sondern nur als einfacher Soldat anzusehen. Dies erzählte Jüngling auch vor Zeugen in meiner Gegenwart.
Schörner hätte allem aus dem Wege gehen können, wenn er ein verlockendes Angebot der Sowjetregierung angenommen hätte. Aber er lehnte ab. „Ich habe mich vor nichts zu fürchten und vor niemandem zu verstecken. Ich will nichts, als gerecht behandelt werden. Meine Feinde sind die Bolschewisten!“ sagte er und fügte hinzu: „Für alles, was ich getan habe, stehe ich vollverantwortlich ein. Ich habe nur meinem Vaterland gedient und alles getan, um die Front vor den stürmenden Bolschewisten zu halten...“

General Hasso von Manteuffel

Er bevorzugte den Handstreich

Westpoint. 1968. Amerikanische Elitekadetten in Paradeaufstellung. Der Offizier meldet mit gezücktem Degen einem kleinen Herrn in Zivil, den Generale der US-Army begleiten. Der ehemalige General der Panzertruppe, Hasso v. Manteuffel, ist Ehrengast und Referent an der berühmtesten Militärakademie der Welt. Wer ist dieser Mann, der General v. Manteuffel, der im letzten Weltkrieg eine Panzerarmee geführt hat und dem hohe Offiziere der amerikanischen Armee eine solche Ehre zuteil werden lassen? –

Auf der Rednertribüne des deutschen Bundestages stand ein Abgeordneter mit grauem Haar und unterstrich seine Ausführungen mit sparsamen Gesten: „Der deutsche Soldat hat, wo immer er auch stand, sowohl im Ersten als auch im Zweiten Weltkrieg anständig und fair gekämpft. Es muß Schluß gemacht werden mit der Diskriminierung des deutschen Soldatentums, eines Soldatentums, das in der Geschichte bestehen kann!"
Der Mann, der diese Sätze sprach, war der Abgeordnete Hasso v. Manteuffel, ehemals General der Panzertruppen, Träger des Eichenlaubs mit Schwertern und Brillanten zum Ritterkreuz des Eisernen Kreuzes. Er stand in der ersten Reihe jener verantwortungsvollen Politiker, die sich für eine Rehabilitierung des deutschen Soldaten und für die Freilassung der Kriegsgefangenen aller Gewahrsamsmächte eingesetzt hatten.
Man sah dem ehemaligen General Hasso v. Manteuffel auf den ersten Blick an, daß er Kavallerist war. Daran änderte sich auch nichts nach seinem Übertritt zur Panzertruppe, in der er vom Major bis zum Oberbefehlshaber einer Panzerarmee während des Krieges aufstieg. Er galt als Kavalier alter Schule, war wegen seiner Schlagfertigkeit gefürchtet und gefiel wegen seiner präzisen, äußerst knappen Befehlsgebung.
Der Name v. Manteuffel hat in der preußischen Geschichte einen guten Klang. Die Manteuffels stellten schon dem Soldatenkönig und dem Großen Friedrich gute Offiziere und Generale. Dem am 14. Januar

1897 in Potsdam als Sohn eines Gardeoffiziers geborenen Hasso war der gleiche Lebensweg vorgeschrieben wie seinem Urgroßvater, Großvater und Vater: die Offizierslaufbahn. Nach dem Besuch der Kadettenanstalt zog es ihn zu den Zietenhusaren, die in Rathenow lagen. Dort wurde er Fähnrich. Der Erste Weltkrieg sah Hasso v. Manteuffel als Leutnant, befördert 1916, an der Ost- und Westfront. Nach dem Krieg kämpfte er weiter, diesmal in einem Freikorps gegen die Spartakisten. Im Herbst 1919 wurde er als Leutnant in die Reichswehr übernommen. Kommandos bei Kavallerieeinheiten gehörten zu seinem Berufsweg. Der begeisterte Reiter schien mit seinen Pferden verwachsen, sein Name war mit dem Turniersport fest verbunden. Er erwarb unter anderem das Deutsche Reichssportabzeichen in Gold (1939) und das Deutsche Reiterabzeichen in Gold (1931). Als Rennreiter genoß er in der internationalen Turfwelt einen ausgezeichneten Ruf. Wo der kleine Kavallerist mit der Hakennase auftauchte, war er Mittelpunkt des Interesses. Am 1.4.1934 wurde er zum Rittmeister befördert. Inzwischen zum Reiterregiment 17 (Bamberg) und aufgrund freiwilliger Meldung im Jahre 1934 zur Waffengattung „Schnelle Truppen“ versetzt, überführte er seine bisherige Reitereskadron nach Eisenach in das Kraftradschützenbataillon 2 der 2. Panzerdivision. Die deutsche Wehrmacht sollte die modernste der Welt werden. Als v. Manteuffel 1938, schon Major, als Referent für Motorisierung zum Oberkommando des Heeres versetzt wurde, zeichnete sich bereits ab, was einige Jahre später in der Praxis verwirklicht werden sollte: dieser Offizier ging als einer der fähigsten, tapfersten, kühnsten und erfolgreichsten Panzerführer in die Kriegsgeschichte ein. Von 1939 bis 1941 instruierte er als Kommandeur des Lehrstabes der Panzertruppenschule II (Krampnitz bei Potsdam) die Offiziersanwärter der Schützen- und Panzeraufklärer in mehrmonatigen Kursen.
Im Mai 1941, inzwischen Oberstleutnant, übernahm er auf eigenen Wunsch das II. Bataillon im Schützenregiment 7 der 7. Panzerdivision, obwohl er eine Rangstellung als Regimentskommandeur innehatte. Schon im August 1941 wurde er Kommandeur des Schützenregiments 6 der gleichen Division, mit dem er aufsehenerregende Erfolge erzielte. Dabei zeichnete sich v. Manteuffel durch Tapferkeit und persönlichen Mut, durch Kaltblütigkeit und Entschlußkraft in Lagen aus, die viele für hoffnungslos gehalten hätten. Sein rasches Reaktionsvermögen sparte in den eigenen Reihen viel Blut und fügte dem Gegner schwere

Verluste zu. Der kleine Kommandeur mit der Figur eines durchtrainierten Jockeys wurde zum Schrecken der Sowjets.
Am 2. Oktoer 1941 begann die entscheidende Phase im ersten Abschnitt des Feldzuges gegen die Sowjetunion. Die Desna wurde überschritten, und Wjasma sollte genommen werden. Diese Stadt im Bereich der Heeresgruppe Mitte war Angelpunkt für die Operationen der deutschen Wehrmachtführung und lag auf dem Wege nach Moskau. Trotz den harten Schlägen, die ihnen die deutschen Truppen zugefügt hatten, erholten sich die Sowjets schnell und setzten den Vorwärtsdringenden hartnäckigen Widerstand entgegen. Für die deutsche Truppenführung war das Ziel, noch vor Einbruch des russischen Winters nördlich Wjasmas die Rollbahn nach Moskau zu erreichen. Manteuffel befehligte damals das Schützenregiment 6 der 7. Panzerdivision und gelangte nach einem Durchbruch durch die sowjetischen Linien – die Verwirrung beim Gegner ausnutzend und zum Teil auf derselben Straße vorfahrend wie die rückflutenden Sowjets – bis zur Rollbahn und drang noch am Abend des 6. Oktobers 1941 in Wjasma ein und verhinderte den Ausbruch des Feindes. Damit war der Kessel geschlossen und auch die Voraussetzung für den weiteren Vormarsch auf Moskau gegeben. Alle Anstrengungen des Gegners, diesen Ring durch Angriffe von Westen und Osten her aufzubrechen, scheiterten an der Tapferkeit der von Manteuffel geführten Kampfgruppe.
Manteuffel bevorzugte Handstreiche und kühne Unternehmungen. Er erkannte sofort, daß der Gegner nur durch einen verschleierten, überraschenden Angriff geworfen werden konnte. Mit dem Gewehr in der Hand schlich er an der Spitze seines Regiments auf die Verteidiger zu. Die Überraschung gelang! So auch bei Jachroma, wo Manteuffel mit seiner Kampfgruppe die Brücke über den Wolga-Moskwa-Kanal westlich von Moskau erstürmte, bevor sie von den Verteidigern gesprengt werden konnte, und das Elektrizitätswerk des Kreml besetzte. Dafür erhielt er am 31. 12. 1941 das Ritterkreuz unter gleichzeitiger vorzugsweisen Beförderung zum Oberst. Da die Heeresleitung keinerlei Reserven mehr zur Verfügung hatte, mußte nach zwei Tagen der Brückenkopf ostwärts des Kanals aufgegeben und die Brücke gesprengt werden. Zum gleichen Zeitpunkt setzte nördlich von Jachroma die Winteroffensive der sowjetischen Streitkräfte ein, so daß die Front zurückgenommen werden mußte.
Als General Model, damals Kommandeur eines Panzerkorps, drohte,

v. Manteuffel vor ein Kriegsgericht zu stellen, weil er – auf eigene Faust – mit seiner Kampfgruppe fliehende Sowjets verfolgte, statt einen anderen Befehl auszuführen, antwortete er kurz und bündig: „Das können Sie tun Herr General, aber erst wenn ich den Feind geschlagen habe."
In der Tat strengte Model ein Verfahren an – doch Manteuffels Freunde beim Oberkommando des Heeres verhinderten den Eklat. Jahre später, als sich dann beide – der eine als Oberbefehlshaber einer Heeresgruppe, der andere als Befehlshaber einer Armee – gegenüberstanden, sagte Manteuffel bei seinem Antrittsbesuch: „Herr Generalfeldmarschall, Sie können meiner Loyalität sicher sein." Model, kurz angebunden, wie es seine Art war, antwortete: „Danke", und gab v. Manteuffel die Hand.
Überrascht war Hasso v. Manteuffel, als er im November 1942 den Befehl erhielt, in Tunis „auszuhelfen". Dort führte er, inzwischen zum Generalmajor befördert, die „Division v. Manteuffel". Vor der Kapitulation in Afrika (13. 5. 1943) kehrte er nach dem Zusammenbruch infolge völliger Erschöpfung nach Deutschland zurück und übernahm im August des gleichen Jahres die 7. Panzerdivision, in der er „groß" geworden war. Dort kannte er 95 Prozent der Offiziere und 50 Prozent der Unteroffiziere mit Namen und deren Familienangelegenheiten.
Von Manteuffel war ein Gegner schnell durchgeführter Absetzbewegungen in der beweglichen Kampfführung. Solange er noch Reserven hatte, sah er keinen Grund, Gelände aufzugeben. So nahm er am 27. November 1943 in überraschendem, kühnem, taktisch glänzend vorbereitetem und durchgeführtem Nachtangriff das von den Sowjets bereits besetzte Schitomir wieder ein. Für diese außerordentliche Tat, die mit beispielgebender persönlicher Tapferkeit verbunden war, wurde v. Manteuffel am 23. 11. 1943 das Eichenlaub verliehen. Als „Held von Schitomir" wird er in der Divisionsgeschichte herausgestellt. Ebenfalls zeichnete sich in diesen Kämpfen der Kommandeur des Panzerregiments 7, Oberst Adelbert Schulz, besonders aus. Er erhielt am 14. 12. 1943 dafür die Brillanten.
Trotz tapferster Verteidigung konnte die Front nicht mehr gehalten werden. Der Oberbefehlshaber der Heeresgruppe befahl geordnete Absetzbewegungen. Sofort stießen die Sowjets nach und versuchten in die entstandenen Lücken einzusickern. Darin waren sie Meister. Aber sie rechneten nicht mehr mit v. Manteuffel, der sich ihren Angriffen, trotz einsetzender Kälte und Schneestürmen, immer wieder entgegenstemm-

te. Dank dem tapferen Einsatz seiner Truppe, die ihn verehrte, ermöglichte er die ungestörte Absetzbewegung der Heeresgruppe. Als immer wieder bewährte „Feuerwehr“ war seine Division unentbehrlich geworden. Bei Korosten schlug sich die 7. Panzerdivision gegen eine ganze Armee. Hier entwickelte v. Manteuffel die bewundernswerte Art der klassischen Kriegführung, gekoppelt mit listen- und fintenreichen Gegenangriffen und Umgehungsmanövern. Seine Panzer tauchten dort auf, wo die Sowjets sie nicht vermuteten, seine Grenadiere standen an Brennpunkten, an denen die Sowjets erneut durchzubrechen versuchten. Es gelang dem Gegner dank der äußerst geschickten Führung des Generals v. Manteuffel nicht, die schwachen deutschen Stellungen zu durchbrechen. Sein Geschick, den Sowjets starke Kräfte vorzutäuschen, Bereitstellungen so unauffällig wie möglich zu beziehen und Angriffe blitzartig vorzutragen, sicherten ihm große Erfolge.
Im Dezember 1943 wurde v. Manteuffel ins Führerhauptquartier befohlen, wo ihm das Kommando über die Panzergrenadierdivision *Großdeutscland* übertragen wurde, mit dem Befehl, sie zur stärksten Panzerdivision des Heeres auszubauen. Hitler stimmte auf Vorschlag v. Manteuffels zu, daß die Division ihren bisherigen Namen behielt, unter dem sie allgemein bekannt war und große Erfolge erzielt hatte. Der General bat jedoch um Zurückstellung des neuen Kommandos. Seine 7. P.D. lag in schwersten Abwehrkämpfen, und er befürchtete, daß ohne die gewohnte Führung der Erfolg nicht sichergestellt werden könnte.
Er selbst werde die nahtlose Übergabe an seinen Nachfolger vorbereiten. Am 24. 1. 1944 übergab dann v. Manteuffel die Division an Adelbert Schulz, den bisherigen Kommandeur des Panzerregiments, jetzt Generalmajor. Sechs Tage später, zum Generalleutnant befördert, übernahm v. Manteuffel die Division *Großdeutschland.* Die Schwerter wurden Hasso v. Manteuffel am 22. 2. 1944 für hervorragende Leistungen und die Führung der 7. Panzerdivision bei der Schlacht von Korosten verliehen.
Manteuffels vollmotorisierte Grenadiereinheiten ließen die Sowjets vorprellen, um dann in die Flanken zu stoßen und hinter der feindlichen Front kleine Kessel zu bilden. Diese Taktik erweckte bei den Sowjets den Eindruck, als ob ihre eigenen Angriffskeile abgeschnitten und vernichtet worden wären. Der Gegner zog daraufhin seine Truppen zurück und gruppierte sie um. Aber Manteuffel ließ den Sowjets keine Zeit, griff immer wieder an, störte die Vorbereitungen zu neuen Angrif-

fen und gab dem Gros der eigenen Heeresgruppe die Möglichkeit zur Neuformierung. Als dann der Absetzbefehl kam, schlug er sich im hinhaltenden Widerstand zurück und wehrte alle Einkesselungsversuche der Sowjets ab. –

Hasso v. Manteuffel war Truppenoffizier. Er ging nicht durch die Schule des Generalstabs, wie man bei seinem Talent zur taktischen Kriegführung hätte annehmen können. Er ist in der Truppe groß geworden. Seine Führungskunst, sein Draufgängertum und seine Verbundenheit mit den Soldaten sind Eigenschaften, die ihm zu hohem Ansehen verhalfen. Als er nach dem Kriege gefragt wurde, warum er bei Hitler einen so hohen Kredit besessen habe, erklärte er: „Weil ich es verstand, ihn zu nehmen. Ich hatte keine Furcht vor ihm, und man brauchte auch keine Furcht zu haben, wenn man ihm unerschrocken seine eigene Meinung sagte."

Manteuffels Geschick in der beweglichen Truppenführung bewog das Oberkommando der Wehrmacht, ihn auf dem westlichen Kriegsschauplatz einzusetzen und ihm dort – unter gleichzeitiger (abermalig vorzeitiger) Beförderung zum General der Panzertruppen – eine Armee anzuvertrauen. Im September 1944 beauftragte ihn das OKH mit der Führung der 5. Panzerarmee, die bisher SS-Oberstgruppenführer Sepp Dietrich kommandiert hatte. Mit ihr sollte er in der Ardennenoffensive die anglo-amerikanischen Stellungen durchbrechen. Hitlers Ziel war, Eisenhowers Truppen südlich der Ardennen-Einbruchstelle zu vernichten. Er rechnete mit der Demoralisierung der amerikanischen Soldaten, mit Eisenhowers Unvermögen, größere Operationen zu leiten, und mit dem längeren Nachschubweg, wie ihn seine eigenen Armeen hätten. Diese falsche Einschätzung des Gegners sollte, wie so oft auch auf dem Ostkriegsschauplatz, tragische und erschreckende Folgen haben.

Im Kampf gegen die Amerikaner unterschätzte Hitler geradezu „kindisch" deren Materialüberlegenheit. Er glaubte es nicht, ja er wollte es nicht wahrhaben, daß die Amerikaner die best- und modernst ausgerüstete Armee der Welt besaßen, daß sie mit Material, Munition und Lebensmitteln geradezu wuchern konnten, während seine eigenen Truppen teilweise abgezählte Munition erhielten, keinen Kraftstoff besaßen und der Nachschub kaum noch funktionierte. Von der Überlegenheit der Alliierten in der Luft erst gar nicht zu reden. Daß die deutsche Wehrmacht, und gerade hier auf dem westlichen Kriegs-

schauplatz, einen Krieg der „armen Leute“ führte, der längst hätte eingestellt werden müssen, um Menschenleben zu sparen, ging an Hitlers Vorstellungsvermögen vorbei. Und dennoch: die Tapferkeit der Soldaten war bewundernswert und löste in amerikanischen Führungsstäben Überraschung und – Kopfschütteln aus. Wer, wie die Deutschen, im Geschoß- und Bombenhagel ausharrte, verteidigte und dann auch noch zum Angriff antrat, mußte fanatisiert sein. So kämpften Eisenhowers Soldaten mit einem Male gegen „Nazis“, eine Bezeichnung, die ein Synonym für unerbittliche Tapferkeit, Fatalismus, Unberechenbarkeit, Sturheit und – völlig zu Unrecht – Grausamkeit wurde.
Für v. Manteuffel gab es jetzt nur eine Aufgabe: den Gegner zu stellen und zu schlagen. Seiner 5. Panzerarmee gelang als erster der Durchbruch. Wie immer führte der Panzergeneral von vorn, was Wunder, wenn ihm dreimal der Kübelwagen zusammengeschossen wurde. Nach anfänglichen Erfolgen und zügigem Vormarsch blieb aber der Angriff vor Bastogne liegen, da er nicht aus der Tiefe mit Truppen, Waffen und Munition genährt werden konnte. Der Gegner, personell und materiell überlegen, hatte das Rennen um die Reserven gewonnen. Außerdem störte die feindliche Luftwaffe jede Truppenbewegung. Persönlicher Einsatz und Tapferkeit an den Brennpunkten des Geschehens nutzten nichts mehr. Auch v. Manteuffels ausgeklügeltste Finten konnten das Schicksal nicht mehr aufhalten. Für seine Verdienste, die er sich als Armeeführer trotz Ungunst der Lage erworben hatte, wurde er am 18. Februar 1945, als 24. Soldat der Wehrmacht, mit den Brillanten ausgezeichnet.
Einen Monat später übernahm er als Oberbefehlshaber die 3. Panzerarmee an der Oderfront. Bei den harten Rückzugsgefechten, von den sowjetischen Panzerarmeen pausenlos angegriffen, erreichte er, hinhaltend kämpfend, Mecklenburg. Er wußte, daß in seinem Rücken englische Truppen standen. Bei ihnen, und nicht bei den Sowjets, wollte er kapitulieren. In jenen Tagen war keine Schlacht mehr zu entscheiden, der Krieg längst verloren. Da ging es um nacktes Überleben und darum, dem Zugriff der Sowjets zu entfliehen. Aus diesem Grunde und nur aus diesem, ließ v. Manteuffel seine 300 000 Soldaten durch Mecklenburg zurückfluten, und nicht auf Berlin marschieren, wie es Hitler befohlen hatte. Dort war nichts mehr zu halten – im Gegenteil –, Manteuffels Soldaten wären entweder vernichtet oder gefangengenommen worden.

Der General verhandelte mit den Engländern und erreichte, daß die Masse seiner Armee bei ihnen in Gefangenschaft gehen durfte. Die Fürsorge für seine Soldaten war ihm, bis zum letzten Tage des Krieges, oberstes Gebot. Deshalb verehrten und schätzten sie ihn, weil sie wußten, daß er alles Menschenmögliche unternahm, um ihnen die Beschwernisse des Kriegsalltags zu erleichtern.
Bei der Kapitulation wünschte v. Manteuffel, daß die Westmächte eines Tages doch noch erkennen möchten, daß Deutschlands Kampf gegen den Bolschewismus nicht umsonst war. In seinen Vernehmungen vor britischen und amerikanischen Offizieren hörte er nicht auf, vor den Sowjets zu warnen, die er als Feinde Europas bezeichnete.
Nach zwei Jahren erfolgte Manteuffels Entlassung aus der Kriegsgefangenschaft. Er gehörte zu den wenigen bekannten Armeeführern, die sich nicht als Kriegsverbrecher auf der „schwarzen Liste" der Alliierten befanden. Jetzt stand auch General a. D. Hasso v. Manteuffel vor der Notwendigkeit, einen zivilen Beruf zu ergreifen. Ein Bekannter verhalf ihm zum Start, indem er ihn einem großen Neußer Indusrie-Unternehmen empfahl. Der Betriebschef hatte nichts dagegen einzuwenden, v. Manteuffel als Angestellten einzustellen. Er rief den Betriebsrat zusammen, erklärte ihm die Lage des ehemaligen Generals und empfahl, v. Manteuffel eine Chance zu geben. Der Betriebsrat stimmte zu. Schon nach kurzer Zeit wurde v. Manteuffel Leiter der Exportabteilung.
Der ehemalige General wußte, daß das Öffentliche Leben tüchtige und verantwortungsbereite Männer brauchte. Aus diesem Grunde trat er einer politischen Partei (FDP) bei und war von 1953–1957 Mitglied des Deutschen Bundestages. Aufsehen erregte in Kreisen ehemaliger Soldaten der Prozeß vom 17.–21. August 1959 vor dem Schwurgericht in Düsseldorf, in dem v. Manteuffel wegen Totschlags zu einem Jahr und sechs Monaten Gefängnis verurteilt wurde. Obwohl das Gericht in seiner Begründung dem General immer wieder bescheinigte, daß er durch intensive Fürsorge bei der Truppe beliebt war, daß er hervorragend geführt hatte und persönlich außerordentlich tapfer gewesen war, kam es zu dieser Entscheidung.
Was war geschehen? Die 7. Panzerdivision lag in äußerst schweren Kämpfen einem siebenfach überlegenen Gegner im Raume Schepetowka gegenüber. Sie war von General Balck, der das XXXVII. Panzerkorps führte, als „Feuerwehr" eingesetzt. Pausenlose Angriffe der So-

wjets schienen die Widerstandskraft der deutschen Soldaten zu zermürben.
Am 11.1.1944 bezog die Division Stellung. Schepetowka, wichtiger Eisenbahnknotenpunkt, und sozusagen Eisenbahnendstation der Mittelfront, war für die Kriegführung von großem Wert.
Es gab keine geschlossene HKL mehr, einzelne Schützennester ersetzten sie. Dabei bestand die große Gefahr, daß zur Nachtzeit die Sowjets in den freien Raum sickern konnten. Da sie Meister der Infiltration waren, gab Manteuffel Befehl, mit größter Wachsamkeit, vor allen Dingen nachts, die Stellungen zu besetzen. In Schepetowka lagen nach Meldung seines Divisionsarztes mehr als tausend Verwundete, deren Schicksal besiegelt war, wenn die Sowjets das Dorf einnehmen sollten. Vor dem Abschnitt einer Kompanie lag ein großer Strohschober, in dem zur Sicherung der eigenen Truppe eine Gruppe unter Führung eines Unteroffiziers Stellung bezog. Während der Nacht kam ein sowjetischer Stoßtrupp mit einem Pferdeschlitten an den Strohschober herangefahren. Der Unteroffizier befand sich zu diesem Zeitpunkt außerhalb des Schobers und wurde mit einem weiteren Soldaten von den Russen gefangengenommen. Obwohl dieser Vorfall von einem der beiden Doppelposten beobachtet wurde, schoß dieser nicht und unternahm auch nichts zur Alarmierung der Truppe und Befreiung des gefangenen Unteroffiziers und Soldaten. Am nächsten Tag erhielt v. Manteuffel bei einem Besuch der Gefechtsstände Kenntnis von diesem Vorfall. Manteuffel befahl die Verhaftung der beiden Soldaten und ließ das Kriegsgericht der Division zusammentreten. Dieses sprach den einen Posten frei, den anderen, weil es ihm keine Feigheit vor dem Feinde vorwerfen konnte, verurteilte es wegen Dienstpflichtverletzung im Felde zu zwei Jahren Gefängnis.
General v. Manteuffel forderte die Todesstrafe für den zu zwei Jahren Verurteilten, jenen, der tatenlos zugesehen hatte, wie sein Unteroffizier gefangengenommen wurde. Er glaubte, der Posten habe den Grundsatz verletzt, das jeder Soldat in jeder Lage, besonders aber in schwieriger, sich darauf verlassen können müsse, daß auch sein Kamerad seine Pflicht im Sinne der gegenseitigen Verpflichtung zu menschlicher Treue voll erfülle. Er sah die Gefahr vor sich, daß sich Feldwachen in künftigen Fällen so untätig wie dieser Posten verhalten würden, der Feind leicht in die eigenen Linien sickern könne und daß dann auch die nötige Ruhe und Versorgung der kämpfenden Truppe zur Nachtzeit

gefährdet wären. Er hielt die Tat für schwer genug, um aus diesem Anlaß ein Exempel zu statuieren und damit die Kampfmoral seiner Division zu festigen. Am 13. Januar wurde der Verurteilte erschossen.
Manteuffel gehorchte keineswegs jedem Führerbefehl, wenn er gegen die Vernunft ging. So bestätigte ihm das Schwurgericht, nicht unehrenhaft gehandelt zu haben. Schon als Divisionsführer in Tunis hatte er in seinem Bereich die Durchführung eines anderen Führerbefehls, des sogenannten „Kommandotruppenbefehls" verhindert, der verlangte, daß feindliche Truppen in deutscher Uniform „niederzumachen" seien. Dennoch wurde er vom Schwurgericht für schuldig befunden, den Tod des Soldaten verursacht zu haben. Er habe in ein schwebendes Gerichtsverfahren eingegriffen und von sich aus die Todesstrafe angeordnet. In der Anname, der Führerbefehl Nr. 7 berechtige ihn dazu, habe er so gehandelt.
Bei der günstigen charakterlichen Beurteilung durch die Zeugen lag kein Grund zur Annahme vor, so meinte das Schwurgericht, der Angeklagte habe den Führerbefehl im vollen Bewußtsein seiner Unanwendbarkeit auf den Fall des Postens nur vorgeschoben, um einer bewußten Willkürmaßnahme nach außen eine getarnte Berechtigung zu geben. Nach dem Spruch des Gerichts fehlte dem Angeklagten auch das Bewußtsein der Rechtswidrigkeit seiner Tat. Es handelte sich, befanden die Geschworenen, um einen Verbotsirrtum.
Das Gericht stellte auch fest, daß v. Manteuffel die Todesstrafe durchsetzte, um zur Hebung der Kampfmoral seiner Division in einer besonders kritischen Lage beizutragen. Er habe ferner in der Tat des Postens, der seinen Unteroffizier in die Hände der Sowjets und möglicherweise in den Tod geraten ließ, das Gebot der Frontkameradschaft verletzt gesehen. „Er hat daher aus lauteren Beweggründen gehandelt." (Wörtlich so im Urteil.) So befand er sich auch in der irrigen Überzeugung, seine Tat sei nach dem Führerbefehl Nr. 7 rechtmäßig. Das Gericht bescheinigte v. Manteuffel weiter in der Urteilsbegründung, daß er sich im Kriege hochverdient gemacht habe, fürsorglich gegenüber ihm unterstellten Truppen gewesen sei und sein eigenes Leben nicht geschont habe.
Es wären schon über fünfzehn Jahre vergangen, so daß entsprechend der Rechtssituation der Strafverfolgungsverjährung das Sühnebedürfnis nicht mehr so groß sei. Er habe nicht aus ehrloser Gesinnung gehandelt – so heißt es in der Urteilsbegründung des Schwurgerichts.

Die Presse war fast einhellig der Meinung, daß ein Gericht durch die Aufgabe überfordert sei, sich nach fünfzehn Jahren in eine selbst nicht erlebte Situation hineindenken zu müssen. Das *Hamburger Abendblatt* schrieb damals: „Auch er (Manteuffel) eine tragische Figur in dieser tragischen Episode. Er hat es frei bekannt und die Verantwortung auf sich genommen – mit einer einzigen Einschränkung: Vielleicht habe ich geirrt."

Das *Würmeler Tageblatt:* „Wir meinen, daß es heute schwer, wenn nicht gar unmöglich ist, fünfzehn Jahre danach alles so abzuwägen, daß man der Tat gerecht wird... Prozesse gegen ehemalige KZ-Schergen sind etwas ganz anderes als solche wie eben der Manteuffel-Prozeß. Jene dienen dazu, sittliche Normen wiederherzustellen, dieser rechnet mit einer damals gültigen Norm ab, nämlich der, daß ein verantwortlicher Truppenführer alle Mittel anwenden mußte, um die Heimat vor fremden Truppen zu schützen. Genau das gleiche tun wir heute, wenn wir wieder eine Wehrmacht aufbauen. Auch da kann Disziplinlosigkeit nicht ungeahndet bleiben. Nur sieht man sie im Frieden anders als im Kriege."

Im Juli 1960 trat v. Manteuffel die Strafe in Landsberg a. L. an und wurde nach zwei Monaten entlassen. Insbesondere hat sich der ehemalige Bundespräsident Prof. Theodor Heuss für die Freilassung v. Manteuffels eingesetzt. Ein Jahr erhielt v. Manteuffel keine Pension. Später erhielt er einen jederzeit widerruflichen Unterhaltsbeitrag auf dem Gnadenweg durch den Bundespräsidenten. Heuss: „Es scheint mir in der Situation, in der General v. Manteuffel seine Entscheidung traf, ein Konflikt mit echter Tragik vorzuliegen. Ich würde es aus meiner menschlichen Sicht für schön finden, wenn das vornehmste Recht der Justiz, die Gnade, einem Mann, dessen berufliches Leben sonst offenbar völlig ohne Tadel verlief und der in seinem bürgerlichen Wirken eine noble Tüchtigkeit zeigte, zugewandt würde."

Hasso v. Manteuffel nach dem Prozeß: Entscheidend scheint mir aber dies zu sein: Die verpflichtende Gegenseitigkeit zu menschlicher Treue hat in derartigen Krisenlagen und Konfliktsituationen, insbesondere in derartigen „Grenzfällen", den verantwortungsbeladenen militärischen Führer im Osten zwecks Aufrechterhaltung der Manneszucht zu harten Maßnahmen gezwungen, weil die noch kampfwilligen und noch einsatzbereiten Soldaten, die ohne Rücksicht auf die ihnen drohende Todesgefahr oder Gefangennahme ihre Pflicht gegenüber ihren Kampfgefährten vollauf taten, meines Erachtens ein Anrecht und einen Anspruch darauf haben, daß ihre militärischen Führer sie dadurch schützen, daß sie gegen Versagende notfalls hart einschreiten. Die Verpflichtung zu menschlicher Treue bindet den verantwortlichen Offizier um so mehr, das heißt, um so eindringlicher, je höher seine Stellung und je größer seine Verantwortung für die ihm unterstehende Truppe ist. Es ist dies, was der Frontsoldat unter „Kameradschaft" versteht und was die sogenannten „guten Divisionen" von anderen unterschied. Jeder Mann, jeder Unteroffizier und jeder Offizier wußte, daß er sich darauf verlassen konnte, daß auch sein Kamerad seine Pflichten, besonders in Krisenlagen, voll erfüllte. Dies ist, war und bleibt die unsterblich zeitlose Kameradschaft der Front, die so vielen Soldaten zu einem Werterlebnis von helfender Opferbereitschaft wurde! Sie ruht in strengen, unerbittlichen Notwendigkeiten, nicht ohne Angst übrigens, und lebt in der Hinwendung auf den Tod, auf Opfer und Verzicht. „Kameradschaft" bedeutet vor allem „Opfernkönnen" für den anderen!

Nach seiner Entlassung wurde v. Manteuffel aufgrund seiner guten Verbindung zu hohen militärischen Persönlichkeiten der USA (geknüpft während seiner Zeit im Deutschen Bundestag als Mitglied des Verteidigungsauschusses) nach Amerika eingeladen. Neunmal war er bisher dort, jedes Jahr etwa vier Wochen lang, und hielt Vorträge in Westpoint, an verschiedenen Universitäten, vor den Mitgliedern des McArthur-Memorial, in Norfolk, wo sich eine NATO-Schule für Stabsoffiziere befindet. Von dem früheren Präsidenten Eisenhower war v. Manteuffel eingeladen und drei Tage lang dessen Gast gewesen. Mehrfach traf er sich mit den Generalen Bradley und Bruce Clark. Aufgrund einer Einladung Montgomerys kam er mit dem britischen Feldmarschall zusammen. Die Tactical Air Force stellte ihm ein Flugzeug zur Verfügung, mit dem er kreuz und quer über ganz Amerika flog.
General Westmooreland gab im Pentagon für ihn ein Essen, und mit General Abrahams, seinem Gegner vom Januar 1945 in Bastogne, verband ihn echte Kameradschaft. In einem Militärmuseum der US-Streitkräfte bei Bastogne (Bastogne Historical Center) ist v. Manteuffel in Wachs verewigt. Ein Buch *Panzer-Baron* findet in den USA reißenden Absatz, wie er im übrigen auch eine ausgezeichnete Presse hat.
Überrascht war v. Manteuffel, als ihm eines Tages im Auftrag von General Bradley fein säuberlich geordnet seine Beurteilungen ab dem Jahr

1934 in Fotokopien übergeben wurden. Sie hatten sich in Washington im Military Central Depot befunden.
Am 24. 9. 1978 starb Hasso v. Manteuffel.

General Theodor Tolsdorff

Mit 35 Jahren Generalleutnant

Er hatte es mit dem Lazarett: Im Juli 1976 brach er sich das rechte Bein, nachdem er vor einigen Jahren bei einem Autounfall einen Schädelbruch erlitt und ihm wenig später von herunterfallendem Langholz der linke Fuß zerschmettert wurde. Und das nach vierzehn Verwundungen aus dem Zweiten Weltkrieg, unter anderem ein Bauch- und ein Kopfschuß und ein halber verlorener Fuß. Dieser Mann ist nicht kleinzukriegen!

Theodor Tolsdorff, Ostpreuße, Infanterist, wurde mit fünfunddreißig Jahren im Januar 1945 General, führte im Winter 1944 bereits eine Division und ein paar Monate später, zum Generalleutnant befördert, ein Korps. Ein äußerst tapferer Offizier, der die Ruhe nie verlor und noch in den verfahrensten Situationen einen Ausweg fand.
Fünf Jahre alt war Theo im Herbst 1914, als er mit seiner Mutter das Gut Lehnharten vor den Kosaken des russischen Generals Rennenkampff fluchtartig verlassen mußte. Die Kosaken kommen! Schreckensruf im deutschen Ostpreußen vor dreiundsechzig Jahren!
Der Vater Theodor Tolsdorff, Hauptmann der Artillerie, kehrte nach dem Zusammenbruch 1918 zwar auf das Gut Lehnharten zurück, war aber infolge der Kriegsereignisse so schwer krank, daß er das Bett nicht mehr verlassen konnte und am 11. 10. 1919 starb. Theo ging ins Königsberger Gymnasium. Später wurde er Landwirt. In Abendlehrgängen und Winterschulen büffelte er, und schon nach kurzer Zeit wurde er Gutsverwalter. Man war mit Theo Tolsdorff sehr zufrieden. Er lernte gern, denn daheim wartete ein großer Hof auf ihn. Bald erkannte er die Krise, in der sich die deutsche Landwirtschaft befand. Zunächst wollte er seiner Militärpflicht genügen, nach der Rückkehr würde man weitersehen. Aber Theo Tolsdorff kam nicht mehr zum Hof zurück. Als er sich 1934 beim Infanterieregiment 1 in Insterburg freiwillig meldete, hatte er nicht die Absicht, Offizier zu werden. Am 1. Juni 1936 wurde er jedoch außer der Reihe zum Leutnant befördert.
Während des Polenfeldzuges führte Theodor Tolsdorff die 14. Kom-

panie (Pak) in einem Infanterieregiment. Am 2. September 1939 lieferte er das erste Husarenstück. Die Polen verteidigten die Gora Kamienka, eine Bunkerlinie, verbissen und unerwartet zäh. Als Tolsdorff den eigenen Angriff scheitern sah, entschloß er sich zu einer Tat, auf die der Gegner nicht gefaßt war. Mit seiner Kompanie fuhr er trotz schwerem Infanteriefeuer auf ungedecktem Gelände vor den polnischen Bunkern auf und feuerte mit den 3,7 cm-Panzerabwehrgeschützen so lange aus allen Rohren, bis die Polen sich ergaben. Für diese Tat erhielt er das EK II. Kurz darauf versuchten eingekesselte Polen den Ring zu sprengen und auszubrechen. Mit einer Kavalleriedivision als Stoßkeil griffen sie in einem Nachtangriff die deutschen Stellungen an. Tolsdorff erkannte die Absicht des Feindes und schoß aus kürzester Entfernung die Angreifer zusammen und verhinderte damit den Ausbruch. Dafür wurde er mit dem EK I ausgezeichnet. In den letzten Kampftagen wurde Tolsdorff durch einen Schulterschuß verwundet; er blieb aber bei der Truppe.

Nach dem Polenfeldzug wurde Tolsdorffs Einheit als Armeereserve ins Rheinland verlegt. Im Krieg gegen Frankreich kämpfte seine Truppe in Belgien, rollte bis zum Flandernkessel, dann südwärts an Paris vorbei bis in die Gegend von Saumur. Nach dem Waffenstillstand wurde sie im Eilmarsch nach Südfrankreich verlegt und blieb dort als Besatzungstruppe im Abschnitt Bayonne-Biarritz. Anfang August brach Tolsdorffs Wunde wieder auf, eine Überführung ins Lazarett Wuppertal war notwendig geworden. Dort blieb er bis Oktober, dann kehrte er zu seiner Truppe zurück, die inzwischen nach Ostpreußen verlegt worden war.
Als der Krieg gegen die Sowjetunion am 22. Juni 1941 ausbrach, stürmte Tolsdorff mit seinen Männern durch die baltischen Länder und übernahm die Führung eines Bataillons, nachdem der Kommandeur verwundet worden war. Der Angriff wäre liegengeblieben, wenn Tolsdorff nicht eingegriffen hätte. Bald war das Tagesziel erreicht, der Oberleutnant aber verwundet. Während des Lazarettaufenthalts wurde ihm am 4. 12. 1941 das Ritterkreuz verliehen. Am 20. 4. 1942 kam er zur Truppe zurück, als die schweren Kämpfe um Schlüsselburg tobten. Kurze Zeit später verlor er jedoch bei einem schneidig geführten Angriff am Ufer des Ladogasees den halben rechten Fuß. Im Juni 1942 hatte Tolsdorffs Bataillon hervorragenden Anteil am Schließen des Wolchow-Kessels, wofür ihm das Deutsche Kreuz in Gold verliehen wurde. Am letzten

Tag der Schlacht erhielt er einen Kopfschuß. Bis zum 20. 9. 1942 mußte er sich im Lazarett aufhalten.
Bei diesen Kämpfen ergab sich der Oberbefehlshaber der 1. Sibirischen Armee, General Wlassow, der im späteren Verlauf des Krieges noch von sich reden machte, als er eine Truppe aus kriegsgefangenen Sowjetsoldaten aufstellte, die dann auf deutscher Seite kämpfte und nach Kriegsende von den westlichen Alliierten überraschend an die Sowjets ausgeliefert wurde.
Als Tolsdorff zur Truppe zurückkehrte, tobte am Ladogasee eine erbitterte Abwehrschlacht. Mit seiner Einheit hielt er im Januar 1943 dem sowjetischen Großangriff stand. Es gelang dem Feind nicht, die deutsche Front zu durchbrechen. Vielmehr wurde er abgefangen und zurückgeschlagen. Die schweren Verluste, die die Sowjets bei dieser zweiten Abwehrschlacht erlitten, zwangen sie zum Verhalten. Mit frischen Kräften griffen sie jedoch im Juli wieder an. Die dritte und schwerste Schlacht am Ladogasee entbrannte. Das Bataillon Tolsdorff war im Schwerpunkt des sowjetischen Angriffs eingesetzt. Nach vierzehntägigem Kampf hatte das Bataillon nicht nur keinen Zentimeter Boden verloren und den Sowjets hohe Verluste beigebracht, sondern hatte auch im Nachbarabschnitt durch Gegenangriffe den Gegner zurückgeworfen und die alte Lage wiederhergestellt. Dafür erhielt Tolsdorff am 15. 9. 1943 das Eichenlaub zum Ritterkreuz.
In der Neujahrsnacht 1943/44 wurde die 1. Infanteriedivision in den Südabschnitt Winniza-Odessa verlegt, da die dort vorhandenen Kräfte nicht ausreichten, um den Feind abzuwehren. In den schweren Abwehrkämpfen übernahm Tolsdorff das Infanterieregiment 22 der 1. I.D. nachdem der Kommandeur, Oberst Iffland, gefallen war. Da erhielt er aus nächster Entfernung einen Bauchschuß. Jedoch schon nach wenigen Wochen tauchte er wieder bei seinen Soldaten auf. Die Männer fragten sich, woher dieser Mensch die Kraft nahm, all die körperlichen Schmerzen und die sie begleitenden seelischen Strapazen zu überwinden. Im Lazarett Lublin wurde Theodor Tolsdorff zum Oberstleutnant befördert. Nach seiner Genesung sollte er sich schonen und als Taktiklehrer an der Fahnenjunkerschule in Metz Unterricht geben. Schon nach drei Tagen bat er um Versetzung an die Front. Die Garnisonsluft behagte ihm nicht.
Am 22. Juni 1944, genau am Jahrestag des Kriegsbeginns im Osten, erfolgte mit mächtiger Artillerievorbereitung der sowjetische Groß-

angriff im Abschnitt der Heeresgruppe Mitte. Ziel der Sowjets war der Einbruch ins Reichsgebiet mit Ausweitung der Offensive und der Eroberung Berlins. Die dünn besetzte Front brach unter den wuchtig geführten Schlägen des Feindes zusammen, und die Sowjets näherten sich den Grenzen Ostpreußens. Generaloberst Reinhardt, Befehlshaber der 3. Panzerarmee, die den heftigsten Stoß der sowjetischen Angriffskeile abzuwehren hatte und im Bereich des Offensivschwerpunktes lag, versuchte als erster, die verfahrene Lage zu stabilisieren. Ihm gelang es, zusammen mit seinem tüchtigen Chef des Stabes, Generalleutnant Heidkämper, die Flucht der Armee wenigstens teilweise in einen planmäßigen Rückzug zu verwandeln.

In dieser Lage erhielt Tolsdorff den Befehl, die Stadt Wilna zu verteidigen. Im rückwärtigen Heeresgebiet „kratzte" er Alarm- und Urlauberkompanien zu einem regimentsstarken Verband zusammen und marschierte auf die frühere litauische Hauptstadt zu. Unterwegs stellte er fest, daß sich zwischen ihn und Wilna starke sowjetische Verbände geschoben hatten, die mit den geringen Kräften nicht zu durchbrechen waren. In Wilna war inzwischen General Stahel Kampfkommandant. Dort befanden sich verschiedene Lazarette mit Tausenden von Verwundeten, die auf keinen Fall in Feindeshand fallen sollten. Tolsdorff erhielt den Befehl, einen Kessel zu bilden, um den Rückzug der Verwundeten zu ermöglichen, wenn die Armee den Befehl dazu gab. Nach einigen Tagen war aber die Kampfkraft der Kampfgruppe Tolsdorff so erlahmt, daß ein Ende abzusehen war. Er meldete der Armee: „Es geht nicht mehr!" In dieser Lage funkte Generaloberst Reinhardt: „Durchhalten. Komme mit zwei Divisionen."

Und dann kam der Generaloberst – an der Spitze der 6. Panzerdivision und dem Panzerregiment *Großdeutschland.* Beide Einheiten hatten sich bereits auf dem Abmarsch an die Westfront befunden. In letzter Minute wurden sie angehalten und ausgeladen. Während die 6. P.D. geschlossen eingesetzt wurde, beteiligte sich *Großdeutschland* nur mit Teilen an dem Kampf. Brillantenträger Hyazinth Graf Strachwitz fuhr den Angriff an der Spitze des Regiments. Sofort wollten die Sowjets auch die überraschend nach Osten marschierenden deutschen Formationen einkesseln. Mit Artillerie und Panzern versuchten sie, die Angreifer zu zerschlagen. Nicht genug: an anderen Frontabschnitten freigewordene Verbände wurden auf die deutsche Kampfgruppe angesetzt. Die beiden von Generaloberst Reinhardt geführten Divisionen stießen

durch den sich abzeichnenden sowjetischen Einschließungsring. Die Verwundeten blieben in der Mitte, und Tolsdorffs Männer wehrten in harten Nachhutgefechten den nachstoßenden Feind ab. Hierfür erhielt er am 18. Juli 1944, als achtzigster Soldat der Wehrmacht, das Eichenlaub mit Schwertern und wurde zum Oberst befördert.
Obwohl der größte Teil der Männer die Düna und deren Nebenflüsse durchschwimmen mußten und dabei Uniformen und Ausrüstungsgegenstände verlorengingen, standen Tolsdorffs Soldaten schon nach wenigen Tagen neugekleidet wieder an der Front. Ihr Einsatz hatte sich gelohnt, der größte Teil der Verwundeten war gerettet.
Anfang August, als Tolsdorff im Führerhauptquartier das Eichenlaub mit Schwertern in Empfang nahm, befahl ihn Hitler persönlich zum Divisionskommandeur-Lehrgang nach Hirschberg im Riesengebirge. Anfang September, nach der Einweisung, erhielt Tolsdorff vom OKH den Auftrag, in Thorn (Westpreußen) die 340. Volksgrenadierdivision aufzustellen. Mitte November wurde sie in den Raum Aachen-Jülich verlegt, wo sie den Vormarsch der Amerikaner aufhielt und verhinderte, daß US-Truppenteile die Rur überquerten. Im Dezember wurde die Division herausgezogen und zur Bereitstellung für die Ardennenoffensive in die Eifel verlegt. Sie kämpfte im Verband der 5. Panzerarmee, die dem General der Panzertruppen, Hasso v. Manteuffel, unterstand. Vor Bastogne blieb der Angriff der 340. Volksgrenadierdivision infolge schwerster Bombardements alliierter Geschwader liegen. Die Division zog sich zurück und überschritt bei Andernach den Rhein.
Tolsdorff, der am 30. 1. 1945 – mit fünfunddreißig Jahren – zum Generalmajor befördert worden war, erhielt für persönliche Tapferkeit und hervorragende Leistungen seiner Division bei den Abwehrkämpfen am 18. 3. 1945 die Brillanten. Generalfeldmarschall Walter Model schickte Tolsdorff nach Berlin, um in der Reichskanzlei die Auszeichnung entgegenzunehmen. Dort erhielt er vom OKH den Befehl, sofort das LXXXII. Korps zu übernehmen, das im Raum Amberg in Bayern lag. Gleichzeitig erfolgte die Beförderung zum Generalleutnant. Im Verlauf der Kämpfe mußte sich das Korps gegen die stürmisch vordrängenden US-Truppen in die Alpen zurückziehen. Tolsdorffs Korps – der Gefechtsstand befand sich in Eisenärzt – wurde von starken alliierten Kräften angegriffen. Im Verband der 7. amerikanischen Armee marschierte auch eine französische Division, aus deren Panzereinheiten Tolsdorffs Flak eine Reihe Shermans herausschoß.

Am 3. Mai 1945 erschien bei Tolsdorff der Chef einer Flakbatterie und berichtete, daß vor seinen schießenden Geschützen ein Zivilist mit einer weißen Fahne, in deren rechten Ecke sich ein rotes Kreuz befinde, aufgetaucht sei und den Franzosen zugewinkt habe. Dieser Mann gab sich als Hauptmann Holzey aus und behauptete, den Befehl von General Tolsdorff zu haben, die Batterien den Franzosen zu übergeben. Die Flaksoldaten warnten den Hauptmann und forderten ihn auf, sich zurückzuziehen. „Die Franzosen hängen uns auf, wenn sie sehen, daß Sie mit einer Rotkreuzfahne winken, während wir noch schießen. Sie werden das als Mißbrauch des Völkerrechts auslegen!"
Der Hauptmann verschwand, und schon nach wenigen Minuten kam er in Begleitung eines vierzehnjährigen Jungen zurück. Diesmal pflanzte er eine weiße Fahne auf einem Mast auf! Tolsdorff ließ Hauptmann Holzey verhaften. Dieser gab vor, in Urlaub zu sein und vom Bürgermeister des Ortes den Auftrag zu haben, die weiße Fahne zu hissen.
Bei der folgenden Gegenüberstellung gab der Bürgermeister an, daß er Holzey nicht kenne und ihm daher auch keinen Auftrag gegeben haben könne. Schließlich stellte sich heraus, daß Holzey seine Truppe im Stich gelasssen hatte. Holzey wurde sofort zum Tode verurteilt, das Urteil vollstreckt. Die Exekution des Hauptmanns Franz Xaver Holzey war vielleicht die schwerste Entscheidung im Leben Theodor Tolsdorffs, der sich im Krieg durch persönliche Tapferkeit, Kameradschaft und Fürsorge für seine Männer ausgezeichnet hatte – und es fehlte nicht viel, daß es die folgenschwerste gewesen wäre. Tolsdorffs Männer nannten ihn wegen seines Draufgängertums den „Tollen Tolsdorff", und bei den schweren Kämpfen im Sommer 1944 bezeichneten sie ihn als „Löwen von Wilna". Herbert Singer, einst Tolsdorffs Regimentsadjutant und mit ihm zur gleichen Zeit verwundet, sagte von ihm: „Tolsdorff war hart gegen andere, aber härter noch gegen sich selbst."
Bei der Kapitulation konnte Tolsdorff für sich den Erfolg buchen, durch seinen hinhaltenden Widerstand Zehntausenden deutscher Soldaten den Rückzug aus dem Balkan ins Reichsgebiet ermöglicht zu haben.
Als dann die Amerikaner den hohen Ordensträger aufforderten, seine Kriegserlebnisse zu schreiben, ihm aber die Auszeichnungen abnahmen, lehnte er ebenso wie die Oberbefehlshaber des Heeres und der Kriegsmarine und weitere 250 Offiziere das Ansinnen rundweg ab. Am 9. Mai 1947 erfolgte die Entlassung aus amerikanischer Gefangenschaft nach Diepholz bei Bremen, wo Tolsdorff Lastwagen im Speditions-

geschäft seines Schwiegervaters fuhr, dann einen Omnibus auf der Strecke Diepholz–Hannover. Er betätigte sich als Fuhrparkwärter und fuhr Material für den Flugplatzbau. Ein kurzer Abstecher bei einem Bauunternehmen, in dem er „Mädchen für alles" war, konnte ihn beruflich auch nicht ausfüllen. Am 7. Dezember 1952 wurde Theodor Tolsdorff unverhofft verhaftet. Er mußte sich vor einem Traunsteiner Gericht wegen der Erschießung des Hauptmanns Holzey verantworten. Das Gericht verurteilte Tolsdorff in erster Instanz zu zweieinhalb Jahren Gefängnis. Im Revisionsverfahren hob der Bundesgerichtshof dieses Urteil auf und verwies das Verfahren an das Traunsteiner Gericht zur Neuverhandlung zurück. Im September 1958 wurde schließlich das Verfahren eingestellt, und am 24. 6. 1960 erfolgte der Freispruch. Der Vorsitzende Richter des Traunsteiner Landgerichts, Friedrich Schmidt, bescheinigte Tolsdorff: „Er war kein General, der als sengender und brennender Wüterich durch die Gegend gezogen ist."
Im gleichen Jahr wurde Tolsdorff bei der deutschen Asphalt AG angestellt und im Verwaltungswesen ausgebildet. Schon ein Jahr später war er Leiter der Niederlassung in Karlsruhe. Bis 1969 übte er dort diese Tätigkeit aus; im gleichen Jahr übernahm er die Außenstelle in Dortmund und schied am 31. 12. 1974 im Pensionsalter aus. Danach lebte Theodor Tolsdorff mit seiner Frau Lore in Wuppertal, ein ältester Sohn ist Hals-Nasen-Ohrenarzt in Bad Honnef; der jüngere stürzte 1957 von einer Mauer und verunglückte dabei tödlich. Einmal im Jahr traf sich Tolsdorff mit Kriegskameraden bei einer Feierstunde am Ehrenmal seiner Division in Wuppertal. In der Landsmannschaft Ostpreußen wirkte er als Vorstandsmitglied. Am 25. 5. 1978 verstarb er.

General Dr. Karl Mauss

Der Soldat mit dem Löwenherzen

In Hamburg-Wandsbek, Osterkamp 3, war auf einem Schild an der Hauswand zu lesen: Dr. K. Mauss, Zahnarzt. Nur wenige wußten, daß dieser Mann, der hier eine Zahnarztpraxis betrieb, im Kriege Generalleutnant und Kommandeur einer der bekanntesten deutschen Divisionen gewesen und mit dem Eichenlaub mit Schwertern und Brillanten zum Ritterkreuz des Eisernen Kreuzes ausgezeichnet worden war.
Dr. Karl Mauss, Zahnarzt in Hamburg-Wandsbek – ein Mann im weißen Arztkittel, beinamputiert, meisterte das Leben in Zivil ebenso, wie ihm das als Soldat in Uniform gelungen war. –

Als Unterprimaner hatte er sich während des Ersten Weltkrieges mit sechzehn Jahren vom Realgymnasium aus zum Einberufungsbüro „weggestohlen". Für zu jung hielt die Prüfungskommission den Burschen, der sich, in kurzen Hosen und mit der Schülermütze auf dem Kopf, im Umkleideraum bei Männern mit Schnurr- und Vollbärten recht komisch ausnahm. Karl Mauss kehrte mit hochrotem Kopf in die elterliche Wohnung in Lübeck zurück und erzählte seinem Vater von dem erlebten Mißgeschick. Der Alte Herr war ein kaisertreuer und patriotischer Mann, den die Zurückweisung seines Sohnes in seinem Ehrgefühl kränkte.
„Halt mal, ich ziehe meinen Sonntagsrock an und gehe mit dir. Das wäre ja noch schöner, wenn man meinen Sohn nicht unter des Kaisers Fahne nähme. Du wirst Soldat, damit basta!"
Der Lübecker Senator für das Heer – Lübeck war damals noch eine Freie Hansestadt – hörte sich die Einwände des Vaters an und sagte mit aufreizender Ruhe: „In Ordnung, Ihr Sohn wird Soldat. Und Sie gehen als Landsturmmann gleich mit!" –

An der Somme erhielt der sechzehnjährige Karl Mauss als jüngster Soldat der Division das EK II, nachdem er sich als bester Patrouillengänger des Regiments ausgezeichnet hatte. Aber Mauss wollte gerne Flieger werden und bat deshalb um seine Versetzung. Der Regimentskommandeur lehnte ab. Männer wie Mauss wollte er behalten. Denn dieser war wegen Tapferkeit vor dem Feinde als Siebzehnjähriger bereits zum Leutnant befördert worden. Und nach der Verlegung seiner Division in den Ostraum, in die Karpaten, wurde ihm das Eiserne Kreuz I. Klasse verliehen.

An der italienischen Front bewährte sich Mauss aufs neue. Mit seiner Kompanie nahm er einige tausend Italiener gefangen. An die Ostfront zurückgekehrt, lernte er dort das Land und seine Menschen kennen. Das sollte ihm später, nach fünfundzwanzig Jahren, in mancher gefährlichen Lage zugutekommen. Er setzte seine Bemühungen um Versetzung zur Luftwaffe fort, bis er nach langem Drängen endlich doch „zu den Fliegern" versetzt wurde. Dort brachte der junge Offizier seine Ausbilder fast zur Verzweiflung. Es ging ihm nie hoch und schnell genug.

Bei der Pilotenausbildung in Schneidemühl sollte er eines Tages als Beobachter fliegen und seine Ausbildung damit abschließen. Nachdem Mauss vergeblich auf den zweiten Mann gewartet hatte, setzte er sich allein in die Maschine, nicht ohne vorher schnell noch einen Gewichtsausgleich mit Feldsteinen vorgenommen zu haben – und startete. In 3800 Meter Höhe spürte er, daß die Seitensteuerung nicht in Ordnung war. Er manövrierte – jedoch ohne Erfolg. Der Vogel stürzte plötzlich nach unten. Bei 2000 Metern konnte er die Maschine kurz abfangen, aber gleich ging es im rasenden Sturzflug weiter abwärts. Schon krachte es! Mauss spürte unter sich keinen Halt mehr und erhielt einen Schlag gegen die Beine. Trotz allem hatte er Glück gehabt. Vor dem Aufprall war der Führersitz durchgebrochen, und Mauss war mit ihm aus der Maschine gefallen. Ergebnis: neun Knochenbrüche und ein Jahr Krankenhaus. Als die Ursache dieses Absturzes untersucht wurde, stellte man fest, daß die Seitensteuerung angefeilt war – Sabotage! Den Pilotenschein erhielt er am Krankenbett.

Nach den Novemberunruhen 1918 meldete sich Mauss bei der Marinebrigade *Erhardt,* die mit dem Freikorps *Oberland* gegen Spartakus, Anarchisten, Kommunisten und gegen die im Osten Deutschlands aktiv gewordenen polnischen Aufständischen kämpfte. Im Kampf um den Annaberg, das Wahrzeichen Oberschlesiens, zeichnete er sich mehrmals aus. Am 22. 10. 1921 wurde er zum Oberleutnant befördert. Kurz darauf nahm er seinen Abschied.

Ins Privatleben zurückgekehrt, versuchte er zunächst, als Verlags- und später als Handelsvertreter seinen Unterhalt zu verdienen. Hierbei hatte er ebensowenig Erfolg wie als Zeitungsverkäufer. 1925 ließ er sich an der Hamburger Alma mater als Zahnmediziner immatrikulieren. Am 1. März 1929, als Dreißigjähriger, promovierte er zum Dr. med. dent. und ließ sich kurz darauf in seiner Heimatstadt Lübeck als Zahnarzt nieder. Seine Praxis ging gut, aber er fand trotzdem keinen rechten Gefallen an seinem selbstgewählten Beruf. Seinem ganzen Wesen nach war Mauss Soldat. Sein Entschluß stand fest: am 1. 9. 1934 ließ er sich beim Infanterieregiment 6 in Lübeck als Hauptmann reaktivieren und mit seiner Truppe als Stamm des Hamburgerregiments 69 nach Hamburg-Wandsbek versetzen. Die Beförderung zum Major erfolgte am 1. 4. 1938.

Zu Beginn des Polenfeldzugs nahm er an den Kämpfen bei Brest-Litowsk teil. Im September 1939 wurde er als Bataillonskommandeur zur 10. Panzerdivision versetzt, die gleich zu Beginn des Westfeldzuges durch die Ardennen auf Sedan stieß. Sein Bataillon drang als erste deutsche Truppe in Calais ein.

Im Krieg gegen die Sowjetunion kämpfte die 10. P.D. im Verband der Panzergruppe Guderian. Sie war dem XXXXLV. Armeekorps des Generals v. Vietinghoff unterstellt. Oberstleutnant (1. 4. 1941) Dr. Mauss führte eine Vorausabteilung. Bei einem Erkundungsvorstoß nahm er einen sowjetischen General, Kommandeur eines Armeekorps, gefangen. Danach kam es zu folgendem Gespräch:

Mauss: „Weiteres Blutvergießen ist sinnlos. Geben Sie Ihrer Truppe Befehl, die Waffen niederzulegen."

Russe: „Sie täuschen sich, wenn Sie annehmen, der Kampf gegen die deutsche Armee ist sinnlos!"

Mauss: „Erschrecken Sie denn nicht bei den Verlusten, die Ihre Truppen haben?"

Russe: „Kennen Sie das Menschen- und Materialpotential meines Vaterlandes?"

Mauss: „Auch das wird einmal versiegen. Diese Schläge hält keine Wehrmacht der Welt aus!"

Russe: „Doch! Unsere . . .!"

Mauss: „Sie wollen also Ihre Männer weiter opfern?"

Russe: „Ja! Denn jede Stunde, jeder Tag, den wir halten, den Vormarsch der deutschen Truppen verzögern, ist für unsere Führung von allergrößter Wichtigkeit!"

Mauss: „Sie meinen, weil dann das rückwärtige Gebiet ausgebaut und Reserven herangeholt werden können?"
Russe: „Wir haben für Sie noch einige Überraschungen."
Mauss: „Sie sind sehr optimistisch – und dabei zerbricht Ihre Truppe unter den Schlägen..."
Russe: „Von Zerbrechen ist nicht die Rede. Sie haben nur einen Bruchteil der sowjetischen Streitkräfte vor sich."

An dieses Gespräch mußte Mauss wieder denken, in der Schlammperiode und im eiskalten Winter. Auch in den folgenden Jahren. Er behielt die Worte des Sowjetgenerals im Gedächtnis, wenn er sie auch im ersten Augenblick nicht glauben wollte. Der Russe bluffte, sagte er sich.
Bataillonskommandeur und Oberstleutnant Dr. Mauss stieß im Raum Wjasma durch feindbesetztes Gebiet. Am 11. Oktober prellte er weiter auf Moskau vor, nachdem in der Nähe des alten Schlachtfeldes von Borodino um Rusa und Istra hart gekämpft worden war. Diese Winterschlacht endete 18 Kilometer vor Moskau, in einem völlig zerstörten Dörfchen.
Die Verleihung des Ritterkreuzes am 26. November 1941 für das Halten des Brückenkopfes an der Ugra war für Karl Mauss nur ein schwacher Trost. Seine Truppe hatte große Opfer bringen müssen. Nach erbitterten Gefechten gegen sowjetische Eliteverbände schrieb er in sein Tagebuch: „Erstaunlich die Zähigkeit des Gegners, wenn man bedenkt, daß fünfzehnjährige Offiziersschüler verteidigten. Ließen sich eher totschlagen, als sich zu ergeben. Habe keinen Gefangenen gesehen, der nicht verwundet war. Viele haben sich erschossen."
Von einem gefangenen sowjetischen Kapitän erfuhr Mauss, daß Teile der sibirischen Fernostarmee ausgeladen worden waren. Er meldete diese Nachricht der Division. Schon ein paar Tage später kämpften seine Männer gegen die hervorragend ausgerüsteten Sibirier. Ein ungleicher Kampf mit dem Ergebnis, daß Moskau nicht erreicht wurde.
Seine Vorgesetzten schätzten Mauss als hervorragenden Führer, der für die Truppe Vorbild war. Seine Entschlüsse waren ausgereift, überlegt und trotzdem rasch gefaßt. Für seine Männer war Mauss einer der Ihren. Er aß wie sie aus dem Kochgeschirr und schlief mitten unter ihnen in der armseligsten Hütte. Stets war er in den Kämpfen bei ihnen, und nie verlor er seine Ruhe, die sich auf die Männer übertrug. Auch die bitter-

sten Schneestürme hielten ihn nicht in seiner Russenkate. Er mußte bei seinen Männern sein. Dort, wo der Schwerpunkt des Angriffs war. In sein Tagebuch trug er ein: „Schnee, Schnee, Schnee. Der Russe greift blitzschnell an und zieht sich zurück. Wenn wir vorstoßen, finden wir nichts."

Nichts haßte er mehr als den militärischen Trott. Er konzentrierte sich auf den Gegner und sann darüber nach, ihm möglichst hohe Verluste beizubringen. „Was heißt hier Meldungen", rief er einmal seinem Adjutanten zu. „Geben Sie der Division durch, daß der Iwan bei mir nicht durchkommt. Ich bin bei meinen Leuten, die mich jetzt brauchen. Deshalb habe ich keine Zeit für Meldungen."

Im März 1942 wurde Karl Mauss zur 4. Panzerdivision versetzt, am 20. April erfolgte die Beförderung zum Oberst. Jetzt führte er das Schützenregiment 33, das er bis Oktober behielt. Im Mai wurde er bei Orel schwer verwundet, kehrte aber schon im Juli zur Truppe zurück. Er vertrat den Divisionskommandeur Generalmajor v. Saucken, der schwer verwundet war. Bei Kursk eingeschlossen, führte er die Truppe mit nur geringen Verlusten und mit allen Fahrzeugen aus dem Kessel heraus. Dafür wurde Mauss am 24. 11. 1943 das Eichenlaub verliehen. Kurz darauf erhielt er die Kommandierung als Divisionsführer zur 8. P.D.

In Anerkennung seiner Tapferkeit und wegen seiner hervorragenden Führungsqualitäten wurde ihm am 28. Januar 1944 die berühmte 7. Panzerdivision, Rommels früherer „Gespensterdivision", anvertraut. Nur drei Tage führte sein Vorgänger Brillantenträger Generalmajor Schulz – er fiel bei Schepetowka – die Division, die er von Generalleutnant v. Manteuffel übernommen hatte.

Unermüdlich und unverdrossen kurvte General Mauss mit seinem Befehlswagen zwischen den Einheiten und hörte sich in der HKL die Sorgen seiner Männer an. Die Vorgesetzten beim Korps sowie bei der Armee sahen das nicht gern. Sein Gefechtsstand sei zu weit vorn, erklärten sie. Die Truppe müsse von hinten geführt werden, sonst bestehe die Gefahr, daß Mauss die Übersicht verliere. Aber Mauss antwortete prompt: „Die Befehlsstelle ist dort, wo geschossen wird, und der Kommandeur da, wo seine Männer sind. Panzer müssen von vorn geführt werden. Die Übersicht verliere ich erst dann, wenn ich nur von der Karte her weiß, wo der Gegner steht!"

In den Karpaten wurde seine Division ohne ihre Nachschubeinheiten eingeschlossen. Bedenklich wurde die Lage, als die Sowjets mit starken

Kräften stürmten. Als Mauss durch den Abhörfunk eine Tiger-Abteilung der SS-*Leibstandarte* fand, schlug er sich mit ihr zusammen nach Süden durch.

Der wandernde Kessel, von starken sowjetischen Kräften eingeschlossen, konnte aus der Luft versorgt werden. Durch Funk erfuhr Mauss, daß ostwärts von ihm die 1. Armee des Generals Hube, gleichfalls als wandernder Kessel, im Anmarsch war. Er nahm sofort Verbindung auf, durchbrach den sowjetischen Ring und vereinigte seine Truppe mit der 1. Panzerarmee. Mit der 7. P.D. als Stoßkeil wollte General Hube die feindliche Einschließung durchstoßen und nach Süden abdrehen, wo er deutsche Verbände vermutete. Funkunterlagen bestätigten ihm, daß die 4. Panzerarmee des Generalobersten Raus in heftigen Kämpfen mit den Sowjets stand. Nach einigen Stunden war die Verbindung zu Raus hergestellt. Der Oberbefehlshaber funkte: „Wir kommen!" Die 4. Panzerarmee griff an, durchstieß die sowjetische Front. Zur gleichen Zeit brach die 16. P.D. aus dem Kessel, stieß bis Buczacz vor, schlug den Feind und vereinigte sich mit der 4. Panzerarmee. Weiter nördlich überrannte die 7. P.D. die Feindstellungen, schoß 53 Panzer ab, zerstörte mehrere Geschütze und machte einige hundert Gefangene. Auch hier glückte die Verbindung zur 4. Panzerarmee. Am 9. April sagte General Hube zu dem inzwischen am 1. 4. 1944 zum Generalmajor beförderten Dr. Mauss: „Wenn wir Sie nicht gehabt hätten, wäre es schiefgegangen. Ihre Männer haben die Vernichtung der 1. Panzerarmee verhindert!" – Nur kurze Zeit später, im Sommer des gleichen Jahres, konnte der am 22. Juni begonnene sowjetische Großangriff gegen die Heeresgruppe Mitte an der ostpreußischen Grenze noch einmal gestoppt werden. Es war unter anderem dem Standvermögen des IX. Armeekorps und der Tapferkeit der 7. P.D. zu verdanken, daß der Feind bei Raseinen aufgehalten wurde. Aber auch den Soldaten der geschundenen und tapferen 252. Infanteriedivision war der Abwehrerfolg zuzuschreiben.

Die persönliche Tapferkeit und das Führungsgeschick des Generalmajors Mauss waren frontbekannt. In jenen Tagen fing seine Befehlsstelle einen sowjetischen Funkspruch ab: „Achtung, Mauss ist wieder da. Äußerste Vorsicht geboten. Der Kerl bringt alles fertig." Und er brachte es fertig. Am 23. August drang Mauss von Norden her in die Stadt ein, warf die Sowjets hinaus und bahnte den mit ihm angreifenden Infanterieeinheiten, Teilen der 252. I.D., den Weg.

Bereits am 15. August meldete der Wehrmachtsbericht über die Schlacht um Raseinen: „Die Schlacht um Raseinen hat vorläufig ihren Höhepunkt überschritten. Tagelang rannten die Sowjets mit ungeheuren Massen von Panzern gegen die Korpsfront an, wurden aber immer wieder aufgefangen und zurückgeworfen. ... Die Verbände des IX. AK haben sich bereits in den schweren Abwehrschlachten seit dem 22. Juni durch ungewöhnliche Tapferkeit und Ausdauer hervorgetan. Die Erfolge von Führung und Truppe haben in der sechstägigen Schlacht von Raseinen ihre Krönung gefunden, wobei zwei vollaufgefüllte und modern ausgestattete Panzerbrigaden und zwei Schützenkorps unter Vernichtung von 345 Panzern zerschlagen wurden. Unter entscheidender Mitwirkung der 7. P.D. unter Generalmajor Mauss ist damit im Raum nördlich Tilsit ein feindlicher Durchbruch verhindert und die Voraussetzung für eine weitere, erfolgreiche Verteidigung der ostpreußischen Grenze geschaffen worden."

Bei dieser Schlacht um Raseinen hatte der Autor ein persönliches Erlebnis mit General Mauss: „Ich war Adjutant einer Panzerjägerabteilung und hatte den Befehl, Verbindung mit der 7. P.D. aufzunehmen.
General Mauss ging der Ruf voraus, Eichenlaubträger und im Zivilberuf Zahnarzt zu sein. Eine derartige Mischung von Militär und Medizinmann konnte ich mir nicht vorstellen. So fuhr ich also voller Erwartung los, um mir das ‚Wundertier' der Raseinenfront anzusehen. Das Dorf, in dem sich die Panzer der 7. P.D. bereitstellten, lag etwa 1 km von Raseinen entfernt. Hinter den schützenden weißen Mauern eines sauberen Bauernhauses stand ein Befehlswagen. Und dahinter, auf einer Bank, saß ein Offizier, mittelgroß, über dessen Wange sich ein Schmiß zog. Ich stellte mich vor. Der Offizier auf der Bank drehte sich gemächlich um, musterte mich aus zwei hellen Augen. als ob er durch mich hindurchsehen wolle, und knurrte: ‚Mauss'.
Die Weisung der Division und die Absicht der Abteilung waren schnell vorgetragen. Der General hörte schweigend zu. Ohne mich zu unterbrechen, klappte er ein Kartenbrett auf und sah hinein.
‚Sie haben ein gutes Gedächtnis', sagte er mit einem Mal, ohne den Blick zu heben.
Ein wenig verwirrt stockte ich.
Dann nickte Mauss und sagte: ‚Los, los, weiter! Erzählen Sie mir, wo Sie stehen. In einer Stunde soll ich angreifen! Ich muß mir erst mal ansehen, was der Russe macht...'

In kurzen Sätzen erzählte ich ihm von dem Durchbruchsversuch der T 34.
‚Ich wollte gerade meine Panther hinschicken, als ich es ballern hörte!' meinte er.
‚Das haben wir allein gemacht, Herr General', sagte ich.
‚Prima!' lächelte Mauss. ‚Aber kommen Sie mal mit!'
Wir fuhren nahe an die HKL heran. Das Gelände war hügelig. Viele Gärten und noch mehr Bäume. Ungestört konnten wir den Feind beobachten. Der Russe zog, was er eigentlich nie oder selten tat, am hellen Nachmittag Panzer zusammen. Das dumpfe Wummern der Motoren ließ die Luft erzittern. Staubfahnen wehten hinter der Stadt. Deutlich erkannten wir einige T 34, die im Friedhof verschwanden.
‚Ich greife hier an!' sagte Mauss und schob die Mütze ins Genick. Dann wandte er sich an mich. ‚Sagen Sie Ihrem Kommandeur, daß dieser Abschnitt hier mein Jagdrevier ist. Weiter unten könnt ihr machen, was ihr wollt! Trennungslinie: Straße nach Raseinen!'
Das war meine erste Begegnung mit General Dr. Karl Mauss. Eine zweite sollte ich am nächsten Tag haben. Die Panzer der 7. P.D. griffen nicht, wie zuerst geplant, noch am gleichen Nachmittag an, sondern mußten bis zum nächsten Morgen um 7 Uhr warten. General Wuthmann, dem die 7. P.D. unterstellt war, wollte die Masse des Feindes mit einem Schlag treffen.
Am 23. August, in den frühen Morgenstunden, legten die Reste der Artillerie einen Feuerschlag auf die sowjetischen Stellungen. Die Infanterie stieg aus den Löchern und überrannte den Feind. Zum erstenmal seit Wochen kurbelten auch einige deutsche Jäger in der Luft. Wie Habichte stürzten sie sich auf die feindlichen Panzerbereitstellungen. Völlig überrascht, gerieten die Sowjets in Panik.
Der Friedhof wurde den Sowjets jetzt zur Falle. Panther und Tiger schossen die T 34 zusammen. Wem es gelang, auszubrechen, der kam nicht weit. Die Sturmgeschütze und Selbstfahrlafetten unserer Abteilung vernichteten in wenigen Stunden 80 Panzer.
Um die Mittagszeit war Raseinen in unserer Hand. Da griffen die Russen erneut an. Sie kamen von Osten über die Ebene und stießen aus dem Norden durch Wälder und Gärten bis vor die deutschen Stellungen. Doch da standen die Panzer der 7. P.D., die Selbstfahrlafetten und Pak der Panzerjägerabteilung und der 14. Kompanie. Wieder standen 23 T 34 in Flammen! Bei diesem Angriff kurvte Mauss in der Nähe

meiner Lafetten. Ich erkannte ihn – da krochen zwei T 34 keine 300 Meter vor mir aus einer Hofeinfahrt. Ich sah Mauss zusammenzucken. Doch da schoß ich schon. Der Wagen von Mauss hielt einige Meter neben mir. Als der General mich erkannte, lächelte er und legte die Hand an die Mütze. Doch gleich erinnerte er sich, daß der alte Soldatengruß nicht mehr galt. ‚Verzeihung!' sagte er. ‚Wenn ich die Hand hebe, komme ich mir wie ein Zellenwart vor!' Und nach einem Weilchen: ‚Das haben Sie ausgezeichnet gemacht. Meine Männer erzählten mir, daß Sie ganz schön dazwischenfunken. Darüber werde ich berichten. Danke schön – und Hals- und Beinbruch!' Dann war er weg, der General Mauss, das ‚Wundertier' der Raseinenfront.
Erst viele Jahre später, im Sommer 1955, sollte ich ihn wiedersehen. Als Zahnarzt, im weißen Mantel, mit einem Bein. Er war dennoch der Alte geblieben, ein großartiger Mensch! –"
Am 10. Oktober wurde Karl Mauss zum Generalleutnant befördert und zum Vortrag ins Führerhauptquartier befohlen. In der „Wolfsschanze" war die Stimmung gedämpft. Hofschranzen machten sich wichtig. Sie wurden den wirklichen Fachleuten vorgezogen. General Mauss paßte es gar nicht, daß er seine Waffe abgeben und sich eine Leibesvisitation gefallen lassen mußte. Vorsichtsmaßnahmen seit dem Attentat am 20. Juli! Hitler traute keinem Menschen mehr. Auch nicht seinen mit den höchsten Orden ausgezeichneten Generalen.
Doch bevor Mauss vorgelassen wurde, mußte er sich einen ganzen Nachmittag in einem Gästezimmer mit General Burgdorf, dem neuen Chef des Heerespersonalamtes (General Schmundt war an den Folgen einer Verletzung beim Attentat verstorben), unterhalten.
„Mein lieber Mauss", begann Burgdorf. Und dann erklärte er, was Mauss zu erzählen habe und was er nicht sagen dürfe. „Der Führer darf nicht erschreckt werden. Bitte keine Zahlen und keine deprimierenden Gespräche!" Als Burgdorf gegangen war, wurde Mauss zu Keitel geführt. Auch hier wurde er „vergattert". Nur daß Keitel viel strenger und viel radikaler war als Burgdorf. Er kleidete Burgdorfs Bitten und Wünsche, Anliegen und Weisungen einfach in einen Befehl: „Ich verbiete Ihnen, zum Führer über Dinge zu sprechen, die seiner Gesundheit schädlich sein können. Außerdem haben Sie nur darauf zu antworten, worüber Sie gefragt werden! Sollten Sie dennoch über andere Dinge reden, so haben Sie die Konsequenz zu ziehen!"
Das war Perfidie im höchsten Grade. Mauss war, das gestand er später,

verwirrt. Er, der an der Front nie den Kopf verlor, war sprachlos, deprimiert, niedergeschlagen, erschüttert. Er ahnte damals noch nicht, welches Spiel im Führerhauptquartier getrieben wurde. Hitler, zitterig, mit flackerndem Blick und gebeugtem Rücken, gab Mauss kraftlos die Hand.
„Sie haben tapfer gekämpft!"
„Verzeihung, mein Führer. Meine Männer haben das Letzte hergegeben!"
Hitler sah auf. Lag da nicht ein Funken Mißtrauen in diesem Blick?
„Der Soldat kann nicht mehr kämpfen. Nur noch Rückzüge..."
Diese Worte trafen Mauss wie ein Schlag ins Gesicht. Seine Männer sollten nicht mehr kämpfen können? Hatten sie denn nicht bewiesen, jahraus, jahrein, wie sie sich einsetzten? „Das stimmt nicht, mein Führer!" platzte Mauss heraus. Ein strafender Blick aus Burgdorfs Augen, ein Wink von Keitel. Aber Mauss dachte nicht daran, sich beleidigen zu lassen.
Hitler verzog den Mund. „Keine Moral... kein Wille..."
„Wer hat Ihnen diesen Unsinn erzählt, mein Führer?"
Jetzt unterbrach Keitel. Er beugte sich zu Hitler und versuchte, dem Gespräch eine Wende zu geben. Offensichtlich interessierte sich Hitler jedoch mehr für Mauss als für seine Lakaien. So wandte er sich dem Kommandeur der 7. P.D. zu und antwortete: „Meine Herren besuchen die Front und berichten mir dann..."
„Bei mir war noch niemand! Höchstwahrscheinlich fahren die Herren dorthin, wo nicht geschossen wird!" entgegnete Mauss scharf. Angewidert bat er, sich verabschieden zu dürfen.
„Haben Sie einen persönlichen Wunsch?" fragte Hitler.
Mauss überlegte nicht lange. „Jawohl, ich habe einen. Ich bitte um vierzig neue Panther!"
Keitel war schon vorausgegangen. Um Hitler und Mauss standen Burgdorf und zwei Ordonnanzoffiziere. Als sie die Bitte des Divisionskommandeurs hörten, waren sie baß erstaunt. Das hatte hier noch niemand gesagt. Sonst hieß es meistens: Erholungsurlaub, Herausziehen der Einheit oder die Bitte um eine andere Vergünstigung. Aber Mauss wollte weiterkämpfen.
Zu seiner Überraschung erhielt Mauss schon wenige Tage später die Panzer. Er konnte sie gut gebrauchen. Denn die Russen griffen im Memelraum wieder an und überschritten bei Wolfsburg-Gumbinnen-Goldap zum ersten Male Deutschlands Grenze.

Mag sein, daß es Zufall war – Mauss konnte es sich nicht anders, auch später nicht, erklären –, eines Tages rief ihn Hitler noch einmal in sein Hauptquartier. Die Aufrichtigkeit und Geradheit dieses Offiziers schienen ihm imponiert zu haben. „Geben Sie mir die Lage. Wie sieht's bei Ihnen aus?"
Mauss holte tief Luft und sagte in der ihm eigenen drastischen Art: „Mit Verlaub zu sagen – beschissen! Meine Division liegt in einzelne Teile zerrupft im Raume Memel."
„Und wie sieht's bei den anderen aus?" Furcht und Argwohn lagen in dieser Frage. Doch Mauss beantwortete auch sie in seiner Art: „Wenn wir so weitermachen, können wir einpacken, mein Führer!" In dieser Deutlichkeit hatte wohl noch niemand mit Hitler geredet. Burgdorf verdrehte die Augen, Fegelein erstarrte, die Adjutanten betrachteten betreten ihre Stiefelspitzen.
Hitler sah an Mauss vorbei, bewegte die Lippen, fuhr sich mit zittriger Hand über die Stirn. „Wenn wir diesen Krieg verlieren, dann hat es das deutsche Volk nicht anders verdient. Der Soldat hat versagt...!"
Mauss glaubte, nicht recht gehört zu haben. Aber Hitler wiederholte seine Meinung. Da erhob sich der General und sagte: „Unter diesen Umständen darf ich mich wohl verabschieden!"
Hitler, der „die Katze aus dem Sack" gelassen hatte, überlegte und legte versöhnend seine Hand auf Mauss' Arm. „Ich meine nicht Sie!" sagte er lächelnd.
„Aber Sie haben doch den Soldaten im allgemeinen genannt!"
„Nein! Nur eine bestimmte Gruppe, die nicht mehr kämpfen will!"
Dieser Argumentation und Dialektik hatte Mauss nichts entgegenzusetzen. Er gab es auf, sich mit seinem Staatsoberhaupt darüber noch weiter zu unterhalten.

Am 12. und 13. Januar traten die Sowjets an der ganzen Ostfront zum Großangriff an. Die Abwehr hatte den Termin gekannt und den höheren Stäben bekanntgegeben. Doch statt die vorderen Stellungen zu räumen und die Angreifer ins Leere stoßen zu lassen, reagierte man überhaupt nicht oder so wie das Kaninchen auf den Blick der Schlange. Die Folgen waren katastrophal. Die 7. Panzerdivision traf der Angriff im Raum Ziechenau. Der Stoß auf Berlin zeichnete sich ab. Mauss kämpfte hinhaltend. Mit den Männern und allen Geräten konnte er die zugefrorene Weichsel nördlich von Graudenz überschreiten. Bei Marienburg und

bei Elbing brach er nach Preußisch-Holland durch und versuchte, die 4. Armee des Generaloberst Hoßbach zu entlasten. Seine Division sollte noch einmal den sowjetischen Angriff abwehren.
Gerade als der Befehlshaber Hoßbach mit seinem Chef des Stabes am 2. Februar 1945 abgelöst wurde, trat Mauss zu einem Gegenangriff auf Elbing an. In dieser Phase des Abwehrkampfes wurden ihm drei weitere Divisionen unterstellt, mit denen er schließlich in Gotenhafen eingeschlossen wurde. Da riß, bei einem Erkundungsvorstoß, ein Volltreffer seine Begleitung in den Tod. Karl Mauss wurde schwer verwundet. Auf dem Hauptverbandsplatz wurde er versorgt, sein Bein amputiert. Nach der Amputation befahl er, daß man ihn auf eine Tragbahre lege. So befehligte er seine Einheiten. Aber das konnte nicht lange gutgehen. Nach vier Tagen brach er zusammen. Mit Tausenden von Flüchtlingen aus Ostpreußen und Pommern wurde er von Hela nach Kopenhagen transportiert.
General Burgdorf, Personalchef im Führerhauptquartier, wollte seinen Ohren nicht trauen, als sich eine Stimme im Fernsprecher meldete:
„Hier Mauss, mit einem Bein in Kopenhagen!"
„Das ist doch unmöglich!"
„Doch, es stimmt."
„Kann ich etwas für Sie tun, Mauss?"
„Bitte, Herr General Burgdorf, lassen Sie meine Division nicht in Gotenhafen liegen. Die Jungen verbluten, oder werden gefangengenommen. Das haben sie weiß Gott nicht verdient. Als Panzerdivision kann sie in Mecklenburg vielleicht noch etwas retten!"

Das kaum Glaubhafte trat ein: Mittels Marinefahrzeugen wurde die 7. Panzerdivision aus dem Kessel transportiert und kämpfte nun an der Seenkette Malchin-Waren bis zur Kapitulation, die bei den Engländern unterzeichnet wurde.
Rückwirkend zum 1. 4. 1945 wurde Karl Mauss zum General der Panzertruppen befördert und am 15. April wurden ihm die Brillanten verliehen. Er war der letzte Kommandeur der traditionsreichen 7. Panzerdivision, die bereits vor ihm drei Brillantenträger an ihrer Spitze gesehen hatte: Rommel, v. Manteuffel und Schulz.
Nach der Kapitulation ließ ein britisches Armeekommando General Mauss in einem Geleit von drei Panzerspähwagen nach Ratzeburg und von dort nach Munsterlager bringen, wo deutsche Militärärzte seine

weitere Behandlung übernahmen. Seine robuste Konstitution und ungebrochene Willenskraft retteten ihm das Leben.
In Munsterlager erfuhr Mauss, daß seine Frau, Mutter von drei Kindern, gestorben war. Er bat den englischen Lagerkommandanten, zur Beerdigung nach Lübeck fahren zu dürfen. Sein Gesuch wurde abgelehnt. Man teilte ihm mit, er sei Gefangener, und Ausnahmen würden nicht gemacht. Als er deswegen persönlich bei der Lagerleitung vorsprach, wurde das Gesuch vor seinen Augen zerrissen. Man warf ihm die Schnitzel vor die Füße und befahl ihm, sie wieder aufzuheben. Das war wohl eine der bittersten Stunden im Leben des Generals, denn in zwei Kriegen hatte er eine solche demütigende Behandlung eines Gefangenen nicht erlebt.
Nach seiner Entlassung aus der Kriegsgefangenschaft kamen Mauss seine Kenntnisse als Zahnarzt zugute. Er ging zum zweiten Male daran, sich eine Existenz und eine Zahnpraxis aufzubauen. 1949 heiratete er zum zweitenmal. Ein Jahr später wurde Sohn Dietrich geboren. Sein größter Wunsch, junge Menschen in der neu aufgestellten Bundeswehr auszubilden, ging nicht in Erfüllung. Das eingereichte Gesuch des Brillantenträgers wurde abgelehnt. Diese Zurückweisung betrachtete Dr. Mauss als Affront gegen den Frontsoldaten – er hat sie bis zu seinem Tod nicht verwinden können. Am 9. Februar 1959 starb der letzte Kommandeur der berühmten 7. Panzerdivision nach längerer, schwerer Erkrankung an einem Herzinfarkt.

General Dietrich von Saucken

„Mit euch in die Gefangenschaft"

1945 – April, Mai – im Danziger Raum – Halbinsel Hela – die Sowjets im Angriff – Fliegerbomben, Artilleriefeuer, Werfer, Maschinengewehre – deutsche Soldaten, die Verpflegung herbeischaffen und Frauen und weinende Kinder auf die bereitstehenden Schiffe bringen. Der Mann, der für 300 000 Zivilpersonen und Soldaten zu sorgen hatte und diese schwere Aufgabe hervorragend löste, war der Oberbefehlshaber der Armeegruppe Ostpreußen, Dietrich v. Saucken. Als er auf höheren Befehl aus dem Kessel in Sicherheit geflogen werden sollte, lehnte er ab und meldete durch Funk: „Wo meine Soldaten bleiben, bleibe ich auch!" Vor der Kapitulation sagte er zu seinen Soldaten: „Ich werde mit euch in die Gefangenschaft gehen!" Zehneinhalb Jahre dauerte dann diese Gefangenschaft. –

Als der Deutschritter-Orden 1230 nach Ostpreußen kam fand er die Saucken dort schon ansässig. 715 Jahre später, 1945, wurden sie von den Sowjets vertrieben. Schon dem Ritterorden haben die Saucken Kriegsdienste geleistet, dann den preußischen Königen. Schließlich ließen im Ersten und Zweiten Weltkrieg viele Saucken ihr Leben.

Dietrich v. Saucken, der am 16. Mai 1892 in Fischhausen in Ostpreußen geboren wurde, diente nach Abgang vom Kollegium in Friedericianum in Königsberg beim 3. Grenadierregiment Friedrich Wilhelm I. und wurde 1912 Leutnant. Im ersten Weltkrieg war er Kompanieführer, Bataillons-, Regiments- und Brigadeadjutant. Er nahm an den schweren Kämpfen vor Verdun, in den Karpatem 1916–17 und an der Märzoffensive 1918 teil. Siebenmal wurde er verwundet und erwarb beide Eisernen Kreuze, den Hohenzollern-Orden mit Schwertern, das österreichische Militärverdienstkreuz und das goldene Verwundetenabzeichen.

Sein Entschluß, nach dem Ersten Weltkrieg Soldat zu bleiben, entsprang der Überzeugung, daß er im neuen Heer gebraucht werde, und der Liebe zu dem gewählten Beruf. Das Kommando beim Brigade- und später beim Infanterieführungsstab in Insterburg und beim Infanterieregiment 1 in Königsberg wurde abgeschlossen mit einer Verset-

zung zum Reiterregiment 8 in Öls, Schlesien, von da zum Reiterregiment 2 nach Allenstein, Lyck, Osterode und Angerburg in seiner ostpreußischen Heimat.
Am 17. April 1927 erfolgte die Beförderung zum Rittmeister, neun Jahre später die zum Major und – nach einer Kommandierung als Taktiklehrer an die Kriegsschule in Hannover – die zum Oberstleutnant. Ab 1937 war v. Saucken Kommandeur des Reiterregiments 2, Garnison Angerburg-Ostpreußen. Als Oberst nahm er 1939 mit seinem Reiterregiment am Polenfeldzug teil und ging über den Narew auf Warschau vor. Die Spangen zu den Eisernen Kreuzen waren die Auszeichnung für die erfolgreichen Gefechte, die er mit geringen Verlusten geführt hatte. Während des Westfeldzuges 1940 wurde dem Regimentskommandeur v. Saucken die Aufgabe gestellt, in Ostholland bis an die Zuidersee durchzustoßen, dann in die Festung Holland einzurücken. Er löste sie mit Erfolg. Sein Regiment war hervorragend ausgebildet, die Männer waren glänzend vorbereitet und sie und die Pferde allen Strapazen gewachsen. Gegen die Weygandlinie wurde das Regiment im Rahmen der 1. Kavalleriedivision aus Holland nach Amiens geworfen. In Eilmärschen zog es über die Seine bei Paris, über die Loire und durch La Rochelle an der Atlantikküste bis nach Bordeaux.
Kurz darauf wurde v. Saucken mit seinen Reitern an die deutsch-sowjetische Demarkationslinie, westlich des Bugs bei Brest-Litowsk, verlegt. Ende September 1940 gab er das Reiterregiment ab und übernahm die Schützenbrigade in der 4. Panzerdivision.
Im Herbst 1941 – der Krieg gegen die Sowjetunion war in vollem Gange – überraschte der Befehlshaber der 2. Panzerarmee, Generaloberst Guderian, durch seinen blitzschnellen Durchbruch in Richtung Moskau. Von Saucken schlug sich im Verband des XXIV. Panzerkorps des Generals Geyr v. Schweppenburg durch die sowjetischen Fronten. Beim Übergang über den Dnjepr wurde er verwundet. Nach den harten Kämpfen um Orel und Mzensk stieß die 4. P.D. mit Sauckens Schützenbrigade ostwärts Tula vorbei, um den letzten Widerstand im Vorfeld Moskaus zu brechen. Aber Tula war nicht zu nehmen. Die erschöpften deutschen Truppen der 2. Panzerarmee waren nicht mehr dazu fähig. Hinzu kam eine erbarmungslose Kälte. Das Thermometer sank auf 30 Grad unter Null.
In und um Tula leisteten die Arbeitermilizen erbitterten Widerstand. Sie waren für den Verteidigungskampf hervorragend ausgebildet. Von

Politkommissaren angefeuert und rücksichtslos zum Durchhalten gezwungen, kämpften sie zur großen Überraschung der deutschen Führung und Soldaten bis zur Selbstaufopferung. Ihrem Widerstand hatte es Stalin zu verdanken, daß die deutschen Truppen den Angriff auf Moskau abbrechen mußten. Zwar sprengte die 4. P.D. die Bahn Tula-Moskau, sie erreichte auch die Straße Tula-Serpuchow. Jedoch die Kraft der Truppe schwand, Munition und Betriebsstoff fehlten völlig. Schneestürme mit zuvor noch nie erlebter Vehemenz lähmten nahezu alle Aktionen der für den Winterkrieg überhaupt nicht oder nur äußerst unzureichend ausgerüsteten deutschen Soldaten.
Die sowjetische Führung erkannte die Schwäche der Deutschen und warf ihre gesamten Reserven in die Abwehrschlacht, aus der sie bald zur Offensive übergehen sollten. Frische Truppen aus Sibirien wurden an der Front ausgeladen. Sie kamen, weil Japan es ablehnte, der Sowjetunion den Krieg zu erklären. Dadurch wurde die bisher gebundene Fernostarmee frei. Die jetzt eingesetzten Eliteeinheiten besiegelten schließlich das Schicksal der deutschen Armeen vor Moskau.
Mit der gleichen Strategie und Taktik, mit der die Russen im Winter 1812 Napoleon begegnet waren, taten es 129 Jahre später die Sowjets gegenüber den Deutschen. Kavallerie wurde auf die Flanke der 2. Armee angesetzt, durch die aufgerissenen deutschen Frontlinien sickerten sowjetische Truppen, tauchten im Rücken der Deutschen bis zu den Divisionsgefechtsständen auf und richteten teilweise heillose Verwirrung an. Blitzartige Vorstöße von gutgetarnten Panzerverbänden tief in die deutsche Front lösten Panik und Chaos aus. Und das bei einer Kälte von minus 40–46 Grad. Die deutschen Truppen, geschwächt durch zahllose Ausfälle an Erfrierungen, mußten nun zum ersten Male seit 1939 den Rückzug antreten.
Am 25. Dezember 1941 übernahm Dietrich v. Saucken die 4. P.D. und riegelte bei Bolchow, nördlich Orel, den Angriff eines russischen Korps ab, das eine deutsche Infanteriedivision überrannt hatte. Sauckens Einheit stoppte und vernichtete den Gegner. Die Beförderung zum Generalmajor am 1. Januar 1942 war die Anerkennung für seine erfolgreiche Truppenführung. Kurz darauf wurde er schwer verwundet, vierzehn Tage später brachte ihm Generalfeldmarschall v. Kluge das Ritterkreuz ans Krankenbett im Feldlazarett Smolensk.
Nach seiner Genesung übernahm v. Saucken die Schule für „Schnelle Truppen“ in Krampnitz. Am 1. April 1943 erfolgte die Beförderung

zum Generalleutnant. v. Saucken übernahm wieder die 4. P.D. und griff mit ihr in die Sommerschlacht bei Kursk und Orel ein. Die Offensive aus dem Orelbogen wurde aber abgebrochen. Im Nachtmarsch mußte Sauckens Division nach Süden abschwenken, um einen sowjetischen Zangengriff gegen die 9. Armee aufzuhalten. Saucken griff den Feind aus der Bewegung an, schlug ihn und hielt. Für diese Tat wurde ihm am 22. August 1943 das Eichenlaub verliehen.

Als die Verbindung zur Heeresgruppe Süd im „nassen Dreieck", wo Pripjet und Dnjepr zusammenfließen, abriß, ging Sauckens Division über den Pripjet und zerschlug einen feindlichen Brückenkopf, der schon vor dem Eintreffen deutscher Truppen dort gebildet war. Nun wurde vorübergehend am gleichen Fluß 50 km südlicher, bei Tschernobyl, die Verbindung mit der Heeresgruppe Süd durch die tapfere 4. P.D. erkämpft. Als der Nordflügel der 2. Armee vom Feind, der bei Reschitze über den Dnjepr nachstieß, durchbrochen wurde, mußte Saucken mit seiner Division die Stellung wechseln und den weiteren Durchbruch zu verhindern suchen. Es gelang ihm, die bedrohliche Lücke zu schließen und die Verbindung mit der 2. Armee wiederherzustellen. Der Gegner sammelte aber neue Kräfte, so daß es im Raum von Kalinkowitschi zu einer mehrtägigen Abwehrschlacht gegen zehnfache Übermacht kam. Die 4. P.D. verhinderte die sowjetische Absicht, abermals die 2. von der 9. Armee zu trennen. Von Saucken wurden dafür am 20. 2. 1944 die Schwerter verliehen.

Aus dem Verband der 9. Armee entlassen, wurde die 4. P.D. wieder der 2. Armee und dem LVI. Korps zugeführt. Das Korps lag im Angriff auf Kowel und hatte die Aufgabe, die durch das Sumpfgelände des Pripjet eingesickerten Sowjets aufzuhalten. Kowel selbst war von den sowjetischen Truppen eingeschlossen. Das Korps sollte die Stadt entsetzen. Saucken stellte – es herrschte Frühjahrsschlammperiode – nach sorgfältigem Studium der Karte fest, daß um Kowel das Gelände mit Panzern und Fahrzeugen nicht zu passieren war. Aber ein schmaler Kiesstreifen, der allerdings hinter der sowjetischen Front lag, konnte benutzt werden, um an Kowel heranzukommen. Der erste Stoß ging daher nach Norden in den Rücken des Gegners, um in der Nacht – nach Süden schwenkend – den Ring um Kowel unerwartet vom Norden her zu durchbrechen und Verbindung mit der eingeschlossenen Besatzung aufzunehmen. Jedoch die Sowjets griffen wieder an und drängten Sauckens Truppe zurück. Bei Kowel lag v. Saucken bis zum 12. Mai 1944.

An diesem Tage wurde er abberufen und mit der vorläufigen Führung des III. Panzerkorps betraut. –
Am 22. Juni 1944 traten die sowjetischen Armeen zum Großangriff auf die Heeresgruppe Mitte an. Sie durchbrachen die deutsche Hauptkampflinie auf der ganzen Front, stießen tief ins Hinterland, bildeten Kessel und drangen auf Ostpreußen vor. v. Saucken, der nun das XXXIX. Panzerkorps führte, erhielt den Auftrag, die durchgestoßenen sowjetischen Heerspitzen aufzuhalten. In schweren und harten Kämpfen bei der Absetzbewegung über die Beresina, wo in einem schwachen Brückenkopf nur die 5. P.D. lag und sich verbissen wehrte, leisteten die deutschen Truppen hinhaltenden Widerstand, kämpften sich bis Noworogrodek nördlich Minsk zurück, während in der Enge bei Molodetschno die Sowjets bereits im Rücken der deutschen Truppen standen und ihnen den Rückzug abschnitten.
Überraschend griff v. Saucken den verfolgenden Feind, der mit starken Panzerkräften nachstieß, an und erzielte Erfolge, während er gleichzeitig mit dem Schützenregiment der 5. P.D. plötzlich die im Westen in der Enge von Molodetschno liegenden Sowjets bedrängte und warf. So nahm er die wichtige Rückzugsroute in Besitz. Mit unterlegenen Kräften wurde der Feind zunächst in der großen Lücke zwischen der 4. und der 3. Panzerarmee an der strategischen Ausnutzung seines Erfolges gehindert. Während der gewonnenen Zeit hatte Feldmarschall Model neue Kräfte zugeführt, so daß die große sowjetische Offensive des Sommers 1944 an der Memel, ostwärts Ostpreußen, vom XXXIX. Panzerkorps mit sieben Divisionen zum Stehen gebracht war.
Von der Memel wurde nun der Korpsstab der 9. Armee bei Warschau zugeführt. Drei sowjetische Panzerkorps befanden sich im Angriff auf die schwach gesicherte Weichsel. Obwohl nur eine halbe Division Fallschirmjäger und eine geschwächte Infanteriedivision zur Verfügung standen, wurde nach Zuführung der 19. und 4. P.D. der Gegner in einer Schlacht nördlich Warschau auf seinem Nordflügel vernichtet. Die dem XXXIX. Korps von Norden zugeführte 4. P.D. nahm im Handstreich die Bugbrücke bei Wyschkow und wurde dadurch rechtzeitig zum Angriff in die Nordflanke des feindlichen Panzerkorps geführt, das gerade die schwachen Kräfte des deutschen Korps am Nordflügel umging. In der wenig hoffnungsvollen Lage, in der sich die Heeresgruppe Mitte befand, kämpfte v. Sauckens Korps abwechselnd im Verband der 3. Panzerarmee des Generalobersten Raus und in der Heeresgruppe Nord des

Generalobersten Schörner. Hier hatte das XXXIX. Korps die Aufgabe, eine Lücke zwischen Raus und Schörner zu schließen. Mit den schwachen Kräften gelang es Saucken nicht, bis Mitau vorzustoßen. Jedoch wurde Schagarew erreicht. Die unterstellten 5., 12., 4. P.D. sowie die Panzergrenadierdivision *Großdeutschland* ermöglichten dann eine Verbindung mit dem „Korps Kleffel", das den Südwestflügel der Armeegruppe Schörner bildete.
Sauckens Einheiten brachten den Sowjets schwere Verluste bei. Hundert feindliche Panzer wurden abgeschossen. Aber der Gegner verteidigte sich mit täglich neuem Großkampfgerät. Der Horchdienst des Kommandierenden Generals hörte die Funknachrichten der Sowjets und erfuhr, wie viele Panzer am nächsten Morgen wieder an der Bahn ausgeladen werden würden. Unter diesen Umständen zu kämpfen, schien dem Versuch gleichzukommen, gegen Windmühlenflügel anzurennen. So waren die Sowjets auch bald wieder stark genug, trotz der Tapferkeit der deutschen Truppen, die Armee Raus zu durchbrechen und bis an die Ostsee vorzustoßen. Jetzt kämpfte das XXXIX. Panzerkorps mit vollem Erfolg um die Sicherung der nunmehr offenen Südflanke der Heeresgruppe Schörner, bis eine zusammenhängende Südfront geschaffen war. Obwohl das Korps abgeschnitten war, konnte die 4. P.D. um die Jahreswende über See geholt werden. v. Saucken wurde mit seinem Korpsstab zu anderweitigen Verwendung nach Ostpreußen abgerufen.
Aus den Divisionen *Großdeutschland* und *Brandenburg* hatte General v. Saucken das Korps *Großdeutschland* aufzustellen. Ihm war zugesichert worden, daß sein neues Korps niemals geteilt eingesetzt werden würde. Doch schon im Januar 1945 mußte die Division *Großdeutschland* in Ostpreußen eingreifen, während der Korpsstab einem Einsatzbefehl mit unterstellter Division *Brandenburg* und 1. Fallschirmjägerpanzerdivision westlich von Litzmannstadt folgte. Dort trat das Korps unter den Befehl der 9. Armee, die bereits vom Gegner durchbrochen war und sich auf dem Rückzug befand. Sauckens Aufgabe lautete: Im Rücken des vordringenden Gegners bleiben, sich mit einer Kampfgruppe des XXIV. Korps, das sich noch kämpfend zwischen den Sowjets bewegte, zu vereinigen und danach zur deutschen Front durchzuschlagen. Diese Aufgabe wurde im harten Kampf des sich in einer kreisförmigen Front bewegenden Panzerkorps *Großdeutschland* und dem später dazukommenden XXIV. Korps gelöst. In dieser Phase wurde

v. Saucken wegen Meinungsverschiedenheiten mit dem Chef des Generalstabes des Heeres zur Führerreserve versetzt. Aber schon am 12. 3. 1945 wurde er zur Lagebesprechung ins Führerhauptquartier gebeten, wo ihm der Befehl über die 2. Panzerarmee übertragen wurde.
Ohne Kraftstoff und ohne Unterstützung durch die Luftwaffe stand seine angeschlagene Armee einem zehnfach stärkeren Feinde gegenüber. Diese Armee hatte nur zur See Verbindung mit anderen Fronten. In einem Brückenkopf um Oxhöft-Kämpe-Gotenhafen-Danzig und auf der Nehrung bis zum Frischen Haff sollte sie dem Gegner den Besitz der genannten Häfen sowie des Hafens Hela verwehren. Zehntausende von Flüchtlingen aus Ost- und Westpreußen waren, den Bewegungen der deutschen Truppen folgend, in diesem engen Raum zusammengedrängt. Es wurde also zur Aufgabe der 2. Armee und ihres Oberbefehlshabers, diesen zu helfen, sie zu ernähren, abzutransportieren und vor dem Zugriff des Feindes zu bewahren. Aber den Sowjets gelang der Durchbruch auf Gotenhafen und Langfuhr. Der abgeschnittene Westflügel der 2. Armee unter General v. Kessel hielt sich in aussichtsloser Lage und sollte dort laut Führerbefehl „bis zum letzten Mann halten". Von Saucken setzte sich über diesen Befehl hinweg und brachte in Zusammenarbeit mit dem Kommandierenden Admiral der östlichen Ostsee, Admiral Thiele, die 40 000 Mann auf die Putzinger Nehrung.
Auf dem Festland wurde der Brückenkopf nach Eindrehen des Gegners von Zoppot an die See nach Osten beim Fall von Danzig verkleinert, hier jedoch bis zuletzt gehalten, während v. Saucken nach dem Fall von Königsberg den Befehl über die im Samland kämpfenden deutschen Truppen mitübernehmen mußte.
Die „Armeegruppe Ostpreußen", wie der Rest beider Armeen nunmehr hieß, konnte nicht verhindern, daß die starken sowjetischen Kräfte nach Cranz vorstießen und an der Küste des Samlandes die gesamte Nordstellung aufrollten. Zwar gelang es v. Saucken, die völlige Einkreisung zu verhindern, doch wurden Teile des eigenen Südflügels ostwärts der Fischerhäuser Bucht abgeschnitten. Nur ein kleiner Teil davon konnte in der darauffolgenden Nacht mit Pionier-, Lande- und Marinefährbooten über die Bucht gerettet werden. Noch einmal wurde bei den harten Kämpfen auf der Frischen Nehrung den deutschen Soldaten das Zeugnis hervorragender Tapferkeit ausgestellt. Ihre Aufgabe hieß: den Gegner solange abzuwehren, bis die 300 000 Flüchtlinge abtransportiert waren. Aber die Sowjets griffen mit starken Panzerkräften und un-

vorstellbarem Artilleriefeuer ständig an. Es gelang zwar der 7. bayerischen Infanteriedivision, an der Nehrung den Gegner endgültig zu stoppen, jedoch die Absicht, alle Truppen und Flüchtlinge über See fortzubringen, ließ sich nicht mehr verwirklichen. Für die tapfer kämpfenden Soldaten und ihren Oberbefehlshaber war die Gefangenschaft nicht mehr abzuwenden.

Am 8. Mai, – von Saucken wurden an diesem Tage von Hitlers Nachfolger Großadmiral Dönitz die Brillanten verliehen, die er nie in Empfang nehmen konnte – um 24 Uhr, setzten sich die letzten Boote der Kriegsmarine ab. Die enttäuschten Soldaten konnten es nicht fassen, daß es für sie keine Rettung mehr gab. Seit Jahren hatten sie sich dagegen gewehrt, von Rotarmisten gefangengenommen zu werden. Jetzt sahen sie einem ungewissen Schicksal entgegen. Von Saucken nahm mit dem sowjetischen Generaloberst Bjelborodow, der sein Gegner war, Verbindung auf. Mit dessen Genehmigung räumte er die Verpflegungslager der Kriegsmarine und verteilte die Lebensmittel und Zigaretten an die in Gefangenschaft marschierenden Soldaten. Er selbst wurde nach Stettin gebracht, wo er von MWD-Offizieren unter aufgepflanzten Bajonetten verhört wurde.

Am 16. Mai 1945 flogen ihn die Sowjets nach Moskau. 32 Monate blieb er in der berüchtigten Lubljanka und später in verschiedenen Zuchthäusern, zum Teil auch in Einzelhaft. Er konnte sich in der kleinen, engen Zelle kaum bewegen. Lediglich ein täglicher dreißigminütiger Rundgang im Zuchthaushof oder im Gang war ihm gestattet. Die Verpflegung war erbärmlich: Wassersuppe und einige wenige Gramm Brot. Dann wurde über ihn das Urteil gesprochen: 25 Jahre Zwangsarbeit. Vage Anschuldigungen wurde erhoben, fallengelasen, neue erfunden. Schließlich begründeten die Sowjets die verhängten 25 Jahre Zwangsarbeit mit dem lapidaren Satz: „Gibt zu, Truppen aus dem Lande verpflegt zu haben." Als von Saucken erwiderte: „Die russische Armee lebt heute noch aus dem Lande", erklärte der Richter lächelnd: „Das ist eine Lüge."

Schwere Wassersucht war die Folge der unzureichenden Ernährung – wie bei den meisten seiner Schicksalsgenossen. Als er dann 1955 entlassen wurde, stand ein zwar schwer kranker, aber ungebeugter Mann vor seinen Angehörigen. Es vergingen Jahre, bis v. Saucken sich von den Strapazen der Gefangenschaft erholt hatte. Nachdem er seine aus Ostpreußen geflüchtete Familie wiedergefunden hatte – die Verbindung

war vorher schon hergestellt –, widmete er sich wieder seiner eigentlichen zweiten Lebensaufgabe: er malte und zeichnete.
Diese zweite große Begabung, die er zweifellos besitzt, steht nur scheinbar im Widerspruch zum Soldatenberuf. Bevor er schreiben und lesen konnte, malte er. Er malte so gut, daß er während der Schulzeit dem Zeichenunterricht fernbleiben durfte, um spazierenzugehen und Eindrücke zu sammeln. In den Ferien durchstreifte er seine ostpreußische Heimat, blieb oft auf Nidden auf der Kurischen Nehrung und hatte dort Gelegenheit, im Hermann-Blode-Gästehaus so bekannte Maler wie Ernst Mollenhauer und Lovis Corinth beim Malen zu beobachten und zu bewundern. Sein Lehrer, Prof. Ellend, erkannte das Talent und förderte den jungen Dietrich v. Saucken, der, wäre er nicht Soldat geworden, sicherlich als Künstler hervorgetreten wäre. Wo immer sich dann später die Gelegenheit bot, zu malen und zeichnen, so tat er es, Zeichenblock und Farben gehörten zu seinen Ausrüstungsutensilien. Später zählte Dietrich v. Saucken zu den bekanntesten Vertretern der Sonntagsmalerei, war 1962 in München Mitbegründer der Vereinigung *Zunft der Sonntagsmaler* und erregte auf verschiedenen Ausstellungen mit seinen Bildern Aufsehen. Im Rollstuhl sitzend, malt der Vierundachtzigjährige Bilder von heller Schönheit, am liebsten – aus dem Gedächtnis – Motive aus seiner ostpreußischen Heimat: Dünenlandschaften, Fischerdörfer, Blumen, Bäume, Porträts. Ob Öl, Aquarell, Pastell, Rötel, Kohle oder Feder – seine Bilder sind technisch ausgefeilt und von zarter Eindringlichkeit.

Ein Mann trotzt dem Schicksal, das ihn unzählige Male schlug: dreizehn Verwundungen in zwei Kriegen, sein ältester Sohn in Rußland gefallen, er selbst im Rollstuhl – Spätfolgen der jahrelangen Gefangenschaft. Aber er blieb ungebeugt, sich selber treu und den Menschen verbunden, so wie damals 1945, als er mit seinen Soldaten in die Gefangenschaft ging. Am 27. 9. 1980 starb Dietrich v. Saucken.

Literatur

Galland: *Die Ersten und die Letzten* (Schneekluth-Verlag, Darmstadt); Rudel: *Trotzdem* (Plesse-Verlag, Göttingen); Nowotny: *Walter Nowotny* (Druffel-Verlag, Leoni-Starnberg); Clostermann: *Die große Arena* (Alfred Scherz-Verlag, Stuttgart); Ramcke: *Fallschirmjäger* (Lorch-Verlag, Frankfurt a. M.); Rommel: *Krieg ohne Haß* (Verlag Heidenheimer Zeitung, Heidenheim); v. Manstein: *Verlorene Siege* (Athenäum-Verlag, Bonn); Jochim: *Oberst Hermann Graf* (Pabel-Verlag, Rastatt); Toliver-Constable: *Holt Hartmann vom Himmel* (Motorbuch-Verlag, Stuttgart); Walter Görlitz: *Model* (Limes-Verlag, Wiesbaden); Höhne: *Der Orden unter dem Totenkopf* (Bertelsmann-Verlag, München); G. W. Schrodek: *Geschichte des Panzerregiments 15* (Schild-Verlag, München); Fraschka: *Der Panzergraf* (Pabel-Verlag, Rastatt); K. J. Walde: *Guderian* (Ullstein-Verlag, Frankfurt/Main); David Irving: *Hitler und seine Feldherren* (Ullstein, Frankfurt); Herzog-Schomaeckers: *Ritter der Tiefe – Graue Wölfe* (Verlag Welsermühl, München-Wels); H. Busch: *So war der U-Boot-Krieg* (Deutscher Heimat-Verlag, Bielefeld).

Daten und jeweiliger Dienstgrad bei der Ordensverleihung

	Ritterkreuz	Eichenlaub	Schwerter	Brillanten
WERNER MÖLDERS Oberst * 18. 3. 1913 in Gelsenkirchen † 22. 11. 1941	29. 5. 40 Hauptmann	21. 9. 40 Major	22. 6. 41 Oberstleutnant	16. 7. 41 Oberst
ADOLF GALLAND Generalleutnant * 19. 3. 1912 in Westerholt	29. 7. 40 Major	24. 9. 40 Major	21. 6. 41 Oberstleutnant	28. 1. 42 Oberst
GORDON M. GOLLOB Oberst * 16. 6. 1912 in Wien † 11. 9. 1987	18. 9. 41 Hauptmann	26. 10. 41 Hauptmann	24. 6. 42 Hauptmann	30. 8. 42 Major
JOACHIM MARSEILLE Hauptmann * 13. 12. 1919 in Berlin † 30. 9. 1942	22. 2. 42 Leutnant	6. 6. 42 Oberleutnant	18. 6. 42 Oberleutnant	4. 9. 42 Hauptmann
HERMANN GRAF Oberst * 24. 10. 1912 in Engen/Hegau † 4. 11. 1988	24. 1. 42 Leutnant	17. 5. 42 Leutnant	19. 5. 42 Leutnant	16. 9. 42 Oberleutnant

	Ritterkreuz	Eichenlaub	Schwerter	Brillanten
ERWIN ROMMEL Generalfeldmarschall * 15. 11. 1891 in Heidenheim † 14. 10. 1944	26. 5. 40 Generalmajor	20. 3. 41 Generalleutnant	20. 1. 42 General der Panzertruppen	11. 3. 43 Generalfeld-marschall
WOLFGANG LÜTH Kapitän zur See * 15. 10. 1913 in Riga † 14. 5. 1945	24. 10. 40 Oberleutnant zur See	17. 11. 42 Kapitänleutnant	15. 4. 43 Kapitänleutnant	11. 8. 43 Korvettenkapitän
WALTER NOWOTNY Major * 7. 12. 1920 in Gmünd † 8. 11. 1944	14. 9. 42 Leutnant	3. 9. 43 Oberleutnant	22. 9. 43 Oberleutnant	20. 10. 43 Hauptmann
ADELBERT SCHULZ Generalmajor * 20. 12. 1903 in Berlin † 28. 1. 1944	29. 9. 40 Hauptmann	31. 12. 41 Hauptmann	6. 8. 43 Oberstleutnant	14. 12. 43 Oberst
HANS-ULRICH RUDEL Oberst * 2. 7. 1916 in Konradswaldau † 18.12.1982	6. 1. 42 Oberleutnant	14. 4. 43 Hauptmann Gold: 1. 1. 45 Oberst	25. 11. 43 Hauptmann	29. 3. 44 Major

HYAZINTH GRAF STRACHWITZ Generalleutnant * 30. 7. 1893 in Großstein † 25. 4. 1968	25. 8. 41 Major	17. 11. 42 Oberstleutnant	28. 3. 43 Oberst	15. 4. 44 Oberst
HERBERT OTTO GILLE General der Waffen-SS * 8. 3. 1897 in Gandersheim/Harz † 26. 12. 1966	8. 10. 42 SS-Oberführer	1. 11. 43 SS-Brigadeführer Generalmajor	20. 2. 44 SS-Gruppenführer u. Generalleutnant der Waffen-SS	19. 4. 44 SS-Gruppenführer u. Generalleutnant der Waffen-SS
HANS HUBE Generaloberst * 29. 10. 1890 in Naumburg/Saale † 21. 4. 1944	1. 8. 41 Generalmajor	17. 1. 42 Generalmajor	21. 12. 42 Generalleutnant	20. 4. 44 Generaloberst
ALBERT KESSELRING Generalfeldmarschall * 13. 11. 1885 in Marktsteft † 15. 7. 1960	30. 9. 39 General der Flieger	25. 2. 42 Generalfeld- marschall	18. 7. 42 Generalfeld- marschall	19. 7. 44 Generalfeld- marschall
HELMUT LENT Oberstleutnant * 13. 6. 1918 in Neumark † 7. 10. 1944	30. 8. 41 Oberleutnant	6. 6. 42 Hauptmann	3. 8. 43 Major	31. 7. 44 Oberstleutnant

	Ritterkreuz	Eichenlaub	Schwerter	Brillanten
JOSEF („SEPP“) DIETRICH Generaloberst der Waffen-SS * 28. 5. 1892 in Hawangen † 21. 4. 1966	5. 7. 40 SS-Obergruppen- führer — General der Waffen-SS	31. 12. 41 SS-Obergruppen- führer — General der Waffen-SS	16. 3. 43 SS-Obergruppen- führer — General der Waffen-SS	6. 8. 44 SS-Oberstgruppen- führer — Generaloberst der Waffen-SS
WALTER MODEL Generalfeldmarschall * 24. 1. 1891 in Genthin † 21. 4. 1945	9. 7. 41 Generalleutnant	17. 2. 42 General der Panzertruppen	3. 4. 43 Generaloberst	17. 8. 44 Generalfeld- marschall
ERICH HARTMANN Major * 19. 4. 1922 in Weißach	29. 10. 43 Leutnant	2. 3. 44 Leutnant	4. 7. 44 Oberleutnant	25. 8. 44 Oberleutnant
HERMANN BALCK General der Panzertruppen * 7. 12. 1893 in Danzig-Langfuhr † 29. 11. 1982	3. 6. 40 Oberstleutnant	22. 12. 42 Generalmajor	4. 3. 43 Generalleutnant	31. 8. 44 General der Panzertruppen

HERMANN BERNHARD RAMCKE General der Fallschirmtruppen * 24. 1. 1889 in Schleswig-Friedrichsburg † 5. 7. 1968	21. 8. 41 Generalmajor	15. 11. 42 Generalmajor	20. 9. 44 General der Fallschirmtruppen	20. 9. 44 General der Fallschirmtruppen
HEINZ WOLFGANG SCHNAUFER Major * 16. 2. 1922 in Calw † 15. 7. 1950	15. 1. 44 Oberleutnant	27. 6. 44 Hauptmann	30. 7. 44 Hauptmann	16. 10. 44 Hauptmann
ALBRECHT BRANDI Fregattenkapitän * 30. 6. 1914 in Dortmund † 6. 1. 1966	21. 1. 43 Kapitänleutnant	11. 4. 43 Kapitänleutnant	13. 5. 44 Kapitänleutnant	24. 11. 44 Korvettenkapitän
FERDINAND SCHÖRNER Generalfeldmarschall * 12. 6. 1892 in München † 2. 7. 1973	20. 4. 41 Generalmajor	17. 2. 44 General der Gebirgstruppen	28. 8. 44 Generaloberst	1. 1. 45 Generaloberst
HASSO VON MANTEUFFEL General der Panzertruppen * 14. 1. 1897 in Potsdam † 24. 9. 1978	31. 12. 41 Oberst	23. 11. 43 Generalmajor	22. 2. 44 Generalleutnant	18. 2. 45 General der Panzertruppen

	Ritterkreuz	Eichenlaub	Schwerter	Brillanten
THEODOR TOLSDORFF Generalleutnant * 3. 11. 1909 in Lehnharten † 25. 5. 1978	4. 12. 41 Oberleutnant	15. 9. 43 Major	18. 7. 44 Oberstleutnant	18. 3. 45 Generalmajor
DR. KARL MAUSS General der Panzertruppen * 17. 5. 1898 in Plön/Holstein † 9. 2. 1959	26. 11. 41 Oberstleutnant	24. 11. 43 Oberst	23. 10. 44 Generalmajor	15. 4. 45 Generalleutnant
DIETRICH VON SAUCKEN General der Panzertruppen * 16. 5. 1892 in Fischhausen (Ostpreußen) † 27. 9. 1980	15. 1. 42 Generalmajor	22. 8. 43 Generalleutnant	20. 2. 44 Generalleutnant	8. 5. 45 General der Panzertruppen

Inhalt

Aus dem letzten Wehrmachtsbericht des OKW vom 9. Mai 1945

„Seit Mitternacht schweigen nun an allen Fronten die Waffen. Auf Befehl des Großadmirals (Dönitz) hat die Wehrmacht den aussichtslosen Kampf eingestellt. Damit ist das fast sechsjährige, heldenhafte Ringen zu Ende. Es hat uns große Siege, aber auch schwere Niederlagen gebracht. Die deutsche Wehrmacht ist am Ende einer gewaltigen Übermacht ehrenvoll unterlegen.
Der deutsche Soldat hat, getreu seinem Eid, im höchsten Einsatz für sein Volk für immer Unvergeßliches geleistet. Die Heimat hat ihn bis zuletzt mit allen Kräften unter schwersten Opfern unterstützt. Die einmalige Leistung von Front und Heimat wird in einem späteren gerechten Urteil der Geschichte ihre endgültige Würdigung finden. Den Leistungen und Opfern der deutschen Soldaten zu Lande, zu Wasser und in der Luft wird auch der Gegner die Achtung nicht versagen. Die Wehrmacht gedenkt in dieser schweren Stunde ihrer vor dem Feind gebliebenen Kameraden. Die Toten verpflichten zu bedingungsloser Treue, zu Gehorsam und Disziplin gegenüber dem aus zahllosen Wunden blutenden Vaterland."